Die Mitwirkung der deutschen Bundesländer bei völkervertraglichen Handlungen im Rahmen der Europäischen Union

STUDIEN UND MATERIALIEN ZUM ÖFFENTLICHEN RECHT

Herausgegeben von Herbert Bethge

Band 21

PETER LANG
Frankfurt am Main · Berlin · Bern · Bruxelles · New York · Oxford · Wien

Christian Abt

Die Mitwirkung der deutschen Bundesländer bei völkervertraglichen Handlungen im Rahmen der Europäischen Union

PETER LANG
Europäischer Verlag der Wissenschaften

Bibliografische Information Der Deutschen Bibliothek
Die Deutsche Bibliothek verzeichnet diese Publikation in der Deutschen Nationalbibliografie; detaillierte bibliografische Daten sind im Internet über <http://dnb.ddb.de> abrufbar.

Zugl.: Passau, Univ., Diss., 2003

D 739
ISSN 1433-1500
ISBN 3-631-51297-X

www.peterlang.de

Vorwort

Die Arbeit wurde im Dezember 2002 fertiggestellt und im Sommersemester 2003 von der Juristischen Fakultät der Universität Passau als Dissertation angenommen.

Danken möchte ich in erster Linie meinem Doktorvater, Herrn Prof. Dr. Herbert Bethge für seine wertvolle Unterstützung in allen Phasen dieser Arbeit und für die Aufnahme in seine Schriftenreihe „Studien und Materialien zum öffentlichen Recht". Herrn Prof. Dr. Hartmut Söhn danke ich für die Erstellung des Zweitgutachtens. Nicht zuletzt gilt mein Dank auch meinen Eltern sowie den Freunden und Bekannten, insbesondere Christian Fröde, die mir in vielerlei Hinsicht hilfreich zur Seite standen.

Passau, im Juni 2003 Christian Abt

Inhalt

Abkürzungsverzeichnis

a.A.	anderer Ansicht
a.a.O.	am angegebenen Ort
ABl. EG	Amtsblatt der Europäischen Gemeinschaften
Abs.	Absatz
a.E.	am Ende
AöR	Archiv des öffentlichen Rechts
Art.	Artikel
Aufl.	Auflage
AVR	Archiv des Völkerrechts
AWD/RIW	Recht der Internationalen Wirtschaft
BAnz.	Bundesanzeiger
BayVBl.	Bayerische Verwaltungsblätter
Bd.	Band
BGBl.	Bundesgesetzblatt
BK	Kommentar zum Bonner Grundgesetz (Bonner Kommentar)
BR-Drucksache	Drucksache des Bundesrates
BT-Drucksache	Drucksache des Bundestages
BVerfGE	Entscheidung des Bundesverfassungsgerichts
BVerwG	Bundesverwaltungsgericht
C.D.E.	Cahiers de droit européen
CMLRev.	Common Market Law Review
ders.	derselbe
d.h.	das heißt
DÖV	Die öffentliche Verwaltung
DVBl.	Deutsches Verwaltungsblatt
EEAG	Gesetz zur Einheitlichen Europäischen Akte
EJIL	European Journal of International Law
EL	Ergänzungslieferung
ELR	European Law Review
EP	Europäisches Parlament
EuG	Europäisches Gericht erster Instanz
EuGH	Gerichtshof der Europäischen Gemeinschaften
EuGRZ	Europäische Grundrechte-Zeitschrift
EuGVÜ	Brüsseler Übereinkommen über die gerichtliche Zuständigkeit und die Vollstreckung gerichtlicher Entscheidungen in Zivil- und Handelssachen vom 27.9.1968.
EuR	Europarecht
EUZBLG	Gesetz über die Zusammenarbeit von Bund und Ländern in Angelegenheiten der Europäischen Union

EUZBTG	Gesetz über die Zusammenarbeit von Bundesregierung und Deutschem Bundestag in Angelegenheiten der Europäischen Union
EuZW	Europäische Zeitschrift für Wirtschaftsrecht
FAO	Food and Agriculture Organisation
Fn.	Fußnote
GASP	Gemeinsame Außen- und Sicherheitspolitik
GG	Grundgesetz
GO-BR	Geschäftsordnung des Bundesrates
GS	Gedächtnisschrift
HdStR	Handbuch des Staatsrechts der Bundesrepublik Deutschland
HK	Handkommentar
hM	herrschende Meinung
Hrsg.	Herausgeber
HS.	Halbsatz
ICJ	International Court of Justice
IGH	Internationaler Gerichtshof
i.V.m.	in Verbindung mit
JöR	Jahrbuch des öffentlichen Rechts der Gegenwart
JuS	Juristische Schulung
JZ	Juristenzeitung
Lfg.	Lieferung
lit.	Buchstabe
m.w.N.	mit weiteren Nachweisen
n.F.	neuer Fassung
NJW	Neue Juristische Wochenschrift
NVwZ	Neue Zeitschrift für Verwaltungsrecht
o.g.	oben genannt
ÖJZ	Österreichische Juristen-Zeitung
OVG	Oberverwaltungsgericht
PJZS	Polizeiliche und justitielle Zusammenarbeit in Strafsachen
Rdnr.	Randnummer
Rs.	Rechtssache
RTD eur.	Révue trimestrielle de droit européen
Rv. sc. crim.	Révue de sciences criminelles et de droit pénal comparé
S.	Satz/Seite
Slg.	Sammlung der Rechtsprechung des Gerichtshofes und des Gerichts erster Instanz der Europäischen Gemeinschaften
sog.	sogenannt
TRIPs	Übereinkommen über handelsbezogene Aspekte der Rechte des geistigen Eigentums
Verf.	Verfasser

vgl.	vergleiche
VR	Verwaltungsrundschau
VRÜ	Verfassung und Recht in Übersee
VVDStRL	Veröffentlichungen der Vereinigung der Deutschen Staatsrechtslehrer
WEU	Westeuropäische Union
WTO	World Trade Organisation
WVRK	Wiener Übereinkommen über das Recht der Verträge vom 29.5.1969
ZaöRV	Zeitschrift für ausländisches öffentliches Recht und Völkerrecht
ZAR	Zeitschrift für Ausländerrecht und Ausländerpolitik
z.B.	zum Beispiel
ZEuS	Zeitschrift für europarechtliche Studien
ZG	Zeitschrift für Gesetzgebung
ZIP	Zeitschrift für Wirtschaftsrecht
ZParl.	Zeitschrift für Parlamentsfragen

A. Problemstellung: Bundesstaat, auswärtige Gewalt und Europäische Union

I. Verfassungsrechtliche Ausgangsposition: Die Kompetenzverteilung zwischen Bund und Ländern im Bereich der auswärtigen Beziehungen

Seit den Anfängen der Bundesrepublik gilt das bisher ungelöste Problem der Kompetenzverteilung im Bereich der auswärtigen Gewalt als eine der bundesstaatlichen Zentralfragen.[1] Hierbei ist die Frage der Abschlußkompetenz im zwischenstaatlichen Verkehr zu unterscheiden von der – freilich damit verbundenen – Frage, wem das Recht zustehen soll, auf zwischenstaatlicher Ebene vereinbarte Bestimmungen innerstaatlich umzusetzen.

1. Abschlußkompetenz

Der Bund und die Länder haben nach dem insoweit eindeutigen Wortlaut des Art. 32 Abs. 1 und 3 GG unstreitig das Recht, im jeweiligen Bereich ihrer innerstaatlichen Gesetzgebungszuständigkeit Verträge mit auswärtigen Staaten abzuschließen, wenn auch die Länder hierzu der Zustimmung der Bundesregierung bedürfen.[2] Insbesondere zwischen dem Bund und der Mehrzahl der Länder, aber auch in der Literatur, ist indes die Befugnis des Bundes zum Abschluß völkerrechtlicher Verträge in Bereichen, die innerstaatlich Ländergesetzgebungskompetenzen betreffen, im Grundsatz umstritten. Im wesentlichen stehen sich hierbei eine als zentralistisch bezeichnete und eine sogenannte föderalistische Ansicht gegenüber.[3] Während die Vertreter der Erstgenannten ein (konkurrieren-

---

1 *Stern,* in: Festschrift Carl Heymanns Verlag, 1995, S. 256; *Schweitzer,* Staatsrecht III, 7. Auflage 2000, Rdnr. 126; *Streinz,* in: Sachs, GG, 3. Auflage 2003, Art. 32, Rdnr. 31; *Maunz,* in: Maunz/Dürig/Herzog, GG, Art. 32, Rdnr. 29; *Seidel,* Die Zustimmung der Bundesregierung zu Verträgen der Bundesländer mit auswärtigen Staaten gemäß Art. 32 III GG, S. 43; *v.Meibom,* NJW 1968, 1607. Vorschläge, dem Streit durch eine klarstellende Verfassungsänderung den Boden zu entziehen, konnten sich nicht durchsetzen, vgl. den Bericht der Enquête-Kommission Auswärtige Kulturpolitik, BT-Drucksache 7/4121 vom 7.10.1975 S. 40; den Bericht der Kommission Verfassungsreform des Bundesrates, BR-Drucksache 360/92 vom 14.5.1992 S. 5 f.; sowie den Bericht der Gemeinsamen Verfassungskommission von Bundestag und Bundesrat, BT-Drucksache 12/6000 vom 5.11.1993 S. 27.

2 *Stern,* Auswärtige Gewalt und Lindauer Abkommen, in: Festschrift Carl Heymanns Verlag, 1995, S. 263, 256.

3 Die unterschiedlichen Ansätze werden auch als „Süddeutsche", weil von den Ländern Bayern, Baden-Württemberg, Hessen, Nordrhein-Westfalen und Rheinland-Pfalz vertreten (=föderalistische), „Berliner", weil vom Bund und vom Land Berlin vertreten

des[4]) Abschlußrecht des Bundes auf Gebieten, die innerstaatlich ausschließliche Länderkompetenzen betreffen, bejahen und sich dabei hauptsächlich auf den uneingeschränkten Wortlaut des Art. 32 Abs. 1 GG sowie die Erforderlichkeit eines einheitlichen Auftretens des Bundesstaats im zwischenstaatlichen Verkehr berufen[5], verneinen die Anhänger der Letztgenannten ein solches Recht mit dem Argument, eine dem Bund eingeräumte Befugnis nach außen hin könnte allzuleicht dazu mißbraucht werden, die innerstaatliche Kompetenzverteilung auszuhöhlen.[6]

2. Transformationskompetenz

Bejaht man eine konkurrierende Abschlußzuständigkeit des Bundes mit der wohl überwiegenden Ansicht, so schließt sich daran das Folgeproblem der Transformationskompetenz[7] für die vom Bund geschlossenen Verträge an. Hierzu wurde vor allem im älteren Schrifttum argumentiert, um der Entstehung „hinkender" Verträge[8] vorzubeugen, für die zwar eine Abschluß-, aber keine Transformationskompetenz bestehe, und die deshalb die Gefahr völkerrechtlicher Schadensersatzansprüche in sich bärgen, wenn es dem Bund nicht gelinge, die Länder zur Umsetzung der von ihm abgeschlossenen Verträge zu bewegen, müsse auch für deren innerstaatliche Durchführung eine Annexkompetenz des

---

(=zentralistische) und „Norddeutsche" (=vermittelnde) Lösung, vertreten von Bremen, Hamburg, Schleswig-Holstein und Niedersachsen, gekennzeichnet, vgl. die Ausführungen des Berichterstatters *Weber* zum Deutsch-Belgischen Grenzabfertigungsabkommen in der 176. Sitzung des Bundesrates vom 3.5.1957, Stenographischer Bericht S. 643; *Maunz,* in: Maunz/Dürig/Herzog, GG, Art. 32 Fn. 1 auf Seite 10; *Pernice,* in: Dreier (Hrsg.), GG, Bd. 2, Art. 32, Rdnr. 42.

4 Daß den Bundesländern auf diesen Gebieten zumindest auch ein Abschlußrecht zusteht, ergibt sich bereits aus Art. 32 Abs. 3 GG.

5 *Grewe,* in: Isensee/Kirchhof (Hrsg.), HdStR, Bd. III, 2. Auflage 1996, § 77, Rdnr. 80 ff.; *Haas,* AöR Bd. 78 (1952/53) S. 382; *Menzel,* in; Bonner Kommentar, Art. 32 Anm. II 1; *Becker,* DVBl. 1955, 110.

6 *Weißauer,* in: Festschrift für K. Bengl, 1984, S. 152; *Bernhardt,* Der Abschluß völkerrechtlicher Verträge im Bundesstaat, S. 154, aber anders jetzt *ders.,* in: Isensee/Kirchhof (Hrsg.), HdStR, Bd. VII, § 174, Rdnr. 17; *Maunz,* in: Maunz/Dürig/Herzog, GG, Art. 32, Rdnr. 29 ff; *v.Stralenheim,* BayVBl. 1955, 7 f.; *v.d.Heydte,* DÖV 1953, 587; *Rojahn,* in: v.Münch/Kunig, GG II, 5. Auflage, Art. 32, Rdnr. 42 ff.

7 Auf die unterschiedlichen Ansätze von Vollzugslehre und Transformationstheorie braucht hier nicht eingegangen zu werden; sie sind im Rahmen dieser Untersuchung ohne Relevanz. Vgl. zu beiden *Schweitzer,* Staatsrecht III, 7. Auflage 2000, Rdnr. 423 f.; *Streinz,* in: Sachs, GG, 3. Auflage 2003, Art. 59, Rdnr. 61 ff.; *Bernhardt,* in: Isensee/Kirchhof (Hrsg.), HdStR, Bd. VII, § 174, Rdnr. 28.

8 Vgl. dazu *v.Stralenheim,* BayVBl. 1955, 7; *Streinz,* in: Sachs, GG, 3. Auflage 2003, Art. 32, Rdnr. 32.

Bundes angenommen werden. Das Grundgesetz räume der Einheit und Wirksamkeit der auswärtigen Gewalt des Bundes den Vorrang vor der Wahrung föderativer Eigenrechte der Länder ein.[9]
Überwiegend wird heute jedoch eine solche Kompetenz des Bundes kraft Sachzusammenhang als unzulässige Verfassungsdurchbrechung verneint.[10] Eine Zuständigkeit des Bundes könne weder aus Art. 32 Abs. 1 noch aus Art. 73 Nr. 1 GG hergeleitet werden.[11]

3. Die Lindauer Absprache

Der Streit wurde in der „Verständigung zwischen der Bundesregierung und den Staatskanzleien der Länder über das Vertragsschließungsrecht des Bundes", der sogenannten Lindauer Absprache[12] vom 14.November 1957[13], einem in der Praxis bewährten und für alle Seiten akzeptablen Kompromiß zugeführt.[14] Verfassungsdogmatisch wirft jedoch auch dieser nicht unerhebliche Schwierigkeiten auf.[15] Inhaltlich bedeutet die Absprache – unter Aufrechterhaltung der jeweiligen Rechtsauffassungen – ein Entgegenkommen der Länder hinsichtlich der Abschlußzuständigkeit des Bundes bei Verträgen über Materien, in denen ihre ausschließlichen Befugnisse typischerweise berührt werden, aber nur einen untergeordneten Bestandteil ausmachen, soweit der Schwerpunkt im Bereich der Bundeszuständigkeit liegt (Ziffer 2). Darüberhinaus soll der Bund auch Verträge über Gegenstände, für die er keine Gesetzgebungskompetenz besitzt, schließen

---

9 *Heckt,* DÖV 1958, 445 f.; *Grewe,* VVdStRL 12 (1954) S. 173, der diesen Standpunkt aber in Isensee/Kirchhof (Hrsg.), HdStR, Bd. III, 2. Auflage 1996, § 77 Fn. 159 ausdrücklich aufgibt.

10 *Schweitzer,* Staatsrecht III, 7. Auflage 2000, Rdnr. 454; *Brockmeyer,* in: Schmidt-Bleibtreu/Klein, GG, 9. Auflage 1999, Art. 32, Rdnr. 18; *Streinz,* in: Sachs, GG, 3. Auflage 2003, Art. 32, Rdnr. 37.

11 *Grewe,* in: Isensee/Kirchhof (Hrsg.), HdStR, Bd. III, 2. Auflage 1996, § 77, Rdnr. 88; *Bernhardt,* Der Abschluß völkerrechtlicher Verträge im Bundesstaat, S. 149; *Seidel,* Die Zustimmung der Bundesregierung zu Verträgen der Bundesländer mit auswärtigen Staaten gemäß Art. 32 III GG, S. 55.

12 Auch Lindauer Abkommen oder Vereinbarung genannt; vgl. *Winkelmann,* DVBl. 1993, 1129 Fn. 12. Bereits diese Begriffsverwirrung läßt erkennen, welche Unsicherheiten bei der Bestimmung der Rechtsnatur der Absprache bestehen, vgl. dazu ausführlich *Busch,* Lindauer Vereinbarung und Ständige Vertragskommission der Länder, S. 100 ff.

13 Abgedruckt u.a. bei *Maunz,* in: Maunz/Dürig/Herzog, GG, Art. 32, Rdnr. 45; *Schweitzer,* Staatsrecht III, 7. Auflage 2000, Rdnr. 128; *Morawitz/Kaiser,* Die Zusammenarbeit von Bund und Ländern bei Vorhaben der Europäischen Union, Anhang II, S. 139.

14 *Weißauer,* in: Festschrift für K. Bengl, 1984, S. 159; *Winkelmann,* DVBl. 1993, 1129.

15 *Seidel,* Die Zustimmung der Bundesregierung zu Verträgen der Bundesländer mit auswärtigen Staaten gemäß Art. 32 III GG, S. 62, hält die Lindauer Absprache für schlicht verfassungswidrig.

dürfen, wenn die Länder zugestimmt haben (Ziffer 3). Diese Zustimmung bringt zugleich – zumindest unter dem Gesichtspunkt der Bundestreue – die Verpflichtung der Länder mit sich, die notwendigen Durchführungsmaßnahmen zu erlassen.[16] Bei Verträgen, die wesentliche Interessen der Länder berühren, wird diesen ein Recht auf frühzeitige Information und Konsultation zugestanden (Ziffer 4).
Der so gefundene *modus vivendi* vollzieht also eine Trennung zwischen Abschluß- und Transformationskompetenz und kommt damit wohl der zwischen dem streng zentralistischen und dem föderalistischen Lager positionierten sogenannten „Norddeutschen Lösung", die diese Unterscheidung ebenfalls vornimmt[17], am nächsten.
Zusammengefaßt erfüllt der Rückgriff auf die Lindauer Absprache demnach zwei Funktionen: Zum einen die Vermeidung eines Konflikts über die Abschlußzuständigkeit in Fällen des Vertrags*abschlusses* des Bundes in Bereichen, die innerstaatlich in die Zuständigkeit der Länder fallen. Zum anderen die Sicherung des Vollzugs vom Bund geschlossener völkerrechtlicher Verträge, deren innerstaatliche Umsetzung der Bund nicht alleine gewährleisten kann.

Die Verfassungsmäßigkeit der Lindauer Absprache ist immer wieder in Zweifel gezogen worden. Vom föderalistischen Standpunkt aus wurde gegen sie eingewandt, Ziffer 2 und insbesondere Ziffer 3 stellten eine unzulässige Kompetenzübertragung von den Ländern auf den Bund dar, die nur im Wege einer formellen Grundgesetzänderung möglich sei.[18] Dem wird jedoch von weiten Teilen selbst der zum föderalistischen Ansatz tendierenden Literatur entgegengehalten, es gebe keinen allgemeinen Grundsatz, der inhaltlich begrenzte und jeweils auf einen Einzelfall beschränkte Übertragungen des Vertragsschließungsrechts verböte.[19] Die Zustimmung der Länder könne eine Ermächtigung des Bundes zum

---

16 *Schweitzer,* Staatsrecht III, 7. Auflage 2000, Rdnr. 460; *Dellmann,* in Seifert/Hömig (Hrsg.), GG, 6. Auflage 1999, Art. 59, Rdnr. 10; *Rojahn,* in: v.Münch/Kunig, GG II, 5. Auflage 2001, Art. 32, Rdnr. 55. *Streinz,* in: Sachs, GG, 3. Auflage 2003, Art. 32, Rdnr. 36: Verbot des *venire contra factum proprium; Stern,* in: Festschrift Carl Heymanns Verlag, 1995, S. 259.

17 Vgl. hierzu nochmals die Darstellung des Berichterstatters *Weber* in der 176. Sitzung des Bundesrates vom 3.5.1957, Stenographischer Bericht S. 643; *Seidel,* Die Zustimmung der Bundesregierung zu Verträgen der Bundesländer mit auswärtigen Staaten gemäß Art. 32 III GG, S. 58; *Bernhardt,* in: Isensee/Kirchhof (Hrsg.), HdStR, Bd. VII, § 174, Rdnr. 17; *Pernice,* in: Dreier (Hrsg.), GG, Bd. 2 Art. 32, Rdnr. 43.

18 *Rudolf,* AVR Bd. 13 (1966/67) S. 63; *Seidel,* Zustimmung der Bundesregierung zu Verträgen der Bundesländer mit auswärtigen Staaten gemäß Art. 32 III GG, S. 44; *Kramer,* Verteilung der Zuständigkeit zwischen Bund und Ländern, S. 131 f.

19 *Maunz,* in: Maunz/Dürig/Herzog, GG, Art. 32, Rdnr. 44; *Bernhardt,* Abschluß völkerrechtlicher Verträge im Bundesstaat, S. 180; *Rojahn,* in: v.Münch/Kunig, GG II, 5. Auflage 2001, Art. 32, Rdnr. 54.

Handeln sowohl im eigenen Namen als auch in Stellvertretung der Länder beinhalten.[20]
Aus zentralistischer Warte wurde kritisiert, das Erfordernis einer Zustimmung durch die Länder eröffne diesen ein ihnen vom Grundgesetz nicht eingeräumtes Mitwirkungsrecht, so daß ebenfalls die verfassungsmäßige Kompetenzverteilung in unzulässiger Weise unterlaufen werde.[21] Hiergegen läßt sich aber bereits der Wortlaut der Ziffer 3 der Regelung anführen, der den allseits gewollten unverbindlichen Charakter der Absprache zum Ausdruck bringt und dem Bund nicht mehr abverlangt, als er unter dem Gesichtspunkt der Bundestreue ohnehin zu tun verpflichtet ist.[22]
Eine abschließende Bewertung der Verfassungsmäßigkeit der Lindauer Absprache erscheint jedoch angesichts der seit über vier Jahrzehnten schwelenden Kontroverse wenig aussichtsreich[23] und ist auch nicht Gegenstand dieser Untersuchung. Vielmehr soll unter Berücksichtigung der seit 1957 einheitlichen Staatspraxis[24] die Lindauer Absprache im folgenden zugrundegelegt werden.

II. Die Regelung des Art. 23 GG

In Abweichung von der soeben dargestellten Regelung der Ländermitwirkung im klassisch-völkerrechtlichen Bereich richtet sich die Beteiligung der deutschen Bundesländer in Angelegenheiten der Europäischen Union nach der im Jahre 1992 neugefaßten Vorschrift des Art. 23 GG.[25] Diese stellt erstmals das schon in Art. 2 des Zustimmungsgesetzes zur Einheitlichen Europäischen Akte (EEAG)[26] verankerte sogenannte Bundesratsprinzip auf eine verfassungsrechtli-

---

20 *Mosler*, ZaöRV Bd. 16 (1955/1956) S. 25.

21 *Kramer*, Verteilung der Zuständigkeit zwischen Bund und Ländern, S. 131, der – allerdings ohne Begründung –von einer Vertragsqualität des Lindauer Abkommens ausgeht, vgl. S. 124.

22 *Schweitzer*, Staatsrecht III, 7. Auflage 2000, Rdnr. 130; *Winkelmann*, DVBl. 1993, 1129 f.; *Stern*, in: Festschrift Carl Heymanns Verlag, 1995, S. 260; *Kempen*, in: v.Mangoldt/Klein/Starck, GG II, Art. 32 I, Rdnr. 63.

23 Vgl. *Stern*, in: Festschrift Carl Heymanns Verlag, 1995, S. 264.

24 *Schweitzer*, Staatsrecht III, 7. Auflage 2000, Rdnr. 133. Der im Rahmen der Gemeinsamen Verfassungskommission von Bundestag und Bundesrat vom Land Nordrhein-Westfalen eingebrachte Vorschlag, den Wortlaut des Art. 32 GG entsprechend der Regelung der Lindauer Absprache neuzufassen, wurde u.a. mit der Begründung abgelehnt, angesichts der bewährten Staatspraxis sei ein Änderungsbedarf nicht erkennbar, vgl. Bericht der Gemeinsamen Verfassungskommission, BT-Drucksache 12/6000 vom 5.11.1993 S. 27.

25 Gesetz vom 21.12.1992, BGBl. I S. 2086.

26 Gesetz vom 19.12.1986, BGBl. II S. 1102.

che Grundlage.[27] Danach wirken gemäß Art. 23 Abs. 2 S. 1 GG die Länder in Angelegenheiten der Europäischen Union durch den Bundesrat mit. Diese Mitwirkung erfolgt nach Absatz 5 in abgestufter Form, je nachdem, in welchem Maße Gesetzgebungsbefugnisse der Länder berührt werden. Wenn im Schwerpunkt Gesetzgebungsbefugnisse der Länder betroffenen sind, ist gemäß Art. 23 Abs. 5 S. 2 GG die Auffassung des Bundesrates sogar „maßgeblich" zu berücksichtigen.
Ungeachtet des Streits über die Frage, ob sich daraus eine strikte Bindung der Bundesregierung ergibt[28], bleibt jedoch selbst diese stärkste Beteiligungsform im Rahmen des Art. 23 GG angesichts des Mehrheitsprinzips bei Bundesratsentscheidungen hinsichtlich der Einflußmöglichkeiten der Länder hinter der Regelung des Art. 32 Abs. 1 GG i.V.m. Lindauer Absprache zurück, bei der, wie oben erläutert, das Einvernehmen aller Bundesländer hergestellt werden muß.[29]

III. Der fortlaufende Kompetenzverlust der Bundesländer durch die immer weiter fortschreitende europäische Integration

Schon im Frühstadium der europäischen Integration wurden seitens der Länder Befürchtungen geäußert, eine fortschreitende Kompetenzverlagerung auf supranationale Einrichtungen sowie die Konzentration der Mitwirkungsrechte beim Bund führten zu einem verfassungsrechtlichen Strukturwandel, der über kurz oder lang die „Liquidierung" der Eigenstaatlichkeit der Länder zur Folge haben werde.[30] Seit jeher war deshalb die Europapolitik der Länder von dem Bestreben geprägt, ihren Einfluß auf den europäischen Entscheidungsprozeß – sei es innerstaatlich oder auf Gemeinschaftsebene – zu vergrößen.[31] Auch in neuerer Zeit

---

[27] Vgl. die Gesetzesbegründung der Bundesregierung, BR-Drucksache 501/92 vom 14.8.1992 S. 7; *Halfmann*, Enwicklungen des deutschen Staatsorganisationsrechts im Kraftfeld der Europäischen Integration, S. 79; *Oschatz/Risse*, DÖV 1995, 441; *Morawitz/Kaiser*, Die Zusammenarbeit von Bund und Ländern bei Vorhaben der Europäischen Union, S. 89.

[28] Ablehnend: *Streinz*, in: Sachs, GG, 3. Auflage 2003, Art. 23, Rdnr. 110; siehe dazu unten C.I.2.a).bb).(2). S. 41 ff.

[29] *Breuer*, NVwZ 1994, 426.

[30] So der damalige Ministerpräsident des Landes Nordrhein-Westfalen *Arnold* im Bundesrat anläßlich der Beratungen zum Vertrag über die Gründung der Europäischen Gemeinschaft für Kohle und Stahl (EGKS), Stenographisches Protokoll 61. Sitzung vom 27.6.1951 S. 440, 445, 446. Das Problem wurde auch in der 161. Sitzung des Bundestages vom 12.7.1951 (zum gleichen Verhandlungsgegenstand) angesprochen, Stenographisches Protokoll S. 6512 f.

[31] Vgl. zur Entwicklung bis zur EEA: *Borchmann*, AöR Bd. 112 (1987) S. 588 ff.; *Bethge*, in: Kremer (Hrsg.), Die Bundesrepublik Deutschland und das Königreich Spanien 1992, S. 40; *Morawitz/Kaiser*, Die Zusammenarbeit von Bund und Ländern bei Vorhaben der

werden immer wieder Klagen laut, die Grenze der Bestandsgarantie Art. 79 Abs. 3 GG sei hinsichtlich des föderalen Staatsaufbaus angesichts des Verlusts an Ländereigenverantwortlichkeit überschritten.[32]
In der Tat hat der Integrationsprozeß zu beträchtlichen mittelbaren und unmittelbaren Einbußen an Einflußnahmemöglichkeiten für die Länder geführt.[33] So werden einerseits immer mehr Materien von der Zuständigkeit der Europäischen Union erfaßt, die ehedem in den Bereich ausschließlicher Länderzuständigkeiten fielen[34], und dieser Vorgang wird sich – bedingt durch den „evolutiven Charakter des Gemeinschaftsrechts"[35] und nicht zuletzt durch die integrationsfreundliche Rechtsprechung des Gerichtshofs der Europäischen Gemeinschaften[36] – auch in Zukunft fortsetzen, wenn nicht gar verstärken. Zudem wird durch die – oft als systemwidrig gegeißelte[37] – sogenannte „Bundesratslösung" des Art. 23 Abs. 2 GG die Mitwirkung der Länder auf ein Bundesorgan, das zudem mit

---

Europäischen Union, S. 45; Bericht der Kommission Verfassungsreform des Bundesrates, BR-Drucksache 360/92 vom 14.5.1992 S. 3, Rdnr. 4; *Jaspert,* in: Magiera/Merten (Hrsg.), Bundesländer und Europäische Gemeinschaft, S. 89 ff.; zu Forderungen aus jüngerer Zeit vgl. die Stellungnahme des Bundesrates zum Vertrag von Amsterdam, BR-Drucksache 784/97 (Beschluß) vom 28.11.1997 S. 7 f.

32 *Erbguth,* in: Festschrift Carl Heymanns Verlag, 1995, S. 568; dahingehend wohl auch *Schweitzer,* ZG 1992, 131: „Föderalismus in seiner Substanz berührt".

33 Vgl. die Aufzählung bei *Dröll,* Die deutschen Bundesländer und die EG, S. 15 ff; *Morawitz/Kaiser,* Die Zusammenarbeit von Bund und Ländern bei Vorhaben der Europäischen Union, S. 13 ff.; *Breuer,* NVwZ 1994, 419, 425 m.w.N.; *Schweitzer,* ZG 1992, 129; *Streinz,* BayVBl. 2001, 484 ff. Einen Überblick über die Kompetenzlage nach Amsterdam und Nizza gibt *Reich,* EuGRZ 2001, 2 ff.

34 *Morawitz/Kaiser,* Die Zusammenarbeit von Bund und Ländern bei Vorhaben der Europäischen Union, S. 20; *Zuleeg,* in: Festschrift 50 Jahre Verfassung des Landes Hessen, 1997, S. 392.

35 *Ress/Bieber,* in: Bieber/Ress (Hrsg.), Die Dynamik des Europäischen Gemeinschaftsrechts, S. 14 ff.

36 *Bethge,* in: Kremer (Hrsg.), Die Bundesrepublik Deutschland und das Königreich Spanien 1992, S. 50; *Erbguth,* in: Festschrift Carl Heymanns Verlag, 1995, S. 564; *Schweitzer,* ZG 1992, 129; *Oppermann,* DVBl. 1994, 905; differenzierend *Everling,* JZ 2000, 217; *Zuleeg,* in: Festschrift 50 Jahre Verfassung des Landes Hessen, 1997, S. 393 f. In jüngerer Zeit ist allerdings eine zurückhaltendere Haltung des Gerichtshofs in Kompetenzfragen zu beobachten, so z.B. im sog. Tabak-Urteil EuGH Rs. C-376/98 (Deutschland/Parlament und Rat) Slg. 2000 S. I-8419; vgl. dazu *Streinz,* BayVBl. 2001, 484.

37 Z.B. *Rudolf,* in: Isensee/Kirchhof (Hrsg.), HdStR, Bd. IV, § 105, Rdnr. 76; kritisch auch *Bethge,* in: Bayerischer Landtag (Hrsg.), Die Regionen der EU im Hinblick auf die bevorstehende Osterweiterung, S. 21 f.

Mehrheit entscheidet[38], konzentriert[39]; eine Beteiligung, die den Verlust an eigenständiger, originärer Gestaltung nicht zu kompensieren vermag.[40] Andererseits verliert mit zunehmender europäischer Gesetzgebungsdichte auch der Bundesrat als Gesetzgebungsorgan des Bundes an Bedeutung.[41]

Wohl die Mehrheit der Literaturstimmen teilt dennoch nicht die soeben dargestellten verfassungsrechtlichen Bedenken und verweist auf den beachtlichen Zuwachs an Einwirkungsrechten der Länder, den gerade der neue Art. 23 GG mit sich gebracht habe.[42] Manche Autoren beklagen bereits eine übermäßige Kompetenzverschiebung *zugunsten* der Länder, die sich negativ auf die Handlungsfähigkeit Deutschlands gegenüber den anderen Mitgliedstaaten sowie den europäischen Einigungsprozeß insgesamt auswirken werde.[43] Andere halten zumindest die Angst vor einer „Auszehrung des Föderalismus" für überzogen und sehen die „Grundbalance zwischen Bund und Ländern" – noch – gewahrt.[44]

---

38 Art. 52 Abs. 3 GG.

39 *Schweitzer,* VVDStRL Bd. 53 (1994) S. 60 f.; *Erbguth,* in: Festschrift Carl Heymanns Verlag, 1995, S. 566.

40 *Breuer,* NVwZ 1994, 426; *Stein,* VVDStRL Bd. 53 (1994) S. 36 f.; *Erbguth,* in: Festschrift Carl Heymanns Verlag, 1995 S. 566; *Streinz,* in: Sachs, GG, 3. Auflage 2003, Art. 23, Rdnr. 97; *Reich,* EuGRZ 2001, 13.

41 *Haas,* DÖV 1988, 614; *Bethge,* in: Kremer (Hrsg.), Die Bundesrepublik Deutschland und das Königreich Spanien 1992, S. 34.

42 *Oschatz/Risse,* DÖV 1995, 451; *Schwarze,* JZ 1993, 586; *Herdegen,* EuGRZ 1992, 593.

43 Diese Befürchtung äußern *Stein,* VVDStRL Bd. 53 (1994) S. 45; *Schwarze,* JZ 1993, 590. Nach Auskunft der Ständigen Vertretung der Bundesrepublik bei der EU verläuft die Ländermitwirkung in der Praxis dagegen weitgehend unproblematisch und behindert nicht die Effektivität der Ausübung der deutschen Mitgliedschaftsrechte.

44 *Bethge,* in: Bayerischer Landtag (Hrsg.), Die Regionen der EU im Hinblick auf die bevorstehende Osterweiterung, S. 16; *Scholz,* in: Maunz/Dürig/Herzog, GG, Art. 23 GG, Rdnr. 90; *Classen,* in: v.Mangoldt/Klein/Starck, GG II, Art. 23, Rdnr. 46 m.w.N; *Zuleeg,* in: Festschrift 50 Jahre Verfassung des Landes Hessen, 1997, S. 398; *Stein,* VVDStRL Bd. 53 (1994) S. 33 und S. 46, vierter Leitsatz; *Schröder,* Europäische Bildungspolitik und bundesstaatliche Ordnung, S. 86 f.

B. Gegenstand, Gang und Relevanz der Untersuchung

I. Gegenstand der Untersuchung

In dieser Arbeit soll der Versuch unternommen werden, an den Schnittstellen der eingangs angeführten Beteiligungsformen die Anwendungsbereiche der beiden Regelungen voneinander abzugrenzen. Zu untersuchen werden also insbesondere die tendenziell intergouvernemental strukturierten Handlungsformen im Rahmen der Europäischen Union, vor allem im Bereich der Dritten Säule, sowie der Außenbeziehungen der Gemeinschaften sein. Zu dieser Problemstellung wurden seit der Neufassung des Art. 23 GG bereits mehrfach in Abhandlungen sehr unterschiedliche Lösungsvorschläge unterbreitet[45]; allein eine herrschende Meinung konnte sich bislang nicht herausbilden.
Wie bereits bei der damit verbundenen Frage der Abschluß- und Transformationskompetenz des Bundes im Bereich der Gesetzgebungszuständigkeit der Länder besteht auch in diesem Punkt Uneinigkeit zwischen dem Bund und den Ländern; eine abschließende Regelung steht noch aus.[46]

„Mitwirkungsrechte“ im Sinne dieser Untersuchung sind nur die rechtlichen Einflußnahmemöglichkeiten, also die Mitspracherechte der Länder. Dabei ist stets auch das „Ob“ und „Wie“ einer innerstaatlichen Umsetzung zu erörtern, da auch in diesem Rahmen den Ländern – zumeist über den Bundesrat – ein Mitspracherecht zukommen kann. Von einer Darstellung der daneben bestehenden zahlreichen Informations-, Koordinations- und Lobbyismuseinrichtungen wie dem Ausschuß der Regionen, der Europaministerkonferenz der Länder, den Länderbüros in Brüssel und dem Länderbeobachter soll hingegen abgesehen werden. Ihnen ist gerade im Bereich der intergouvernementalen Handlungsformen im Rahmen der Europäischen Union in der Regel ohnehin keine größere Bedeutung beizumessen.[47]

---

[45] Vgl. nur *Winkelmann*, DVBl. 1993, 1128; *Clostermeyer/Lehr*, DÖV 1998, 148; *Frenz*, DVBl. 1999, 945; *Oberländer*, Aufgabenwahrnehmung im Rahmen der EU durch Vertreter der Länder, S. 168 ff.

[46] Vgl. das Protokoll über den Verhandlungsstand zwischen Bund und Ländern in der Frage der Behandlung völkerrechtlicher Abkommen im Bereich der Europäischen Union (Beschluß der Chefs der Staats- und Senatskanzleien der Länder vom 24.2.1994), abgedruckt bei *Clostermeyer/Lehr*, DÖV 1998, 154.

[47] Vgl. für den Bereich der Änderungsverträge *Blume/Rex*, in: Borkenhagen (Hrsg.), Europapolitik der deutschen Länder, S. 30; *Schmuck*, in: Borkenhagen (Hrsg.), Europapolitik der deutschen Länder, S. 224, 226; allgemein zum Bedeutungsverlust der Europaministerkonferenz *Borkenhagen*, aaO., S. 237.

Außer Betracht bleiben soll der Bereich der Gemeinsamen Außen- und Sicherheitspolitik, also Titel V des Unionsvertrags. Denn zum einen sind beim derzeitigen Integrationsstand die dort vorgesehenen Handlungsformen noch weit weniger verrechtlicht als in der Ersten und Dritten Säule.[48] Zum anderen ergibt sich angesichts der innerstaatlichen Kompetenzverteilung auf diesem Gebiet kaum ein tauglicher Gegenstand einer Bundesratsmitwirkung.[49] Fragen der Länderbeteiligung wären hier also rein hypothetischer Natur.[50]
Auch die Beteiligung der Länder am Konvent zur Zukunft der Europäischen Union kann nicht in juristische Kategorien gefaßt werden. Es handelt sich bei diesem Gremium um ein politisches Instrument außerhalb der Unionsstruktur, dem keine rechtlichen Befugnisse verliehen sind. Daher ist die Frage der Ländermitwirkung ebenfalls eine politische.[51]

II. Gang der Untersuchung

Die Untersuchung des Ländereinflusses auf das Handlungsinstrumentarium der Europäischen Union kann nicht ohne eine einleitende Darstellung des jeweils zu betrachtenden Unionsrechtsakts auskommen. Dabei soll sich die Erörterung europarechtlicher Problemstellungen jedoch auf die für die Ländermitwirkung relevanten Aspekte beschränken; auf weitergehende Ausführungen in der einschlägigen Literatur und Rechtsprechung kann nur verwiesen werden.
Die in der Literatur nicht immer einheitliche Terminologie sowie sich überschneidende Teilbereiche zwingen dazu, einzelne Fragen, die eigentlich mehreren Kategorien von Rechtsakten zuzuordnen wären[52], an einer Stelle zu behan-

---

48 *Simon,* Le système juridique communautaire, 3. Auflage 2001, Rdnr. 277: «actes sui generis à l'interface du juridique et du politique»; vgl. aber auch *Kokott,* DVBl. 1996, 943 f.

49 *Halfmann,* Entwicklungen des deutschen Staatsorganisationsrechts im Kraftfeld der europäischen Integration, S. 86.

50 Dementsprechend nimmt § 11 EUZBLG den gesamten Bereich der GASP von der Länderbeteiligung nach diesem Gesetz und damit auch nach Art. 23 Abs. 2, 4 bis 7 GG, aus. Nach *Morawitz/Kaiser,* Die Zusammenarbeit von Bund und Ländern bei Vorhaben der Europäischen Union, S. 119, läßt sich die Ausnahme mit der besonderen Schutzbedürftigkeit der Informationen in diesem Bereich begründen; ebenso *Oberländer,* Aufgabenwahrnehmung im Rahmen der Europäischen Union durch Vertreter der Länder, S. 38. Alleine könnte dies aber zur verfassungsrechtlichen Rechtfertigung der Einschränkung des Art. 23 GG noch nicht genügen.

51 Die Entschließungen des Bundesrates zum Verfassungskonvent wurden deshalb auch nicht auf Art. 23 Abs. 2, 4 bis 7 GG i.V.m. EUZBLG gestützt, vgl. BR-Drucksache 1081/01 (Beschluß) vom 20.12.2001; BR-Drucksache 586/02 (Beschluß) vom 12.7.2002; sowie die Entsendung von Bundesratsvertretern, BR-Drucksache 67/02 (Beschluß) vom 4.2.2002.

52 Vgl. nur *Wuermeling,* Kooperatives Gemeinschaftsrecht, S. 164: „die fließenden Über-

deln und im weiteren Verlauf nur noch zu verweisen. So läßt sich beispielsweise zwischen den Verträgen der Mitgliedstaaten untereinander und den Beschlüssen der im Rat vereinigten Vertreter der Mitgliedstaaten, die im Rahmen dieser Untersuchung gesondert behandelt werden sollen, eine klare Trennlinie ebensowenig ziehen, wie zwischen den sogenannten „Evolutivklauseln“ und Übereinkommen der Mitgliedstaaten nach Art. 34 (ex-Art. K.6) Abs. 2 S. 2 lit. d) EU. Auch die gliederungsmäßige Unterscheidung zwischen dem Unionsrecht der Dritten Säule auf der einen und der Kategorie der „völkerrechtlichen Verträge der Mitgliedstaaten untereinander“ auf der anderen Seite mag zumindest von denjenigen, die die Zusammenarbeit im Rahmen der Europäischen Union als rein intergouvernemental organisiert betrachten, nicht als zwingend angesehen werden[53], zumal da die Einteilung nicht immer entlang einer eindeutigen Grenze verlaufen kann. So werden Übereinkommen nach Art. 34 (ex-Art. K.6) Abs. 2 S. 2 lit. d) EU im Rahmen der völkerrechtlichen Verträge untersucht, obwohl sie unzweideutig gleichzeitig ein Handlungsinstrument der Polizeilichen und Justitiellen Zusammenarbeit in Strafsachen darstellen.

III. Relevanz der Untersuchung

Angesichts der wachsenden praktischen Bedeutung der Kooperationsformen der Zweiten und Dritten Unionssäule stellt sich die Frage der Länderbeteiligung neu. Das Hauptaugenmerk früherer Beteiligungsverfahren[54] wie auch der wissenschaftlichen Literatur galt ersichtlich und zwangsläufig der internen Rechtsetzung der Gemeinschaften[55], mithin der Entscheidungsfindung im – supranationalen – Integrationsbereich. Diesen Mitwirkungsmodus ungeprüft und pauschal auf andere Gebiete der Zusammenarbeit zu übertragen – etwa mit der Begrün-

---

gänge bedingen die Durchlässigkeit der Unterteilung.“

53 So will *Streinz,* Europarecht, 5. Auflage 2001, Rdnr. 422c, Gemeinsame Aktionen, Rahmenbeschlüsse und Beschlüsse nach Art. 34 (ex-Art. K.6) Abs. 2 EU als völkerrechtliche Verwaltungsabkommen behandelt wissen; ebenso *Pechstein/Koenig,* Die Europäische Union, 3. Auflage 2000, Rdnr. 222.

54 Vgl. nur Art. 2 des Zustimmungsgesetzes zu den Römischen Verträgen, BGBl. II 1957 S. 753: „... soweit durch den Beschluß eines Rats innerdeutsche Gesetze erforderlich werden oder in der Bundesrepublik Deutschland unmittelbar geltendes Recht geschaffen wird...“; Art. 2 Abs. 2 des Gesetzes zur Einheitlichen Europäischen Akte (EEAG), BGBl. II 1986 S. 1102: „Die Bundesregierung gibt vor ihrer Zustimmung bei Beschlüssen der Europäischen Gemeinschaften...“; Bund-Länder-Vereinbarung vom 17.12.1987 in Ausführung von Art. 2 Abs. 6 EEAG (abgedruckt bei *Morawitz/Kaiser,* Die Zusammenarbeit von Bund und Ländern bei Vorhaben der Europäischen Union, S. 159).

55 Zu Art. 2 des Zustimmungsgesetzes zu den Römischen Verträgen vgl. *Schmidt-Meinecke,* Bundesländer und EG, S. 11 ff. Siehe auch *Schweitzer,* ZG 1992, 128, 131 „Beteiligung der Bundesländer an der europäischen *Gesetzgebung*“ (Hervorhebung durch Verf.).

dung, Art. 23 GG regle abschließend die Länderbeteiligung im Bereich der Europäischen Union –, hieße, die im Außenverhältnis gezielt gewählten Unterschiede im Innenverhältnis zu leugnen.

Auch auf die Beziehungen zu Drittstaaten kann die für interne Belange geltende Beteiligungsform nicht ohne weiteres übertragen werden. Probleme ergeben sich zunächst außerhalb des Gemeinschaftsbereichs. Dort ist umstritten, ob die Union, wie die Gemeinschaften, selbst Verträge schließen kann, oder ob an ihrer Stelle die Mitgliedstaaten Vertragspartei werden. Doch auch Verträge der Gemeinschaften selbst werden aus kompetentiellen oder politischen Gründen häufig zugleich von den Mitgliedstaaten abgeschlossen, was zu erheblichen Komplikationen hinsichtlich der innerstaatlichen Willensbildung führen kann.

Die Bedeutung der Abgrenzungsbemühungen ergibt sich schließlich aus den unterschiedlich stark ausgeprägten Einflußnahmemöglichkeiten, die sich den einzelnen Ländern eröffnen, je nachdem, welches Verfahren zur Anwendung kommt: Während nach Art. 23 Abs. 2 GG die Bundesländer, auch in Bereichen, die ihre ausschließliche Gesetzgebungszuständigkeit betreffen, über den Bundesrat mitwirken, und demgemäß, da dieser mit Stimmenmehrheit entscheidet, gegebenenfalls auch überstimmt werden können, ist nach den Bestimmungen des Lindauer Abkommens in Materien ausschließlicher Länderkompetenz stets die Zustimmung aller Länder herbeizuführen. Jedem einzelnen Bundesland stünde damit faktisch ein Vetorecht zu.

C. Mitwirkungsmöglichkeiten der deutschen Bundesländer bei völkervertraglichen Handlungen im Rahmen der Europäischen Union

I. Die Grundsatzregelung der Ländermitwirkung in Angelegenheiten der Europäischen Union: Art. 23 Abs. 2 GG

Art. 23 Abs. 2 GG gilt als „Generalnorm" der in Art. 23 Abs. 2, 4 bis 7 geregelten Beteiligungsfomen.[56] Er eröffnet den Anwendungsbereich der weiteren Absätze unter der Voraussetzung der Betroffenheit von „Angelegenheiten der Europäischen Union" und legt fest, daß die Mitwirkung der Länder über den Bundesrat erfolgt (sogenanntes Bundesratsprinzip). Wann genau solche „Angelegenheiten" vorliegen, geht aus der Vorschrift nicht hervor; der Begriff ist weder im Grundgesetz, noch im Ausführungsgesetz[57] nach Art. 23 Abs. 7 GG, noch in der in Ausführung von § 9 EUZBLG ergangenen Bund-Länder-Vereinbarung[58] definiert.

1. Die Entwicklung der Ländermitwirkung am Entscheidungsprozeß in EG-/EU-Angelegenheiten – frühere Beteiligungsformen

a) *Informelle Absprachen im Rahmen der Montanunion*

Obwohl bereits bei den Beratungen über den Montanunionsvertrag (EGKS-V[59]) im Jahr 1951 Bedenken hinsichtlich einer drohenden Aushöhlung der Eigenstaatlichkeit der Länder und Forderungen nach einem Mitwirkungsrecht des Bundesrates laut wurden[60], ging die Beteiligung der Länder bis 1957 nicht über Absprachen rein informeller Natur hinaus.[61] Selbst diese wurden von der Bundesregierung nur sporadisch eingehalten.[62]

---

56 *Breuer,* NVwZ 1994, 426; *Scholz,* in: Maunz/Dürig/Herzog, GG, Art. 23, Rdnr. 93; *ders.,* NVwZ 1993, 822.

57 Gesetz über die Zusammenarbeit von Bund und Ländern in Angelegenheiten der Europäischen Union (EUZBLG) vom 12.3.1993, BGBl. I S. 313.

58 Vereinbarung vom 29.10.1993 zwischen der Bundesregierung und den Regierungen der Länder über die Zusammenarbeit in Angelegenheiten der Europäischen Union, Bundesanzeiger Nr. 226 vom 2.12.1993 S. 10425, zuletzt geändert am 8.6.1998, Bundesanzeiger Nr. 123 vom 8.7.1998 S. 9433.

59 Vertrag über die Gründung der Europäischen Gemeinschaft für Kohle und Stahl vom 18.4.1951 BGBl. II 1952 S. 447.

60 Siehe oben S. 26 (Fn. 30).

61 *Reich,* EuGRZ 2001, 12; *Morawitz/Kaiser,* Die Zusammenarbeit von Bund und Ländern bei Vorhaben der Europäischen Union, S. 45; *Borchmann,* VR 1994, 149.

62 *Borchmann,* AöR Bd. 112 (1987) S. 588.

b) Das Zuleitungsverfahren nach Art. 2 des Zustimmungsgesetzes zu den Römischen Verträgen

Eine gesetzliche Regelung erfuhr die Mitwirkung des Bundesrats (und des Bundestags) erstmalig in Art. 2 des Zustimmungsgesetzes zu den Römischen Verträgen.[63] Das dort geregelte sogenannte Zuleitungsverfahren stellt letztlich aber nur die Konkretisierung des sich bereits aus Art. 53 S. 3 GG und dem Gebot der Bundestreue[64] ergebenden Rechts des Bundesrats dar, von der Bundesregierung „über die Führung der Geschäfte auf dem laufenden" gehalten zu werden[65] und hat – obwohl noch immer in Kraft[66] – spätestens mit Inkrafttreten des neuen Art. 23 GG seine Bedeutung verloren.[67]

c) Das Länderbeteiligungsverfahren von 1979

Einen entscheidenden Einfluß auf die vom Bund auf EG-Ebene vertretenen Standpunkte erlangten die Bundesländer im Jahr 1979 mit dem sogenannten „Länderbeteiligungsverfahren"[68], mit dem dem Bund erstmals die Zusage abgerungen werden konnte, in Angelegenheiten, die innerstaatlich ausschließliche Länderkompetenzen betreffen, in EG-Gremien den von den Ländern eingenommenen, in einem eigens festgelegten Abstimmungsverfahren[69] zustandegekommenen Standpunkt zu vertreten, es sei denn, zwingende außen- und integrationspolitische Gründe erforderten eine Abweichung.[70] Bei anderen EG-

---

63 Gesetz vom 27.7.1957, BGBl. II S. 753, abgedruckt bei *Morawitz/Kaiser,* Die Zusammenarbeit von Bund und Ländern bei Vorhaben der Europäischen Union, Anhang I, S. 135.

64 Welche Verpflichtungen sich für die Bundesregierung gegenüber den Ländern in Angelegenheiten der Europäischen Union unter dem Gesichtspunkt der Bundestreue ergeben, hat das Bundesverfassungsgericht zwischenzeitlich in seiner Entscheidung zur EG-Fernsehrichtlinie klargestellt, BVerfGE 92, 203, 230 ff.; allgemein zur Bundestreue BVerfGE 12, 205, 254 ff.

65 *Reich,* EuGRZ 2001, 12; *Halfmann,* Entwicklungen des deutschen Staatsorganisationsrechts im Kraftfeld der Europäischen Integration, S. 29; *Bethge,* in: Kremer (Hrsg.), Die Bundesrepublik Deutschland und das Königreich Spanien 1992, S. 41.

66 § 2 EUZBLG läßt die Informationsverpflichtung aus Art. 2 des Zustimmungsgesetzes ausdrücklich unberührt.

67 *Schweitzer,* Staatsrecht III, 7. Auflage 2000, Rdnr. 383.

68 *Bethge,* in: Kremer (Hrsg.), Die Bundesrepublik Deutschland und das Königreich Spanien 1992, S. 41; *Borchmann,* AöR Bd. 112 (1987) S. 597.

69 Vgl. hierzu *Rudolf,* in: Festschrift für H.-J. Schlochauer, 1981, S. 133 f.

70 Punkt II Ziff. 2 des Schreibens des Bundeskanzlers *Schmidt* an den Vorsitzenden der Ministerpräsidentenkonferenz Rau vom 19.9.1979, abgedruckt bei *Morawitz/Kaiser,* Die Zusammenarbeit von Bund und Ländern bei Vorhaben der Europäischen Union, Anhang V, S. 153.

Vorhaben, die wesentliche Interessen der Länder berührten, wurde diesen ein Anhörungsrecht eingeräumt.[71]
Freilich waren diese Zusagen nicht Teil einer rechtsförmlichen Vereinbarung, sondern gingen lediglich aus einer an die Ministerpräsidentenkonferenz gerichteten Erklärung des Bundeskanzlers hervor, der wohl jede Rechtsverbindlichkeit fehlte.[72]

d) Die Beteiligung nach Art. 2 EEAG

Im Jahr 1986 gelang es den Ländern schließlich im Zuge der Verhandlungen über die Zustimmung zur Einheitlichen Europäischen Akte[73], sich die im „Länderbeteiligungsverfahren" bereits informell zugestandenen Mitwirkungsrechte gesetzlich verbriefen zu lassen. Da sich diese aber aufgrund des umständlichen Meinungsbildungsprozesses als weitgehend ineffektiv erwiesen hatten[74], brachte Art. 2 EEAG nicht unerhebliche Modifikationen mit sich: Das unmittelbare Engagement der Länder[75] im Bereich ihrer ausschließlichen Gesetzgebung wurde ersetzt durch ein (Mehrheits-) Votum des Bundesrates, von dem die Bundesregierung gemäß Art. 2 Abs. 3 S. 2 EEAG „nur aus unabweisbaren außen- oder integrationspolitischen Gründen abweichen" durfte.[76] Im übrigen waren die vom Bundesrat vorgetragenen Länderbelange „in die Abwägung einzubeziehen".[77] Die Details des Verfahrens wurden in Ausführung von Art. 2 Abs. 6 EEAG in einer förmlichen Vereinbarung zwischen Bund und Ländern geregelt.[78]

---

[71] Punkt II Ziff. 3 des Schreibens.

[72] *Blumenwitz,* in: Gedächtnisschrift für C. Sasse, 1981, Bd. 1, S. 226; *Borchmann,* AöR Bd. 112 (1987) S. 594; *Morawitz/Kaiser,* Die Zusammenarbeit von Bund und Ländern bei Vorhaben der Europäischen Union, S. 63. Möglicherweise wäre der Bund aber unter dem Gesichtspunkt der Bundestreue an einem einseitigen Widerruf gehindert gewesen, vgl. *Rudolf,* in: Festschrift für H.-J. Schlochauer, 1981, S. 132 f.

[73] Einheitliche Europäische Akte (EEA) vom 28.2.1986, ABl. EG Nr. L 169 vom 29.6.1987 S. 1.

[74] *Jaspert,* in: Magiera/Merten (Hrsg.), Bundesländer und Europäische Gemeinschaft, S. 96; *Morawitz/Kaiser,* Die Zusammenarbeit von Bund und Ländern bei Vorhaben der Europäischen Union, S. 63; *Halfmann,* Entwicklungen des deutschen Staatsorganisationsrechts im Kraftfeld der europäischen Integration, S. 37; *Haas,* DÖV 1988, 617.

[75] *Blumenwitz,* in: Gedächtnisschrift für C. Sasse, 1981, Bd. 1, S. 227.

[76] Dazu *Hrbek,* Die Beteiligung der deutschen Länder an den innerstaatlichen Beratungen und Entscheidungen in EG-Angelegenheiten, S. 13.

[77] Art. 2 Abs. 3 S. 3 EEAG.

[78] Vereinbarung vom 17.12.1987 zwischen der Bundesregierung und den Regierungen der Länder über die Unterrichtung und Beteiligung des Bundesrates und der Länder bei Vorhaben im Rahmen der Europäischen Gemeinschaften in Ausführung von Art. 2 des Gesetzes vom 19.12.1986 zur Einheitlichen Europäischen Akte vom 28.2.1986, abgedruckt bei *Morawitz/Kaiser,* Die Zusammenarbeit von Bund und Ländern bei Vorhaben der Eu-

Die Verfassungsmäßigkeit des Art. 2 EEAG wurde immer wieder in Zweifel gezogen. Bedenken ergaben sich zum einen hinsichtlich der Kompetenz des Bundes zur Regelung der Länderbeteiligung durch den einfachen Gesetzgeber[79], dem es wegen Art. 79 Abs. 1 S. 1, Abs. 2 GG nicht zukomme, Verfassungsstrukturen zu modifizieren. Genau dies geschehe aber, wenn Art. 2 Abs. 3 S. 2 EEAG die Bundesregierung an die Stellungnahme des Bundesrates binde.[80] Zum anderen wurde die Zulässigkeit des Auftretens des Bundesorgans Bundesrat als Interessenvertretung der Länder im Bereich von deren ausschließlicher Gesetzgebung im Wege einer „Organleihe" in Frage gestellt.[81] Die politische Mitwirkung der Länder im Bundesrat sei auf die Entscheidung von Bundesangelegenheiten gerichtet; die Koordination und Kooperation der Länder in anderen Bereichen habe demnach auch in anderen, vom Bundesrat verschiedenen (Länder-) Einrichtungen stattzufinden.[82] Nicht zuletzt wurde auch die Regelung der Interorganbeziehungen auf Bundesebene (zwischen Bundesregierung und Bundesrat) durch eine Bund-Länder-Vereinbarung gemäß Art. 2 Abs. 6 EEAG kritisiert.[83] In seiner Entscheidung zur sogenannten Fernsehrichtlinie[84] hat das Bundesverfassungsgericht die Regelung jedoch als

---

ropäischen Union, Anhang VIII, S. 159.

79 Lehnen eine Bundeskompetenz ab: *Morawitz/Kaiser,* Die Zusammenarbeit von Bund und Ländern bei Vorhaben der Europäischen Union, S. 64; kritisch: *Schütz,* BayVBl. 1990, 488; die Möglichkeit, den Ländern durch einfaches Bundesgesetz weitere Formen der Einflußnahme auf die Willensbildung des Bundes über die vom Grundgesetz vorgesehen hinaus einzuräumen bejaht dagegen *Grabitz,* EuR 1987, 315; ebenfalls keine verfassungsrechtlichen Bedenken hat *Haas,* DÖV 1988, 619.

80 So *Bethge,* in: Kremer (Hrsg.), Die Bundesrepublik Deutschland und das Königreich Spanien 1992, S. 43 ff., der jedoch eine verfassungskonforme Auslegung der Bindung als bloße Konkretisierung der Bundestreue für möglich hält; ähnlich *Grabitz,* EuR 1987, 319, der eine Bindung an die Stellungnahme des Bundesrates ebenfalls nur im Rahmen der vom Grundsatz der Bundestreue vorgegebenen Mißbrauchsgrenzen annimmt.

81 Das hielten im Rahmen der Verhandlungen zum Länderbeteiligungsverfahren im Jahre 1979 auch die Länder noch für nicht grundgesetzkonform, vgl. *Jaspert,* in: Magiera/Merten (Hrsg.), Bundesländer und Europäische Gemeinschaft, S. 96; *Morawitz/Kaiser,* Die Zusammenarbeit von Bund und Ländern bei Vorhaben der Europäischen Union, S. 65.

82 *Badura,* in: Bundesrat (Hrsg.), Vierzig Jahre Bundesrat, S. 318. Das Bundesratsverfahren wird auch aus Gründen der daraus resultierenden Kompetenzverschiebung von den Landtagen auf die Exekutiven und wegen des in Fragen ausschließlicher Länderzuständigkeit unangebrachten Mehrheitsprinzips für unpassend gehalten, vgl. *Schütz,* BayVBl. 1990, 520; *Bethge,* in: Bayerischer Landtag (Hrsg.), Die Regionen der EU im Hinblick auf die bevorstehende Osterweiterung, S. 22.

83 „... reichlich suspekt": *Bethge,* in: Kremer (Hrsg.), Die Bundesrepublik Deutschland und das Königreich Spanien 1992, S. 47.

84 Richtlinie 89/552/EWG des Rates vom 3.10.1989 zur Koordinierung bestimmter Rechts- und Verwaltungsvorschriften der Mitgliedstaaten über die Ausübung der Fernsehtätigkeit, ABl. EG Nr. L 298 vom 17.10.1989 S. 23.

fassungsgericht die Regelung jedoch als Ausformung der bundesstaatlichen Kooperationspflicht akzeptiert.[85]

2. Die „Neuregelung" des Art. 23 Abs. 2, 4 bis 7 GG

Mit der anläßlich[86] des Vertrags von Maastricht[87] eingeführten Neufassung des Art. 23 Abs. 2, 4 bis 7 GG scheint nun – zumindest vorläufig – ein Endpunkt in der Entwicklung hin zu immer weitergehenden Mitwirkungsrechten der Bundesländer erreicht.[88] Ein erklärtes Ziel der Neuregelung war es, durch die verfassungsrechtliche Festschreibung der Mitwirkungs- und Wahrnehmungsrechte entsprechend der innerstaatlichen Kompetenzverteilung einer Verschiebung der innerstaatlichen Gewichte zwischen Bund und Ländern im Zuge des europäischen Einigungsprozesses entgegenzuwirken[89] und so die bundesstaatliche Binnenstruktur der Bundesrepublik zu wahren. Durch die Verankerung im Grundgesetz konnte auch wenigstens einigen der gegen Art. 2 EEAG erhobenen verfassungsrechtlichen Bedenken Rechnung getragen werden.[90]

---

85 BVerfGE 92, 203, 234.

86 Umstritten war und ist, ob die Grundgesetzänderung notwendige Voraussetzung für die Ratifikation des EU-Vertrags war, vgl. *Scholz,* NVwZ 1993, 819, der davon ausgeht, daß es der „allgemeinen Auffassung" entspreche, daß es für die Zustimmung der Bundesrepublik des neuen Art. 23 GG bedurfte; ebenso die Stellungnahme des Bundesrates, BT-Drucksache 12/3540 vom 22.10.1992 S. 8; a.A. dagegen z.B. *Schwarze,* JZ 1993, 587; *Everling,* DVBl. 1993, 943; *Magiera,* Jura 1994, 7; *Klein/Haratsch,* DÖV 1993, 797; weitere Nachweise bei *Breuer,* NVwZ 1994, 420 (Fn. 34).

87 Vertrag über die Europäische Union vom 7.2.1992, ABl. EG Nr. C 191 vom 29.7.1992 S. 1; BGBl. II 1992 S. 1253.

88 *Halfmann,* Entwicklungen des deutschen Staatsorganisationsrechts, S. 26; *Reich,* EuGRZ 2001, 12. Forderungen der Länder aus jüngerer Zeit (vgl. die Stellungnahme des Bundesrates zum Vertrag von Amsterdam, BR-Drucksache 784/97 (Beschluß) vom 28.11.1997 S. 7 f.) betreffen lediglich Auslegungsfragen und die Anpassung der in Art. 23 GG festgeschriebenen Mitwirkungsrechte an neuere Entwicklungen auf Gemeinschaftsebene. Ihnen wurde durch die Änderung vom 8.6.1998 der Bund-Länder-Vereinbarung in Ausführung von § 9 EUZBLG zum Teil Rechnung getragen, vgl. Bundesanzeiger Nr. 123 vom 8.7.1998 S. 9433.

89 Bericht der Gemeinsamen Verfassungskommission, BT-Drucksache 12/6000 vom 5.11.1993 S. 20; *Kunig,* in: Festschrift Carl Heymanns Verlag, 1995, S. 592; *Klein/Haratsch,* DÖV 1993, 797.

90 Insbesondere der Forderung, eine Beteiligungsregelung wie die des Art. 2 EEAG benötige eine verfassungsrechtliche Grundlage (vgl. *Schütz,* BayVBl. 1990, 488) wurde damit entsprochen, vgl. *Streinz,* in: Sachs, GG, 3. Auflage 2003, Art. 23, Rdnr. 4. Der Vorwurf der Systemwidrigkeit der Ländermitwirkung über den Bundesrat (vgl. nur *Rudolf,* in: Isensee/Kirchhof (Hrsg.), HdStR, Bd. IV, § 105, Rdnr. 76), konnte freilich nach wie vor nicht entkräftet werden, a.A. die Bundesregierung, BR-Drucksache 501/92 vom

a) Inhalt der Regelung

Art. 23 Abs. 1 S. 1 GG schreibt als Staatsziel die Mitwirkung der Bundesrepublik Deutschland an der Verwirklichung eines vereinten Europa fest und stellt gleichzeitig strukturelle und inhaltliche Anforderungen an deren künftige Gestalt (sogenannte „Integrationsöffnungs- und Struktursicherungsklausel“[91]). Die Sätze 2 und 3[92] regeln die Übertragung von Hoheitsrechten auf die Union, die fortan,

---

14.8.1992 S. 17: „entspricht auch dem Bundesstaatsprinzip“; Stellungnahme des Bundesrates, BT-Drucksache 12/3540 vom 22.10.1992 S. 8: „Konsequenz des bundesstaatlichen Aufbaus der Bundesrepublik“.

91 Vgl. dazu *Breuer,* NVwZ 1994, 421 f.; *Randelzhofer,* in: Maunz/Dürig/Herzog, GG, Art. 24, Rdnr. 202.

92 Das Verhältnis der beiden Vorschriften zueinander ist ungeklärt. Teilweise wird unter Berufung auf BVerfGE 58, 1, 36 angenommen, jede Übertragung von Hoheitsrechten nach Satz 2 gebe ein Stück Staatlichkeit preis und mache mithin auch eine Verfassungsänderung nach Satz 3 notwendig (vgl. die Stellungnahme des Bundesrates, BT-Drucksache 12/3338 vom 2.10.1992 S. 12; Bericht der Gemeinsamen Verfassungskommission BT-Drucksache 12/6000 vom 5.11.1993 S. 21; Stellungnahme des Bundesrates zum Vertrag von Nizza, BT-Drucksache 14/6146 vom 25.5.2001 S. 55; *Wilhelm,* BayVBl. 1992, 707; *Rojahn,* in: v.Münch/Kunig, GG II, 5. Auflage, Art. 23, Rdnr. 47; *Classen,* in: v.Mangoldt/Klein/Starck, GG II, Art. 23, Rdnr. 20 f.; *Everling,* DVBl. 1993, 943; *Brockmeyer,* in: Schmidt-Bleibtreu/Klein, GG, 9. Auflage 1999, Art. 23, Rdnr. 16; *Randelzhofer,* in: Maunz/Dürig/Herzog, GG, Art. 24, Rdnr. 203; *König,* Die Übertragung von Hoheitsrechten im Rahmen des europäischen Integrationsprozesses, S. 309; *Kunig,* in: Festschrift Carl Heymanns Verlag, 1995, S. 596 f.; *Bothe/Lohmann,* ZaöRV 1998, 4; *Meißner,* Die Bundesländer und die Europäischen Gemeinschaften, S. 68 f.). Die Gegenansicht geht davon aus, Satz 3 komme nur zur Anwendung, wenn über die Übertragung von Hoheitsrechten hinaus Verfassungsinhalte betroffen sind, beziehungsweise, wenn die vertraglichen Grundlagen der Union geändert werden (vgl. die Gesetzesbegründung und Gegenäußerung der Bundesregierung zur Stellungnahme des Bundesrates, BT-Drucksache 12/3338 vom 2.10.1992 S. 7, 14; Gegenäußerung zur Stellungnahme des Bundesrates zum Vertrag von Nizza, BT-Drucksache 14/6146 vom 25.5.2001 S. 57; *Schotten,* VR 1993, 91; *Scholz,* NVwZ 1993, 821 f.; *Scholz/Hofmann,* Europa-Blätter 1998, 4 f.; *Pernice,* in: Dreier (Hrsg.), GG, Bd. 2, Art. 23, Rdnr. 92; *Magiera,* Jura 1994, 9). Vorzugswürdig erscheint es, mit der erstgenannten Ansicht jede Übertragung von Hoheitsrechten vom Vorliegen verfassungsändernder Mehrheiten in Bundestag und Bundesrat abhängig zu machen. Die Notwendigkeit einer Unterscheidung zwischen gewichtigen und weniger gewichtigen Hoheitsrechtsübertragungen mit dem Ziel, Art. 23 Abs. 1 S. 2 GG einen eigenständigen Anwendungsbereich zu eröffnen, läßt sich aus der Vorschrift nicht herleiten. Zudem fehlt es an einem hinreichend praktikablen Abgrenzungskriterium. Vielmehr bedeutet auch eine „geringfügige“ Übertragung von Hoheitsrechten einen – wenn auch geringfügigen – Eingriff in die verfassungsrechtlich festgelegte Zuständigkeitsordnung und damit materiell eine Verfassungsänderung. Satz 2 beinhaltet demnach allgemein die Ermächtigung zur Öffnung des nationalen Rechtsraums gegenüber fremden Hoheitsakten; Satz 3 legt die hierfür erforderlichen Mehrheiten fest. Vgl. dazu im einzelnen noch unten C.II.5.b).bb).(2).(a). S. 163.

ohne daß zwischen Hoheitsrechten der Länder und solchen des Bundes differenziert würde, nur noch mit Zustimmung des Bundesrates erfolgen kann.[93]
Art. 23 Abs. 3 GG normiert die Beteiligung des Bundestages, Abs. 4 bis 6 die Mitwirkung des Bundesrates in allen Angelegenheiten der Europäischen Union, die nicht die Setzung von Primärrecht betreffen.[94] Beides wird in der „Generalnorm" des Art. 23 Abs. 2 S. 1 GG schon allgemein bestimmt. Nur die Beteiligung des Bundesrates ist jedoch für die vorliegende Untersuchung von Bedeutung. Die Einzelheiten des – im Rahmen des Grundgesetzes selbst ohnehin schon sehr detailliert[95], nach Ansicht mancher zu detailliert[96] geregelten – Verfahrens wurden, auf Grundlage des Art. 23 Abs. 7 GG, durch einfaches Bundesgesetz und, in Ausführung von dessen § 9, durch eine Bund-Länder-Vereinbarung festgelegt.

aa) Unterrichtung des Bundesrates

Grundvoraussetzung der Mitwirkung des Bundesrates ist zunächst ein Recht auf ausführliche und frühzeitige Information durch die Bundesregierung[97]; dem trägt Art. 23 Abs. 2 S. 2 GG i.V.m. § 2 EUZBLG Rechnung.[98] Danach ist die Bundesregierung verpflichtet, den Bundesrat „umfassend und zum frühestmöglichen Zeitpunkt über alle Vorhaben im Rahmen der Europäischen Union, die für die Länder von Interesse sein könnten", zu unterrichten. Die Unterrichtungspflicht umfaßt demzufolge alle Belange, von denen die Bundesregierung bei ihrer Mit-

---

[93] Vgl. die Gesetzesbegründung der Bundesregierung BR-Drucksache 501/92 vom 14.8.1992 S. 14; *Wilhelm*, BayVBl. 1992, 707.

[94] *Wilhelm*, BayVBl. 1992, 708; siehe dazu unten C.II.5.a).aa).(1).(a). S. 138.

[95] *Kunig*, in: Festschrift Carl Heymanns Verlag, 1995, S. 592; *Magiera*, Jura 1994, 9.

[96] *Schwarze*, JZ 1993, 590; *Ossenbühl*, DVBl. 1993, 630; *Hilf*, in der Aussprache zum Thema EU – Gefahr oder Chance für den Föderalismus in Deutschland, Österreich und der Schweiz? VVDStRL Bd. 53 (1993) S. 153.

[97] Bericht des Sonderausschusses „Europäische Union (Vertrag von Maastricht)", BT-Drucksache 12/3896 vom 1.12.1992 S. 19; *Magiera*, Jura 1994, 9; *Kunig*, in: Festschrift Carl Heymanns Verlag, 1995, S. 597; *Füßlein*, in: Seifert/Hömig (Hrsg.), GG, 6. Auflage 1999, Art. 23, Rdnr. 5; *Classen*, in: v.Mangoldt/Klein/Starck, GG II, Art. 23, Rdnr. 89.

[98] Die Vorschrift wiederholt aber letztlich nur die schon aufgrund Art. 53 S. 3 GG, Art. 2 des Zustimmungsgesetzes zu den Römischen Verträgen und Art. 2 Abs. 1 EEAG bestehende Unterrichtungspflicht der Bundesregierung, ohne darüber hinauszugehen, vgl. die Gesetzesbegründung der Bundesregierung zum EUZBLG, BT-Drucksache 12/3540 vom 22.10.1992 S. 5; *Morawitz/Kaiser*, Die Zusammenarbeit von Bund und Ländern bei Vorhaben der Europäischen Union, S. 88, *Magiera*, Jura 1994, 9. Nach *Clostermeyer/Lehr*, DÖV 1998, 149 (Fn. 6) bedarf § 2 EUZBLG insoweit der verfassungskonformen Auslegung, als die Vorschrift im Gegensatz zu Art. 23 Abs. 2 GG die Betroffenheit von Länderinteressen als Voraussetzung der Informationspflicht verlangt.

wirkung auf europäischer Ebene Kenntnis erlangt hat und die für die Beteiligung der Bundesländer in irgendeiner Weise von Bedeutung sein könnten, sowie die von der Bundesregierung selbst verfolgten Ziele.[99]

bb) Abgestufte Mitwirkung bei der Willensbildung des Bundes

Gemäß Art. 23 Abs. 4 GG ist der Bundesrat an der Willensbildung des Bundes in EU-Angelegenheiten zu beteiligen, wenn er an einer entsprechenden innerstaatlichen Maßnahme mitzuwirken hätte[100] oder soweit die Länder innerstaatlich zuständig wären. Letztlich ist der Bundesrat (so gut wie) immer einzubinden.[101] Damit ist eine Aussage aber zunächst nur über das „Ob" der Beteiligung des Bundesrates getroffen; das „Wie", also das Ausmaß des Mitwirkungsrechts, regelt Absatz 5 in verschiedenen Abstufungen.

(1) Einfache Berücksichtigung der Stellungnahme des Bundesrats Art. 23 Abs. 5 S. 1 GG i.V.m. § 5 Abs. 1 EUZBLG

Nach Art. 23 Abs. 5 S. 1 Alt. 1 GG hat die Bundesregierung im Bereich der ausschließlichen Gesetzgebungszuständigkeit des Bundes die Stellungnahme des Bundesrates zu berücksichtigen, soweit dort Interessen der Länder berührt sind. Dasselbe gilt nach der zweiten Alternative des Satzes 1 auch, soweit der Bund im übrigen das Recht zur Gesetzgebung hat, also im Bereich der konkurrierenden und Rahmengesetzgebung. Kontroversen bereitete allerdings die Frage, ob, soweit der Bund von einer konkurrierenden Kompetenz noch nicht Gebrauch gemacht hat, die Auffassung des Bundesrates „maßgeblich" im Sinne des Satzes 2 oder nur schlicht zu berücksichtigen sei.[102] Der Bundesrat stellte sich anfänglich auf den Standpunkt, in diesen Fällen sei nicht nach Art. 23 Abs. 5 S. 1 Alt. 2 GG, sondern vielmehr nach S. 2 zu verfahren, so daß gegebenenfalls eine Bindung der Bundesregierung an die Stellungnahme des Bundesrates anzunehmen sei.[103] Diese einschränkende Auffassung konnte sich aber nicht durchset-

---

[99] Vgl. *Kunig,* in: Festschrift Carl Heymanns Verlag, 1995, S. 598.

[100] D.h. sowohl bei Zustimmungs- als auch bei Einspruchsgesetzen, vgl. *Wilhelm,* BayVBl. 1992, 708.

[101] *Streinz,* in: Sachs, GG, 3. Auflage 2003, Art. 23, Rdnr. 103, *Wilhelm,* BayVBl. 1992, 708; *Schweitzer,* Staatsrecht III, 7. Auflage 2000, Rdnr. 386. Ausgenommen sind unverbindliche Rechtshandlungen.

[102] Vgl. dazu ausführlich *Halfmann,* Entwicklungen des deutschen Staatsorganisationsrechts im Kraftfeld der europäischen Integration, S. 102 ff.

[103] Vgl. Stellungnahme des Bundesrates zum Gesetzentwurf, BT-Drucksache 12/3338 vom 2.10.1992 S.12; die entgegengesetzte Auffassung vertrat die Bundesregierung in der Ge-

zen.[104] Sie findet im Wortlaut des Art. 23 Abs. 5 S. 1 Alt. 2 GG keine Grundlage, der eindeutig nicht darauf abstellt, ob der Bund bereits gesetzgeberisch tätig geworden ist. Ausschlaggebend ist demnach nur, ob der Bund das Recht zur Gesetzgebung nach Maßgabe von Art. 72 Abs. 2 GG hat.[105] Die klarstellende Bestimmung des § 5 Abs. 2 S. 1 EUZBLG, derzufolge die Stellungnahme des Bundesrates immer nur dann maßgeblich zu berücksichtigen ist, wenn der Bund *kein* Recht zur Gesetzgebung hat[106], steht mithin auch nicht im Widerspruch zu Art. 23 Abs. 5 GG.[107]

Die Bundesregierung ist an Stellungnahmen, die nach Art. 23 Abs. 5 S. 1 GG i.V.m. § 5 Abs. 1 EUZBLG schlicht zu berücksichtigen sind, nicht gebunden.[108] Sie muß sie lediglich „zur Kenntnis nehmen, in ihre Entscheidung einbeziehen und sich mit ihnen auseinandersetzen".[109]

(2) *Maßgebliche Berücksichtigung der Stellungnahme des Bundesrates gem. Art. 23 Abs. 5 S. 2 GG i.V.m. § 5 Abs. 2 S. 3 bis 5 EUZBLG*

(a) *Letztentscheidungsrecht oder lediglich verstärkte Berücksichtigungspflicht?*

Gemäß Art. 23 Abs. 5 S. 2 GG ist – unter Wahrung der gesamtstaatlichen Verantwortung des Bundes – die Stellungnahme des Bundesrates bei der Willensbildung des Bundes hingegen maßgeblich zu berücksichtigen, soweit „im Schwerpunkt Gesetzgebungsbefugnisse der Länder, die Einrichtung ihrer Behörden oder ihre Verwaltungsverfahren betroffen sind". Die Regelung erfaßt also neben den originären auch die konkurrierenden und Rahmengesetzgebungs-

---

setzesbegründung und der Gegenäußerung zur Bundesratsstellungnahme, a.a.O., S. 8, 14.

104 *Brockmeyer,* in: Schmidt-Bleibtreu/Klein, GG, 9. Auflage 1999, Art. 23, Rdnr. 24.

105 Das ist offensichtlich auch der Ausgangspunkt der Bund-Länder-Vereinbarung vom 29.10.1993, vgl. Punkt II Ziff. 2 Abs. 2; *Füßlein,* in: Seifert/Hömig (Hrsg.), GG, 6. Auflage 1999, Art. 23, Rdnr. 8; *Scholz,* in: Maunz/Dürig/Herzog, GG, Art. 23, Rdnr. 126.

106 Allerdings dürfte dieser Fall im Bereich der konkurrierenden oder Rahmengesetzgebung des Bundes bei gleichzeitiger Bejahung einer Gemeinschaftskompetenz eher hypothetischer Natur sein, vgl. *Streinz,* in: Sachs, GG, 3. Auflage 2003, Art. 23, Rdnr. 105.

107 So auch *Magiera,* Jura 1994, 10; *Halfmann,* Die Entwicklungen des deutschen Staatsorganisationsrechts im Kraftfeld der Europäischen Integration, S. 104; a.A. noch *Scholz,* NJW 1992 S. 2600; wohl auch *Wilhelm,* BayVBl. 1992, 709.

108 *Scholz,* in: Maunz/Dürig/Herzog, GG, Art. 23, Rdnr. 125.

109 Vgl. Bericht und Beschlußempfehlung des Sonderausschusses „Europäische Union (Vertrag von Maastricht)", BT-Drucksache 12/3896 vom 1.12.1992 S. 20 sowie die Gesetzesbegründung der Bundesregierung zum EUZBLG, BT-Drucksache 12/3540 vom 22.10.1992 S. 5.

befugnisse der Länder, soweit die Voraussetzungen des Art. 72 Abs. 2 GG für den Bund nicht erfüllt sind, sowie die Exekutivbefugnisse nach Art. 83 bis 85 GG.

In diesen Fällen ist, soweit nach Abgabe der Stellungnahme durch den Bundesrat ein Einvernehmen mit der Bundesregierung nach Maßgabe des § 5 Abs. 2 S. 3, 4 EUZBLG nicht hergestellt werden kann und der Bundesrat mit einem erneuten, mit Zweidrittelmehrheit gefaßten Beschluß seinen Standpunkt bestätigt (sogenannter „Beharrungsbeschluß“[110]), die Auffassung des Bundesrats maßgebend, § 5 Abs. 2 S. 5 EUZBLG.[111]
Ob dies tatsächlich ein Letztentscheidungsrecht des Bundesrats bedeutet, ist indes nicht unumstritten.

(aa) Verfassungsrechtliche Beurteilung

Nach einer in der Literatur vertretenen Ansicht ist § 5 Abs. 2 S. 5 EUZBLG in verfassungskonform einschränkender Auslegung so zu verstehen, daß es eine strikte Bindung der Bundesregierung an den „Beharrungsbeschluß“ des Bundesrates nicht geben könne.[112] Für eine „maßgebende“ Beachtung im Sinne einer strikten Bindung ergebe sich in Art. 23 Abs. 5 S. 2 GG kein Anhaltspunkt, vielmehr spreche die Formulierung „Berücksichtigen“ gerade in Gegenüberstellung mit dem Begriff der „Zustimmung“ in Art. 23 Abs. 5 S. 3 GG für einen, wenn auch begrenzten, Entscheidungsspielraum der Bundesregierung.[113]

---

110 *Oschatz/Risse,* DÖV 1995, 443.

111 Nicht geregelt ist, welche Konsequenzen es hat, wenn im Bundesrat nur eine einfache, aber nicht die nach § 5 Abs. 2 S. 5 EUZBLG erforderliche qualifizierte Mehrheit erreicht wird. Da sich das Erfordernis der Zweidrittelmehrheit lediglich aus dem Ausführungsgesetz, nicht aus dem Grundgesetz selbst ergibt, ist die Bundesregierung auch bei einfacher Mehrheit im Bundesrat jedenfalls nicht völlig von der Berücksichtigungspflicht freigestellt. Vgl. dazu ausführlich (für eine „Verwirkung“ des Letztentscheidungsrechts) *Lang,* Die Mitwirkungsrechte des Bundesrates und des Bundestages in Angelegenheiten der Europäischen Union, S. 180 ff. (182); anders *Stumpf,* EuR 2002, 282: Stimmenthaltung; für eine verfassungskonform einschränkende Interpretation des § 5 Abs. 2 S. 2 EUZBLG: *Oberländer,* Aufgabenwahrnehmung im Rahmen der EU durch Vertreter der Länder, S. 129 f. m.w.N.

112 *Streinz,* in: Sachs, GG, 3. Auflage 2003, Art. 23, Rdnr. 110; auch *Bethge,* in: Bayerischer Landtag (Hrsg.), Die Regionen der EU im Hinblick auf die bevorstehende Osterweiterung, S. 24; *Rojahn,* in: v.Münch/Kunig, GG II, 5. Auflage 2001, Art. 23, Rdnr. 71 m.w.N.; *Zuleeg,* in: Alternativkommentar, Art. 23, Rdnr. 59 f.; unentschieden: *di Fabio,* Der Staat 1993, 215.

113 So auch *Pernice,* in: Dreier (Hrsg.), GG, Bd. 2, Art. 23, Rdnr. 113, der als weiteren Beleg für einen Handlungsspielraum Art. 23 Abs. 6 GG anführt, es sei anderenfalls nicht erklär-

Allerdings geht, was auch von niemandem bestritten wird, § 5 Abs. 2 S. 3 bis 5 EUZBLG, unter den bereits erläuterten Voraussetzungen, von einem solchen Letztentscheidungsrecht des Bundesrates aus.[114] Wenn auch ein einfaches Gesetz zur verbindlichen Verfassungsinterpretation nicht in der Lage ist, so ist doch zu berücksichtigen, daß das EUZBLG im Gesetzgebungsverfahren in engem Zusammenhang mit der Neuregelung des Art. 23 GG beraten worden ist.[115] Es erlaubt deshalb wohl verläßliche Rückschlüsse auf den gesetzgeberischen Willen auch des Verfassungsgebers und kann ergänzend zur Auslegung herangezogen werden.[116] Darüberhinaus wäre die ausdrückliche Regelung eines Zustimmungsvorbehalts zugunsten der Bundesregierung, den Art. 23 Abs. 5 S. 3 GG in Angelegenheiten vorsieht, „die zu Ausgabenerhöhungen oder Einnahmenminderungen für den Bund führen können", schwer zu erklären, wenn ohnehin ein Letztentscheidungsrecht des Bundesrates nicht bestünde.[117] Demnach ist mit der wohl überwiegenden Ansicht[118] davon auszugehen, daß die „maßgebliche Berücksichtigung" der Stellungnahme des Bundesrates i.S.d. Art. 23 Abs. 5 S. 2 GG tatsächlich ein Letztentscheidungsrecht desselben bewirkt.

---

lich, warum nur in Fällen der Betroffenheit ausschließlicher Gesetzgebungsbefugnisse der Länder ein Vertreter der Länder die deutschen Mitgliedschaftsrechte wahrnehme.

114 Vgl. nur *Streinz*, in: Sachs, GG, 3. Auflage 2003, Art. 23, Rdnr. 109. Kritisch zur Vereinbarkeit der Vorschrift mit Art. 23 Abs. 5 S. 2 GG: *Bethge*, in: Bayerischer Landtag (Hrsg.), Die Regionen der EU im Hinblick auf die bevorstehende Osterweiterung, S. 24.

115 Das war von vorneherein die erklärte Absicht der Bundesregierung, vgl. die Begründung des Gesetzesentwurfs, BT-Drucksache 12/3338 vom 2.10.1992 S. 10, sowie die Beschlußempfehlung und den Bericht des Sonderausschusses „Europäische Union (Vertrag von Maastricht)", BT-Drucksache 12/3896 vom 1.12.1992 S. 1 ff. (Punkt 1 und 4).

116 *Brockmeyer*, in: Schmidt-Bleibtreu/Klein, GG, 9. Auflage 1999, Art. 23, Rdnr. 21; mit anderer Begründung ebenso *Kokott*, DVBl. 1996, 942; kritisch: *Bethge*, in: Bayerischer Landtag (Hrsg.), Die Regionen der EU im Hinblick auf die bevorstehende Osterweiterung, S. 24.

117 So auch *Kunig*, in: Festschrift Carl Heymanns Verlag, 1995, S. 601 f.

118 *Wilhelm*, BayVBl. 1992, 708 f.; *Breuer*, NVwZ 1994, 427; *Scholz*, in: Maunz/Dürig/Herzog, GG, Art. 23, Rdnr. 127; *Randelzhofer*, in: Maunz/Dürig/Herzog, GG, Art. 24, Rdnr. 208; *Schweitzer*, Staatsrecht III, 7. Auflage 2000, Rdnr. 388; *Reich*, EuGRZ 2001, 12. Auch die Gesetzesbegründung der Bundesregierung zu Art. 23 GG geht davon aus, daß „die Ländermeinung [...] letzlich bestimmend sein kann", vgl. BR-Drucksache 501/92 vom 14.8.1992 S. 18.

(bb) Europarechtliche Beurteilung

Nach zum Teil im Schrifttum vertretener Ansicht ergibt sich aus dem Vorranganspruch des Gemeinschaftsrechts die Unanwendbarkeit des Ausführungsgesetzes, soweit es eine vollständige Bindung des deutschen Vertreters im Rat der Europäischen Union bewirke.[119] § 5 Abs. 2 S. 3 bis 5 EUZBLG bedeute „eine klare Verletzung der Vertragspflichten", insbesondere der Pflicht zu gemeinschaftsfreundlichem Verhalten aus Art. 10 (ex-Art. 5) EG. Als Angehörige eines Gemeinschaftsorgans dürften auch die deutschen Ratsmitglieder nicht in der Weise festgelegt werden, daß ihnen keinerlei Handlungsspielraum verbleibe. Würde ein derartiges Verfahren von mehreren oder gar allen Mitgliedstaaten angewandt, so hätte dies bald die Handlungsunfähigkeit des Rats zur Folge.

Nach anderer Ansicht geht dagegen Art. 203 (ex-Art. 146) EG gerade von weisungsgebundenen Staatenvertretern aus, und auch relativ weitgehende Bindungen seien zu Zeiten vorgekommen.[120] Eine innerstaatliche Bindung der Vertreter der Mitgliedstaaten im Rat verringere zwar die Möglichkeiten einer flexiblen Kompromißbildung und erschwere die Entscheidungsfindung. Das allein führe aber noch nicht zu einem Verstoß gegen Gemeinschaftsrecht.[121] Um der demokratischen Legitimation willen sei eine Beeinträchtigung bis zu einem gewissen Grad hinzunehmen.[122]
Letztlich wird also gegen eine Bindung des deutschen Vertreters im Rat auch aus europarechtlicher Sicht zumindest solange nichts einzuwenden sein, als die deutsche Verhandlungsposition vom Bundesrat nicht bis ins kleinste Detail festgeschrieben wird.[123] Auch andere Staatenvertreter im Rat unterliegen, wenn

---

[119] *Everling,* DVBl. 1993, 947; ebenso (zur Regelung nach dem EEAG) *Ress,* EuGRZ 1986, 553 f.; zweifelnd *zur Hausen,* EuR 1987, 329.

[120] *Streinz,* in: Sachs, GG, 3. Auflage 2003, Art. 23, Rdnr. 112, der aber auch die Notwendigkeit „eines gewissen Entscheidungsspielraums" sieht; *ders.,* Bundesverfassungsgerichtliche Kontrolle über die deutsche Mitwirkung am Entscheidungsprozeß im Rat der EG, S. 33 f.; *Wichard,* in: Calliess/Ruffert (Hrsg.), EUV/EGV, 2. Auflage 2002, Art. 203 EG, Rdnr. 2; *Steinberger,* VVDStRL Bd. 50 (1990) S. 42 unter Hinweis auf die Weisungsgebundenheit des dänischen Vertreters im Rat. Vgl. dazu *Gulmann/Clauson-Kaas,* CMLRev. 1979, 227 ff.; vgl. auch *Classen,* in: v.Mangoldt/Klein/Starck, GG II, Art. 23 III Fn. 11; *Pernice,* in: Dreier (Hrsg.), GG, Bd. 2 Art. 23, Rdnr. 13 f. Eine ausführliche Untersuchung der Weisungsgebundenheit der Ratsvertreter der Mitgliedstaaten findet sich bei *Kamann,* Die Mitwirkung der Parlamente der Mitgliedstaaten an der europäischen Gesetzgebung.

[121] *Steinberger,* VVDStRL Bd. 50 (1990) S. 42 Fn. 93; ebenso *Friauf,* in Friauf/Scholz, Europarecht und Grundgesetz, S. 50.

[122] *Streinz,* DVBl. 1990, 961; *Hix,* in: Schwarze (Hrsg.), EU-Kommentar, Art. 203 EG, Rdnr. 10.

[123] So auch *Hix,* in: Schwarze (Hrsg.), EU-Kommentar, Art. 203 EG, Rdnr. 10.

auch nicht immer einer rechtlichen, so doch jedenfalls einer politischen Bindung.[124] Wo diese Bindung herrührt, ob von der zentralstaatlichen Regierung, dem Parlament oder regionalen Untergliederungen, richtet sich allein nach dem jeweiligen nationalen Verfassungsrecht und ist auf Gemeinschaftsebene ohne Bedeutung.[125]

(b) Einschränkungen

(aa) Betroffenheit im Schwerpunkt

Art. 23 Abs. 5 S. 2 GG gilt nur, wenn und soweit Zuständigkeiten der Länder im Schwerpunkt betroffen sind. Ob eine schwerpunktmäßige Betroffenheit vorliegt, richtet sich danach, ob die in Frage stehende Materie „im Mittelpunkt des Vorhabens steht oder ganz oder überwiegend Regelungsgegenstand des Vorhabens ist"; dies soll sich jedoch nicht nach quantitativen, sondern nach qualitativen Gesichtspunkten beurteilen.[126]

(bb) Angelegenheiten, die zu Ausgabenerhöhungen oder Einnahmeminderungen für den Bund führen können

In Angelegenheiten, die zu Ausgabenerhöhungen oder Einnahmenminderungen für den Bund führen können, ist hingegen gemäß Art. 23 Abs. 5 S. 3 GG i.V.m. § 5 Abs. 2 S. 6 EUZBLG stets die Zustimmung der Bundesregierung erforderlich; ihr verbleibt also in jedem Fall das letzte Wort.[127]

(cc) Wahrung der gesamtstaatlichen Verantwortung des Bundes

Unklar ist, ob daneben auch das Erfordernis der Wahrung „der gesamtstaatlichen Verantwortung des Bundes" in Art. 23 Abs. 5 S. 2 letzter HS. eine Einschränkung des Letztentscheidungsrechts des Bundesrates darstellt.[128] Hiervon

---

124 Siehe oben S. 44 (Fn. 120).

125 *Wichard,* in: Calliess/Ruffert (Hrsg.), EUV/EGV, Art. 203 EG, Rdnr. 3; *Classen,* in: v.Mangoldt/Klein/Starck; GG II, Art. 23 II, Rdnr. 82.

126 Vgl. Punkt II Ziff. 2 Abs. 3 der Bund-Länder-Vereinbarung vom 29.10.1993, sowie die amtliche Begründung zum EUZBLG, BT-Drucksache vom 22.10.1992 12/3540 S. 6.

127 *Morawitz/Kaiser,* Die Zusammenarbeit von Bund und Ländern bei Vorhaben der Europäischen Union, S. 101; *Schweitzer,* Staatsrecht III, 7. Auflage 2000, Rdnr. 389.

128 Hiervon gehen aus: *Schede,* Bundesrat und Europäische Union, S. 146 f.; *Lang,* Die Mitwirkungsrechte des Bundesrates und des Bundestages in Angelegenheiten der Europäi-

umfaßt werden vor allem „außen-, integrations- und verteidigungspolitische Fragen“[129], aber auch andere überragende politische Interessen wie beispielsweise die Widerspruchsfreiheit des Handelns des Bundes.[130] Damit geht die Bestimmung zwar inhaltlich über die von Art. 2 Abs. 3 S. 2 EEAG bestimmten „unabweisbaren außen- und integrationspolitischen“ Erwägungen hinaus, aufgrund derer die Bundesregierung von der Stellungnahme des Bundes abweichen konnte[131]; andererseits läßt sich aus dem Wortlaut der Regelung jetzt nicht mehr eindeutig ein Abweichungsrecht der Bundesregierung ableiten. Die Verpflichtung zur Wahrung der gesamtstaatlichen Verantwortung ist nicht nur an sie, sondern auch an den Bundesrat gerichtet.[132] Auch die systematische Stellung spricht gegen eine Ermächtigung der Bundesregierung, sich zur Wahrung der gesamtstaatlichen Verantwortung des Bundes über die Stellungnahme des Bundesrates hinwegzusetzen[133]: Ein Zustimmungsvorbehalt zugunsten der Bundesregierung ist eben nur für den am Ende des Absatzes geregelten Ausnahmetatbestand der Angelegenheiten, die zu Einnahmeminderungen oder Ausgabeerhöhungen für den Bund führen, vorgesehen.
Zutreffend unterstellt deshalb auch das Ausführungsgesetz Fälle, in denen Uneinigkeit über die Frage der gesamtstaatlichen Verantwortung herrscht, dem Verfahren nach § 5 Abs. 2 S. 3 bis 5 EUZBLG und beläßt so dem Bundesrat das Letztentscheidungsrecht.[134]

---

schen Union, S. 188; *Pernice,* in: Dreier (Hrsg.), GG, Bd. 2, Art. 23, Rdnr. 115; wohl auch *Füßlein,* in: Seifert/Hömig (Hrsg.), GG, 6. Auflage 1999, Art. 23, Rdnr. 8; *Classen,* in: v.Mangoldt/Klein/Starck, GG II, Art. 23 V, Rdnr. 108; *di Fabio,* Der Staat 1993, 208.

129 Vgl. den Bericht der Gemeinsamen Verfassungskommission, BT-Drucksache 12/6000 vom 5.11.1993 S. 23; vgl. auch den Wortlaut der Regelung in § 5 Abs. 2 S. 2 EUZBLG.

130 *Pernice,* in: Dreier (Hrsg.), GG, Bd. 2, Art. 23, Rdnr. 115; *Schede,* Bundesrat und Europäische Union, S. 140 spricht allgemein von der Verpflichtung, „den Interessen der Bundesrepublik Deutschland, bestehend aus Bund und Ländern, zu entsprechen.“

131 *Scholz,* in: Maunz/Dürig/Herzog, GG, Art. 23, Rdnr. 129.

132 Bericht der Gemeinsamen Verfassungskommission, BT-Drucksache 12/6000 vom 5.11.1993 S. 23; *Streinz,* in: Sachs, GG, 3. Auflage 2003, Art. 23, Rdnr. 111.

133 *Halfmann,* Entwicklungen des deutschen Staatsorganisationsrechts im Kraftfeld der europäischen Integration, S. 120.

134 Von einer „prozeduralen Auflösung“ im Rahmen des Letztentscheidungsrechts des Bundesrates spricht *Scholz,* NVwZ 1993, 823. Das Letztentscheidungsrecht für den Bundesrat entspricht auch der Auffassung der Gemeinsamen Verfassungskommission, BT-Drucksache 12/6000 vom 5.11.1993 S. 23.

(3) Die Beteiligung bei Vorhaben nach Art. 308 (ex-Art. 235) EG: § 5 Abs. 3 EUZBLG

Eine Sonderregelung, die neben § 5 Abs. 1 und 2 EUZBLG Anwendung findet, besteht für EG-Vorhaben, die (zumindest auch) auf die „Generalermächtigung“[135] des Art. 308 (ex-Art. 235) EG gestützt werden sollen.[136] Die Vorschrift entstammt einem Kompromiß aus der Vorstellung des Bundesrates, der Vorhaben auf der Grundlage des damaligen Art. 235 EWG als materielle Vertragserweiterungen einstufte und diese deshalb ausnahmslos einer Art. 23 Abs. 1 GG entsprechenden Regelung unterwerfen wollte[137], und dem entgegengesetzten Standpunkt der Bundesregierung, die die Mitwirkung des Bundesrates unabhängig von der gemeinschaftsrechtlichen Ermächtigungsgrundlage ausschließlich an der innerstaatlichen Zuständigkeitsverteilung orientieren wollte.[138] Abweichend von der Systematik der Absätze 1 und 2 knüpft § 5 Abs. 3 EUZBLG so zum einen an die gemeinschaftsrechtliche Ermächtigungsgrundlage an[139]; daneben richtet sich die Anwendbarkeit der Vorschrift danach, ob innerstaatlich ein *Zustimmungs*gesetz erforderlich, beziehungsweise die Länder zuständig wären.[140]

---

135 *Scholz,* NVwZ 1993, 824.

136 *Morawitz/Kaiser,* Die Zusammenarbeit von Bund und Ländern bei Vorhaben der Europäischen Union, S. 107 sprechen deshalb von einer „doppelten Absicherung“ der Länder; ebenso *Oschatz/Risse,* DÖV 1995, 444 f.; einschränkend *Lang,* Mitwirkungsrechte des Bundesrates und des Bundestages in Angelegenheiten der Europäischen Union, S. 198.

137 Stellungnahme des Bundesrates zum Entwurf des EUZBLG, BT-Drucksache 12/3540 vom 22.10.1992 S. 9; *Scholz,* NVwZ 1993, 824 schreibt der Vorschrift „den typischen Charakter einer Evolutivklausel“ i.S.d. EUV mit vertragsverlängernder Bedeutung zu.

138 Gegenäußerung der Bundesregierung, BT-Drucksache 12/3540 vom 22.10.1993 S. 11.

139 Zum Teil wird darin auch ein Verstoß gegen Art. 23 Abs. 4 bis 6 GG gesehen und die Vorschrift deshalb für nichtig erachtet. Vgl. *Halfmann,* Entwicklungen des deutschen Staatsorganisationsrechts im Kraftfeld der europäischen Integration, S. 137 ff.; *Schede,* Bundesrat und Europäische Union, S. 157; *Pernice,* in: Dreier (Hrsg.), GG, Bd. 2, Art. 23, Rdnr. 111; kritisch *Lang,* Mitwirkungsrechte des Bundesrates und des Bundestages in Angelegenheiten der Europäischen Union, S. 193. Andere sehen die Vorschrift trotz des über Art. 23 Abs. 5 S. 1 GG hinausgehenden Wortlauts im Einklang mit dem von Art. 23 GG zum Ausdruck gebrachten Grundgedanken der Ländermitwirkung nach Maßgabe ihrer innerstaatlichen Zuständigkeiten, vgl. *Oschatz/Risse,* DÖV 1995, 444 f.

140 Die Formulierung läßt offen, ob dabei die Bereiche der konkurrierenden und Rahmengesetzgebung mitumfaßt sein sollen, soweit die Voraussetzungen des Art. 72 Abs. 2 erfüllt sind; bejahend *Halfmann,* Entwicklungen des deutschen Staatsorganisationsrechts im Kraftfeld der europäischen Integration, S. 136; ablehnend *Morawitz/Kaiser,* Die Zusammenarbeit von Bund und Ländern bei Vorhaben der Europäischen Union, S. 105; mit abweichender Begründung ebenso *Lang,* Mitwirkungsrechte des Bundesrates und des Bundestages in Angelegenheiten der Europäischen Union, S. 194.

Ist dies der Fall, so soll vor der Zustimmung der Bundesregierung im Rat das „Einvernehmen" mit dem Bundesrat hergestellt werden.[141] Die Bundesregierung darf sich folglich auch hier nicht über die Auffassung des Bundesrates hinwegsetzen.[142]

cc) Die Mitwirkung auf Gemeinschaftsebene: Übertragung der Verhandlungsführung auf einen Vertreter der Länder Art. 23 Abs. 6 GG i.V.m. § 6 Abs. 2 EUZBLG

Mit der Möglichkeit, die Wahrnehmung der mitgliedstaatlichen Rechte, also die Vertretung der Bundesrepublik nach außen, auf einen vom Bundesrat benannten Vertreter der Länder zu übertragen, eröffnet Art. 23 Abs. 6 GG den Ländern erstmals das Recht zu einer echten, eigenständigen Verhandlungsführung auf

---

141 Ob es dementsprechend der Bundesregierung freisteht, sich der Stimme zu enthalten, was nach Art. 205 (ex-Art. 148) Abs. 3 EG das Zustandekommen des für Vorhaben nach Art. 308 (ex-Art. 235) EG nötigen einstimmigen Beschlusses erlauben würde, ist zwischen Bundesländern und Bundesregierung umstritten, vgl. den Briefwechsel zwischen dem Vorsitzenden der Ministerpräsidentenkonferenz (Punkt 2) und dem Bundeskanzler (Punkt 2), abgedruckt bei *Morawitz/Kaiser,* Die Zusammenarbeit von Bund und Ländern bei Vorhaben der Europäischen Union, S. 188 ff.; Stellungnahme des Bundesrates zum Amsterdamer Vertrag, BR-Drucksache 784/97 (Beschluß) vom 28.11.1997 S. 8. Der Sinn der Regelung scheint wohl eher dafür zu sprechen, ein Einvernehmen immer dann zu verlangen, wenn das Verhalten der Bundesregierung den Erlaß einer auf Art. 308 (ex-Art. 235) EG gestützten Rechtsnorm ermöglicht; noch weitergehend *Lang,* Mitwirkungsrechte des Bundesrates und des Bundestages in Angelegenheiten der Europäischen Union, S. 195 f. Zu dem nunmehr gefundenen *modus vivendi* vgl. Punkt 2 des Gesprächsprotokolls zur Ergänzung der Bund-Länder-Vereinbarung (Ergebnis des Bund-Länder-Gesprächs vom 6.2.1998), abgedruckt bei *Oberländer,* Aufgabenwahrnehmung im Rahmen der EU durch Vertreter der Länder, S. 222.

142 *Lang,* Mitwirkungsrechte des Bundesrates und des Bundestages in Angelegenheiten der Europäischen Union, S. 195; *Halfmann,* Entwicklungen des deutschen Staatsorganisationsrechts im Kraftfeld der europäischen Integration, S. 136; *Oschatz/Risse,* DÖV 1995, 444 f.

Ebene der Europäischen Union.[143] Die Vorschrift stellt damit die stärkste Form der Beteiligung des Bundesrates in EU-Angelegenheiten dar.[144]
Die europarechtlichen Voraussetzungen für eine Beteiligung von Ländervertretern wurden im Zuge des Vertrags von Maastricht mit Blick auf die föderal gegliederten Mitgliedstaaten durch die Neufassung des Art. 203 (ex-Art. 146) EG geschaffen.[145] Demnach ist es nun nicht mehr erforderlich, daß die Vertreter im Rat zugleich Mitglieder der (Zentral-) Regierung des Mitgliedstaats sind. Verlangt wird lediglich, daß sie Ministerrang bekleiden und befugt sind, „für die Regierung des Mitgliedstaats verbindlich zu handeln". Die übrigen Voraussetzungen bleiben nationalem Verfassungsrecht überlassen.[146]

---

143 Nach Art. 2 Abs. 5 EEAG waren, soweit dem Bundesrat Gelegenheit zur Stellungnahme zu geben war, lediglich „auf Verlangen Vertreter der Länder zu den Verhandlungen [...] hinzuzuziehen, soweit der Bundesregierung dies möglich ist", vgl. *Randelzhofer,* in: Maunz/Dürig/Herzog, GG, Art. 24, Rdnr. 209. Eine vergleichbare Regelung findet sich nunmehr in § 6 Abs. 1 EUZBLG, vgl. *Lang,* Mitwirkungsrechte des Bundesrates und des Bundestages in Angelegenheiten der Europäischen Union, S. 199; *Morawitz/Kaiser,* Die Zusammenarbeit von Bund und Ländern bei Vorhaben der Europäischen Union, S. 108. Die Verfassungkonformität der Regelung wird in Zweifel gezogen: Zum einen wird ein systemwidriger Einbruch in die Außenkompetenz des Bundes behauptet, vgl. *Breuer,* NVwZ 1994, S. 428; *Herdegen,* EuGRZ 1992, 593. Die Gegenansicht hält dem entgegen, daß die Mitwirkung an europäischer Rechtsetzung den herkömmlichen Rahmen auswärtiger Gewalt sprenge und nicht allein nach deren Kriterien bemessen werden könne, vgl. *Streinz,* in: Sachs, GG, 3. Auflage 2003, Art. 23, Rdnr. 119. Zum anderen wird auch die „Desorientierung der parlamentarischen Verantwortung" kritisiert, die daher rühre, daß der nach Art. 23 Abs. 6 GG benannte Landesminister zwar für die Bundesrepublik handle, aber nur seinem eigenen Landesparlament verantwortlich sei, vgl. *Breuer,* NVwZ 1994, S. 428; *Badura,* in: Festschrift für K. Redeker, 1993, S. 126 f.; ebenfalls kritisch aber letztlich ein „gewisses Minimum an demokratischer Legitimation" und damit die Verfassungsmäßigkeit bejahend: *Classen,* in: v.Mangoldt/Klein/Starck, GG II, Art. 23 VI, Rdnr. 114.

144 *Classen,* in: v.Mangoldt/Klein/Starck, GG II, Art. 23 VI, Rdnr. 110. Dabei ist die Wahrnehmung der Rechte nicht auf die unmittelbare Rechtsetzung beschränkt, sondern umfaßt grundsätzlich die Mitwirkung in allen Gremien (siehe dazu Punkt IV Ziff. 4 der Bund-Länder-Vereinbarung), nach teilweise vertretener Ansicht auch die Vertretung vor dem EuGH, vgl. *Classen,* a.a.O., Rdnr. 111 (vgl. aber Rdnr. 115); ebenso *Schede,* Bundesrat und Europäische Union, S. 160 f.; *Jarass,* in: Jarass/Pieroth, GG, 6. Auflage 2002, Art. 23, Rdnr. 61; a.A. *Randelzhofer,* in: Maunz/Dürig/Herzog, GG, Art. 24 I, Rdnr. 210 unter Hinweis auf die fehlende europarechtliche „Brücke". § 7 EUZBLG weist die Prozeßführung generell der Bundesregierung zu.

145 *Lang,* Mitwirkungsrechte des Bundesrates und des Bundestages in Angelegenheiten der Europäischen Union, S. 202; *Oberländer,* Aufgabenwahrnehmung im Rahmen der EU durch Vertreter der Länder, S. 43; *Herdegen,* EuGRZ 1992, 594.

146 *Jacqué,* in: Commentaire Mégret, 2. Auflage 2000, Bd. 9, Chap. II, Le conseil, Rdnr. 7.

(1) Voraussetzungen

Die Regelung kommt gemäß Art. 23 Abs. 6 S. 1 GG i.V.m. § 6 Abs. 2 S. 1 EUZBLG zur Anwendung, „wenn im Schwerpunkt ausschließliche Gesetzgebungsbefugnisse der Bundesländer betroffen sind".

(a) Ausschließliche Gesetzgebungsbefugnisse der Länder

Der Begriff der ausschließlichen Gesetzgebungsbefugnis war dem Grundgesetz bis dahin unbekannt.[147] Er erfaßt die Bereiche, in denen kein Kompetenztitel zugunsten des Bundes besteht[148], mancher Ansicht nach auch das Gebiet der konkurrierenden und Rahmengesetzgebung, soweit das Bedürfnis nach bundesgesetzlicher Regelung verneint wird.[149] Wäre letzteres der Fall, müßte aber wohl die sich aufdrängende Frage nach dem Sinn der sowohl vom Grundgesetz als auch vom Ausführungsgesetz getroffenen Differenzierung zwischen „Gesetzgebungsbefugnissen"[150] und „ausschließlichen Gesetzgebungsbefugnissen" unbeantwortet bleiben. Zutreffend erscheint die Annahme, der Anwendungsbereich des Art. 23 Abs. 6 GG erfasse nur den Bereich der originären Gesetzgebungsbe-

---

147 Bericht der Gemeinsamen Verfassungskommission, BT-Drucksache 12/6000 vom 5.11.1993 S. 24; Bericht des Sonderausschusses „Europäische Union (Vertrag von Maastricht)", BT-Drucksache 12/3896 vom 1.12.1993 S. 20; *Klein/Haratsch,* DÖV 1993, 794; *Morawitz/Kaiser,* Die Zusammenarbeit von Bund und Ländern bei Vorhaben der Europäischen Union, S. 110; *Lang,* Mitwirkungsrechte des Bundesrates und des Bundestages in Angelegenheiten der Europäischen Union, S. 204. Allerdings war schon in Art. 2 Abs. 3, 4 EEAG die Rede von „ausschließlichen Gesetzgebungsmaterien der Länder", beziehungsweise von „ausschließlicher Gesetzgebungskompetenz" im Briefwechsel zum Länderbeteiligungsverfahren von 1979 oder „ausschließlichen Kompetenzen der Länder" in der Lindauer Absprache. Auch wenn in anderem Zusammenhang von „ausschließlichen Gesetzgebungsbefugnissen der Länder" gesprochen wird, sind meist unproblematisch die Sachbereiche gemeint, „die nicht zur ausschließlichen, konkurrierenden, oder Rahmengesetzgebung des Bundes gehören", vgl. z.B. *Rojahn,* in: v.Münch/Kunig, GG II, 5. Auflage 2001, Art. 32, Rdnr. 32.

148 Gesetzesbegründung der Bundesregierung, BR-Drucksache 501/92 vom 14.8.1992 S. 22; *Pernice,* in: Dreier (Hrsg.), GG, Bd. 2, Art. 23, Rdnr. 118; *Halfmann,* Entwicklungen des deutschen Staatsorganisationsrechts im Kraftfeld der europäischen Integration, S. 139 f.

149 *Morawitz/Kaiser,* Die Zusammenarbeit von Bund und Ländern bei Vorhaben der Europäischen Union, S. 110 unter Berufung auf den „Gesamtkontext der Verhandlungen"; *Oschatz/Risse,* DÖV 1995, 446; ohne Begründung *Paul,* Mitwirkung der Bundesländer, S. 66.

150 Art. 23 Abs. 5 S. 2 GG, beziehungsweise der Formulierung „... bei dem die Länder innerstaatlich zuständig wären" in § 6 Abs. 1 S. 1 EUZBLG.

fugnisse der Länder, in dem das Grundgesetz schon abstrakt keine Bundeskompetenzen vorsieht, und sei mithin enger als der des Art. 23 Abs. 5 S. 2 GG.[151]

(b) Betroffenheit im Schwerpunkt

Wann solche ausschließlichen Gesetzgebungsbefugnisse der Länder „im Schwerpunkt betroffen" sind, wird im Grundgesetz ebensowenig wie im Ausführungsgesetz genauer bestimmt. In Übereinstimmung mit der Verfahrensweise zu Art. 23 Abs. 5 S. 2 GG wird auch hier darauf abgestellt, „ob eine Materie im Mittelpunkt des Vorhabens steht oder ganz oder überwiegend Regelungsgegenstand ist. Das ist nicht quantitativ bestimmbar, sondern das Ergebnis einer qualitativen Beurteilung."[152]

Der Anwendungsbereich des Art. 23 Abs. 6 GG überschneidet sich nach allem zwar mit dem der „maßgeblichen Berücksichtigung" nach Abs. 5 S. 2, ist mit diesem aber nicht identisch.[153]

(2) Rechtsfolge: Übertragung der Wahrnehmungsrechte

Bei Vorliegen aller Voraussetzungen „soll" die Wahrnehmung der Rechte, die der Bundesrepublik Deutschland als Mitgliedstaat der Europäischen Union zustehen, vom Bund auf einen vom Bundesrat benannten Vertreter der Länder übertragen werden.

Obwohl es sich dem Wortlaut nach lediglich um eine Soll-Bestimmung handelt, ist die Übertragung im Anwendungsbereich der Vorschrift grundsätzlich als zwingend anzusehen.[154] Ausnahmen bestehen gemäß § 6 Abs. 3 S. 1 EUZBLG

---

[151] So auch der Bericht der Gemeinsamen Verfassungskommission, BT-Drucksache 12/6000 vom 5.11.1993 S. 24; *Halfmann*, Entwicklungen des deutschen Staatsorganisationsrechts im Kraftfeld der europäischen Integration, S. 140; *Lang*, Mitwirkungsbefugnisse des Bundesrates und des Bundestages in Angelegenheiten der Europäischen Union, S. 205. *Randelzhofer*, in: Maunz/Dürig/Herzog, GG, Art. 24 I, Rdnr. 209; *Schede*, Bundesrat und Europäische Union, S. 159 f.; *Oberländer*, Aufgabenwahrnehmung im Rahmen der EU durch Vertreter der Länder, S. 44 ff.; *Scholz*, in: Maunz/Dürig/Herzog, GG, Art. 23, Rdnr. 135.

[152] Punkt II Ziff. 2 Abs. 3 der Bund-Länder-Vereinbarung vom 29.10.1993.

[153] *Lang*, Mitwirkungsrechte des Bundesrates und des Bundestages in Angelegenheiten der Europäischen Union, S. 206.

[154] Bericht des Sonderausschusses „Europäische Union (Vertrag von Maastricht)", BT-Drucksache 12/3896 vom 1.12.1992 S. 20; *Stumpf*, EuR 2002, 277; *Randelzhofer*, in:

für die Ausübung von Rechten, die der Bundesrepublik in ihrer Eigenschaft als Vorsitz im Rat zustehen, sowie gemäß Abs. 4 für Tagesordnungspunkte der Ratstagungen, die der Rat ohne Aussprache genehmigt, also die sogenannten „A-Punkte" nach Art. 2 Abs. 6 der Geschäftsordnung des Rates , über die schon im Ausschuß der Ständigen Vertreter (Art. 207 [ex-Art. 151] EG) ein Einvernehmen erzielt werden konnte.[155]

Ob und wann darüberhinaus von der Übertragung abgesehen werden kann, ist ungeklärt und zwischen Bund und Ländern umstritten.[156] Aus der Verpflichtung zur Wahrung der gesamtstaatlichen Verantwortung des Bundes kann ein Abweichungsrecht jedenfalls dann abgeleitet werden, wenn die Übertragung unter gemeinschaftsrechtlichen Gesichtspunkten unzulässig wäre.[157]

Maunz/Dürig/Herzog, GG, Art. 24, Rdnr. 209; *Breuer,* NVwZ 1994, 428; *Wilhelm,* BayVBl. 1992, 710; zu den Ausnahmen gem. § 6 Abs. 3, 4 EUZBLG vgl. *Streinz,* in: Sachs, GG, 3. Auflage 2003, Art. 23, Rdnr. 116; *Classen,* in: v.Mangoldt/Klein/Starck, GG II, Art. 23 VI, Rdnr. 115; *Halfmann,* Entwicklungen des deutschen Staatsorganisationsrechts im Kraftfeld der europäischen Integration, S. 142 ff.; *Scholz,* in: Maunz/Dürig/Herzog, GG, Art. 23, Rdnr. 134.

155 *Halfmann,* Entwicklungen des deutschen Staatsorganisationsrechts im Kraftfeld der europäischen Integration, S. 144; *Morawitz/Kaiser,* Die Zusammenarbeit von Bund und Ländern bei Vorhaben der Europäischen Union, S. 114; *Streinz,* in: Sachs, GG, 3. Auflage 2003, Art. 23, Rdnr. 116. Naturgemäß ebenfalls nicht erfaßt ist der „Europäische Rat" gem. Art. 4 (ex-Art. D) EU.

156 Die Bundesregierung will hierfür „Gründe politischer und administrativer Opportunität" genügen lassen, vgl. die Begründung des Gesetzesentwurfs sowie die Gegenäußerung zur Stellungnahme des Bundesrates, BT-Drucksache 12/3338 vom 2.10.1992 S. 10 und 15; ebenso *Morawitz/Kaiser,* Die Zusammenarbeit von Bund und Ländern bei Vorhaben der Europäischen Union, S. 111; a.A. der Bundesrat in seiner Stellungnahme zum Entwurf der Bundesregierung, BT-Drucksache 12/3338 S. 12; *Streinz,* in: Sachs, GG, 3. Auflage 2003, Art. 23, Rdnr. 116; differenzierend *Halfmann,* Entwicklungen des deutschen Staatsorganisationsrechts im Kraftfeld der europäischen Integration, S. 145 f.; *Wilhelm,* BayVBl. 1992, 710.

157 Bericht des Sonderausschusses „Europäische Union (Vertrag von Maastricht)", BT-Drucksache 12/3896 vom 1.12.1993 S. 20; Gesetzesbegründung der Bundesregierung, BT-Drucksache 12/3338 vom 2.10.1992 S. 9 f.; *Scholz,* in: Maunz/Dürig/Herzog, GG, Art. 23, Rdnr. 134; *Randelzhofer,* in: Maunz/Dürig/Herzog, GG, Art. 24 I, Rdnr. 210 hält aus diesem Grund die alleinige Zuweisung der Prozeßführung vor dem EuGH an die Bundesregierung nach § 7 EUZBLG für begründet; ähnlich *Classen,* in: v.Mangoldt/Klein/Starck, GG II, Art. 23 VI, Rdnr. 115.

Bei dem zu benennenden Vertreter braucht es sich nicht um ein Mitglied des Bundesrates zu handeln.[158] Er muß jedoch nach Art. 203 (ex-Art. 146) EG Ministerrang bekleiden; § 6 Abs. 2 Satz 2 EUZBLG trägt dem Rechnung.

Der Ländervertreter ist – im Rahmen des nach Art. 203 (ex-Art. 146) EG Zulässigen[159] – ebenso an den nach Maßgabe des Art. 23 Abs. 2 bis 5 GG auf innerstaatlicher Ebene gebildeten Willen gebunden wie ein Vertreter der Bundesregierung.[160]

Mit Rücksicht auf das Erfordernis eines einheitlichen Auftretens nach außen wird die Verhandlungsführung dem Vertreter der Länder für den gesamten Tagesordnungspunkt übertragen, also nicht nur insoweit, als ausschließliche Kompetenzen der Länder betroffen sind, sondern auch für etwaige am Rande mitberührte Bundeszuständigkeiten.[161] Die Delegationsleitung verbleibt jedoch in jedem Fall bei der Bundesregierung.[162] Die Wahrnehmung der Mitgliedschaftsrechte hat stets unter Wahrung der gesamtstaatlichen Verantwortung des Bundes und „unter Teilnahme von und in Abstimmung mit dem Vertreter der Bundesregierung“ zu erfolgen.[163]

---

158 *Randelzhofer,* in: Maunz/Dürig/Herzog, GG, Art. 24 I, Rdnr. 209; *Morawitz/Kaiser,* Die Zusammenarbeit von Bund und Ländern bei Vorhaben der Europäischen Union, S. 112; *Halfmann,* Entwicklungen des deutschen Staatsorganisationsrechts im Kraftfeld der europäischen Integration, S. 152.

159 Die strikte Bindung, die § 45i Abs. 1 der Geschäftsordnung des Bundesrates postuliert, geht daher zu weit, siehe oben S. 41; aufgrund des Abstimmungserfordernisses mit der Bundesregierung ebenso: *Pernice,* in: Dreier (Hrsg.), GG, Bd. 2, Rdnr. 121.

160 *Scholz,* in: Maunz/Dürig/Herzog, GG, Art. 23, Rdnr. 136.

161 *Pernice,* in: Dreier (Hrsg.), GG, Bd. 2, Art. 23, Rdnr. 119; *Halfmann,* Entwicklungen des deutschen Staatsorganisationsrechts im Kraftfeld der europäischen Integration, S. 146; *Classen,* in: v.Mangoldt/Klein/Starck, GG II, Art. 23 VI, Rdnr. 111; *Oschatz/Risse,* DÖV 1995, 446.

162 Vgl. Punkt IV Ziff. 7 der Bund-Länder-Vereinbarung vom 29.10.1993; *Oberländer,* Aufgabenwahrnehmung im Rahmen der EU durch Vertreter der Länder, S. 70; *Scholz,* in: Maunz/Dürig/Herzog, GG, Art. 23, Rdnr. 136; a.A. *Wilhelm,* BayVBl. 1992, 710.

163 Art. 23 Abs. 6 S. 2 GG, § 6 Abs. 2 S. 3 EUZBLG. Mit dem Begriff der „Abstimmung“ soll „weniger als Einvernehmen und mehr als Benehmen“ gemeint sein, vgl. den Bericht der Gemeinsamen Verfassungskommission, BT-Drucksache 12/6000 vom 5.11.1993 S. 24, was kaum zu größerer Klarheit beiträgt. Einen Interpretationsansatz bietet § 6 Abs. 2 S. 4 EUZBLG mit der Verweisung auf die Regeln über die interne Willensbildung. Demnach soll dem Vertreter der Länder bei fehlendem Einvernehmen dann das letzte Wort zustehen, wenn auch intern dem Bundesrat das Letztentscheidungsrecht zusteht, vgl. *Oschatz/Risse,* DÖV 1995, 447; *Scholz,* in: Maunz/Dürig/Herzog, GG, Art. 23, Rdnr. 138; a.A. *Pernice,* in: Dreier (Hrsg.), GG, Bd. 2, Art. 23, Rdnr. 121, der – unter Hinweis auf die gesamtstaatliche Verantwortung – letztlich immer der Position der Bundesregierung entscheidendes Gewicht zukommen lassen will.

b) Wertung

Mit der Neuregelung wurde zwar einigen der gegen frühere *modi* der Länderbeteiligung vorgebrachten Bedenken durch die „Hochzonung" auf Verfassungsebene Rechnung getragen; viele Kritikpunkte konnten jedoch nicht ausgeräumt werden. Auch wenn sich die Frage nach der Verfassungsmäßigkeit der Regelung des Verhältnisses zweier Bundesorgane zueinander durch einfaches Bundesgesetz sowie der Wahrung der Ländergesetzgebungskompetenzen durch das Bundesorgan Bundesrat nicht mehr in der früheren Form stellt, so bleibt doch der Vorwurf der Systemwidrigkeit dieser Lösung im Raum. Weiterhin bleibt fraglich, ob eine Regelung, derzufolge die Länder auch auf dem Gebiet ihrer ureigenen Hoheitsgewalt einem Mehrheitsbeschluß im Bundesrat unterworfen werden können, zur Kompensierung für verlorengegangene Länderkompetenzen und somit zum Erhalt der Eigenstaatlichkeit der deutschen Länder beitragen kann. Die Bundesratslösung bringt eine weitere Verlagerung von Kompetenzen in die Exekutive und damit auch einen weiteren Bedeutungsverlust vor allem für die Landesparlamente[164], die ja gegenüber den Ländervertretern im Bundesrat an sich nicht weisungsberechtigt sind[165], mit sich. Auch dies ist kein Beitrag zur Demokratisierung des europäischen Entscheidungsprozesses.

Eine Rechtfertigung für die mit Art. 23 GG gefundene Lösung kann wohl nur in Praktikabilitätserwägungen gesucht werden, wobei offen bleibt, ob der Verfassungsgeber von 1992/93 gut beraten war, diesen den bedingungslosen Vorrang vor der Kohärenz des Verfassungssystems einzuräumen. Die weitere Untersuchung wird zeigen, daß in Bereichen, die über die klassischen, in Art. 249 (ex-Art. 189) EG aufgezählten Handlungsinstrumente der Gemeinschaft hinausgehen, gerade das Ziel der praktischen Handhabbarkeit auch nicht durchwegs erreicht werden konnte.

---

164 Vgl. dazu *Schweitzer,* ZG 1992, 146 f.

165 BVerfGE 8, 104, 120f.; *Pieroth,* in: Jarass/Pieroth, GG, 6. Auflage 2002, Art. 51, Rdnr. 6; *Füßlein,* in: Seifert/Hömig (Hrsg.), GG, 6. Auflage 1999, Art. 51, Rdnr. 3; *Schweitzer,* ZG 1992, 147.

c) *Verhältnis des Verfahrens nach Art. 23 Abs. 2 ff. GG zu anderen Vorschriften und Beteiligungsverfahren*

aa) *Verhältnis zur Beteiligung der Länder nach der Lindauer Absprache*

Trotz der inhaltlichen Nähe[166] der von beiden Verfahren geregelten Materien bestehen zwischen den Beteiligungsformen neben mancher Parallele auch erhebliche Abweichungen.[167] In beiden Fällen wird dem Bund die Möglichkeit zugestanden, auf Gebieten, die sich innerstaatlich seiner Zuständigkeit entziehen, nach außen tätig zu werden. Nach beiden Verfahren bestehen neben umfangreichen Unterrichtungspflichten vergleichbar abgestufte Mitwirkungsrechte, deren stärkste Ausprägung ein Letztentscheidungsrecht der Länder vorsieht. Der augenfälligste und zugleich gravierendste Unterschied besteht jedoch in der Mediatisierung des Ländereinflusses in Angelegenheiten der Europäischen Union durch den Bundesrat, wo einzelne Länder von der Mehrheit gemäß Art. 52 Abs. 3 S. 1 GG überstimmt werden können. Mit diesem „funktionellen Surrogat"[168] wurde den im Vergleich zu konventionellen völkerrechtlichen Verträgen wesentlich schnelleren Entscheidungsmechanismen auf europäischer Ebene, die auch bei der innerstaatlichen Willensbildung flexiblere Lösungen erforderlich machen, Tribut gezollt.[169]

Fraglich ist nun, ob im Bereich der Anwendung des Art. 23 Abs. 2, 4 bis 7 GG noch Raum für einen Rückgriff auf das Verfahren nach der Lindauer Absprache bleibt.[170] Eine derartige doppelte Beteiligung der Länder kann in bezug auf Ma-

---

166 Wenn auch die Einordnung der Angelegenheiten der Europäischen Union unter den Begriff der auswärtigen Angelegenheiten längst nicht mehr eindeutig ist, so zeigt doch bereits die in dieser Untersuchung zu behandelnde Abgrenzungsfrage, daß beides sich nicht klar voneinander trennen läßt, vgl. z.B. die „Eckpunkte der Bundesländer für den Föderalismus im vereinten Deutschland", abgedruckt in ZParl. 1990, 463; *Pernice,* in: Dreier (Hrsg.), GG, Bd. 2, Art. 23, Rdnr. 97, Art. 32, Rdnr. 12.

167 Vgl. *Stern,* in: Festschrift Carl Heymanns Verlag, 1995, S. 266 f.

168 *di Fabio,* Der Staat, Bd. 32 (1993) S. 209.

169 Vgl. die amtliche Begründung zu Art. 23 GG, BR-Drucksache 501/92 vom 14.8.1992 S. 17: „staatspraktisches Bedürfnis".

170 Die Frage war von Anfang an zwischen Bund und Ländern umstritten. In der Bund-Länder-Vereinbarung vom 29.10.1993 konnte hierüber keine Einigung erzielt werden; in der Fußnote zu Punkt VII Ziff. 1 heißt es nur: „In der Frage, ob und inwieweit darüber hinaus gegebenenfalls innerstaatlich eine Zustimmung der Länder nach der Lindauer Absprache erforderlich ist, bestehen bei Bund und Ländern unterschiedliche Rechtsauffassungen. Das Verfahren in diesen Fällen bleibt einer besonderen Absprache überlassen."
Auch spätere Verhandlungen brachten keine Lösung. So wird im Protokoll über den Verhandlungsstand zwischen Bund und Ländern in der Frage der Behandlung völkerrechtlicher Abkommen im Bereich der Europäischen Union vom 24.2.1994 (abgedruckt bei

terien in Betracht gezogen werden, die zwar einerseits einen engen Bezug zu den Regelungsgegenständen des Primärrechts aufweisen, andererseits aber auf intergouvernementalen Handlungsformen beruhen.
Hierzu wird ganz überwiegend die Auffassung vertreten, Art. 23 Abs. 2, 4 bis 7 GG sei gegenüber anderen, auf nichtrechtsförmlichen besonderen Absprachen beruhenden föderalen Mitwirkungsformen *lex specialis.*[171] Dem ist insofern zuzustimmen, als grundsätzlich auf einen konkreten Rechtsakt stets nur eines der beiden Beteiligungsverfahren anzuwenden ist. Dafür spricht schon der Wortlaut des Art. 23 Abs. 2 GG, demzufolge die Länder in Angelegenheiten der Europäischen Union – nur – über den Bundesrat mitwirken. Schon in der amtlichen Begründung zur Neufassung des Art. 23 GG wird auf das „staatspraktische Bedürfnis" hingewiesen, „die Willensbildung der Länder aus der zur Einstimmigkeit verpflichtenden Ebene der Länderkooperation auf die Ebene der Bundesstaatlichkeit zu heben".[172] Diese gesetzgeberische Intention würde unterlaufen, ließe man neben dem Bundesratsverfahren nach Art. 23 Abs. 2 GG noch eine Länderbeteiligung nach der Lindauer Absprache und damit die Möglichkeit einzelner Länder, ein bestimmtes Vorhaben zu blockieren, zu.

Clostermeyer/Lehr, DÖV 1998, 154) lapidar festgestellt: „Der Bund und die Länder halten an ihren bekannten Rechtsauffassungen über die Beteiligung der Länder bei Ausarbeitung und Annahme von Übereinkommen im Rahmen des Vertrages über die Europäische Union fest."

171 *Stern,* in: Festschrift Carl Heymanns Verlag, 1995, S. 267; *Brockmeyer,* in: Schmidt-Bleibtreu/Klein, GG, 9. Auflage 1999, Art. 32, Rdnr. 17b; *Winkelmann,* DVBl. 1993, 1128, 1132; *Kunig,* in: Festschrift Carl Heymanns Verlag, 1995, S. 597; *Pernice,* in: Dreier (Hrsg.), GG, Bd. 2, Art. 32, Rdnr. 12, Art. 23, Rdnr. 122; *Kempen,* in: v.Mangoldt/Klein/Starck, GG II, Art. 32 I, Rdnr. 14; *Scholz,* in: Maunz/Dürig/Herzog, GG, Art. 23, Rdnr. 142; *Jarass,* in: Jarass/Pieroth, GG, 6. Auflage 2002, Art. 23, Rdnr. 4; vgl. die Richtlinien des Auswärtigen Amtes für die Behandlung völkerrechtlicher Verträge (RvV) S. 32 (3): „In ausschließlichen Vertragsangelegenheiten der Europäischen Union [...] ist die Lindauer Absprache unbeachtlich und durch die in Artikel 23 GG festgelegten Mitwirkungsrechte des Bundesrates ersetzt".
Nach a.A. soll die Lindauer Absprache in bestimmten Fällen neben das Beteiligungsverfahren nach Art. 23 Abs. 2, 4 bis 7 GG treten, vgl. die Auffassung der Länder, vgl. Punkt II Ziff. 1 des Protokolls über den Verhandlungsstand zwischen Bund und Ländern in der Frage der Behandlung völkerrechtlicher Abkommen im Bereich der Europäischen Union, abgedruckt bei *Clostermeyer/Lehr,* DÖV 1998, 154; ebenso *Oberländer,* Aufgabenwahrnehmung im Rahmen der EU durch Vertreter der Länder, S. 176. Siehe dazu noch unten C.II.5.a).bb).(1).(c). S. 149 ff. sowie C.II.5.d). bb).(2).(a). S. 190 ff.

172 BR-Drucksache 501/92 vom 14.8.1992 S. 17. Diese Erkenntnis rührt aus den Erfahrungen her, die mit früheren Beteiligungsformen in europäischen Angelegenheiten, insbesondere dem sogenannten Länderbeteiligungsverfahren von 1979, gemacht wurden, vgl. oben C.I.1.c). S. 34.

Zudem wäre nur schwer nachvollziehbar, welche Rolle das Erfordernis des Einverständnisses *aller* Länder nach Ziffer 3 der Lindauer Absprache neben den Beschlüssen des Bundesrates nach § 5 Abs. 2 EUZBLG spielen soll, für die jeweils nur eine – einfache oder qualifizierte – Stimmenmehrheit erforderlich ist. Eine gleichzeitige Berücksichtigung beider Verfahren würde zu einer – verfassungsrechtlich nicht erforderlichen und verfassungspolitisch unerwünschten – „Potenzierung" der Länderrechte führen.[173]
Art. 23 Abs. 2, 4 bis 7 GG verdrängt also grundsätzlich die Lindauer Absprache in seinem Anwendungsbereich. Es kann in der Regel jeweils nur eine der beiden Mitwirkungsformen zur Anwendung kommen.
Damit ist jedoch noch keine Aussage über die tatsächliche Reichweite der Regelung des Art. 23 Abs. 2, 4 bis 7 getroffen.

bb) Verhältnis zu Art. 59 Abs. 2 GG

Problematisch ist indes, ob und inwieweit die Regelung des Art. 59 Abs. 2 GG im Anwendungsbereich des Beteiligungsverfahrens nach Art. 23 Abs. 2 ff. GG von diesem verdrängt wird.[174] Zur Beantwortung der Frage ist zunächst darauf hinzuweisen, daß die Vorschrift eine Doppelfunktion erfüllt.[175] Sie bestimmt zum einen, daß die Exekutive zum Abschluß von Verträgen, die die politischen Beziehungen des Bundes regeln oder sich auf Gegenstände der Gesetzgebung beziehen, einer Ermächtigung durch die gesetzgebenden Körperschaften bedarf und sichert so die parlamentarische Kontrolle im Bereich der auswärtigen Beziehungen. Zum anderen ermöglicht sie die Transformation völkerrechtlicher Bestimmungen in das nationale Recht, soweit die Zuständigkeit des Bundes reicht.

Zweifellos bedürfen supranationale Rechtsakte im Gemeinschaftsbereich zu ihrer Geltung im nationalen Recht keiner Zustimmung und Umsetzung durch den

---

[173] So *Winkelmann*, DVBl. 1993, 1132; vgl. dazu *Clostermeyer/Lehr*, DÖV 1998, 150 f., 153.

[174] Davon zu unterscheiden ist die Frage, ob bei Hoheitsrechtsübertragungen nach Art. 23 Abs. 1 GG noch ein Vertragsgesetz nach Art. 59 Abs. 2 S. 1 GG erforderlich ist. Siehe dazu unten C II.5.a).bb).(1).(b). S. 142 ff.

[175] BVerfGE 1, 396, 410 f.; *Rojahn*, in: v.Münch/Kunig, GG II, 5. Auflage 2001, Art. 59, Rdnr. 32; *Streinz*, in: Sachs, GG, 3. Auflage 2003, Art. 59, Rdnr. 21 f., 59 f.; *Schweitzer*, Staatsrecht III, 7. Auflage 2000, Rdnr. 445; *Fastenrath*, Kompetenzverteilung im Bereich der auswärtigen Gewalt, S. 134; *Jarass*, in: Jarass/Pieroth, GG, 6. Auflage 2002, Art. 59, Rdnr. 16 f.; *Kempen*, in: v.Mangoldt/Klein/Starck, GG II, Art. 59 II, Rdnr. 37.

nationalen Gesetzgeber[176]; eine Anwendung des Art. 59 Abs. 2 GG kommt hier von vornherein nicht in Betracht.

Jedoch nehmen manche Autoren unter Hinweis auf die „sehr spezielle Regelung“, die mit Art. 23 GG geschaffen werden sollte, an, Art. 59 Abs. 2 S. 1 GG werde durch Art. 23 Abs. 2 ff. GG auch in Bereichen intergouvernementaler Zusammenarbeit der Mitgliedstaaten im Rahmen der „Angelegenheiten der Europäischen Union“ vollständig verdrängt.[177]

Diese Feststellung ist aber zu pauschal. Zwar kann einerseits davon ausgegangen werden, daß die durch das in Art. 59 Abs. 2 S. 1 GG enthaltene Zustimmungserfordernis zu gewährleistende Kontrolle durch die zuständigen gesetzgebenden Körperschaften – gleichermaßen durch Bundestag und Bundesrat – im Rahmen der Beteiligung nach Art. 23 GG bereits vorweggenommen wurde. Die Vorschriften des Art. 23 Abs. 2, 3 GG beziehungsweise Art. 23 Abs. 2, 4 bis 7 GG in Verbindung mit dem jeweiligen Ausführungsgesetz[178] enthalten also Spezialregelungen. Eine nochmalige Einbeziehung des Bundestags und gegebenenfalls des Bundesrates könnte allenfalls dazu dienen, diesen die Möglichkeit zu verschaffen, ihre vorherige positive Stellungnahme wieder in Frage zu stellen. Daran wären sie allerdings schon nach dem Grundsatz des Verbots des *venire contra factum proprium* gehindert. Umgekehrt hätten nach einer ablehnenden Stellungnahme im Rahmen der Mitwirkung nach Art. 23 Abs. 2 ff. GG die gesetzgebenden Körperschaften die Möglichkeit, ihrem – im konkreten Fall für das Verhalten der Bundesregierung nicht maßgeblichen – ablehnenden Standpunkt doch noch zur Durchsetzung zu verhelfen. Dann würde sich die Frage nach dem Sinn der abgestuften Beteiligung nach Art. 23 Abs. 2 ff. GG stellen, die letztlich völlig irrelevant wäre. Folgerung kann dementsprechend nur sein, daß die Kontrollfunktion des Art. 59 Abs. 2 S. 1 GG von der vorherigen Beteiligung nach Art. 23 Abs. 2 ff. GG i.V.m. den Ausführungsgesetzen verdrängt wird.[179]

---

176 EuGH Rs. C-43/71 (Politi/Ministero delle Finanze) Slg. 1971 S. 1039, 1049, Rdnr. 9; BVerfGE 22, 293, 295 f.

177 *Kokott,* DVBl. 1996, 943; *Pernice,* in: Dreier (Hrsg.), GG, Bd. 2, Art. 59, Rdnr. 56 (Fn. 253); *Jarass,* in: Jarass/Pieroth, GG, 5. Auflage 2000, Art. 23, Rdnr. 4 (vgl. aber jetzt die 6. Auflage); anders *Brockmeyer,* in: Schmidt-Bleibtreu/Klein, GG, 9. Auflage 1999, Art. 59, Rdnr. 14.

178 Gesetz über die Zusammenarbeit von Bundesregierung und dem Deutschen Bundestag in Angelegenheiten der Europäischen Union (EUZBBG) vom 12.3.1993 BGBl. I S. 311; zum EUZBLG siehe oben S. 33 (Fn. 57).

179 Insoweit ebenso *Kokott,* DVBl. 1996, 943; *Pernice,* in: Dreier (Hrsg.), GG, Bd. 2, Art. 59, Rdnr. 56; wohl a.A. *Pechstein/Koenig,* Die Europäische Union, 3. Auflage 2000, Rdnr. 222.

Auch die Tatsache, daß die Stellungnahmen nach Art. 23 Abs. 2 ff. GG unter Umständen ein geringeres Maß an Verbindlichkeit aufweisen[180] als die Gewährung oder Nichtgewährung der Zustimmung nach Art. 59 Abs. 2 S. 1 GG, ändert nichts an diesem Befund. Sie kann als Beleg der Integrationsfreundlichkeit des Grundgesetzes aufgefaßt werden.[181]

Gegen eine vollständige Verdrängung des Art. 59 Abs. 2 S. 1 GG spricht andererseits, daß das Beteiligungsverfahren des neuen Europaartikels nirgendwo Regelungen über die Umsetzung zwischenstaatlich vereinbarter Rechtssätze vorsieht. Offen bleibt zudem, ob dann gegebenenfalls auch im Bereich der Ländergesetzgebungszuständigkeit, wo Art. 23 Abs. 2 ff. GG ja ebenfalls Anwendung findet, eine Transformation allein über diese Vorschrift möglich sein soll. Das würde – aufgrund der ausschließlichen Mitwirkung von Bundesorganen – einen weiteren erheblichen Einbruch in die Eigenstaatlichkeit der Länder bedeuten[182], der im Gesetzgebungsverfahren einer ausführlichen Erörterung und ausdrücklicher Erwähnung bedurft hätte. Eine derartige gesetzgeberische Intention war in den Beratungen zur Neufassung des Art. 23 GG jedoch nicht zu erkennen.[183]

Wenn aber Art. 23 Abs. 2 ff. GG keine Umsetzung völkerrechtlicher Bestimmungen im Länderkompetenzbereich bewirken kann, bestehen auch keine Anhaltspunkte, der Vorschrift diese Funktion auf Gebieten von Bundeszuständigkeit zukommen zu lassen. Demnach muß, soweit Bundeszuständigkeiten betroffen sind und eine Umsetzung notwendig ist, auch im Anwendungsbereich des

---

180 Die Stellungnahme des Bundestages nach Art. 23 Abs. 3 GG i.V.m. § 5 des Ausführungsgesetzes entfaltet in keinem Fall eine rechtliche Bindungswirkung, vgl. *Streinz,* in: Sachs, GG, 3. Auflage 2003, Art. 23, Rdnr. 101; *Randelzhofer,* in: Maunz/Dürig /Herzog, GG, Art. 24 I, Rdnr. 205; vgl. aber die Beschlußempfehlung und Stellungnahme des Sonderausschusses „Europäische Union (Vertrag von Maastricht)", BT-Drucksache 12/3896 vom 1.12.1992 S. 19: „... Bundesregierung innerstaatlich im Verhältnis zum Bundestag politisch gebunden." Eine weitergehende Verpflichtung der Bundesregierung kann sich auch aus § 5 S. 3 EUZBBG trotz des unklaren Wortlauts nicht ergeben, vgl. *Lang,* Mitwirkungsrechte des Bundesrates und des Bundestages in Angelegenheiten der Europäischen Union, S. 307 ff. Zur Verbindlichkeit der Stellungnahme des Bundesrates siehe oben C.I.2.a).bb).(2).(a). S. 41 ff.

181 Vgl. *Kokott,* DVBl. 1996, 942.

182 Nach ganz herrschender Meinung besitzt der Bund keine Transformationskompetenz in Bereichen ausschließlicher Landesgesetzgebung, vgl. nur *Kempen,* in: v.Mangoldt/Klein/ Starck, GG II, Art. 59 II, Rdnr. 42; siehe oben S. 22.

183 Vgl. die amtliche Begründung zu Art. 23 GG, BR-Drucksache 501/92 vom 14.8.1992; zum Ausführungsgesetz zu Art. 23 Abs. 7 GG, BT-Drucksache 12/3540 vom 22.10.1992; den Bericht der Gemeinsamem Verfassungskommission, BT-Drucksache 12/6000 vom 5.11.1993; sowie Beschlußempfehlung und Bericht des Sonderausschusses „Europäische Union (Vertrag von Maastricht)", BT-Drucksache 12/3896 vom 1.12.1992.

Art. 23 Abs. 2, 4 bis 7 GG gegebenenfalls[184] auf Art. 59 Abs. 2 GG zurückgegriffen werden.

Konsequenterweise kann auf eine Beteiligung der gesetzgebenden Körperschaften des Bundes nach Art. 59 Abs. 2 S. 1 GG dann aber verzichtet werden, wenn einerseits die parlamentarische Kontrolle bereits im Rahmen des Beteiligungsverfahrens nach Art. 23 Abs. 2 ff. GG erfolgt ist und andererseits die Umsetzung der völkerrechtlichen Verpflichtung allein der Länderlegislative obliegt. In diesem Fall könnte ein Vertragsgesetz nach Art. 59 Abs. 2 S. 1 GG keine der beiden ihm zugeschriebenen Funktionen mehr erfüllen. Eine Anwendung der Norm kommt nur in Betracht, wenn das fragliche völkerrechtliche Abkommen gleichzeitig auch entweder die politischen Beziehungen des Bundes regelt oder Gegenstände betrifft, für die der Bund die Gesetzgebungskompetenz hat.[185]

Geht man nun also davon aus, daß durch die Beteiligungsverfahren des Art. 23 Abs. 2 ff. GG eine Transformation beziehungsweise eine Vollzugsanordnung nicht bewirkt wird, steht man wiederum vor dem bereits angedeuteten Dilemma: Läßt man den jeweils zuständigen (gesetzgebenden) Körperschaften von Bund und Ländern – wie im Rahmen von Art. 59 Abs. 2 S. 1 GG eigentlich der Fall[186] – einen Entscheidungsspielraum hinsichtlich des „Ob" der Umsetzung, so verliert die von Art. 23 GG vorgenommene Abstufung der Mitwirkung ihre Bedeutung; letztlich entstünde so über Umwege ein in dieser Vorschrift gerade nicht vorgesehenes Vetorecht. Dann wäre zur Sicherung des Vollzugs völkervertraglicher Verpflichtungen im Bereich der Ländergesetzgebung doch wieder ein Rückgriff auf die Lindauer Absprache erforderlich.[187]

---

184 Für welche Rechtsakte eine derartige Überschneidung überhaupt in Frage kommt, soll im weiteren Verlauf der Arbeit noch eingehend untersucht werden.

185 Vgl. zum Erfordernis der Zustimmung der gesetzgebenden Körperschaften des Bundes im Bereich von Ländergesetzgebungszuständigkeiten allgemein *Brockmeyer,* in: Schmidt-Bleibtreu/Klein, GG, 9. Auflage 1999, Art. 59, Rdnr. 20; *Streinz,* in: Sachs, GG, 3. Auflage 2003, Art. 59, Rdnr. 33, 49; *Pernice,* in: Dreier (Hrsg.), GG, Bd. 2, Art. 59, Rdnr. 34, *Fastenrath,* Kompetenzverteilung im Bereich der auswärtigen Gewalt, S. 228 ff.; *Kempen,* in: v.Mangoldt/Klein/Starck, GG II, Art. 59 II, Rdnr. 42, *Schweitzer,* Staatsrecht III, 7. Auflage 2000, Rdnr. 454 ff.

186 Solange die erforderliche Zustimmung nicht erteilt worden ist, vgl. *Rojahn,* in: v.Münch/Kunig, GG II, 5. Auflage 2001, Art. 59, Rdnr. 35.

187 Dementsprechend sprechen sich für eine Anwendung der Lindauer Absprache in Anknüpfung an das innerstaatliche Implementierungsverfahren nach Art. 59 Abs. 2 S. 1 GG aus: *Clostermeyer/Lehr,* , DÖV 1998, 148, 152 f.; *Oberländer,* Aufgabenwahrnehmung im Rahmen der EU durch Vertreter der Länder, S. 179 f. Vgl. auch den im Protokoll über den Verhandlungsstand zwischen Bund und Ländern in der Frage der Behandlung völkerrechtlicher Abkommen im Bereich der Europäischen Union (abgedruckt bei *Clostermeyer/Lehr,* DÖV 1998, 154), Punkt II Ziff. 1, 2. Spiegelstrich, wiedergegebenen Standpunkt

Verneint man dagegen das Bestehen eines Ermessens der zur Umsetzung berufenen Organe, so geriete die Transformation nach Art. 59 Abs. 2 GG und den entsprechenden Vorschriften in den Ländern zur reinen Formalität; die gesetzgebenden Körperschaften in Bund und Ländern würden zum verlängerten Arm der in Angelegenheiten der Europäischen Union allein tonangebenden Exekutive degradiert.

Eine Auflösung dieses Spannungsverhältnisses ist in einer Abwägung der von den beiden unterschiedlichen Beteiligungsverfahren verfolgten Zielsetzungen, d.h. einerseits Beschleunigung des Entscheidungsprozesses in Angelegenheiten der Europäischen Union und Integrationsfreundlichkeit und andererseits Wahrung der Ländereigenstaatlichkeit, zu suchen. Sie kann sich nicht abstrakt, sondern nur jeweils im Hinblick auf Sinn und Zweck der konkret zu untersuchenden Handlungsform ergeben.

II. Problematische Fallkonstellationen: „Angelegenheiten der Europäischen Union"?

Während in der großen Mehrheit der Fälle die Mitwirkung der Bundesländer an der Wahrnehmung der Mitgliedschaftsrechte der Bundesrepublik Deutschland unstreitig über das Verfahren des Art. 23 GG i.V.m. dem Ausführungsgesetz und der Bund-Länder-Vereinbarung geregelt wird, gibt es – an den Schnittstellen zum Völkerrecht – eine Reihe von Handlungsformen, deren Einordnung unter das Regime des Art. 23 GG problematisch und umstritten ist[188] und auf die nach mancher Ansicht die Anwendung des Art. 32 Abs. 1 GG i.V.m. der Lindauer Absprache angemessener erscheint. Es handelt sich dabei zunächst um die völkerrechtlichen Aktivitäten der Europäischen Union sowie der Gemeinschaften selbst, insbesondere soweit zugleich die Mitgliedstaaten tätig werden (also um die sogenannten „Gemischten Abkommen"). Daneben sind auch Verträge der Mitgliedstaaten untereinander, die zwar einen grundsätzlich völker- und damit koordinationsrechtlichen Charakter, aber durchaus auch einen europarechtlichen Bezug aufweisen, nicht eindeutig dem einen oder anderen Bereich zuzuordnen. Zuletzt wird auch die Anwendbarkeit des Beteiligungsverfahrens nach

---

der Bundesländer.

Zu den beiden Funktionen der Lindauer Absprache siehe oben A.I.3. S. 23.

188 Vgl. nur die Fußnote zu Punkt VII Ziff. 1 der Bund-Länder-Vereinbarung vom 29.10.1993, sowie das Protokoll über den Verhandlungsstand zwischen Bund und Ländern in der Frage der Behandlung völkerrechtlicher Abkommen im Bereich der Europäischen Union, abgedruckt bei *Clostermeyer/Lehr*, DÖV 1998, 154.

Art. 23 Abs. 2, 4 bis 7 GG i.V.m. EUZBLG auf die (noch) nicht vergemeinschafteten Bereiche der Titel V und VI des EU-Vertrages, der Gemeinsamen Außen- und Sicherheitspolitik und der Polizeilichen und Justitiellen Zusammenarbeit in Strafsachen, insgesamt bestritten.[189]

Entscheidend für die Beantwortung der Frage nach der im konkreten Fall anwendbaren Beteiligungsform wird jedenfalls die Einordnung der jeweils betroffenen Materie als „Angelegenheit der Europäischen Union“ sein. Diese wird von Art. 23 Abs. 2 GG vorausgesetzt, der den Anwendungsbereich für die weiteren Absätze erst eröffnet. Nur in diesem Fall ist eine Mitwirkung der Länder nach dem Verfahren des Art. 23 Abs. 2, 4 bis 7 GG möglich.[190] Gleichzeitig ist dann auch die Anwendbarkeit der Lindauer Absprache zu verneinen.[191] Insofern ist der Aussage, die Nichtbeachtlichkeit der Absprache sei die Kehrseite der errungenen Mitwirkungsrechte der Länder im Anwendungsbereich von Art. 23 GG n.F.[192], durchaus zuzustimmen. Allerdings wäre es zumindest vorschnell[193], daraus den Schluß zu ziehen, die Beteiligung nach Art. 23 Abs. 2, 4 bis 7 GG verdränge generell die Lindauer Absprache auch im Bereich völkervertraglicher Handlungen[194], solange diese nur einen irgendwie gearteten Bezug zu den Zielsetzungen der Europäischen Union aufweisen. Die Reichweite des Anwendungsbereichs des Art. 23 Abs. 2, 4 bis 7 GG – und damit der Begriff der „Angelegenheiten der Europäischen Union“ – bedarf vielmehr erst einer Konkretisierung.

Die in der Literatur vertretene, denkbare Erstreckung des Beteiligungsverfahrens nach Art. 23 Abs. 2, 4 bis 7 GG i.V.m. EUZBLG liegt innerhalb einer Bandbreite von der Beschränkung auf rechtsetzende Akte im Gemeinschaftsbereich bis zur Einbeziehung aller völkervertraglichen Handlungen, solange darin nur ir-

---

189 *Stern,* in: Festschrift Carl Heymanns Verlag, 1995, S. 267 f.

190 *Scholz,* in: Maunz/Dürig/Herzog, GG, Art. 23, Rdnr. 111; *Oberländer,* Aufgabenwahrnehmung im Rahmen der EU durch Vertreter der Länder, S. 171.

191 Siehe oben C.I.2.c).aa). S. 55 ff.

192 *Winkelmann,* DVBl. 1993, 1132 f.; *Rojahn,* in: v.Münch/Kunig, GG II, 5. Auflage 2001, Art. 23, Rdnr. 55a; allerdings erfolgte auch schon vor der Neufassung des Art. 23 GG die Beteiligung der Länder in Angelegenheiten der Europäischen Gemeinschaften nicht nach der Lindauer Absprache, vgl. dazu oben C.I.1. S. 33 ff.; *Stern,* in: Festschrift Carl Heymanns Verlag, 1995, S. 269; *Tomuschat,* in: Bonner Kommentar, Art. 24, Rdnr. 106.

193 *Clostermeyer/Lehr,* DÖV 1998, 150, sprechen sogar von „zirkulärer Beweisführung“ und einer Argumentation „von dem – vom Bund gewünschten – Ergebnis her; ähnlich *Oberländer,* Aufgabenwahrnehmung im Rahmen der EU durch Vertreter der Länder, S. 171.

194 So aber *Winkelmann,* DVBl. 1993, 1128 ff.: „...umfassende und abschließende Mitwirkungsregelung [...], neben der künftig kein Raum mehr für anderweitige innerstaatliche Absprachen bleibt.“

gendein Zusammenhang mit den Zielsetzungen der Europäischen Union erkennbar ist.
Definitionsversuche sind in der Literatur seit der Einführung des „Europaartikels" immer wieder – und häufig mit einander widersprechenden Ergebnissen – unternommen worden.[195] Allein zur Lösung des Abgrenzungsproblems zu rein völkervertraglichem Handeln, das dem Beteiligungsverfahren nach der Lindauer Absprache unterliegt, bringt keiner dieser Ansätze die nötige Klarheit. Bevor eine abstrakte Begriffsbestimmung erfolgen kann, sind zunächst die einzelnen in Betracht kommenden Handlungsformen auf ihre Qualität als „Angelegenheiten der Europäischen Union" im Sinne des Art. 23 Abs. 2 GG zu untersuchen.

1. Formen „intergouvernementaler" Zusammenarbeit im Rahmen des Unionsvertrages

Schon für die im Unionsvertrag geregelten, zumindest ursprünglich intergouvernementalen Handlungsformen der Polizeilichen und Justitiellen Zusammenarbeit in Strafsachen (Titel VI des EU-Vertrags/„Dritte Säule") sowie der Gemeinsamen Außen- und Sicherheitspolitik (Titel V des EU-Vertrags/„Zweite Säule") wird die Anwendbarkeit des Beteiligungsverfahrens nach Art. 23 Abs. 2, 4 bis 7 GG teilweise in Zweifel gezogen. In der Tat stellt diese Mitwirkungsform die Nachfolgeregelung des Länderbeteiligungsverfahrens nach Art. 2 EEAG

---

[195] *Brockmeyer*, in: Schmidt-Bleibtreu/Klein, GG, 9. Auflage 1999, Art. 23, Rdnr. 18, sieht die Angelegenheiten im Sinne des Art. 23 Abs. 2 GG auf den „Rahmen der jeweils erreichten Integration" beschränkt.
Nach *Schede*, Bundesrat und Europäische Union, S. 100, „umfassen ‚Angelegenheiten der Europäischen Union' alle politischen, gesetzgeberischen beziehungsweise administrativen sowie judikativen Aktivitäten, die der Vertrag über die Europäische Union vorsieht beziehungsweise ermöglicht und an denen die Mitgliedstaaten befugt sind, in Ausübung ihrer Rechte mitzuwirken."
Halfmann, Entwicklungen des deutschen Staatsorganisationsrechts im Kraftfeld der Europäischen Integration, S. 81, versteht darunter „alle Handlungen [...], die die Bundesrepublik Deutschland als Mitgliedstaat im Rahmen einer ihr durch den EUV, den EGV, den EGKS-V oder den EAV eingeräumten Kompetenz wahrnimmt."
Scholz, in: Maunz/Dürig/Herzog, GG, Art. 23, Rdnr. 111, zufolge befassen sich die Vorschriften des Art. 23 Abs. 2 bis 6 GG „insgesamt mit allen innerstaatlichen Maßnahmen, die mit der Wahrnehmung, Vorbereitung und Vollziehung von Zuständigkeiten, Befugnissen sowie Zielsetzungen der Europäischen Union beziehungsweise des weiteren europäischen Integrationsprozesses zusammenhängen."
Für *Kempen*, in: v.Mangoldt/Klein/Starck, GG II, Art. 23 II, Rdnr. 84, handelt es sich dabei „um die Wahrnehmung der Rechte, die Unions- und Gemeinschaftsrecht –zumindest im Grundsatz – der Bundesregierung oder der Bundesrepublik Deutschland in ihrer Rolle als Mitgliedstaat zuweisen."

dar[196], das sich – schon seinem Wortlaut nach – lediglich auf „Vorhaben im Rahmen der Europäischen *Gemeinschaft*“ beziehen konnte.[197] Hinzukommt, daß zur Begründung der Notwendigkeit einer Neuregelung stets auf das Erfordernis einer Kompensation der durch den *Integrations*fortschritt bedingten innerstaatlichen Zuständigkeitsverluste hingewiesen wurde.[198] Diese Feststellungen könnten zu der Folgerung verleiten, der Anwendungsbereich des Mitwirkungsverfahrens des Art. 23 Abs. 2, 4 bis 7 GG sei auf Recht(setzung)sakte[199] im vergemeinschafteten Bereich der Ersten Säule, der als einziger gänzlich „integriert“, also supranational organisiert ist, zu beschränken.[200]

Schon die Verwendung des Begriffs der „Angelegenheiten der Europäischen *Union*“ in Art. 23 Abs. 2 GG, in denen der Bundestag und über den Bundesrat die Länder mitwirken sollen, deutet jedoch darauf hin, daß die Beteiligung über den Integrationsbereich der Gemeinschaften hinaus zumindest auch auf bestimmte Handlungsinstrumente des Unionsvertrages anwendbar sein muß.[201] In

---

196 Vgl. die amtliche Begründung, BR-Drucksache 501/92 vom 14.8.1992 S. 7 sowie § 15 EUZBLG.

197 Frühere Formen der Europäischen Politischen Zusammenarbeit waren in institutioneller Hinsicht klar von den Gemeinschaften abgegrenzt, vgl. *Zott,* Der rechtliche Rahmen der innen- und justizpolitischen Zusammenarbeit in der Europäischen Union, S. 131; *Hilf/Pache,* in: Grabitz/Hilf, EU, Art. C EUV, Rdnr. 3; *Degen,* in: Groeben/Thiesing/Ehlermann (Hrsg.), EUV/EGV, 5. Auflage 1997, Vorbemerkung zu den Art. K bis K.9 EUV, Rdnr. 16; *König,* Übertragung von Hoheitsrechten im Rahmen des europäischen Integrationsprozesses, S. 236.

198 Allgemeine Meinung, vgl. nur die amtliche Begründung zu Art. 23 GG, BR-Drucksache 501/92 vom 14.8.1992 S. 6; Bericht des Sonderausschusses „Europäische Union (Vertrag von Maastricht)“, BT-Drucksache 12/3896 S. 17; Bericht der Gemeinsamen Verfassungskommission, BT-Drucksache 12/6000 S. 20; *Lang,* Mitwirkungsrechte des Bundesrates und des Bundestages in Angelegenheiten der Europäischen Union, S. 130 f.; *Vedder*, in: Grabitz/Hilf, EU, Art. 49 EU, Rdnr. 38.

199 Eine Begrenzung auf rechtsetzende Akte im engeren Sinne würde aber die Frage nach dem Sinn der in der Vorschrift vorgenommen begrifflichen Differenzierung zwischen „Angelegenheiten“ (Abs. 2) und „Rechtsetzungsakten“ (Abs. 3) der Europäischen Union aufwerfen. Naheliegender erscheint es, „Angelegenheiten“ weiter, sozusagen als Oberbegriff zu verstehen. Ein engeres Verständnis läßt sich jedenfalls der Gesetzesbegründung nicht entnehmen, vgl. BR-Drucksache 501/92 vom 14.8.1992 S. 16 f. Wenn dort von „Angelegenheiten der Europäischen Union“ oder von interner Willensbildung „im Zuständigkeitsbereich der Europäischen Union“ die Rede ist, so kann dieser eher unbestimmten Formulierung jedenfalls entnommen werden, daß auch anderes, nicht unmittelbar auf die Setzung von Sekundärrecht gerichtetes Organhandeln mitumfaßt sein soll.

200 So *Stern,* in: Festschrift Carl Heymanns Verlag, 1995, S. 268; tendenziell *Vedder*, in: Grabitz/Hilf, EU, Art. 49 EU, Rdnr. 38. Unionssekundärrecht bleibe dagegen als seiner Rechtsnatur nach völkerrechtliches Vertragsrecht dem Verfahren der Lindauer Absprache unterworfen.

201 Für den Bereich der Dritten Säule ebenso *Winkelmann,* DVBl. 1993, 1134.

Kenntnis der rechtlichen Konstruktion der Europäischen Union, wie sie in Maastricht vereinbart wurde, wäre es dem Verfassungsgeber anderenfalls ein leichtes gewesen, im Text der Vorschrift eine begriffliche Trennung zwischen den in verschiedenen Säulen geregelten Betätigungsfeldern herbeizuführen.[202] Auch das zur Begründung der Neuregelung der Ländermitwirkung angeführte „staatspraktische Bedürfnis", die Willensbildung der Länder aus der zur Einstimmigkeit verpflichtenden Ebene der Länderkooperation auf die Ebene des mit Mehrheit entscheidenden Bundesrates zu heben[203], besteht bei Entscheidungsprozessen im Bereich der Zweiten und Dritten Säule der Union, bei denen sich ja auch auf europäischer Ebene dieselben Akteure wie im Gemeinschaftsbereich finden[204], in gleicher Weise.

Zur Beantwortung der Frage, inwieweit das Mitwirkungsverfahren des neuen Europaartikels auf Handlungsinstrumente im Bereich des Unionsvertrages Anwendung finden kann, ist zunächst der rechtliche Rahmen, dem diese Instrumente entspringen, also die Rechtsnatur der Europäischen Union, zu klären. Geht man nämlich davon aus, die Union stelle nichts als ein zwischenstaatliches Kooperationsforum mit formalisierten Verfahrensabläufen dar, so liegt eine Anwendung von Art. 32 GG i.V.m. der Lindauer Absprache durchaus nahe. Betrachtet man sie dagegen als internationale Organisation mit teilweise supranationalen Zügen, die womöglich sogar die zuvor bestehenden Gemeinschaften absorbiert hat, dann erscheint ein Rückgriff auf das im Gemeinschaftsbereich angewandte Länderbeteiligungsverfahren angemessener.

a) Der rechtliche Rahmen: Zur Rechtsnatur der Europäischen Union

Die sogenannte Europäische Politische Zusammenarbeit (EPZ), in deren Rahmen vormals Teile der nunmehr im Unionsvertrag geregelten Materien behandelt wurden, war unzweideutig intergouvernemental organisiert.[205] Auch die U-

---

202 Dafür, daß die Unterscheidung im Gesetzgebungsverfahren nicht einfach übersehen wurde, spricht auch, daß die amtliche Begründung zu Art. 23 GG begrifflich durchaus zwischen „EG-Maßnahmen" beziehungsweise „EG-Vorhaben" und „Vorhaben der Europäischen Union" differenziert, vgl. BR-Drucksache 501/92 vom 14.8.1992 S. 20 f.

203 Amtliche Begründung, BR-Drucksache 501/92 vom 14.8.1992 S. 17.

204 Auf Unionsebene werden die Handlungen der Organe, unabhängig davon, ob sie im Gemeinschafts- oder Unionsrahmen tätig werden, weitgehend einer einheitlichen rechtlichen Würdigung unterzogen, vgl. EuG Rs. T-194/94 (Carvel) Slg. 1995 S. II-2765.

205 *Pechstein/Koenig,* Die Europäische Union, 3. Auflage 2000, Rdnr. 256 ff.; *Borchardt,* Die rechtlichen Grundlagen der Europäischen Union, 2. Auflage 2002, Rdnr. 935; *Streinz,* Europarecht, 5. Auflage 2001, Rdnr. 28 ff.; *ders.,* EuZW 1998, 140; *Neisser/Verschraegen,* Die Europäische Union, S. 113; *Curtin/Dekker,* in: Craig/de Búrca

nion in der Fassung des Vertrags von Maastricht wurde noch mehrheitlich als zwischenstaatliche Kooperationsform angesehen, die den Mitgliedstaaten eine beherrschende Rolle einräumte[206] und keine eigenständige internationale Organisation darstellte.[207] Dies läßt sich spätestens seit Inkrafttreten des Vertrags von Amsterdam mit solcher Klarheit nicht mehr aufrechterhalten.[208] Viel spricht dafür, die Europäische Union als eigene internationale Organisation aufzufassen, die sogar einige „supranationale“ Merkmale aufweist, ausgestattet mit Rechtspersönlichkeit und dementsprechend in der Lage, im Innen- wie im Außenverhältnis Rechte zu erwerben und Verpflichtungen einzugehen.

aa) Die Europäische Union als internationale Organisation

Anders als im Hinblick auf die drei Europäischen Gemeinschaften[209] konnten sich die Mitgliedstaaten bisher nicht darauf verständigen, der Union als solcher ausdrücklich Rechtspersönlichkeit zuzuerkennen. Völkerrechtlich betrachtet ist dies jedoch nicht ausschlaggebend. Nach der Rechtsprechung des Internationalen Gerichtshofs muß die Frage vielmehr nach funktionalen Kriterien entschie-

---

(Hrsg.), The Evolution of EU Law, S. 94; *Oppermann,* Europarecht, 2. Auflage 1999, Rdnr. 305.

206 *Rouchereau* in: Léger (Hrsg.), Commentaire TUE/TCE, Art. 29 EU, Rdnr. 2; *Seidel,* EuR 1992, 125 f.

207 Vgl. die Maastricht-Entscheidung des Bundesverfassungsgerichts E 89, 155, 195: *«der Unionsvertrag [läßt] an keiner Stelle den übereinstimmenden Willen der Vertragsparteien erkennbar werden [...], mit der Union ein selbständiges Rechtssubjekt zu gründen, das Träger eigener Kompetenzen sein soll»* ; *Degen,* in: Groeben/Thiesing/Ehlermann (Hrsg.), EUV/EGV, 5. Auflage 1997, Art. K.1 EUV, Rdnr. 1, Art. K.3 EUV, Rdnr. 1; *Koenig/Haratsch,* Europarecht, 3. Auflage 2000, S. 290; *Schweitzer/Hummer,* Europarecht, 5. Auflage 1996, Rdnr. 950. Siehe dazu auch *Curtin/Dekker,* in: Craig/de Búrca (Hrsg.), The Evolution of EU Law, S. 83: *«fairly stubborn resistance to the idea that the European Union constitutes a new entity that is ‹more› than the European Communities».* Dagegen bestand nach *Jacqué,* Droit institutionnel de l'Union européenne, Rdnr. 122-124, der traditionelle Ansatz darin, die Europäische Union insgesamt als internationale Organisation zu betrachten, während neuerdings eine Tendenz dahingehe, ihr einen Charakter *sui generis («un ensemble original»)* mit einigen konföderalen und auch föderalen Zügen zuzuschreiben.

208 Vgl. *de Kerchove,* in: de Kerchove/Weyembergh (Hrsg.), Vers un espace judiciaire pénal européen, S. 3: "Bruch mit den vorhergegangenen intergouvernementalen Versuchen einer justitiellen Zusammenarbeit im Bereich des Strafrechts"; *Kadelbach,* in: v.Bogdandy/Ehlermann, Konsolidierung und Kohärenz des Primärrechts nach Amsterdam, EuR-Beiheft 2-1998, S. 66: „erkennbarer Schritt zu einem höheren Grad der Integration“.

209 Art. 281 (ex-Art. 210) EG, Art. 6 EGKS, Art. 184 EAG.

den werden.[210] Notwendige Merkmale einer internationalen Organisation sind demnach zum einen das Bestehen eines dauerhaften Verbandes mehrerer Staaten, der mit eigenen Organen und legitimen Zielen ausgestattet ist, des weiteren eine Trennung zwischen Rechten und Zielsetzung dieses Verbandes einerseits und seiner Mitglieder andererseits, sowie die Fähigkeit, diese Rechte auf internationaler Ebene ausüben zu können.[211]

(1) Dauerhafte Verbandsstruktur

Was das Bestehen einer dauerhaften Verbandsstruktur angeht, so genügt, da es sich hierbei nur um ein Kriterium von mehreren handelt, zunächst jede Art zwischenstaatlicher Zusammenarbeit, die ein gewisses Maß an Stabilität aufweist. Das ist bei der Europäischen Union zweifellos der Fall.[212] Die Ziele der Union sind in Art. 2 (ex-Art. B) EU aufgeführt. Gemäß Art. 3 (ex-Art. C) Abs. 1 EU verfügt die Union über einen einheitlichen institutionellen Rahmen, d.h. sie teilt sich ihre Organe mit den Gemeinschaften. Daß diese Organe gleichzeitig von anderen internationalen Organisationen beansprucht werden, kann der Rechtspersönlichkeit der Union nicht entgegengehalten werden. Schließlich teilen sich die drei Gemeinschaften seit dem Fusionsvertrag[213] ebenfalls ihre Institutionen, ohne daß dadurch ihre rechtliche Existenz in Frage gestellt würde.

(2) Eigenständige Rechte und Zielsetzungen

Das Bestehen von im Verhältnis zu den Mitgliedstaaten eigenständigen Rechten und Zielsetzungen der Europäischen Union ist weniger leicht darzulegen. Eine beträchtliche Anzahl von Autoren sieht für die im Rahmen der Zweiten und Dritten Säule der Union angenommenen Rechtsakte noch immer die Mitgliedstaaten, nicht die Union selbst, als Zurechnungssubjekt[214], vergleichbar den Handlungen der „Im Rat vereinigten Vertreter der Regierungen der Mitgliedstaaten“. Diese Ansicht kann jedoch schlecht erklären, weshalb auf der Regie-

---

210 IGH, Reparations for injuries suffered in the service of the United Nations, Advisory Opinion: I.C.J. Reports, S. 174, 178 f.

211 *Brownlie,* Principles of Public International Law, 5. Auflage 1998, S. 679; *Trüe,* ZEuS 2000, 136 ff.

212 Gemäß Art. 51 (ex-Art. Q) EU ist der Unionsvertrag auf unbestimmte Zeit geschlossen.

213 Vertrag vom 8.4.1965 zur Einsetzung eines gemeinsamen Rates und einer gemeinsamen Kommission der Europäischen Gemeinschaften, ABl. EG Nr. 152 vom 13.7.1967, S. 2.

214 *Böse,* in: Schwarze (Hrsg.), EU-Kommentar, Art. 29 EU, Rdnr. 2; *Pechstein/Koenig,* Die Europäische Union, 3. Auflage 2000, Rdnr. 144, 216; *Koenig/Haratsch,* Europarecht, 3. Auflage 2000, Rdnr. 771; *Schweitzer,* Staatsrecht III, 7. Auflage 2000, Rdnr. 320a.

rungskonferenz von Amsterdam in dem die Ziele der Gemeinsamen Außen- und Sicherheitspolitik aufzählenden Art. J.1 Abs. 1 EUV[215] der Ausdruck „Die Union und ihre Mitgliedstaaten" gestrichen und schlicht durch „die Union" in Art. 11 EU n.F.[216] ersetzt wurde.[217] Auch die Einfügung der neuen Artikel 30 und 34 EU anstelle der bisherigen Art. K.1 („Angelegenheiten von gemeinsamem Interesse") und K.3 EUV deuten eher auf die Übertragung echter Kompetenzen als auf eine Regelung rein zwischenstaatlicher Zusammenarbeit hin.[218]

(3) Fähigkeit zum Abschluß internationaler Verträge

Am deutlichsten für die Einstufung der Europäischen Union als internationale Organisation spricht jedoch die Neuregelung der Art. 24 (ex-Art. J.14) und 38 (ex-Art. K.10) EU, denen zufolge die Union im Außenverhältnis zur Durchführung von Angelegenheiten, die unter Titel V oder VI des EU-Vertrages fallen, internationale Verträge schließen kann.[219] Auch in diesem Zusammenhang wird – unter Hinweis auf die Erklärung Nr. 4[220] der Schlußakte zum Amsterdamer Vertrag, wonach die genannten Vorschriften keine Übertragung von Zuständigkeiten von den Mitgliedstaaten auf die Europäische Union bedeuten – vertreten, derartige Verträge würden nicht von der Union in eigenem Namen abgeschlos-

---

215 Art. J.1 Abs. 1 EUV lautete: *Die Union und ihre Mitgliedstaaten erarbeiten und verwirklichen eine gemeinsame Außen- und Sicherheitspolitik nach Maßgabe dieses Titels, die sich auf alle Bereiche der Außen- und Sicherheitspolitik erstreckt.*

216 Art. 11 Abs. 1 EU lautet jetzt: *Die Union erarbeitet und verwirklicht eine Gemeinsame Außen- und Sicherheitspolitik, die sich auf alle Bereiche der Außen – und Sicherheitspolitik erstreckt und folgendes zum Ziel hat: [...].*

217 Auch Art. 29 EU nennt, im Gegensatz zu Art. K.1 a.F., nur noch die Union als Zuordnungssubjekt, vgl. *Kadelbach,* in: v.Bogdandy/Ehlermann (Hrsg.), Konsolidierung und Kohärenz des Primärrechts nach Amsterdam, EuR-Beiheft 2-1998, S. 170; *Trüe,* ZEuS 2000, 150. Doch auch die frühere Fassung des Art. J.1 EUV, wonach „die Union und ihre Mitgliedstaaten" eine gemeinsame Außen- und Sicherheitspolitik erarbeiten und verwirklichen, konnte schon als Beleg dafür herangezogen werden, daß neben den Mitgliedstaaten die Union als weitere, von diesen zu unterscheidende Einheit existierte, vgl. *Curtin/Dekker,* in: Craig/de Búrca (Hrsg.), The Evolution of EU Law, S. 94.

218 So ausdrücklich die amtliche Begründung zum Zustimmungsgesetz zum Amsterdamer Vertrag, BT-Drucksache 13/9339 vom 3.12.1997 S. 166; *Kadelbach,* in: v.Bogdandy/Ehlermann (Hrsg.), Die Konsolidierung und Kohärenz des Primärrechts nach Amsterdam, EuR-Beiheft 2–1998, S. 60: „ [...] besitzt die Union nunmehr ausdrücklich eigene Kompetenzen"; *v.Bogdandy,* in: v.Bogdandy/Ehlermann (Hrsg.), Die Konsolidierung und Kohärenz des Primärrechts nach Amsterdam, EuR-Beiheft 2–1998, S. 170; *Wichard,* in: Calliess/Ruffert (Hrsg.), EUV/EGV, 2. Auflage 2002, Art. 1 EG, Rdnr. 14.

219 Ebenso *Trüe,* ZEuS 2000, 163 f.

220 ABl. EG Nr. C 340 vom 10.11.1997 S. 115, 131.

sen, sondern seien stets den Mitgliedstaaten zuzuordnen.[221] Jedoch kann diese Erklärung auch so verstanden werden, daß Art. 24 (ex-Art. J.14) EU lediglich eine – parallele – Kompetenz der Mitgliedstaaten nicht ausschließen soll.[222] Wenn nämlich die Mitgliedstaaten Vertragsparteien jedes einzelnen nach Art. 24 (ex-Art. J.14) oder Art. 38 (ex-Art. K.10) EU geschlossenen Abkommens wären, müßten darauf stets ihre diesbezüglichen verfassungsrechtlichen Vorschriften zur Anwendung kommen. Art. 24 (ex-Art. J.14) S. 3 EU scheint jedoch im Gegenteil davon auszugehen, daß ein Rückgriff auf nationales Verfassungsrecht nur in Ausnahmefällen erfolgen soll.[223] Schließlich bestimmt Art. 24 (ex-Art. J.14) S. 2 EU, daß die fraglichen Übereinkünfte vom Rat geschlossen werden. Ginge man davon aus, daß diese allein den Mitgliedstaaten zuzurechnen sind, erschiene es konsequenter, dieses Recht den im Rat vereinigten Vertretern der Regierungen der Mitgliedstaaten zu überlassen. Auch die Praxis, daß Verträge mit Drittstaaten im Rahmen der GASP nur von der Ratspräsidentschaft für die Union, nicht aber gleichzeitig von Vertretern der Mitgliedstaaten für diese unterzeichnet werden[224], kann als weiteres Indiz für die internationale Rechtsfähigkeit der Union gewertet werden.[225]

---

[221] *Koenig/Haratsch*, Europarecht, 3. Auflage 2000, Rdnr. 768 ff.; *Krück*, in: Schwarze (Hrsg.), EU-Kommentar, Art. 11-28 EU, Rdnr. 19 ff.; *Böse*, in: Schwarze (Hrsg.), EU-Kommentar, Art. 38 EU, Rdnr. 1; *Cremer*, in: Calliess/Ruffert (Hrsg.), EUV/EGV, 1. Auflage 1999, Art. 24 EU, Rdnr. 4 (vgl. jetzt aber 2. Auflage 2002, Rdnr. 7 ff.); *Kugelmann*, in: v.Bogdandy/Ehlermann (Hrsg.), Die Konsolidierung und Kohärenz des Primärrechts nach Amsterdam, EuR-Beiheft 2–1998, S. 112.

[222] *v.Bogdandy*, in: v.Bogdandy/Ehlermann (Hrsg.), Die Konsolidierung und Kohärenz des Primärrechts nach Amsterdam, EuR-Beiheft 2–1998, S. 168 (Fn. 16); *Kadelbach*, in: v.Bogdandy/Ehlermann (Hrsg.), Die Konsolidierung und Kohärenz des Primärrechts nach Amsterdam, EuR-Beiheft 2–1998, S. 60; *Wichard*, in: Calliess/Ruffert (Hrsg.), EUV/EGV, 2. Auflage 2002, Art. 1 EG, Rdnr. 12.

[223] Ebenso *Wichard*, in: Calliess/Ruffert (Hrsg.), EUV/EGV, 2. Auflage 2002, Art. 1 EG, Rdnr. 12. Freilich kann diese Bestimmung auch so gedeutet werden, daß sie der Unterscheidung zwischen Verwaltungsabkommen und Abkommen, die der Zustimmung der gesetzgebenden Körperschaften bedürfen, Rechnung tragen soll, vgl. *Cremer*, in: Calliess/Ruffert (Hrsg.), EUV/EGV, Art. 24 EU, 2. Auflage, Rdnr. 8.

[224] Vgl. das Abkommen zwischen der Europäischen Union und der Bundesrepublik Jugoslawien über die Tätigkeit der Überwachungsmission der Europäischen Union (EUMM) in der Bundesrepublik Jugoslawien, ABl. EG Nr. L 125 vom 5.5.2001 S. 2 sowie das Abkommen zwischen der Europäischen Union und der ehemaligen jugoslawischen Republik Mazedonien über die Tätigkeit der Überwachungsmission der Europäischen Union (EUMM), ABl. EG Nr. L 241 vom 11.9.2001 S. 2.

[225] Dieser Praxis, sollte sie sich verfestigen, kann über ihre Indizwirkung hinaus auch konstitutive Wirkung zukommen, vgl. *Trüe*, ZEuS 2000, 169 f.; *Cremer*, in: Calliess/Ruffert (Hrsg.), EUV/EGV, 2. Auflage 2002, Art. 24, Rdnr. 12.

Der Vertrag von Nizza, wenn auch noch nicht in Kraft, geht noch weiter und bestärkt diese Einschätzung.[226]
Zum einen erfordert der Abschluß eines internationalen Übereinkommens nur noch in solchen Fällen Einstimmigkeit, in denen auch zur Annahme entsprechender interner Beschlüsse Einstimmigkeit vonnöten ist.[227] Angesichts der Tatsache daß ein solches Übereinkommen im „nicht-supranationalen" Bereich geschlossen wird, der auch nicht notwendigerweise Gegenstand einer „verstärkten Zusammenarbeit" zu sein braucht, wäre es schwierig zu erklären, wie dies im Namen und für Rechnung eines Mitgliedstaats geschehen sollte, der zuvor seine Zustimmung verweigert hat.
Zum anderen bestimmt Absatz 6 des neuen Art. 24 EU daß „die nach Maßgabe dieses Artikels geschlossenen Übereinkünfte [...] die Organe der Union [binden]", während die Abkommen der Gemeinschaft gemäß Art. 300 (ex-Art. 228) Abs. 7 EG für die Organe der Gemeinschaft und für die Mitgliedstaaten verbindlich sind. Auch hier stellt sich wiederum die Frage, wie ein Vertrag für die Organe der Union, nicht aber für die Mitgliedstaaten verbindlich sein soll, wenn er doch ausschließlich letzteren zuzurechnen ist.

(4) Folgerung

Dementsprechend muß die Schlußfolgerung sein, daß die im Rahmen der Zweiten und Dritten Säule angenommenen Rechtsakte der Union als solcher zuzuordnen sind; die Verpflichtungen, die sich daraus für die Mitgliedstaaten ergeben, sind ausschließlich eine Frage des internen Unionsrechts. Trotz verbleibender Zweifel, die jeden Versuch, die Europäische Union in herkömmliche Kategorien des Völkerrechts einzuordnen, zum Scheitern verurteilen[228], erscheint es demnach naheliegend, diese als mit Rechtspersönlichkeit ausgestattete internationale Organisation anzusehen.[229]

---

226 Vgl. Art. 1 Punkt 4 des Vertrags von Nizza; ABl. EG Nr. C 80 vom 10.3.2001 S. 1, 7 f.

227 Art. 24 Abs. 2 EU in der Fassung des Vertrags von Nizza.

228 *Jacqué,* Droit institutionnel de l'Union européenne, Rdnr. 124.

229 Ebenso z.B. *Brownlie,* Principles of Public International Law, 5. Auflage 1998, S. 680; *des Nerviens,* RTD eur 33 (4), oct.-déc. 1997, S. 98; *v.Bogdandy,* in: v.Bogdandy/Ehlermann (Hrsg.), Die Konsolidierung und Kohärenz des Primärrechts nach Amsterdam, EuR-Beiheft 2–1998, S. 165 ff.; *Jacqué,* Droit institutionnel de l'Union européenne, Rdnr. 245; *Curtin/Dekker,* in: Craig/de Búrca (Hrsg.), The Evolution of EU Law, S. 94 ff.; *Trüe,* ZEuS 2000, 136 ff. (147); *Wichard,* in: Calliess/Ruffert (Hrsg.), EUV/EGV, 2. Auflage 2002, Art. 1 EG, Rdnr. 13; *Borchardt,* Die rechtlichen Grundlagen der Europäischen Union, 2. Auflage 2002, Rdnr. 94 ff.; *Zuleeg,* in: Alternativkommentar, Art. 23, Rdnr. 13; weitergehend *Nettesheim,* ZEuS 2002, 522 f.

bb) Das Problem der „Supranationalität“

Über die Einordnung als internationale Organisation hinaus könnte sich eine weitere Annäherung an die Erste Säule aus dem Vorhandensein „supranationaler“ Elemente im Bereich des Unionsvertrags ergeben. Als solche werden – unter anderen – die Existenz unabhängiger Organe, die bindende Wirkung der von diesen Organen getroffenen Entscheidungen, das Mehrheitsprinzip, die direkte Ausübung von Hoheitsrechten in den Mitgliedstaaten, das Vorhandensein von Mitteln zur Durchsetzung der von der Organisation gesetzten Rechtsakte, sowie die finanzielle Autonomie der Organisation betrachtet.[230]

(1) Unabhängigkeit der Organe

Ein Merkmal der „Supranationalität“ ist demnach die Existenz mindestens eines mit exekutiven Befugnissen ausgestatteten Organs, das bei seiner Willensbildung und -ausübung frei von mitgliedstaatlicher Beeinflussung agieren kann.[231] Im Bereich der Zweiten und Dritten Säule kommt diesbezüglich allein die Kommission in Frage, deren Mitglieder gemäß Art. 213 Abs. 2 S. 1 (ex-Art. 157) EG, der über die Verweisung der Art. 28 (ex-Art. J.18) und 41 (K.13) EU auch auf die Titel V und VI des Unionsvertrags anwendbar ist, „ihre Tätigkeit in voller Unabhängigkeit zum allgemeinen Wohl der Gemeinschaften“ ausüben. Die Befugnisse der Kommission in diesem Rahmen sind zwar sehr begrenzt, doch ist dort jedenfalls eine Tendenz zur Steigerung ihres Einflusses zu verzeichnen.[232]

(2) Befähigung zum Erlaß bindender Rechtsakte

Des weiteren muß die internationale Organisation in der Lage sein, für die Mitgliedstaaten unmittelbar, d.h. ohne innerstaatliche Annahme oder Transformati-

---

230 *Chapuis,* Die Übertragung von Hoheitsrechten auf supranationale Organisationen, S. 29 ff.

231 *Pescatore,* Le droit de l'intégration, S. 50; *Chapuis,* Übertragung von Hoheitsrechten auf supranationale Organisationen, S. 30.

232 Seit dem Vertrag von Amsterdam hat die Kommission im Bereich der PJZS ein uneingeschränktes Initiativrecht, vgl. Art. 34 (ex-Art. K.6) Abs. 2 S. 2 EU, und kann gemäß Art. 35 (ex-Art. K.7) Abs. 6 EU Nichtigkeitsklage gegen Rahmenbeschlüsse und Beschlüsse des Rates erheben. Der Vertrag von Nizza schreibt der Kommission in Art. 40a EU n.F. zudem eine gewichtigere Rolle bei der Begründung einer Verstärkten Zusammenarbeit zu, vgl. Art. 1 Punkt 9 des Änderungsvertrags.

on, bindende Rechtsakte zu erlassen.[233] Zwar gibt es in der Dritten Säule keinen dem Vertragsverletzungsverfahren des Art. 226 (ex-Art. 169) EG entsprechenden Mechanismus, mit der etwa die Nichtumsetzung eines Rahmenbeschlusses sanktioniert werden könnte.[234] Dennoch steht der bindende Charakter der von Art. 34 (ex-Art. K.6) Abs. 2 lit. b) und c) EU vorgesehenen Handlungsinstrumente nicht in Frage. Die Verbindlichkeit eines Rechtsakts hängt nicht vom Vorhandensein effektiver Durchsetzungsmöglichkeiten ab.[235]
Teilweise wird sogar von der Vorrangwirkung *(«primauté»)* der im Rahmen der PJZS gefaßten Rechtsakte gesprochen[236], was auf den ersten Blick recht weit geht, letztlich aber nicht abwegig erscheint. Geht man nämlich davon aus, daß ein Rahmenbeschluß oder Beschluß in den nationalen Rechtsordnungen unmittelbare Geltung entfaltet, also keiner innerstaatlichen Bestätigung oder Transformation bedarf[237], muß es den Mitgliedstaaten verwehrt sein, durch einen späteren Rechtsakt den Inhalt dieses Rahmenbeschlusses oder Beschlusses zu konterkarieren.[238] Die Herleitung der Vorrangwirkung im Rahmen des Gemeinschaftsrechts, insbesondere die Notwendigkeit einer einheitlichen Anwendung in den Mitgliedstaaten[239], läßt sich ebensogut auf den Bereich der PJZS übertragen,

---

233 *Harings,* in: v.Bogdandy/Ehlermann (Hrsg.), Die Konsolidierung und Kohärenz des Primärrechts nach Amsterdam, EuR-Beiheft 2–1998, S. 94. Nach *Chapuis,* Übertragung von Hoheitsrechten auf supranationale Organisationen, S. 34, ist dies alleine jedoch kein ausreichendes Merkmal der Supranationalität. Erforderlich sei die Bindung der Mitgliedstaaten an Entscheidungen der internationalen Organisation, die ohne ihre Zustimmung gefaßt worden sind.

234 Nach Art. 35 (ex-Art. K.7) Abs. 7 EU kann der Gerichtshof nur von Mitgliedstaaten angerufen werden, und auch das nur nach Ablauf einer sechsmonatigen Frist.

235 *Hailbronner,* in Hailbronner/Klein/Magiera, Handkommentar zum EU/EG-Vertrag, Art. K, Rdnr. 84.

236 *Jacqué,* Droit institutionnel de l'Union européenne, Rdnr. 948; *v.Bogdandy,* in: v.Bogdandy/Ehlermann (Hrsg.), Die Konsolidierung und Kohärenz des Primärrechts nach Amsterdam, EuR-Beiheft 2–1998, S. 183 (Fn. 97); *v.Bogdandy/Nettesheim,* EuR 1996, 3, 23; ähnlich *Röben,* in: Grabitz/Hilf, EU, Art. 34 EU, Rdnr. 15; abwartend *Thun-Hohenstein,* Der Vertrag von Amsterdam, S. 44; tendenziell auch *Meyring,* ELR 1997, 221, 240. Nach *Geiger,* JZ 1996, 1095, nehmen alle Rechtsnormen an der Vorrangwirkung teil, die der bindenden Auslegung des EuGH unterliegen. Das ist jetzt gemäß Art. 35 (ex-Art. K.7) auch für die Handlungsinstrumente der Dritten Säule der Fall.

237 Vgl. *Böse,* in: Schwarze (Hrsg.), EU-Kommentar, Art. 34 EU, Rdnr. 10; dagegen *Thun-Hohenstein,* Der Vertrag von Amsterdam, S. 44. Zu der Frage wird später Stellung genommen, vgl. C.II.1.b).aa).(2).(c). S. 90.

238 Folgte man einem konsequent monistischen Ansatz, der in dieser Form allerdings heute wohl nicht mehr vertreten wird, so wäre eine unmittelbare innerstaatliche Geltung sowie der Vorrang des Unionsrechts auch vorstellbar, soweit man von einer rein völkerrechtlichen Natur des Unionsrechts ausgeht, vgl. *Gloria,* in: Ipsen, Völkerrecht, 3. Auflage 1990, § 72, Rdnr. 5.

239 *Simon,* Le système juridique communautaire, 3. Auflage 2001, Rdnr. 324; EuGH Rs. C-

wenn es darum geht, die unterschiedlichen Rechts- und Verwaltungsvorschriften der Mitgliedstaaten anzugleichen.[240]

(3) Mehrheitsprinzip

Ein weiteres elementares Merkmal der „Supranationalität" ist die Möglichkeit der internationalen Organisation, einen Mitgliedstaat ohne dessen Zustimmung oder sogar gegen dessen ausdrücklichen Willen zu verpflichten.[241] Zwar ist im Bereich von GASP und PJZS das Einstimmigkeitsprinzip zweifellos noch die Regel, jedoch sehen Art. 34 (ex-Art. K.6) Abs. 2 S. 2 lit. c) und d) EU Ausnahmen für Maßnahmen zur Durchführung von Beschlüssen und Übereinkommen – die allerdings ihrerseits einstimmig angenommen worden sein müssen – vor.[242] Der neue Art. 24 Abs. 2 EU in der Fassung des Vertrags von Nizza erweitert den Anwendungsbereich des Mehrheitsvotums auf von der Union zu schließende internationale Verträge.[243] Auch die in Art. 34 (ex-Art. K.6) Abs. 3 EU vorgesehene Stimmwägung ist charakteristisch für die Abwendung vom völkerrechtlichen Prinzip der souveränen Gleichheit der Staaten. Gemäß Art. 205 (ex-Art. 148) Abs. 3 EG, der über Art. 41 (ex-Art. K.13) Abs. 1 EU auch in der Dritten Säule Anwendung findet, steht schließlich die Stimmenthaltung eines Mitgliedstaats im Rat dem Zustandekommen von Beschlüssen, zu denen Einstimmigkeit erforderlich ist, nicht entgegen.
Diese Beispiele machen deutlich, daß die *«méthode communautaire»* sich, wenn auch langsam, auch außerhalb des EG-Vertrags auszubreiten beginnt und lassen

---

6/64 (Costa/ENEL) Slg. 1964 S. 1251, 1269; Rs. C-106/77 (Staatliche Finanzverwaltung/Simmenthal) Slg. 1978 S. 629, 644, Rdnr. 17/18.

240 A.A. *Koenig/Haratsch,* Europarecht, 3. Auflage 2000, Rdnr. 821; *Streinz,* Europarecht, 5. Auflage 2001, Rdnr. 422c; für den Vertrag von Maastricht noch BVerfGE 89, 155, 176 f., wonach das deutsche Zustimmungsgesetz zum Vertrag von Maastricht im Unionsbereich ausschließlich intergouvernementale, keinesfalls aber supranationale, Vorrang beanspruchende Rechtsakte ermöglicht; ebenso *Streinz,* Europarecht, 5. Auflage 2001, Rdnr. 121a a.E.; *Geiger,* JZ 1996, 1095; *Rojahn,* in: v.Münch/Kunig, GG II, 5. Auflage 2001, Art. 23, Rdnr. 45.

241 *Pescatore,* Le droit de l'intégration, S. 50 f.; *Chapuis,* Die Übertragung von Hoheitsrechten auf supranationale Organisationen, S. 36; *Schweitzer,* Staatsrecht III, 7. Auflage 2000, Rdnr. 691; *Koenig/Haratsch,* Europarecht, 3. Auflage 2000, Rdnr. 13.

242 Nach anderer Ansicht stellt dies allein jedoch keine Ausnahme vom Einstimmigkeitsprinzip dar, da die betreffenden Durchführungsmaßnahmen entweder den vom zugrundeliegenden Rechtsakt vorgegebenen Rahmen nicht überschreiten dürfen, oder ihrerseits der Ratifikation durch die Mitgliedstaaten bedürfen; vgl. *Pechstein/Koenig,* Die Europäische Union, 3. Auflage 2000, Rdnr. 251 f.; *Thun-Hohenstein,* Der Vertrag von Amsterdam, S. 45 f.

243 Art. 1 Punkt 4 des Vertrags von Nizza.

dementsprechend wiederum Rückschlüsse auf den Prozeß der Annäherung zwischen den verschiedenen Säulen zu.

(4) Direkte Ausübung von Hoheitsrechten in den Mitgliedstaaten

Ob die Möglichkeit der direkten Ausübung von Hoheitsrechten in den Mitgliedstaaten ein notwendiges Merkmal der „Supranationalität" ist, ist umstritten. Großenteils wird die Fähigkeit, Rechtsakte mit Durchgriffswirkung zu erlassen, als das herausstehende Kriterium hierfür angesehen.[244] Nach anderer Ansicht kann es hingegen keine Rolle spielen, ob für die Anwendbarkeit des Rechtsakts der internationalen Organisation noch ein Dazwischentreten eines nationalen Organs erforderlich ist, solange dieses Organ gezwungen ist, die ihm durch die Entscheidung der internationalen Organisation auferlegte Verpflichtung zu erfüllen. Der Effekt auf den einzelnen Rechtsunterworfenen sei derselbe.[245]
Einer genaueren Untersuchung bedarf hinsichtlich der Dritten Säule der Europäischen Union der Ausschluß der unmittelbaren Wirkung von Rahmenbeschlüssen und Beschlüssen in Art. 34 (ex-Art. K.6) Abs. 2 S. 2 lit. b) und c) EU. Teilweise wird daraus gefolgert, die im Rahmen der PJZS angenommenen Handlungsinstrumente entbehrten jeglichen Effekts in den nationalen Rechtsordnungen.[246] Andererseits könnte man dem ausdrücklichen Ausschluß der unmittelbaren Wirkung in Art. 34 EU im Umkehrschluß entnehmen, daß sich dies eben nicht bereits aus der Rechtsnatur der Dritten Säule als solcher ergibt.[247]
Aus der Perspektive des deutschen Verfassungsrechts erscheint letztgenannte

---

244 Vgl. *Chapuis,* Die Übertragung von Hoheitsrechten auf supranationale Organisationen, S. 37 ff. m.w.N.; *Bethge,* in Kremer: Die Bundesrepublik Deutschland und das Königreich Spanien 1992, S. 34; *Streinz,* in: Sachs, GG, 3. Auflage 2003, Art. 23, Rdnr. 54; BVerfGE 37, 271, 280; BVerfGE 22, 293, 296: „Die Gemeinschaft ist [...] eine ‚zwischenstaatliche Einrichtung' im Sinne des Art. 24 Abs. 1 GG, auf die die Bundesrepublik Deutschland [...] bestimmte Hoheitsrechte „übertragen" hat. *Damit* ist eine neue öffentliche Gewalt entstanden, die gegenüber der Staatsgewalt der einzelnen Mitgliedstaaten selbständig und unabhängig ist; ihre Akte brauchen *daher* von den Mitgliedstaaten weder bestätigt (‚ratifiziert') zu werden, noch können sie von ihnen aufgehoben werden." (Hervorhebungen durch Verf.); *Kokott,* DVBl. 1996, 937, 938.

245 *Pescatore,* Le droit de l'intégration, S. 53: «Il y a supranationalité partout où il devient possible de dégager une volonté autonome, même si les États doivent en fin de compte servir de ‹relais d'exécution› de cette volonté».

246 *Thun-Hohenstein,* Der Vertrag von Amsterdam, S. 44 f.; *Darmon,* Rv. sc. crim. 1/1995, 23: «Nulle place ici, pour un quelconque effet direct».

247 Vgl. *Röben,* in: Grabitz/Hilf, EU, Art. 34 EU, Rdnr. 15; schon für den Vertrag von Maastricht: *Meyring,* ELR 1997, 221, 240; *v.Bogdandy/Nettesheim,* EuR 1996, 23; dagegen: *Rideau,* Droit institutionnel de l'Union et des Communautés européennes, 3. Auflage 1999, S. 163.

Sichtweise überzeugender. Während des Verfahrens zur Ratifikation des Amsterdamer Vertrags hielt die Bundesregierung trotz des Ausschlusses der unmittelbaren Wirkung von Beschlüssen und Rahmenbeschlüssen eine Hoheitsrechtsübertragung für erforderlich.[248] Begründet wurde dies insbesondere damit, daß der Bundestag zur Umsetzung von Rahmenbeschlüssen verpflichtet werden könne, gegen deren Annahme auf EU-Ebene er sich zuvor ausgesprochen hatte.[249] Dies widerspräche Art. 59 Abs. 2 S. 1 GG, wenn es sich bei dem Rechtsakt um ein herkömmliches völkerrechtliches Handlungsinstrument handelte, das zu seiner innerstaatlichen Geltung erst einer Mitwirkung der gesetzgebenden Körperschaften bedarf. Dann müßte auf nationaler Ebene die Zustimmung der gesetzgebenden Körperschaften vorliegen, bevor die völkerrechtliche Bindungswirkung eintritt.[250] [251]

(5) Durchsetzbarkeit

Neben der Befähigung, Rechtsakte zu erlassen, die die Mitgliedstaaten unmittelbar binden, muß eine supranationale Organisation auch über Möglichkeiten verfügen, die Nichteinhaltung solcher Verpflichtungen durch die Mitgliedstaaten zu sanktionieren.[252] Der in Art. 35 (ex-Art. K.7) Abs. 7 EU vorgesehene Durchsetzungsmechanismus erscheint zwar, wie erwähnt[253], im Vergleich zu seinem gemeinschaftsrechtlichen Pendant, dem Vertragsverletzungsverfahren nach

---

248 Vgl. die Begründung zum Zustimmungsgesetz zum Vertrag von Amsterdam, BR-Drucksache 784/97 vom 17.10.1997 S. 6: *„[...]Das Vertragsgesetz bedarf [...] der Zustimmung von zwei Dritteln der Mitglieder des Bundestages und zwei Dritteln der Stimmen des Bundesrates, da der Vertrag von Amsterdam in einzelnen Regelungen auch eine Übertragung von Hoheitsrechten vorsieht, [...]. Dies gilt jedenfalls für das neue Instrument des Rahmenbeschlusses in den Bereichen der polizeilichen und justiziellen Zusammenarbeit in Strafsachen."* Dagegen *Streinz*, EuZW 1998, 140: *„... die EU selbst [hat] keine eigenen Hoheitsrechte"*; *ders.*, Europarecht, 5. Auflage, Rdnr. 121a.

249 Vgl. die Denkschrift zum Vertrag von Amsterdam, BR-Drucksache 784/97 vom 17.10.1997 S. 147: *„Ebenso wie die Richtlinie ist auch der Rahmenbeschluß [...] für die Mitgliedstaaten insgesamt, und damit auch für die jeweils zuständigen gesetzgebenden Körperschaften, verbindlich."*

250 *Streinz*, in: Sachs, GG, 3. Auflage 2003, Art. 59, Rdnr. 21, 53; *Kempen*, in: v.Mangoldt/Klein/Starck, GG II, Art. 59 II, Rdnr. 78; *Rojahn*, in: v.Münch/Kunig, GG II, 5. Auflage 2001, Art. 59, Rdnr. 32a; *Brockmeyer*, in: Schmidt-Bleibtreu/Klein, GG, 9. Auflage 1999, Art. 59, Rdnr. 1b; anders *Maunz*, in: Maunz/Dürig/Herzog, GG, Art. 59, Rdnr. 36.

251 Die Rechtsnatur, insbesondere die Frage der unmittelbaren Geltung des Rahmenbeschlusses wird unten noch eingehend erörtert, vgl. C.II.1.b).aa).(2).(c). S. 90 ff.

252 *Chapuis*, Die Übertragung von Hoheitsrechten auf supranationale Organisationen, S. 39 ff.

253 Oben S. 72 (Fn. 234).

Art. 226 (ex-Art. 169) EG, reichlich schwach[254], jedoch bedeutet schon alleine die Tatsache, daß eine außerstaatliche Instanz zu Sanktionen gegen ihre Mitglieder berechtigt wird, ein gewisses Maß an „Supranationalität".[255] In diesem Zusammenhang ebenfalls zu nennen ist die der Europäischen Union neuerdings durch Art. 7 (ex-Art. F.1) EU eingeräumte Möglichkeit, gegen „schwerwiegende und anhaltende Verletzungen von in Art. 6 Abs. 1 genannten Grundsätzen durch einen Mitgliedstaat" vorzugehen.[256]

(6) *Finanzielle Autonomie*

Ein weiteres, wenn auch untergeordnetes Kriterium der „Supranationalität" ist, da es zur institutionellen Unabhängigkeit der Organe beiträgt, der Grad der finanziellen Autonomie der internationalen Organisation.[257] Dementsprechend ist der Haushalt der Europäischen Gemeinschaften gemäß Art. 269 (ex-Art. 201) EG gänzlich durch Eigenmittel finanziert.[258] Im Bereich der Zweiten und Dritten Säule brachte der Amsterdamer Vertrag Änderungen mit sich, die tendenziell ebenfalls auf die Errichtung einer finanziellen Autonomie der Union hindeuten.[259] Während zur Zeit des Vertrags von Maastricht die operativen Ausgaben der Union zu Lasten der Haushalte der Mitgliedstaaten gingen, solange nicht der Rat einstimmig etwas anderes beschloß[260], wurde dieses Prinzip vom Amsterdamer Vertrag umgekehrt. Gemäß Art. 28 Abs. 3 und Art. 41 Abs. 3 EU n.F. gehen die operativen Ausgaben der GASP und der PJZS nunmehr ebenfalls zu Lasten des Haushalts der Europäischen Gemeinschaften, wenn nicht der Rat einstimmig etwas anderes beschließt.

---

254 Gemäß Art. 35 (ex-Art. K.7) Abs. 7 EU kann der Gerichtshof – nach sechsmonatiger Wartefrist – nur durch die Mitgliedstaaten angerufen werden, was angesichts der Zurückhaltung, die diese im Rahmen des insoweit vergleichbaren Art. 227 (ex-Art. 170) EG an den Tag legen, recht ineffektiv erscheint. Seit Bestehen der Gemeinschaft haben nur zwei Mitgliedstaaten eine auf diese Norm gestützte Klage erhoben: EuGH Rs. C-141/78 (Frankreich/Vereinigtes Königreich) Slg. 1979 S. 2923 und Rs. C-388/95 (Belgien/Spanien) Slg. 2000 S. I-3123.

255 *Chapuis,* Die Übertragung von Hoheitsrechten auf supranationale Organisationen, S. 40; für *Pescatore,* Le droit de l'intégration, S. 53 f., ist das Vorhandensein effektiver Zwangsmittel ohnehin kein entscheidendes Merkmal der Supranationalität.

256 Vgl. *v.Bogdandy,* in: v.Bogdandy/Ehlermann (Hrsg.), Die Konsolidierung und Kohärenz des Primärrechts nach Amsterdam, EuR-Beiheft 2–1998, S. 170.

257 *Chapuis,* Die Übertragung von Hoheitsrechten auf supranationale Organisationen, S. 43 ff.

258 Vgl. *Schoo,* in: Schwarze (Hrsg.), EU-Kommentar, Art. 269 EG, Rdnr. 1.

259 Vgl. *Schoo,* in: Schwarze (Hrsg.), EU-Kommentar, Art. 269 EG, Rdnr. 1, Art. 268 EG, Rdnr. 21 ff.

260 Art. J.11 Abs. 2 und K.8 Abs. 2 EUV a.F.

(7) Zwischenergebnis

Die oben genannten Beispiele verdeutlichen, daß die Europäische Union trotz aller bestehenden Zweifel, die zum einen von Unklarheiten im Unionsvertrag selbst, zum anderen aber von der Unbestimmtheit des Begriffs „Supranationalität“[261] herrühren, eine hinreichende Anzahl von Kriterien erfüllt, die es erlauben, ihr ein gewisses Maß an „supranationalem“ Charakter zuzusprechen.[262] Angesichts der Unsicherheit darüber, was jeweils die Termini „supranational“ und „intergouvernemental“ ausmacht, beziehungsweise, wie beide voneinander abzugrenzen sind, stellt sich allerdings die Frage, inwieweit es überhaupt noch sinnvoll ist, diese Unterscheidung auf die Europäische Union anwenden zu wollen.[263] Letztlich genügt es für die Zwecke dieser Arbeit, festzustellen, daß die Union eine mit Rechtspersönlichkeit ausgestattete internationale Organisation *sui generis* ist, deren Integrationsgrad bereits jetzt weit über das Integrationsniveau herkömmlicher internationaler Organisationen hinausgeht und sich dem der Europäischen Gemeinschaften stetig annähert.[264]

---

261 Vgl. *Pescatore*, Le droit de l'intégration, S. 49.

262 Ebenso *v.Bogdandy,* in: v.Bogdandy/Ehlermann (Hrsg.), Die Konsolidierung und Kohärenz des Primärrechts nach Amsterdam, EuR-Beiheft 2–1998, S. 170; *Stumpf,* in: Schwarze (Hrsg.), EU-Kommentar, Art. 1 EU, Rdnr. 8; dagegen: *Pechstein/Koenig,* Die Europäische Union, 3. Auflage 2000, Rdnr. 145; *Schweitzer,* Staatsrecht III, 7. Auflage 2000, Rdnr. 18.

263 *Meyring,* ELR 1997, 221, 239: *„simplistic distinction between the two categories“*, sieht die Dritte Säule der Europäischen Union in einer Grauzone zwischen *„intergovernmentalism“* und *„supranationality“*. Das Europarecht lasse sich nicht, wie vom Bundesverfassungsgericht unternommen, in jeweils eine der beiden Kategorien einordnen. Zum Gemeinschaftsrecht entwickelte Grundsätze seien vielfach auch auf das Unionsrecht übertragbar.

264 *Oppermann,* Europarecht, 2. Auflage 1999, Rdnr. 1576, spricht in diesem Zusammenhang von „einem gewissen Maß an Vergemeinschaftung“, das sekundäre PJZS-Recht sei sogar „eine besondere ‚Mischung' aus supranationalen und völkerrechtlichen Elementen“; *Rouchereau* in: Léger (Hrsg.), Commentaire TUE/TCE, Art. 34 EU, Rdnr. 2: «L'article 34 [...] contient des ferments de communautarisation»; *Böse*, in: Schwarze (Hrsg.), EU-Kommentar, Art. 29 EU, Rdnr. 2, will auch den EU-Vertrag als „Integrationsvertrag“ verstanden wissen; *Zott,* Der rechtliche Rahmen der innen- und justizpolitischen Zusammenarbeit in der Europäischen Union, S. 70 ff.; *Röben*, in: Grabitz/Hilf, EU, Art. 34 EU, Rdnr. 10: „Verrechtlichung und Supranationalisierung der ZIJ“; *Streinz,* EuZW 1998, 140: „... mehr als ein bloßes intergouvernementales Kooperationsforum“; *Kokott,* DVBl. 1996, 944: „engere Integration [...] als bei sonstigen internationalen Verträgen“; *Müller-Graff,* in: Hummer (Hrsg.), Die Europäische Union nach dem Vertrag von Amsterdam, S. 278: „Konvergenztendenz“.
Nach der Erklärung (Nr. 9) zu Art. K.6 Absatz 2 des Vertrags über die Europäischen Union in der Schlußakte des Vertrags von Amsterdam werden Initiativen für Maßnahmen nach Art. 34 (ex-Art. K.6) Abs. 2 S. 2 EU und vom Rat auf Grundlage dieser Vorschrift angenommene Rechtsakte im Amtsblatt der Europäischen Gemeinschaften veröffentlicht.

cc) Von der Annäherung der Säulen hin zu einer einheitlichen internationalen Organisation?

Die sich anschließende Frage ist nun, ob die feststellbare Annäherung zwischen den Säulen nicht bereits zu einer vollständigen Verschmelzung der vormals getrennt bestehenden Einheiten Union und Gemeinschaften geführt hat.[265] Dann wäre letztlich die Union als einheitliches Zuordnungssubjekt aller von diesen ausgehenden Rechtsakte anzusehen. Folglich wäre einer im Rahmen der Länderbeteiligung nach Art. 23 Abs. 2, 4 bis 7 GG vorzunehmenden Trennung der „Angelegenheiten der Europäischen Union" nach „vergemeinschafteten" und „intergouvernementalen" Bereichen schon europarechtlich weitgehend der Boden entzogen.

In der Tat sprechen einige Anhaltspunkte dafür, daß die Aufrechterhaltung einer strikten institutionellen Trennung insbesondere zwischen den von Erster und Dritter Säule jeweils erfaßten Materien immer weniger möglich ist. Neben den aufgezeigten Merkmalen der „Supranationalität", die auch die Dritte Säule aufweist, werden zunehmend weitere Überschneidungen zwischen beiden Bereichen sichtbar.
Innerhalb des „einheitlichen institutionellen Rahmens" nach Art. 3 (ex-Art. C) EU, der als eines der Hauptargumente für die Annahme einer einheitlichen Organisation angeführt wird[266], zeugt neben der Identität der gesetzgebenden Körperschaften, also dem Bestehen einer zentralisierten Rechtsetzung[267], besonders die bedeutende Ausweitung der Befugnisse des Gerichtshofs der Europäischen *Gemeinschaften* im Bereich des Titels VI des Unionsvertrages und der darin angelegte Vereinheitlichungseffekt von einer sich verstärkenden Tendenz, die Unterschiede zwischen Erster und Dritter Säule einzuebnen. So sind, anders als noch unter dem Vertrag von Maastricht, seit der Einfügung des neuen Artikels 35 (ex-Art. L) EU die im Rahmen der Polizeilichen und Justitiellen Zusammenarbeit in Strafsachen gefaßten Rechtsakte der Kontrolle des EuGH unterworfen.[268] Der Gerichtshof und das Gericht erster Instanz hatten schon vor

---

Auch dies deutet auf eine tendenzielle Annäherung der beiden Pfeiler hin.

265 So *v.Bogdandy,* in: v.Bogdandy/Ehlermann (Hrsg.), Die Konsolidierung und Kohärenz des Primärrechts nach Amsterdam, EuR-Beiheft 2–1998, S. 171 ff.; *v.Bogdandy/Nettesheim,* EuR 1996, 12 ff.

266 *v.Bogdandy,* in: v.Bogdandy/Ehlermann (Hrsg.), Die Konsolidierung und Kohärenz des Primärrechts nach Amsterdam, EuR-Beiheft 2–1998, S. 177; *v.Bogdandy/Nettesheim,* EuR 1996, 15.

267 A.A. *Koenig/Haratsch,* Europarecht, 3. Auflage 2000, Rdnr. 774, denen zufolge der Rat im Rahmen der Zweiten und Dritten Säule lediglich „Vertragsorgan für die Unterzeichnerstaaten des EU-Vertrages" ist.

268 Freilich bleibt der Umfang der dem Gerichtshof in diesem Bereich zur Verfügung ste-

Inkrafttreten des Amsterdamer Vertrags nicht gezögert, die Rechtmäßigkeit eines vom Rat im Rahmen der Dritten Säule angenommene Rechtsakts an einer Norm des (Gemeinschafts-) Sekundärrechts zu messen.[269]
Auch das Bestehen einer nicht unbeträchtlichen Anzahl von Materien, die gleichzeitig in den Anwendungsbereich des Gemeinschaftsrechts und des Titels VI des Unionsvertrags fallen, deutet darauf hin, daß eine institutionelle Trennung zwischen beiden nicht mehr zeitgemäß ist.[270]

---

henden Kontrollbefugnisse hinter den im Gemeinschaftsrecht vorhandenen zurück. So wurde in Art. 35 Abs. 2, 3 EU die Zuständigkeit für Vorabentscheidungen von der vorherigen Anerkennung durch die Mitgliedstaaten abhängig gemacht. Diese können darüberhinaus regeln, welche nationalen Gerichte vorlageberechtigt sein sollen, mithin deren Zahl begrenzen. Fraglich ist auch, ob der Gerichtshof nach Art. 35 Abs. 6 EU im Rahmen seiner Zuständigkeit zur Kontrolle der Rechtmäßigkeit der Rahmenbeschlüsse und Beschlüsse auch befugt ist, als Rechtsfolge die Nichtigkeit des angegriffenen Rechtsakts auszusprechen. Zuletzt zeugt die in Art. 35 Abs. 7 EU enthaltene Verpflichtung der Mitgliedstaaten, vor Anrufung des Gerichtshofs bei Streitigkeiten über Auslegung und Anwendung der nach Art. 34 Abs. 2 EU angenommenen Rechtsakte zunächst auf ein außergerichtliches Streitbeilegungsverfahren zurückzugreifen, von der Zögerlichkeit der Mitgliedstaaten, den EuGH im Bereich der Dritten Säule mit vollen Kompetenzen auszustatten.

269 EuG Rs. T-174/95 (Svenska Journalistförbundet/Rat) Slg. 1998 S. II-2289. In dieser Rechtssache erklärte das EuG eine Entscheidung des Rates für nichtig, mit der einem Journalisten der Zugang zu Dokumenten der PJZS (EUROPOL) verweigert wurde, obwohl das Recht auf Zugang zu Ratsdokumenten nur auf eine Bestimmung der Geschäftsordnung des Rates gestützt werden konnte, die ihrerseits ihre Rechtsgrundlage in Art. 207 (ex-Art. 151) Abs. 3 EG hat. Die intervenierenden Regierungen hatten eingewandt, der geltend gemachte Anspruch beziehe sich nur auf den Bereich der Ersten Säule, und das Gericht sei gemäß Art. L EUV zur Entscheidung des Rechtsstreits nicht befugt (Rdnr. 70 ff.). Siehe auch EuGH Rs. C-170/96 (Kommission/Rat) Slg. 1998 S. I-2763, in der der Gerichtshof die Rechtmäßigkeit einer Gemeinsamen Maßnahme nach Art. K.3 Abs. 2 lit. b) EUV untersuchte. Die Regierung des Vereinigten Königreichs hatte wiederum seine Zuständigkeit nach Art. L EUV bestritten (Rdnr. 12).

270 Der Vorschlag eines Rahmenbeschlusses zur Verstärkung des strafrechtlichen Rahmens für die Bekämpfung der Beihilfe zur illegalen Einreise und zum unerlaubten Aufenthalt, ABl. EG Nr. C 253 vom 4.9.2000 S. 6 stellt ein jüngstes Beispiel dieses „Kompetenzkonflikts" dar. Der Rechtsakt ist auf Art. 34 des EU-Vertrags gestützt; gleichzeitig wird der Bereich mit Art. 63 Abs. 3 lit. b) EG auch gemeinschaftsrechtlich erfaßt, vgl. *de Kerchove,* in: de Kerchove/Weyembergh (Hrsg.), Vers un espace judiciaire pénal européen, S. 6. Im von Titel XIX des EG-Vertrages erfaßten Bereich des Umweltschutzes hat Dänemark die Annahme eines Rahmenbeschlusses zur Bekämpfung der schweren Umweltkriminalität vorgeschlagen, siehe ABl. EG Nr. C 39 vom 11.2.2000 S. 5. Dagegen sollen die den Schutz der finanziellen Interessen der Gemeinschaften betreffenden Bestimmungen, insbesondere die Einsetzung eines europäischen Staatsanwalts, trotz ihrer strafrechtlichen Natur auf Gemeinschaftsrecht gestützt werden, vgl. den Richtlinienvorschlag ABl. EG Nr. C 240 E vom 28.8.2001 S. 125, sowie das Grünbuch zum Schutz der finanziellen Interessen der Europäischen Gemeinschaften und der Schaffung einer Europäischen Staats-

Nicht zuletzt scheinen auch die Existenz säulenübergreifender materieller Grundsätze[271], denen jede Rechtsausübung durch Union und Gemeinschaften unterliegt, sowie die einheitliche demokratische Legitimation[272] des gesamten Unionsverbands die These von der Union als einheitlichem Verband zu stützen.[273]

Dennoch ist die Annahme, die Union habe – zumindest mit dem Inkrafttreten des Amsterdamer Vertrags – die Gemeinschaften absorbiert und so deren rechtlicher Selbständigkeit ein Ende gesetzt, mit der Rechtswirklichkeit (noch) nicht in Einklang zu bringen. Schon die Tatsache, daß die die Rechtspersönlichkeit der drei Gemeinschaften regelnden Art. 281 (ex-Art. 210) EG, Art. 184 EAG und 6 EGKS durch die letzten Regierungskonferenzen[274] nicht abgeändert wurden, spricht für deren Weiterbestehen als formell unabhängige internationale Organisationen.[275] Andernfalls wäre es ein leichtes gewesen, eine entsprechende Klarstellung in die Verträge einzufügen, oder die betreffenden Bestimmungen ganz zu streichen.[276]
Auch das Nebeneinander der Art. 51 (ex-Art. Q) EU, 312 (ex-Art. 240) EG, 97 EGKS und 208 EAG, die die jeweilige Vertragsdauer von Union und Gemeinschaften regeln, ist ein starkes Indiz für deren rechtliche Unabhängigkeit und

---

anwaltschaft vom 11.12.2001, KOM (2001) 715 endgültig, Punkt 2.4 S. 22 ff. Im Gegenzug schlägt die Kommission vor, die Regeln über den europäischen Haftbefehl, die ihrerseits ihre Rechtsgrundlage in der Dritten Säule finden, *mutatis mutandis*, auf den europäischen Staatsanwalt ebenfalls anzuwenden, vgl. Grünbuch S. 57. Auch die notwendig gewordene Aufteilung des Schengen-Besitzstandes zwischen Erster und Dritter Säule, ABl. EG Nr. L 176 vom 10.7.1999 S. 17, läßt die Aufrechterhaltung dieser Unterscheidung wenig sinnvoll und unnatürlich erscheinen.

271 Zur Vereinheitlichung der Zielsetzungen der drei Säulen vgl. Art. 1 Abs. 3, Art. 2, 1. Spiegelstrich EU; daneben erstreckt sich Art. 6 Abs. 2 EU als einheitlicher Grundrechtsrahmen auf alle drei Säulen.

272 Während vor 1992 ein formell eigenständiges Verfahren für jeden einzelnen der drei Gemeinschaftsverträge vorgesehen war (vgl. Art. 247 EWGV, 224 EAGV und 99 EGKSV a.F.), wird die demokratische Legitimation nunmehr durch das Verfahren der Art. 48 (ex-Art. N) und 52 (ex-Art. R) für alle drei Säulen einheitlich sichergestellt.

273 *v.Bogdandy,* in: v.Bogdandy/Ehlermann (Hrsg.), Die Konsolidierung und Kohärenz des Primärrechts nach Amsterdam, EuR-Beiheft 2–1998, S. 173 ff.

274 Auch der Vertrag von Nizza läßt diese Bestimmungen unberührt.

275 *Wichard,* in: Calliess/Ruffert (Hrsg.), EUV/EGV, 2. Auflage 2002, Art. 1 EG, Rdnr. 21. Dagegen *v.Bogdandy/Nettesheim,* EuR 1996, 15: „allein partielle positive Regelungen einer übergreifenden einheitlichen Rechtspersönlichkeit."

276 Das gesteht auch *v.Bogdandy,* in: v.Bogdandy/Ehlermann (Hrsg.), Die Konsolidierung und Kohärenz des Primärrechts nach Amsterdam, EuR-Beiheft 2–1998, S. 179 ff., zu, der jedoch die Rechtspersönlichkeit nicht als ausschlaggebendes Kriterium für das Bestehen oder Nichtbestehen einer internationalen Organisation ansieht.

spricht gegen die Verschmelzungsthese.[277] Hätte die Union die drei Gemeinschaften „absorbiert", wäre nach Ablauf der Geltungsdauer des EGKS-Vertrages wohl auch kein gesonderter Beschluß der im Rat vereinigten Vertreter der Regierungen der Mitgliedstaaten erforderlich geworden, um zu regeln, daß die Rechte und Verpflichtungen aus den von der EGKS geschlossenen internationalen Übereinkünften auf die EG übergehen.[278]
Schließlich werden auch internationale Verträge noch immer im Namen der Gemeinschaften als solcher, und nicht in dem der Union, geschlossen.[279]

Letztlich wird man deshalb trotz aller Überschneidungen und Annäherungen, die eine strikte Trennung insbesondere zwischen erstem und drittem Pfeiler der Union teilweise künstlich und kontraproduktiv erscheinen lassen, zum gegenwärtigen Zeitpunkt an einer formellen Unterscheidung zwischen Europäischen Gemeinschaften auf der einen und Europäischer Union auf der anderen Seite festhalten müssen. An Stelle einer Verschmelzung der drei Säulen bietet sich demnach das Bild von der Europäischen Union als einer „gestuften internationalen Organisation" an, die unter dem Dach der Union – selbst internationale Organisation – noch die nunmehr zwei Gemeinschaften beherbergt, die ihrerseits ebenfalls eigenständige internationale Organisationen darstellen.[280]

dd) Zwischenergebnis

Für eine grundsätzliche Erstreckung des Beteiligungsverfahrens des neuen Europaartikels auf die Handlungsinstrumente des Unionsvertrages sprechen also

---

277 Vgl. *Schweitzer*, in: Grabitz/Hilf, EU, Art. 51 EU, Rdnr. 3.

278 Beschluß der Vertreter der Regierungen der Mitgliedstaaten vom 19.7.2002 betreffend die Folgen des Ablaufs des Vertrags über die Gründung der Europäischen Gemeinschaft für Kohle und Stahl (EGKS) für von der EGKS geschlossene internationale Übereinkünfte, ABl. EG Nr. L 194 vom 23.7.2002 S. 35. Überhaupt wäre, bei Unterstellung der Richtigkeit der Verschmelzungsthese, schwer zu erklären, weshalb die Rechte und Pflichten der EGKS von der Gemeinschaft übernommen werden sollen und nicht automatisch auf die Union selbst übergehen beziehungsweise bei dieser verbleiben.

279 Vgl. beispielsweise Art. 1 des Beschlusses über den Abschluß von sieben Abkommen mit der Schweiz vom 4.4.2002, ABl. EG Nr. L 114 vom 30.4.2002, S. 1 ff., von denen sechs im Namen der Europäischen Gemeinschaft und eines im Namen von Europäischer Gemeinschaft und Europäischer Atomgemeinschaft genehmigt wurden, sowie das Abkommen vom 22.7.2002 zwischen der Europäischen Gemeinschaft für Kohle und Stahl und der Regierung der Republik Kasachstan über den Handel mit bestimmten Eisen- und Stahlerzeugnissen, ABl. EG Nr. L 222 vom 19.8.2002 S. 20.

280 Vgl. dazu *Wichard*, in: Calliess/Ruffert (Hrsg.), EUV/EGV, 2. Auflage 2002, Art. 1 EG, Rdnr. 19 ff.; *Curtin/Dekker*, in: Craig/de Búrca (Hrsg.), The Evolution of EU Law, S. 84, 101: „Russian Doll model"; *Trüe*, ZEuS 2000, 175 f.

nicht zuletzt auch die Eigenheiten des Unionsrechts, das sich – in vielen Bereichen sozusagen als Vorstufe der Vergemeinschaftung – in seiner Struktur erheblich von klassischen Formen völkervertraglicher Zusammenarbeit unterscheidet und in weiten Zügen an das Gemeinschaftsrecht angenähert und mit diesem eng verzahnt ist. Diese schrittweise, durch den Vertrag von Amsterdam forcierte Abwendung vom Völkerrecht hin zu einer „Beinahe-Vergemeinschaftung“[281] rechtfertigt auch bei der nationalen Willensbildung den Rückgriff auf die ursprünglich auf den supranationalen Gemeinschaftsbereich zugeschnittenen Beteiligungsformen. Die Anwendbarkeit des Verfahrens des Art. 23 Abs. 2, 4 bis 7 GG i.V.m. EUZBLG kann demnach auch für die ehemals der intergouvernementalen Kooperation überantworteten Materien der Zweiten und Dritten Säule zumindest nicht insgesamt verneint werden.

Auch das Bundesverfassungsgericht scheint bereits in seiner Maastricht-Entscheidung, in der es ja die Übertragung von Kompetenzen oder gar Hoheitsrechten auf die Union in den Bereichen von Zweiter und Dritter Säule verneint, von einer grundsätzlichen Anwendbarkeit der Beteiligungsformen des Art. 23 Abs. 2 ff. GG auszugehen. Ohne der zuvor getroffenen Unterscheidung zwischen „supranationalen“ und „intergouvernementalen“ Bereichen irgendeine Relevanz beizumessen, geht es davon aus, daß der notwendige Einfluß des Bundestages in europäischen Angelegenheiten durch dessen Mitwirkung „nach Maßgabe des Art. 23 Abs. 2 und 3 GG und des zu seiner Ausführung erlassenen Gesetzes“ gewährleistet ist.[282] Wenn aber die Beteiligung des Bundestages im Bereich von GASP und PJZS über Art. 23 Abs. 2 ff. GG erfolgt, so ist nicht ersichtlich, weshalb für die Bundesratsmitwirkung etwas anderes gelten sollte.

Ausschlaggebend für das Vorliegen einer „Angelegenheit der Europäischen Union“ kann demnach nicht das Bestehen einer Gemeinschaftskompetenz sein. Vielmehr muß es darauf ankommen, ob die fragliche Rechtshandlung innerhalb des institutionellen Gefüges der Union, in Wahrnehmung von Aufgaben, die der Union vertraglich zugewiesen sind, also auf primärrechtlicher Grundlage[283], vorgenommen wird. Für die Abgrenzung zur Beteiligung nach dem Verfahren der Lindauer Absprache ist deshalb eine gesonderte Untersuchung der einzelnen vom Unionsvertrag zur Verfügung gestellten Handlungsinstrumente erforderlich.

---

281 Die von einigen Mitgliedstaaten betriebene vollständige Vergemeinschaftung der Dritten Säule scheiterte freilich am Widerstand vor allem Großbritanniens, vgl. *Meyring,* EuR 1999, 318. An eine Überführung der Gemeinsamen Außen- und Sicherheitspolitik in den supranationalen Bereich ist in absehbarer Zeit ohnehin nicht zu denken.

282 BVerfGE 89, 155, 191.

283 *Halfmann,* Entwicklungen des deutschen Staatsorganisationsrechts im Kraftfeld der Europäischen Integration, S. 81 ff.

Im weiteren Verlauf dieser Arbeit soll sich die Untersuchung der Länderbeteiligung außerhalb der Gemeinschaftsverträge auf den Bereich des dritten Pfeilers der Union, also der Polizeilichen und Justitiellen Zusammenarbeit in Strafsachen, sowie der Rechtshandlungen des Europäischen Rates beschränken. Die von den Bestimmungen über die Gemeinsame Außen- und Sicherheitspolitik erfaßten Materien sind für die Frage der Mitwirkungsbefugnisse der Länder in deren Kompetenzbereich weitgehend irrelevant.[284]

b) Einzelne Handlungsinstrumente

Im Bereich der Polizeilichen und Justitiellen Zusammenarbeit in Strafsachen (Titel VI des EU-Vertrages) von Art. 34 (ex-Art. K.6) Abs. 2 EU zur Verfügung gestellte Handlungsinstrumente sind die „gemeinsamen Standpunkte", „Rahmenbeschlüsse", „Beschlüsse" und „Übereinkommen".[285] Die Aufzählung ist nicht abschließend; zur Verwirklichung der Unionsziele können gegebenenfalls auch andere geeignete Maßnahmen – insbesondere Empfehlungen oder Entschließungen – ergriffen werden.[286] Abweichend von der von Art. 34 (ex-Art. K.6) Abs. 2 EU vorgegebenen Reihenfolge soll die Untersuchung der Rechtsinstrumente und des jeweils anzuwendenden Ländermitwirkungsverfahrens mit der Erörterung des Rahmenbeschlusses begonnen werden. Dieser stellt als eine dem gemeinschaftsrechtlichen Instrument der Richtlinie nach Art. 249 (ex-Art. 189) Abs. 3 EG nachgebildete Handlungsform[287] das signifikanteste

---

284 Dementsprechend nimmt § 11 EUZBLG diese vom Anwendungsbereich des EUZBLG explizit aus. Das gesetzgeberische Verständnis scheint also dahinzugehen, daß schon Art. 23 Abs. 2, 4 bis 7 GG keine Anwendung findet, sonst wäre § 11 EUZBLG schwerlich mit der zugrundeliegenden Verfassungsnorm vereinbar. Siehe auch *Halfmann*, Enwicklungen des deutschen Staatsorganisationsrechts im Kraftfeld der Europäischen Integration, S. 83 ff. Zur Heranziehung des EUZBLG zur Auslegung von Art. 23 GG vgl. *Brockmeyer*, in: Schmidt-Bleibtreu/Klein, GG, 9. Auflage 1999, Art. 23, Rdnr. 21; *Pechstein*, in: Geiger, Völkerrechtlicher Vertrag und staatliches Recht vor dem Hintergrund zunehmender Verdichtung der internationalen Beziehungen, S. 38. Vgl. oben S. 30.

285 Die nach Art. 34 (ex-Art. K.6) Abs. 2 S. 2 lit. d) EU geschlossenen Übereinkommen werden im Rahmen des Gliederungspunkts „Verträge der Mitgliedstaaten untereinander erörtert", vgl. unten C.II.5.d). S. 178 ff.

286 *Böse*, in: Schwarze (Hrsg.), EU-Kommentar, Art. 34 EU, Rdnr. 3; *Degen*, in: Groeben/Thiesing/Ehlermann (Hrsg.), EUV/EGV, 5. Auflage 1997, Art. K.3 EUV, Rdnr. 3; *Brechmann*, in: Calliess/Ruffert (Hrsg.), EUV/EGV, 2. Auflage 2002, Art. 34 EU, Rdnr. 3; *Röben*, in: Grabitz/Hilf, EU, Art. 34 EU, Rdnr. 4, 8; einschränkend (nur nichtbindende Maßnahmen) *Rouchereau*, in: Léger (Hrsg.), Commentaire TUE/TCE, Art. 34 EU, Rdnr. 3.

287 *Meyring*, EuR 1999, 317: „... Orientierung an einem bekannten und bewährten Instrument

Beispiel für die Annäherung des Unionsrechts der Dritten Säule an den Bereich des Gemeinschaftsrechts dar.

aa) Rahmenbeschlüsse, Art. 34 (ex-Art. K.6) Abs. 2 S. 2 lit. b) EU

(1) Europarechtliche Einordnung

Das durch den Vertrag von Amsterdam eingefügte Instrument des Rahmenbeschlusses dient der Angleichung der Rechts- und Verwaltungsvorschriften der Mitgliedstaaten und verpflichtet diese wie eine Richtlinie nach Art. 249 (ex-Art. 189) EG auf ein zu erreichendes Ziel, nicht jedoch auf bestimmte Formen und Mittel. Ausdrücklich ausgeschlossen ist dagegen die unmittelbare Wirkung, die der Europäische Gerichtshof der Richtlinie unter bestimmten Umständen zuschreibt.[288] Der ausgiebige Gebrauch, der seit Inkrafttreten des Amsterdamer Vertrags von diesem Instrument gemacht wurde, zeugt von dem hohen Maß an Akzeptanz, das ihm vom Unionsgesetzgeber entgegengebracht wird.[289]
Vom Vertrag offengelassen und weitgehend ungeklärt[290] ist die genaue Reichweite des Anwendungsbereichs des Rahmenbeschlusses, insbesondere die Abgrenzung zu dem der Übereinkommen nach Art. 34 (ex-Art. K.6) Abs. 2 S. 2 lit. d) EU. Da Rahmenbeschlüsse gemäß Art. 34 (ex-Art. K.6) Abs. 2 S. 2 lit. b) EU „zur Angleichung der Rechts- und Verwaltungsvorschriften der Mitgliedstaaten" und Beschlüsse nach lit. c) desselben Absatzes „für jeden anderen Zweck" angenommen werden sollen, stellt sich die Frage, welche Bedeutung den Übereinkommen nach lit. c) überhaupt noch zukommen kann.[291]

---

des gemeinschaftsrechtlichen Normenarsenals"; *Röben*, in: Grabitz/Hilf, EU, Art. 34 EU, Rdnr. 13; *Hilf/Pache*, NJW 1998, 705.

288 Ständige Rechtsprechung, vgl. EuGH Rs. C-41/74 (van Duyn/Home Office) Slg. 1974 S. 1337, Rdnr. 12; vgl. dazu *Schweitzer*, Staatsrecht III, 7. Auflage 2000, Rdnr. 348 ff.; *Streinz*, Europarecht, 5. Auflage 2001, Rdnr. 394 ff.; *Bierven*, in: Schwarze (Hrsg.), EU-Kommentar, Art. 249 EG, Rdnr. 29.

289 So zeigt beispielsweise die Tatsache, daß die Kommission in unmittelbarer Folge der Attentate des 11. Septembers 2001 zwei Vorschläge zur Annahme von Rahmenbeschlüssen vorlegte, daß diese Handlungsform als hinreichend effektiv eingeschätzt wird, um schnell auf neue Gefährdungslagen zu reagieren; vgl. den Vorschlag für einen Rahmenbeschluß zur Terrorismusbekämpfung vom 19.9.2001, ABl. EG Nr. C 332 E vom 27.11.2001 S. 300 und den Vorschlag für einen Rahmenbeschluß über den europäischen Haftbefehl und die Übergabeverfahren zwischen den Mitgliedstaaten vom 19.9.2001, ABl. EG Nr. C 332 E vom 27.11.2001 S. 305.

290 Vgl. *de Kerchove*, in: de Kerchove/Weyembergh (Hrsg.), Vers un espace judiciaire pénal européen, S. 9.

291 In jüngerer Zeit scheinen denn auch die Übereinkommen zunehmend durch andere Rechtsinstrumente ersetzt zu werden. So wurde beispielsweise die Neugründung von

Ein Vorteil des Rechtsinstruments Übereinkommen wird in der Kontrollbefugnis der Kommission gesehen, die dieser nach Art. 35 (ex-Art. K.7) Abs. 7 S. 2 EU – anders als im Bereich des Rahmenbeschlusses – zusteht.[292] Dieses Kontrollrecht besteht jedoch erst, wenn ein Übereinkommen bereits ratifiziert ist, und kann deshalb das in diesem Zusammenhang gravierendere Problem der Nichtumsetzung durch die Mitgliedstaaten nicht lösen.[293]
In der Praxis rechtfertigt sich der Rückgriff auf den Rahmenbeschluß, der keiner Ratifikation bedarf[294] und dementsprechend schnell, innerhalb des durch ihn selbst gesetzten Zeitrahmens in Kraft treten kann, durch die Effektivität dieses Rechtsinstruments.[295]
Vom europarechtlichen Standpunkt aus betrachtet scheint es demnach für den Abschluß von Übereinkommen nach Art. 34 (ex-Art. K.6) Abs. 2 S. 2 lit. d) EU kein Bedürfnis mehr zu geben.

EUROJUST auf einen Beschluß nach Art. 34 (ex-Art. K.6) Abs. 2 S. 2 lit. c) EU gestützt, siehe ABl. EG Nr. L 63 vom 6.3.2002 S. 1, während eine vergleichbare Organisation, EUROPOL, noch durch ein Übereinkommen nach Art. K.3 Abs. 2 lit. c) EUV a.F. gegründet wurde, siehe ABl. EG Nr. C 316 vom 27.11.1995 S. 2. Auch die Bestimmungen über den europäischen Haftbefehl sind in einem Rahmenbeschluß enthalten, siehe ABl. EG Nr. L 190 vom 18.7.2002 S. 1, während seine Vorgängerinstrumente Übereinkommen nach Art. K.3 Abs. 2 lit. c) EUV a.F. waren, siehe das Übereinkommen über das vereinfachte Auslieferungsverfahren zwischen den Mitgliedstaaten der Europäischen Union, ABl. EG Nr. C 78 vom 30.3.1995 S. 2 und das Übereinkommen über die Auslieferung zwischen den Mitgliedstaaten der Europäischen Union, ABl. EG Nr. C 313 vom 23.10.1996 S. 12.

292 Auf dieses Argument stützte sich der österreichische Vorschlag, statt des Rahmenbeschlusses zum strafrechtlichen Schutz des Euro, ABl. EG Nr. L 140 vom 14.6.2000 S. 1, ein Übereinkommen nach Art. 34 Abs. 2 S. 2 lit. d) EU zu erstellen, vgl. *Zeder,* ÖJZ 2001, S. 86.

293 Von den elf auf Grundlage von Art. K.3 Abs. 2 lit. c) EUV a.F. erstellten strafrechtlichen Abkommen ist lediglich eines, das Europol-Übereinkommen, von allen Mitgliedstaaten ratifiziert worden, vgl. *de Kerchove,* in: de Kerchove/Weyembergh (Hrsg.), Vers un espace judiciaire pénal européen, S. 9 (Fn. 34).

294 *Röben,* in: Grabitz/Hilf, EU, Art. 34 EU, Rdnr. 14; *Brechmann,* in: Calliess/Ruffert (Hrsg.), EUV/EGV, Art. 34 EU, Rdnr. 7; *Böse,* in: Schwarze (Hrsg.), EU-Kommentar, Art. 34 EU, Rdnr. 6; a.A. *Pechstein/Koenig,* Die Europäische Union, 3. Auflage 2000, Rdnr. 244. Siehe dazu gleich S. 90 ff.

295 Siehe beispielsweise Punkt 4.3 der Kommissionsbegründung für den Rahmenbeschluß über den europäischen Haftbefehl, KOM (2001) 522 endgültig, (= BR-Drucksache 964/01 vom 12.11.2001 S. 3).

Mit Blick auf die nationalen Rechtsordnungen der Mitgliedstaaten wird allerdings vielfach vertreten, der Abschluß eines Übereinkommens sei stets erforderlich, sobald die verfassungsrechtlichen Regeln auch nur eines Mitgliedstaats in bezug auf den betroffenen Regelungsgegenstand bei Abschluß eines völkerrechtlichen Vertrags die Zustimmung durch die gesetzgebenden Körperschaften verlangen.[296] Der Rahmenbeschluß sei dementsprechend nichts anderes als ein völkerrechtliches Verwaltungsabkommen.[297]
Im deutschen Recht betrifft dieses Erfordernis nach Art. 59 Abs. 2 S. 1 GG insbesondere Verträge, die ein gesetzgeberisches Tätigwerden auf Bundes- oder Länderebene notwendig machen.[298] Das ist jedoch bei fast allen im Rahmen der Dritten Säule gefaßten Rechtsakten der Fall. Die Annäherung der mitgliedstaatlichen Rechtsvorschriften ist sogar die ausdrückliche Zielsetzung des Art. 34 (ex-Art. K.6) Abs. 2 S. 2 lit. b) EU. Der soeben dargestellte Ansatz zur Abgrenzung zum Anwendungsbereich von Übereinkommen nach lit. d) liefe also darauf hinaus, Rahmenbeschlüsse gegen den Wortlaut der Vorschrift auf die Annäherung der *Verwaltungs*vorschriften der Mitgliedstaaten zu beschränken und ihnen damit nur ein sehr begrenztes Anwendungsfeld zuzuweisen.[299]
Dies war jedoch nicht das Ziel der Reform des dritten Pfeilers, bei der es ja darum ging, mit effektiveren Rechtsinstrumenten zur Beschleunigung des Entscheidungsprozesses beizutragen.[300] Auch die bisherige Praxis ist nicht mit der vorgeschlagenen Unterscheidung in Einklang zu bringen: Die seit Inkrafttreten des Amsterdamer Vertrags verabschiedeten oder vorgeschlagenen Rahmenbeschlüsse weisen durchwegs Elemente auf, die einer gesetzgeberischen Umsetzung, insbesondere durch Änderungen des Strafrechts, bedürfen.[301] Das Vorlie-

---

296 *Pechstein/Koenig,* Die Europäische Union, 3. Auflage 2000, Rdnr. 249; *Streinz,* in: Hummer (Hrsg.), Die Europäische Union und Österreich, S. 44 (zur Abgrenzung zur gemeinsamen Maßnahme unter dem Vertrag von Maastricht); *Streinz,* Europarecht, 5. Auflage 2001, Rdnr. 422d; *Schweitzer/Hummer,* Europarecht, 5. Auflage 1996, Rdnr. 981.

297 *Streinz,* Europarecht, 5. Auflage 2001, Rdnr. 422c; *Pechstein/Koenig,* Die Europäische Union, 3. Auflage 2000, Rdnr. 222.

298 Vgl. dazu *Schweitzer,* Staatsrecht III, 7. Auflage 2000, Rdnr. 166 ff.

299 Ähnlich *Trüe,* ZEuS 2000, 172.

300 *Meyring,* EuR 1999, 309 ff.; *Rideau,* Droit institutionnel de l'Union et des Communautés européennes, 3. Auflage 1999, S. 163 f.; *Jacqué,* Droit Institutionnel de l'Union européenne, Rdnr. 959.

301 Vgl. nur den Rahmenbeschluß vom 29.5.2000 über die Verstärkung des mit strafrechtlichen und anderen Sanktionen bewährten Schutzes gegen Geldfälschung im Hinblick auf die Einführung des Euro, ABl. EG Nr. L 140 vom 14.6.2000, S. 1 und seine Umsetzung in deutsches Recht durch Änderung von § 149 StGB, BT-Drucksache 14/8998 vom 13.5.2002, S. 8. Das zeigt auch, daß das Vorliegen eines Grundrechtseingriffs alleine kein taugliches Kriterium der Abgrenzung zwischen Rahmenbeschluß und Übereinkommen nach Art. 34 Abs. 2 S. 2 lit. d) EU sein kann. Zum einen wäre dann wegen der Grund-

gen oder Nichtvorliegen eines innerstaatlichen Ratifikationserfordernisses kann demnach nicht als taugliches Kriterium für die Notwendigkeit des Abschlusses eines Übereinkommens nach Art. 34 (ex-Art. K.6) Abs. 2 S. 2 lit. d) EU herangezogen werden. Auf das Instrument des Rahmenbeschlusses kann auch dann zurückgegriffen werden, wenn ein entsprechender völkerrechtlicher Vertrag in einem oder mehreren Mitgliedstaaten der Zustimmung der gesetzgebenden Körperschaften bedürfte.[302] [303]

(2) *Mitwirkung der Bundesländer*

(a) *Anwendbarkeit von Art. 23 Abs. 2, 4 bis 7 GG*

Ginge man mit dem wohl überwiegenden Teil der wissenschaftlichen Literatur von einer zumindest tendenziell völkerrechtlichen Natur der sich aus den Handlungsinstrumenten der Dritten Säule – und damit auch aus den Rahmenbeschlüssen – ergebenden Verpflichtungen aus[304], so erschiene hinsichtlich der Beteiligung der Bundesländer ein Rückgriff auf das Verfahren der Lindauer Absprache

---

rechtserheblichkeit der meisten von Titel VI des EU-Vertrages behandelten Regelungsgegenstände wiederum kaum mehr ein Anwendungsbereich für Rahmenbeschlüsse eröffnet. Zum anderen ist mit der Zuweisung einer Überprüfungskompetenz an den EuGH durch Art. 35 (ex-Art. K.7) Abs. 1 EU nunmehr auch keine Rechtsschutzdefizit mehr zu befürchten; a.A. *Streinz,* Europarecht, 5. Auflage 2001, Rdnr. 422d; *Böse,* in: Schwarze (Hrsg.), EU-Kommentar, Art. 34 EU, Rdnr. 10.

302 So auch *Böse,* in: Schwarze (Hrsg.), EU-Kommentar, Art. 34 EU, Rdnr. 10.

303 Ob hinsichtlich eines bestimmten Regelungsgegenstands auf das Instrument des Rahmenbeschlusses oder auf ein Übereinkommen zurückgegriffen wird, ist – angesichts der im Vergleich zu völkerrechtlichen Übereinkommen überwiegend schwach ausgeprägten Einflußmöglichkeiten der nationalen Parlamente – dementsprechend eher eine Frage der politischen Abwägung zwischen Effektivität und Demokratieprinzip. Je stärker eine beabsichtigte Regelung in die nationale Rechtsordnung, insbesondere die Grundrechte, eingreift, desto eher empfiehlt sich der Abschluß eines Übereinkommens nach Art. 34 (ex-Art. K.6) Abs. 2 S. 2 lit. d) EU, um die demokratische Legitimation des Entscheidungsprozesses zu erhöhen. Denn nur die bei Übereinkommen erforderliche Ratifikation kann den mangelnden Einfluß des Europäischen Parlaments im Bereich der Dritten Säule durch eine verstärkte Mitwirkung der nationalen Parlamente kompensieren. Vgl. zu den Mitwirkungsrechten des EP im Bereich der Dritten Säule *Böse,* in: Schwarze (Hrsg.), EU-Kommentar, Art. 39 EU, Rdnr. 5; zu den Mitwirkungsrechten der nationalen Parlamente in EU-Angelegenheiten *Kamann,* Die Mitwirkung der Parlamente der Mitgliedstaaten an der europäischen Gesetzgebung, S. 191 f.; auch *Kokott,* DVBl. 1996, 949.

304 *Pechstein/Koenig,* Die Europäische Union, 3. Auflage 2000, Rdnr. 236; *Thun-Hohenstein,* Der Vertrag von Amsterdam, S. 44; *Böse,* in: Schwarze (Hrsg.), EU-Kommentar, Art. 34 EU, Rdnr. 6; siehe dazu ausführlich oben S. 65 ff.

als zumindest denkbar.[305] Auch dann würde es aber andererseits Sinn und Wortlaut des Art. 23 GG nicht gerecht, das in dieser Vorschrift vorgesehene Verfahren der Länderbeteiligung im gesamten Bereich der „intergouvernementalen" Kooperation außer acht zu lassen.[306] Dies wäre nach der hier vertretenen Auffassung jedoch regelmäßig die Folge der Anwendung der Lindauer Absprache.[307] Die Tatsache, daß die betroffene Regelungsmaterie nicht oder nicht vollständig vergemeinschaftet ist, kann aber alleine zur Ablehnung der Einordnung als „Angelegenheit der Europäischen Union" im Sinne des Art. 23 Abs. 2 GG nicht ausreichen.[308]
Ausschlaggebend ist vielmehr, daß die Beschlußfassung nicht auf rein zwischenstaatlicher Ebene, sondern innerhalb des institutionellen Gefüges der Union, im Rat als Unionsorgan im Sinne der Art. 3 (ex-Art. C), 5 (ex-Art. E) EU[309] sowie in Wahrnehmung von Aufgaben, die der Union vertraglich zugewiesen sind, erfolgt. Der Rat wird ja zur Förderung „der Ziele der Union" tätig; Art. 34 (ex-Art. K.6) Abs. 2 S. 1, 2 EU bezieht sich mit dieser Formulierung auf die in Art. 29 (ex-Art. K.1) EU festgelegten Vorgaben. Er handelt mithin auf primärrechtlicher Grundlage und damit in „Angelegenheiten der Europäischen Union". Nimmt man zudem, wie hier vertreten, eine weitgehende und fortschreitende Annäherung von Erster und Dritter Säule der Union an, die zumindest den Bereich der Polizeilichen und Justitiellen Zusammenarbeit in Strafsachen in zunehmendem Maße völkerrechtlichen Regeln entzieht, so verliert der Ansatz, der die PJZS den für internationale Verträge geltenden Regeln unterstellen will, ohnehin in gleichem Maße seine Grundlage. Anwendbar ist also in jedem Fall nicht etwa die Lindauer Absprache, sondern ausschließlich das Beteiligungsverfahren nach Art. 23 Abs. 2, 4 bis 7 GG.

(b) Ausmaß der Beteiligung nach Art. 23 Abs. 2, 4 bis 7 GG

Fraglich bleibt das Ausmaß der Länderbeteiligung. Als Reaktion auf die Einführung des neuen Handlungsinstruments durch den Vertrag von Amsterdam wurde die Bund-Länder-Absprache vom 29.19.1993 in Punkt III um folgende Nummer 6 ergänzt[310]:

> *„Soweit bei Rahmenbeschlüssen gemäß Art. 34 Abs. 2 b EUV Gesetzgebungs- und Verwaltungszuständigkeiten der Länder im Schwerpunkt betroffen sind, wird die Stel-*

---

[305] So *Stern*, in: Festschrift Carl Heymanns Verlag, 1995, S. 267 f.
[306] Siehe oben C.II.1. S. 63 ff.
[307] Siehe bereits oben C.I.2.c). S. 55 ff.
[308] Siehe oben S. 63 ff.
[309] *Brechmann*, in: Calliess/Ruffert (Hrsg.), EUV/EGV Art. 34 EU, Rdnr. 3.
[310] Bundesanzeiger Nr. 123 vom 8.7.1998 S. 9433.

lungnahme des Bundesrates gemäß § 5 Abs. 2 EUZBLG maßgeblich berücksichtigt. In allen übrigen Fällen gilt § 5 Abs. 1 EUZBLG mit folgender Maßgabe: Soweit nach innerstaatlichem Recht die Zustimmung des Bundesrates für eine bestimmte Regelung erforderlich wäre, legt die Bundesregierung dessen Stellungnahme ihren Verhandlungen ebenso zugrunde wie eine diesbezügliche Stellungnahme des Deutschen Bundestages; sie wird dieser Regelung in einem Rahmenbeschluß nur im Einvernehmen mit dem Bundesrat zustimmen, wobei die gesamtstaatliche Verantwortung einschließlich außen-, verteidigungs- und integrationspolitisch zu bewertender Fragen zu wahren ist.“

Schon der Hinweis auf die maßgebliche Berücksichtigung der Bundesratsstellungnahme muß dabei insofern überraschen, als diese auch ohne die Neuregelung zwangsläufige Folge der schwerpunktmäßigen Betroffenheit von Ländergesetzgebungsbefugnissen gewesen wäre. Bereits nach Punkt VII Ziff. 1 der Bund-Länder-Vereinbarung wie auch nach Art. 23 Abs. 5 S. 2 GG i.V.m. § 5 Abs. 2 EUZBLG gelten deren Regelungen „für alle Vorhaben im Rahmen des Vertrages über die Europäische Union“, also auch für Rahmenbeschlüsse nach Art. 34 (ex-Art. K.6) Abs. 2 S. 2 lit. b) EU. Das folgt unmittelbar aus der Einordnung der Rahmenbeschlüsse als „Angelegenheiten der Europäischen Union“ im Sinne des Art. 23 Abs. 2 GG.

Weit erstaunlicher ist jedoch die Bindung der Bundesregierung an das Einvernehmen des Bundesrates bei Vorhaben, für die nach innerstaatlichem Recht die Zustimmung des Bundesrates erforderlich wäre. Das würde, nach der herkömmlichen Auslegung des Begriffs „Einvernehmen“[311], die Ausdehnung der Pflicht zur maßgeblichen Berücksichtigung der Stellungnahme des Bundesrates in den Bereich des Art. 23 Abs. 5 S. 1 GG beziehungsweise § 5 Abs. 1 EUZBLG, also von Bundesgesetzgebungszuständigkeiten bedeuten.[312]

Die Länder hatten in diesem Zusammenhang in den Beratungen zum Zustimmungsgesetz zum Vertrag von Amsterdam verlangt, zur Regelung der Ländermitwirkung bei Rahmenbeschlüssen einen neuen Absatz 3 in § 5 EUZBLG aufzunehmen[313], demzufolge das Einvernehmen des Bundesrates immer schon dann herzustellen sein sollte, wenn dieser innerstaatlich mitzuwirken hätte. Dieser

---

311 *Creifelds*, Rechtswörterbuch, 16. Auflage 2000, S. 379; *Oschatz/Risse*, DÖV 1995, 444. Sowohl die Pflicht zur Herstellung des Einvernehmens wie auch zur maßgeblichen Berücksichtigung bringen ein Letztentscheidungsrecht des Bundesrates mit sich, vgl. die amtliche Begründung zu § 5 EUZBLG, wo ebenfalls von „Einvernehmen“ die Rede ist, BT-Drucksache 12/3540 vom 22.10.1992 S. 6; *Winkelmann*, DVBl. 1993 S. 1131.

312 Vgl. die Gegenäußerung der Bundesregierung zur Forderung des Bundesrates, eine derartige Regelung in das EUZBLG einzufügen, BT-Drucksache 13/9339 vom 3.12.1997 S. 168.

313 Stellungnahme des Bundesrates zum Vertrag von Amsterdam BR-Drucksache 784/97 (Beschluß) vom 28.11.1997 S. 7; vgl. auch den Redebeitrag des rheinland-pfälzischen Ministerpräsidenten *Beck* im Bundesrat, 719. Sitzung vom 28.11.1997, Stenographischer Bericht S. 541.

Forderung wurde im Gesetzgebungsverfahren aber gerade nicht entsprochen.[314] Zutreffend wies die Bundesregierung darauf hin, daß eine derartige Einflußnahmemöglichkeit des Bundesrates nicht mehr auf die Regelung des Art. 23 Abs. 2, 4 bis 7 GG gestützt werden könnte. Die Mitwirkung des Bundesrates ergebe sich abschließend aus dieser Vorschrift.[315]
Die Ergänzung der Bund-Länder-Vereinbarung, die genau diese Regelung enthält, setzt sich somit bewußt über den deutlich zum Ausdruck gekommenen gesetzgeberischen Willen hinweg.[316] Eine Rechtspflicht der Bundesregierung, die Stellungnahme des Bundesrates auch in Fällen des Art. 23 Abs. 5 S. 1 GG, § 5 Abs. 1 EUZBLG maßgeblich zu berücksichtigen, kann sich daraus nicht ergeben; diese besteht ausschließlich im Rahmen des Art. 23 Abs. 5 S. 2 GG i.V.m. § 5 Abs. 2 EUZBLG. Die Bundesregierung ist dadurch freilich nicht daran gehindert, die Haltung des Bundesrates im Rahmen der „einfachen Berücksichtigung" nach Art. 23 Abs. 5 S. 1 GG i.V.m. § 5 Abs. 1 EUZBLG in verstärktem Maße zu beachten.[317]

(c) Innerstaatliche Umsetzung

Fraglich bleibt, ob Rahmenbeschlüsse hinsichtlich des innerstaatlichen Verfahrens wie Richtlinien zu behandeln sind, oder ob auf sie vielmehr die Vorschriften über völkerrechtliche Abkommen anzuwenden sind, ob es also einer innerstaatlichen Annahme nach den Bestimmungen des Art. 59 Abs. 2 GG bedarf.[318]

---

[314] Vgl. die Gegenäußerung der Bundesregierung, BT-Drucksache 13/9339 vom 3.12.1997 S. 168; zum Verlauf der Verhandlungen *Blume/Rex*, in: Borkenhagen (Hrsg.), Europapolitik der deutschen Länder, S. 45.

[315] BT-Drucksache 13/9339 vom 3.12.1997 S. 168; ebenso *Scholz/Hofmann*, Europa-Blätter 1998, 8.

[316] Dieses zunächst widersprüchlich erscheinende Verhalten der Bundesregierung läßt sich mit Blick auf die Zwänge erklären, denen diese seitens des Bundestages ausgesetzt war. Vor allem dort bestand keine Bereitschaft, die Ländermitwirkungsrechte weiter auszudehnen, so daß ein darauf abzielendes Gesetzgebungsvorhaben zum Scheitern verurteilt gewesen wäre. Dagegen bedurften die Zugeständnisse im Rahmen der Bund-Länder-Vereinbarung nicht der Zustimmung des Parlaments. Vgl. hierzu *Blume/Rex*, in: Borkenhagen (Hrsg.), Europapolitik der deutschen Länder, S. 47.

[317] Die Änderung der Bund-Länder-Vereinbarung kann insofern nur als politische Absichtserklärung eingestuft werden.

[318] So *Pechstein/Koenig*, Die Europäische Union, 3. Auflage 2000, Rdnr. 249; tendenziell auch *Harings*, in: v.Bogdandy/Ehlermann (Hrsg.), Die Konsolidierung und Kohärenz des Primärrechts nach Amsterdam, EuR-Beiheft 2–1998, S. 94: Erst der nationale Umsetzungsakt führt zu innerstaatlicher Verbindlichkeit.

Durch den Wortlaut des Art. 34 (ex-Art. K.6) Abs. 2 S. 2 lit. b) EU ausdrücklich ausgeschlossen ist nur die *unmittelbare Wirkung* im Sinne der Rechtsprechung des Gerichtshofes zur Möglichkeit der Geltendmachung des Regelungsinhalts einer Richtlinie durch Einzelne vor deren Umsetzung durch den Mitgliedstaat.[319] Anders könnte es sich mit objektiven Auswirkungen des Rechtsakts verhalten, die nur den Mitgliedstaat und seine Organe betreffen, den Einzelnen aber weder berechtigen noch verpflichten.[320] Das würde voraussetzen, daß die sich aus dem Rahmenbeschluß ergebende Verpflichtung trotz des Fehlens der „unmittelbaren Wirkung" geeignet ist, innerstaatlich gleich einer Richtlinie unmittelbar objektive Rechtswirkungen herbeizuführen.[321]

Das Entfallen des Erfordernisses der innerstaatlichen Bestätigung von Rechtsakten zwischenstaatlicher Einrichtungen wird im Gemeinschaftsbereich gerade auf die Tatsache der vorausgegangenen Übertragung von Hoheitsrechten gestützt, die als solche den supranationalen Charakter der Gemeinschaften ausmachen.[322] Eine verbreitete Ansicht schließt daraus, die Handlungsinstrumente der Dritten Säule der Union – und damit auch Rahmenbeschlüsse nach Art. 34 (ex-Art. K.6) Abs. 2 S. 2 lit. b) EU – seien in ihrer Gesamtheit ausschließlich nach rein koordinationsrechtlichen Regeln zu behandeln.[323] Die Vergemeinschaftung großer

---

[319] *Harings,* in: v.Bogdandy/Ehlermann (Hrsg.), Die Konsolidierung und Kohärenz des Primärrechts nach Amsterdam, EuR-Beiheft 2–1998, S. 88; *Öhlinger,* in: Hummer (Hrsg.), Rechtsfragen in der Anwendung des Amsterdamer Vertrags, S. 233; *Rouchereau,* in: Léger (Hrsg.), Commentaire TUE/TCE, Art. 34 EU, Rdnr. 8. A.A. *Scholz/Hofmann,* Europa-Blätter 1998, 4: „keine unmittelbare *Verbindlichkeit.*"

[320] So *Röben,* in: Grabitz/Hilf, EU, Art. 34 EU, Rdnr. 14 f., der der Tatsache, daß nur die unmittelbare Wirkung *expressis verbis* ausgeschlossen ist, im Rückschluß entnehmen will, daß alle anderen (objektiven) Wirkungen der Richtlinie nicht schon aufgrund der Rechtsnatur der Dritten Säule ausgeschlossen sind, sondern auch von einem Rahmenbeschluß erzeugt werden können; *Brechmann,* in: Calliess/Ruffert (Hrsg.), EUV/EGV, Art. 34 EU, Rdnr. 7; ähnlich *Böse,* in: Schwarze (Hrsg.), EU-Kommentar, Art. 34 EU, Rdnr. 10, der einerseits zwar eine Transformation nach Art. 59 Abs. 2 GG für nicht erforderlich hält, andererseits aber davon ausgeht, daß der Rahmenbeschluß „ausschließlich völkerrechtliche Verpflichtungen der Mitgliedstaaten" begründe.
Zur Notwendigkeit der Unterscheidung zwischen innerstaatlicher Geltung und unmittelbarer Anwendbarkeit von Normen vgl. *Streinz,* in: Sachs, GG, 3. Auflage 2003, Art. 59, Rdnr. 67 ff.; *Rojahn,* in: v.Münch/Kunig, GG II, 5. Auflage 2001, Art. 59, Rdnr. 34.

[321] Vgl. zu dieser Unterscheidung EuGH Rs. C-431/92 (Kommission/Deutschland) Slg. 1995 S. I-2189, 2220 f., Rdnr. 24 ff. sowie ausführlich die Schlußanträge von Generalanwalt *Elmer* S. I-2198 ff., Rdnr. 10 ff.; *Streinz,* Europarecht, 5. Auflage 2001 5. Auflage, Rdnr. 403.

[322] BVerfGE 22, 293, 296; *Kokott,* DVBl. 1996, 938.

[323] Das Bundesverfassungsgericht, E 89, 155, 176 f., stellt klar, daß das deutsche Zustimmungsgesetz zum Vertrag von Maastricht im Unionsbereich ausschließlich intergouvernementale, keinesfalls aber supranationale Rechtsakte ermöglicht; *Rojahn,* in:

Teile der Zusammenarbeit in den Bereichen Justiz und Inneres alter Fassung belege, daß der „intergouvernementale" Charakter des in der Dritten Säule des Unionsvertrags verbliebenen Restes auch nach Amsterdam erhalten werden und dieser dementsprechend keine supranationalen Elemente aufweisen sollte.[324] Eine unmittelbare innerstaatliche Geltung des auf zwischenstaatlicher Ebene gefaßten Rechtsakts ohne Transformation beziehungsweise Vollzugsanordnung könne deshalb nicht Ziel der Vertragsänderung gewesen sein.[325] Materien, in denen die Vertragsparteien dies beabsichtigten, seien eben in die Erste Säule überführt, also „vergemeinschaftet" worden. Eine Übertragung von Hoheitsrechten nach dem vom Bundesverfassungsgerichts vertretenen, engen Verständnis des Begriffs[326], also der Ermöglichung der unmittelbaren Geltung und Anwendbarkeit eines Rechts fremden Ursprungs innerhalb des staatlichen Herrschaftsraums im Sinne einer Durchgriffswirkung, sei im Bereich der Zweiten und Dritten Säule der Union gerade nicht erfolgt.[327]

Man könnte dementsprechend zu dem Ergebnis kommen, die Behandlung des Rahmenbeschlusses richte sich wie das übrige Recht der Zweiten und Dritten Säule sowie des Dachs und des Sockels der Union nach den allgemeinen Vorschriften über den Vollzug völkerrechtlichen Vertragsrechts.[328] Dann wäre für diese Handlungsform, die ja „Maßnahmen zur Angleichung der Rechts- und

v.Münch/Kunig, GG II, 5. Auflage 2001, Art. 23, Rdnr. 7, 45; *Geiger,* JZ 1996, 1095 (vgl. aber S. 1098); *Streinz,* Europarecht, 5. Auflage 2001, Rdnr. 121a; *Pechstein/Koenig,* Die Europäische Union, 3. Auflage 2000, Rdnr. 8; *Schweitzer,* Staatsrecht III, 7. Auflage 2000, Rdnr. 61.

324 *Streinz,* EuZW 1998, 140.

325 *Pechstein/Koenig,* Die Europäische Union, 3. Auflage 2000, Rdnr. 8, 207 ff.; *Streinz,* EuZW 1998, 140.

326 Vgl. BVerfGE 37, 271, 279 f.; E 89, 155, 176; E 58, 1, 28; E 73, 339 II, 374 f.; aber ausnahmsweise E 68, 1, 94; *Randelzhofer,* in: Maunz/Dürig/Herzog, GG, Art. 24 I, Rdnr. 30: *„Entscheidendes Merkmal kann nur der ‚Durchgriff' in den innerstaatlichen Bereich sein"*; *Streinz,* in Sachs, GG, 3. Auflage 2003, Art. 23, Rdnr. 54, Art. 24, Rdnr. 13; *Pernice,* in: Dreier (Hrsg.), GG, Bd. 2, Art. 23, Rdnr. 82, 83; *Schweitzer,* Staatsrecht III, 7. Auflage 2000, Rdnr. 55; *Mosler,* in: Isensee/Kirchhof (Hrsg.), HdStR, Bd. VII, § 175, Rdnr. 19.

327 *Streinz,* EuZW 1998, 140; *Schweitzer,* Staatsrecht III, 7. Auflage 2000, Rdnr. 61; *Streinz,* in: Sachs, GG, 3. Auflage 2003, Art. 23, Rdnr. 56; *Rojahn,* in: v.Münch/Kunig, GG II, 5. Auflage 2001, Art. 23, Rdnr. 7, 45.

328 So *Thun-Hohenstein,* Der Vertrag von Amsterdam, S. 44: „Im Gegensatz zu Richtlinien kann bei Rahmenbeschlüssen angesichts des intergouvernementalen Charakters der Dritten Säule nicht davon ausgegangen werden, daß sie mit ihrem Inkrafttreten bereits im innerstaatlichen Recht gelten (der Schutzmantel staatlicher Souveränität also mit ihrem Erlaß durchdrungen wäre)"; *Schweitzer,* Staatsrecht III, 7. Auflage 2000, Rdnr. 516; *Pechstein/Koenig,* Die Europäische Union, 3. Auflage 2000, Rdnr. 149, 249; *Streinz,* Europarecht, 5. Auflage 2001, Rdnr. 422c; *ders.,* EuZW 1998 S. 142.

Verwaltungsvorschriften der Mitgliedstaaten" auf den Weg bringen soll, sich also begriffsnotwendig zumindest auch auf Gegenstände der Gesetzgebung im Sinne des Art. 59 Abs. 2 S. 1 GG bezieht[329], ein Abschluß nach dem zweiphasigen Verfahren[330] erforderlich.[331] Selbst wenn man mit der hier vertretenen Ansicht davon ausgeht, daß Art. 59 Abs. 2 S. 1 GG zwar, was seine Kontroll- beziehungsweise Zustimmungsfunktion anbelangt, von den speziellen Vorschriften des Art. 23 Abs. 2 bis 7 GG auch im nicht vergemeinschafteten Bereich der Zweiten und Dritten Säule verdrängt wird[332], so kann dieses Beteiligungsverfahren doch die für völkervertragliche Normen erforderliche Umsetzung in nationales Recht keinesfalls ersetzen.[333] Insoweit bedürfte es zur innerstaatlichen Vollzugssicherung weiterhin des Rückgriffs auf Art. 59 Abs. 2 S. 1 GG.[334]

Nach den Grundsätzen dieser Norm müßte intern die Entscheidung der gesetzgebenden Körperschaften herbeigeführt werden, bevor die Vereinbarung auf zwischenstaatlicher Ebene verbindlich wird.[335] Die Bindungswirkung besteht beim Rahmenbeschluß jedoch in dem Zeitpunkt, in dem dieser den nationalen Gesetzgebungsorganen zur Umsetzung vorgelegt wird, bereits.[336] Dieser charakterisiert sich, wie oben dargestellt, gerade durch seine Verbindlichkeit vom Zeitpunkt der Annahme im Rat an.[337]

---

329 *Streinz,* Europarecht, 5. Auflage 2001, Rdnr. 422c, spricht dagegen auch im Zusammenhang mit Rahmenbeschlüssen von „völkerrechtlichen Verwaltungsabkommen" im Sinne des Art. 59 Abs. 2 S. 2 GG; ebenso *Pechstein/Koenig,* Die Europäische Union, 3. Auflage 2000, Rdnr. 222.

330 Dazu *Schweitzer,* Staatsrecht III, 7. Auflage 2000, Rdnr. 144 ff.

331 *Geiger,* JZ 1996, 1098. Zum Begriff des Gesetzgebungsvertrags vgl. BVerfGE 1, 372, 388: „Entscheidend ist, ob im konkreten Fall ein Vollzugsakt unter Mitwirkung der gesetzgebenden Körperschaften erforderlich ist."

332 Siehe oben C.I.2.c).bb). S. 57 ff.; *Kokott,* DVBl. 1996, 943; *Pernice,* in: Dreier (Hrsg.), GG, Bd. 2, Art. 59, Rdnr. 56; a.A. *Pechstein/Koenig,* Die Europäische Union, 3. Auflage 2000, Rdnr. 221 f.

333 Siehe oben C.I.2.c).bb). S. 57 ff.; *Schweitzer,* Staatsrecht III, 7. Auflage 2000, Rdnr. 516; *Brockmeyer,* in: Schmidt-Bleibtreu/Klein, GG, 9. Auflage 1999, Art. 59, Rdnr. 14; a.A. *Pernice,* in: Dreier (Hrsg.), GG, Bd. 2, Art. 59, Rdnr. 56; *Kokott,* DVBl. 1996, 943 f.

334 Vgl. dazu BVerfGE 1, 372, 390.

335 *Streinz,* in: Sachs, GG, 3. Auflage 2003, Art. 59, Rdnr. 21, 53; *Kempen,* in: v.Mangoldt/Klein/Starck, GG II, Art. 59 II, Rdnr. 78; *Rojahn,* in: v.Münch/Kunig, GG II, 5. Auflage 2001, Art. 59, Rdnr. 32a; anders *Maunz,* in: Maunz/Dürig/Herzog, GG, Art. 59, Rdnr. 36.

336 *Trüe,* ZEuS 2000, 172.

337 *Brechmann,* in: Calliess/Ruffert (Hrsg.), EUV/EGV, 2. Auflage 2002, Art. 34 EU, Rdnr. 7.

Da eine Verpflichtung der Legislative zur Umsetzung völkerrechtlicher Vereinbarungen grundsätzlich nur dann bestehen kann, wenn bereits eine Zustimmung der gesetzgebenden Körperschaften nach Art. 59 Abs. 2 S. 1 GG erfolgt ist[338], würde sich nun die Frage anschließen, ob eine solche Verpflichtung hier ausnahmsweise dennoch eintritt, d.h. Bundestag und Bundesrat beziehungsweise den Ländergesetzgebern also trotz vorhergehender ablehnender Stellungnahme im Rahmen der Beteiligung nach Art. 23 Abs. 2 ff. GG keine Wahl bleibt. Dies würde darauf hinauslaufen, die gestaffelten Mitwirkungsbefugnisse des Art. 23 Abs. 2 ff. GG in die Regelung des Art. 59 Abs. 2 S. 1 GG zu transponieren. Eine bejahende Antwort würde die Umsetzung nach Art. 59 Abs. 2 S. 1 GG zur reinen Formalität herabstufen; eine Verneinung würde dagegen die Abstufung Art. 23 Abs. 2 ff. GG unterlaufen.

Auch wenn man die Anwendbarkeit des Art. 59 Abs. 2 GG auf Rahmenbeschlüsse mit der Begründung ablehnt, diese erfüllten – etwa als Handlungen eines Organs einer internationalen Organisation – nicht den Vertragsbegriff dieser Vorschrift[339], gelangt man zu keinem anderen Ergebnis. Denn man kommt in diesem Fall nicht umhin, festzustellen, daß auch eine vorweggenommene Ermächtigung des Rates – etwa mit der Billigung des Vertrags von Amsterdam – zu bindenden Beschlüssen, deren Regelungsgehalt bei Verabschiedung des Vertragsgesetzes noch nicht feststeht, nicht durch ein einfaches, auf Art. 59 Abs. 2 gestütztes Zustimmungsgesetz erfolgen konnte.[340] Diese Bestimmung setzt eine Vereinbarung voraus, deren Inhalt, Zweck und Ausmaß im Zeitpunkt des Vertragsabschlusses in hinreichendem Maße bestimmt oder bestimmbar sind.[341]

---

338 *Rojahn*, in: v.Münch/Kunig, GG II, 5. Auflage 2001, Art. 59, Rdnr. 35.

339 So *Kokott*, DVBl. 1996, 937, 944. Das Bundesverfassungsgericht, *E 90, 286, 359,* geht jedoch davon aus, daß „auch Organ- oder sonstige Kollektivakte internationaler Vertragsgemeinschaften [...] zugleich inhaltsgleiche Verträge der Mitgliedstaaten darstellen [können], wenn sie mit entsprechendem Willen vorgenommen werden. [...] Entscheidend ist die durch übereinstimmende Willenserklärung erzielte Einigung zwischen Völkerrechtssubjekten über bestimmte völkerrechtliche Rechtsfolgen". Auch *Geiger,* JZ 1996, 1098, betrachtet rechtliche bindende Beschlüsse von Unionsorganen insoweit als Verträge im materiellen Sinn, die nach den Regeln des Art. 59 Abs. 2 GG zu behandeln seien; ebenso *Pechstein/Koenig,* Die Europäische Union, 3. Auflage 2000, Rdnr. 221 f.

340 *Rojahn,* in: v.Münch/Kunig, GG II, 5. Auflage 2001, Art. 59, Rdnr. 45a; *Kokott,* DVBl. 1996, 945 f., die allerdings im Bereich von GASP und PJZS dennoch eine Parlamentsbeteiligung nach Art. 23 Abs. 3 GG für ausreichend hält; *Geiger,* JZ 1996, 1098. Diese Folgerung kann wohl auch aus BVerfGE 1, 372, 395 gezogen werden. Wenn es das Bundesverfassungsgericht dem Gesetzgeber verwehrt, sein Kontrollrecht an die Exekutive zu delegieren, dann muß entsprechend auch ein Verzicht auf den „Sondervorbehalt der Legislative" zugunsten des Organs einer internationalen Organisation als ausgeschlossen gelten.

341 *Geiger,* JZ 1996, 1098; *Rojahn,* in: v.Münch/Kunig, GG II, 5. Auflage 2001, Art. 59,

Ein grundgesetzkonformes Zustandekommen eines Rahmenbeschlusses nach Art. 34 (ex-Art. K.6) Abs. 2 S. 2 lit. b) EU ist nach allem nicht vorstellbar, solange man an der herkömmlichen koordinationsrechtlichen Vorstellung von der Europäischen Union, auf die als solche keine Hoheitsrechte übertragen worden sind, festhält. Es kann andererseits aber nicht davon ausgegangen werden, daß mit dem Zustimmungsgesetz zum Amsterdamer Vertrag die Einfügung eines Handlungsinstrumentes in den EU-Vertrag gebilligt wurde, dessen Handhabung auf eine mit den Vorschriften des Grundgesetzes vereinbare Weise ausgeschlossen ist. Vielmehr drängt sich die Notwendigkeit auf, den Besonderheiten des Unionsrechts in seiner Zwitterstellung zwischen intergouvernementaler Zusammenarbeit und Supranationalität mit neuen Konzeptionen hinsichtlich der innerstaatlichen Zustimmungs- und Beteiligungsmechanismen Rechnung zu tragen.[342] Eine Möglichkeit, die an sich zwingenden Regelungen des Art. 59 Abs. 2 S. 1 GG zu überwinden, bietet Art. 23 Abs. 1 S. 3 GG, der im Zusammenhang mit der Änderung der vertraglichen Grundlagen der Union Modifikationen grundgesetzlicher Bestimmungen durch Hoheitsrechtsübertragungen auch ohne ausdrücklichen Niederschlag im Verfassungstext zuläßt.[343]

Über die traditionelle Bedeutung des Begriffs der Übertragung von Hoheitsrechten[344], durch die der zwischenstaatlichen Einrichtung der rechtliche Durchgriff auf einzelne Rechtsunterworfene gestattet wird, hinausgehend muß Art. 23 Abs. 1 S. 2, 3 GG dementsprechend auch die Möglichkeit der Gesetzgebungsorgane umfassen, mit entsprechender Mehrheit Einschränkungen des staatlichen Handlungsspielraums und damit ihrer eigenen Kontrollmöglichkeiten zuzustimmen.[345] Auf diesem Wege kann der Europäischen Union auch ein Hand-

---

Rdnr. 42 f.; Leitsätze des Rechtsausschusses des Bundesrates zu mit völkerrechtlichen Verträgen zusammenhängenden Rechtsfragen vom 7./8.6.1977 Abschnitt II.2. (abgedruckt bei *Fastenrath,* Kompetenzverteilung im Bereich der auswärtigen Gewalt, S. 289 ff.); *Kempen,* in: v.Mangoldt/Klein/Starck, GG II, Art. 59 II, Rdnr. 80; für den Gemeinschaftsbereich BVerfGE 89, 155, 187 f.; einschränkend allerdings BVerfGE 77, 170, 231.

342 Vgl. nur *Bothe/Lohmann,* ZaöRV 1998, 24, 26: „verfassungsmodifizierende Integration".

343 Vgl. die amtliche Begründung zu Art. 23 GG, BR-Drucksache 501/92 vom 14.8.1992 S. 8: „Nach der neuen Vorschrift des Art. 23 Abs. 1 S. 3 GG würde eine Kollision [zwischen Unions- und Verfassungsrecht, d. Verf.] bereits vermieden, wenn das Vertragsgesetz von den gesetzgebenden Körperschaften mit den nach Art. 79 Abs. 2 GG erforderlichen Mehrheiten beschlossen wird und die von Art. 79 Abs. 3 GG gezogenen Grenzen beachtet werden."

344 Siehe oben S. 92; BVerfGE 37, 271, 279 f.

345 Fraglich bleibt dabei nur, ob es sinnvoll ist, ohne begriffliche Unterscheidung im einen wie im anderen Fall jeweils von einer „Hoheitsrechtsübertragung" zu sprechen. Aus völkerrechtlicher Sicht werden Sinn und Praktikabilität des Kriteriums der Hoheitsrechtsübertragung zum Teil ohnehin angezweifelt, vgl. *Kuijper,* in: Legal Issues of European

lungsinstrument zuerkannt werden, bei dem sich Bundestag und Bundesrat ihres *ex-ante*-Kontrollrechts nach Art. 59 Abs. 2 S. 1 GG entäußern.[346] Eine Übertragung von Hoheitsrechten im Sinne des Art. 23 Abs. 1 S. 2, 3 GG kann also über den Bereich der Ermächtigung zur Setzung innerstaatlich unmittelbar geltenden und anwendbaren Rechts hinaus auch dann vorliegen, wenn die internationale Organisation Befugnisse wahrnehmen kann, durch die in verfassungsrelevanter Weise der Gestaltungsspielraum nationaler, demokratisch legitimierter Organe erheblichen Beschränkungen unterworfen und dabei das innerstaatliche Kompetenzgefüge verschoben wird.[347]

Die Annahme von Rahmenbeschlüssen durch den Rat der Europäischen Union stellt eine Ausübung solcher Befugnisse dar. Bedingt durch die unionsrechtliche Verbindlichkeit des Regelungsgehalts der Rechtshandlung wird der Gestaltungsspielraum der nationalen Gesetzgebungskörperschaften hinsichtlich der Zielsetzungen des Rechtsakts in grundrechtsrelevanten Bereichen auf Null reduziert. Ermöglicht wird diese Einschränkung staatlicher Souveränität erst durch die Übertragung von Hoheitsrechten im soeben dargestellten Sinne.[348]

Integration 1998/'99, 4: „... in reality each and every treaty represents a partial loss of sovereignty and the distinction is a matter of degree."

346 Für eine – freilich unvollständige – Kompensation sorgt das Beteiligungsverfahren nach Art. 23 Abs. 2, 4 bis 7 GG i.V.m. EUZBLG, das, wie gezeigt, auch im Unionsbereich Anwendung findet.

347 So *Bothe/Lohmann*, ZaöRV 1998, 23 ff.; ähnlich *Geiger*, JZ 1996, 1098; *Fastenrath*, Kompetenzverteilung im Bereich der auswärtigen Gewalt S. 151; auch BVerfGE 68, 1, 94.
Dieses Ergebnis steht auch mit der von *Pescatore*, Le droit de l'intégration, S. 53, vertretenen Auffassung in Einklang, wonach es für die Qualifizierung einer zwischenstaatlichen Einrichtung als „supranational" keine Rolle spiele, ob von dieser angenommene Rechtsakte unmittelbar auf den einzelnen Rechtsunterworfenen durchgreifen oder erst von den Mitgliedstaaten umgesetzt werden müssen, ohne daß diesen dabei ein Entscheidungsspielraum bliebe; siehe dazu oben C.II.1.a).bb). S. 74.
Abgrenzungsschwierigkeiten können sich angesichts der Tatsache, daß mit jedem Beitritt zu internationalen Organisationen zwangsläufig auch in gewissem Ausmaß Beschränkungen des nationalen Handlungsspielraums verbunden sind, allerdings bei der Bestimmung der „Schwelle der Hoheitsrechtsübertragung" ergeben, vgl. dazu *Bothe/Lohmann*, a.a.O. S. 33 f. Bei Rahmenbeschlüssen, die ja gerade im grundrechtsrelevanten Bereich der polizeilichen und justitiellen Zusammenarbeit in Strafsachen Anwendung finden sollen, ist – auch im Hinblick auf den hinsichtlich des vorgegebenen Regelungsziels auf Null reduzierten Spielraum des nationalen Gesetzgebers – die Notwendigkeit einer Hoheitsrechtsübertragung jedoch in jedem Fall zu bejahen.

348 Dementsprechend geht auch die Begründung der Bundesregierung zum Zustimmungsgesetz zum Vertrag von Amsterdam, BR-Drucksache 784/97 vom 17.10.1997 S. 6, davon aus, daß aufgrund der Einfügung des neuen Rechtsinstruments des Rahmenbeschlusses in

Nach dem hier gefundenen Ergebnis bedarf der Rahmenbeschluß mithin keiner Annahme nach Art. 59 Abs. 2 S. 1 GG.[349] Ebensowenig ist die erforderliche Umsetzung durch die nach den mitgliedstaatlichen Regeln zuständigen Organe als Transformation eines völkerrechtlichen Rechtsakts anzusehen; es handelt sich vielmehr wie bei einer Richtlinie nach Art. 249 (ex-Art. 189) Abs. 3 EG um die bloße Transposition[350] innerstaatlich bereits geltenden[351] Rechts.[352] Durch wen diese zu erfolgen hat, richtet sich nach den allgemeinen Kompetenzbestimmungen des Grundgesetzes.[353]

---

den Vertrag eine Hoheitsrechtsübertragung nach Art. 23 Abs. 1 S. 3 GG i.V.m. Art. 79 Abs. 2 GG, d.h. mit Zweidrittelmehrheit, erforderlich war. Dagegen halten *Scholz/Hofmann*, Europa-Blätter 1998, 8, die Einführung des Rahmenbeschlusses für eine vorhersehbare Konsequenz aus dem Vertrag von Maastricht, die innerstaatlich zwar eine Hoheitsrechtsübertragung, aber keine Verfassungsänderung erforderte und dementsprechend alleine auf Art. 23 Abs. 1 S. 2 GG gestützt werden konnte.

349 Dementsprechend kann es auch nicht zu der oben S. 94 dargestellten Kollision mit der abgestuften Regelung der Mitwirkungrechte nach Art. 23 Abs. 2 ff. GG kommen.

350 Vgl. zu der Unterscheidung *Thun-Hohenstein*, Der Vertrag von Amsterdam, S. 44.

351 Der ausdrückliche Ausschluß der unmittelbaren Wirkung des Rahmenbeschlusses bezieht sich dagegen nur auf die der Richtlinie unter bestimmten Umständen zukommende Individualberechtigung, nicht auf objektive Rechtswirkungen des Rechtsakts, die nur an den Mitgliedstaat und seine Organe adressiert sind, vgl. zu der Unterscheidung EuGH Rs. C-431/92 (Kommission/Deutschland) Slg. 1995 S. I-2189, 2220 f., Rdnr. 24 ff.; *Röben*, in: Grabitz/Hilf, EU, Art. 34 EU, Rdnr. 15; differenzierend *Öhlinger*, in: Hummer (Hrsg.), Rechtsfragen in der Anwendung des Amsterdamer Vertrages, S. 233 (Fn. 43); a.A. *Streinz*, Europarecht, 5. Auflage 2001, Rdnr. 422c.

352 Ebenso *Brechmann*, in: Calliess/Ruffert (Hrsg.), EUV/EGV, 2. Auflage 2002, Art. 34 EU, Rdnr. 7; *Röben*, in: Grabitz/Hilf, EU, Art. 34 EU, Rdnr. 14; *Böse*, in: Schwarze (Hrsg.), EU-Kommentar, Art. 34 EU, Rdnr. 10; allgemein für das Unionsrecht *v.Bogdandy/Nettesheim*, EuR 1996, 23.

353 Dieses Ergebnis wird nunmehr auch durch die Praxis bestätigt. Im Regierungsentwurf und in der Begründung zum Gesetz zur Umsetzung des Rahmenbeschlusses vom 29.5.2000 über die Verstärkung des mit strafrechtlichen und anderen Sanktionen bewährten Schutzes gegen Geldfälschung im Hinblick auf die Einführung des Euro, ABl. EG Nr. L 140 vom 14.6.2000 S. 1, BT-Drucksache 14/8998 vom 13.5.2002, S. 1, 8, ist von einem Rückgriff auf Art. 59 Abs. 2 GG keine Rede.

bb) Beschlüsse nach Art. 34 (ex-Art. K.6) Abs. 2 S. 2 lit. c) EU und Durchführungsmaßnahmen

(1) Europarechtliche Einordnung

Nach Art. 34 (ex-Art. K.6) Abs. 2 S. 2 lit. c) EU kann der Rat auf Initiative eines Mitgliedstaats oder der Kommission Beschlüsse für jeden anderen Zweck annehmen, der mit den Zielen des Titels VI des EU-Vertrags in Einklang steht. Gegenstand können nur Maßnahmen sein, die nicht die Angleichung der Rechts- und Verwaltungsvorschriften der Mitgliedstaaten betreffen.[354] Diese „anderen Beschlüsse" sind in allen ihren Teilen, also sowohl hinsichtlich des zu erreichenden Ziels als auch hinsichtlich der Wahl der Form und der Mittel, verbindlich.[355] Daraus wird geschlossen, daß sich Rahmenbeschluß und Beschluß auch in bezug auf ihre jeweiligen Anwendungsgebiete zueinander verhalten wie im Gemeinschaftsrecht Richtlinie und Verordnung.[356] Wie bei Rahmenbeschlüssen ist die unmittelbare Wirkung von Beschlüssen ausdrücklich ausgeschlossen.
Gemäß Art. 34 (ex-Art. K.6) Abs. 2 S. 2 lit. c) S. 2 2. HS EU beschließt der Rat mit qualifizierter Mehrheit Maßnahmen, die zur Durchführung der Beschlüsse auf Unionsebene[357] erforderlich sind. Diese müssen sich im Rahmen der von dem jeweiligen Beschluß selbst gemachten Vorgaben halten und dürfen nicht darüber hinausgehen.[358]

---

354 Die Denkschrift der Bundesregierung zum Vertrag von Amsterdam geht deshalb davon aus, daß Adressat eines Beschlusses nur die Exekutive sein kann, vgl. BR-Drucksache 784/97 vom 17.10.1997 S. 147; ebenso *Brechmann,* in: Calliess/Ruffert (Hrsg.), EUV/EGV, 2. Auflage 2002, Art. 34 EU, Rdnr. 10; *Häußler,* ZAR 2002, 52; ähnlich *Böse,* in: Schwarze (Hrsg.), EU-Kommentar, Art. 34 EU, Rdnr. 7; wohl anders *Koenig/Haratsch,* Europarecht, 3. Auflage 2000, Rdnr. 825.

355 *Böse,* in: Schwarze (Hrsg.), EU-Kommentar, Art. 34 EU, Rdnr. 7; *Koenig/Haratsch,* Europarecht, 3. Auflage 2000, Rdnr. 822.

356 *de Kerchove,* in: de Kerchove/Weyembergh (Hrsg.), Vers un espace judiciaire pénal européen, S. 9. *Craig/de Búrca,* EU-Law, 3. Auflage 2002, S. 41. Für einen Anwendungsfall des Art. 34 Abs. 2 S. 2 lit. c) EU vgl. den Beschluß zur Schaffung von EUROJUST vom 28.2.2002, ABl. EG Nr. L 63 vom 6.3.2002 S. 1.

357 Die Durchführung auf nationaler Ebene bleibt dagegen den Mitgliedstaaten überlassen, vgl. *Böse,* in: Schwarze (Hrsg.), EU-Kommentar, Art. 34 EU, Rdnr. 7; a.A. *Thun-Hohenstein,* Der Vertrag von Amsterdam, S. 45; *Koenig/Haratsch,* Europarecht, 3. Auflage 2000, Rdnr. 825.

358 *Böse,* in: Schwarze (Hrsg.), EU-Kommentar, Art. 34 EU, Rdnr. 7; *Streinz,* Europarecht, 5. Auflage 2001 5. Auflage, Rdnr. 422e; *Koenig/Haratsch,* Europarecht, 3. Auflage 2000, Rdnr. 825.

(2) Mitwirkung der Bundesländer

(a) Art. 23 Abs. 2, 4 bis 7 GG

Auch Beschlüsse nach Art. 34 (ex-Art. K.6) Abs. 2 S. 2 lit. d) EU werden innerhalb des institutionellen Gefüges der Union, d.h. im Rat, auf primärrechtlicher Grundlage gefaßt. Selbst wenn man sie als rein intergouvernementales Handlungsinstrument betrachtete, wäre deshalb von einer Einordnung als „Angelegenheit der Europäischen Union" auszugehen.[359] Anwendbar ist demnach das Beteiligungsverfahren des Art. 23 Abs. 2, 4 bis 7 GG.
Auch die Mitwirkung der Bundesländer an der Annahme von Durchführungsmaßnahmen im Rat richtet sich nach Art. 23 Abs. 2, 4 bis 7 GG; die Lindauer Absprache kommt in beiden Fällen nicht zur Anwendung.[360]

(b) Innerstaatliche Umsetzung

Wie bei Rahmenbeschlüssen und anders als für gemeinsame Standpunkte nach Art. 34 (ex-Art. K.6) Abs. 2 S. 2 lit. a) EU ist die Verbindlichkeit von Beschlüssen nach lit. c) ausdrücklich angeordnet; diese sind auf Beachtung durch die mitgliedstaatlichen Organe angewiesen. Zu klären ist also, auf welchem Wege ihre Geltung im nationalen Recht herbeizuführen ist.
Ausdrücklich ausgeschlossen ist wie bei Rahmenbeschlüssen nach lit. b) nur die unmittelbare Wirkung. Daraus könnte gefolgert werden, daß auch den „sonstigen Beschlüssen" wie Rahmenbeschlüssen[361] innerstaatlich wenigstens objektive Geltung zukommt, der Ausschluß der unmittelbaren Wirkung also lediglich die Frage der Individualberechtigung betrifft.[362] Nach der hier vertretenen Auffassung ist diese Annahme jedenfalls nicht schon aufgrund der Rechtsnatur der Dritten Säule ausgeschlossen.[363]
Die amtliche Begründung zum Zustimmungsgesetz zum Amsterdamer Vertrag[364] läßt offen, ob neben dem Rahmenbeschluß auch die Einführung der

---

359 Siehe oben C.II.1.a).dd). S. 81 f.; C.II.1.b).aa).(2).(a). S. 87.

360 So aber *Stern*, in: Festschrift Carl Heymanns Verlag, 1995 S. 268.

361 Siehe dazu oben C.II.1.b).aa).(2).(c). S. 90 ff.

362 So wohl *Brechmann*, in: Calliess/Ruffert (Hrsg.), EUV/EGV, 2. Auflage 2002, Art. 34 EU, Rdnr. 10.

363 Siehe oben C.II.1.b.aa.(2).(c). S. 90 f.; ebenso *Röben*, in: Grabitz/Hilf, EU, Art. 34 EU, Rdnr. 22; a.A. *Thun-Hohenstein*, Der Vertrag von Amsterdam, S. 45; *Koenig/Haratsch*, Europarecht, 3. Auflage 2000, Rdnr. 825.

364 BR-Drucksache 784/97 vom 17.10.1997 S. 6. Der Vertrag von Maastricht, der als Vorgängerregelung „Gemeinsame Maßnahmen" nach Art. K.3 Abs. 2 lit. b) EU vorsah, ließ im Unionsbereich nach ganz überwiegender Auffassung Hoheitsrechte gänzlich unbe-

Handlungsform „Beschluß" in Art. 34 (ex-Art. K.6) Abs. 2 S. 2 lit. c) EU eine Hoheitsrechtsübertragung erforderlich machte. Man ging davon aus, daß das neue Handlungsinstrument stets nur Verpflichtungen für die Exekutive begründen würde.[365] Dann wäre es, als „völkerrechtliches Verwaltungsabkommen" im Sinne des Art. 59 Abs. 2 S. 2 GG[366], auch nach herkömmlicher Betrachtungsweise in grundgesetzkonformer Weise handhabbar, und eine Übertragung von Hoheitsrechten wäre nicht zwingend erforderlich. Zwar wäre dann ein Beschluß nach Art. 34 (ex-Art. K.6) Abs. 2 S. 2 lit. c) EU für seine innerstaatliche Geltung in jedem Fall auf eine Transformation beziehungsweise eine Vollzugsanordnung angewiesen.[367] Jedoch könnten diese durch die Exekutive erfolgen; es bedürfte also keiner normativen Umsetzung durch die gesetzgebenden Körperschaften, deren Entscheidungsfreiheit und Kontrollbefugnisse dementsprechend auch nicht beeinträchtigt wären.

Allerdings hat sich gezeigt, daß zwar einerseits die Zielsetzung von Beschlüssen nach Art. 34 (ex-Art. K.6) Abs. 2 lit. c) EU nicht eine Angleichung der Rechts- und Verwaltungsvorschriften der Mitgliedstaaten sein darf, daß dies aber andererseits nicht ausschließt, daß der eine oder andere auf dieser Grundlage gefaßte Rechtsakt Änderungen mitgliedstaatlicher Rechtsvorschriften erforderlich macht.[368] Hielte man an der Auffassung fest, die Rechtsinstrumente der Dritten Säule beurteilten sich ausschließlich nach Völkervertragsrecht, so läge nach der Unterteilung des Grundgesetzes also wiederum ein Gesetzgebungsvertrag nach Art. 59 Abs. 2 S. 1 GG vor[369], und es stellte sich von neuem das Problem, daß in diesem Zusammenhang die Zustimmung der gesetzgebenden Körperschaften intern vorliegen müßte, bevor der Rechtsakt auf zwischenstaatlicher Ebene verbindlich wird.[370] Beschlüsse werden aber ausweislich des Wortlauts des Art. 34

---

rührt, vgl. nur BVerfGE 89, 155, 176 f.; *Rojahn,* in: v.Münch/Kunig, GG II, 5. Auflage 2001, Art. 23, Rdnr. 45; *Schweitzer,* Staatsrecht III, 7. Auflage 2000, Rdnr. 61; *Seidel,* EuR 1992, 125f.; *Geiger,* JZ 1996, 1095.

365 Siehe oben S. 98 (Fn. 354).

366 So *Streinz,* Europarecht, 5. Auflage 2001, Rdnr. 422c; *Pechstein/Koenig,* Die Europäische Union, 3. Auflage 2000, Rdnr. 222.

367 *Thun-Hohenstein,* Der Vertrag von Amsterdam, S. 45; *Hobe,* Europarecht, Rdnr. 501.

368 *de Kerchove,* in: de Kerchove/Weyembergh (Hrsg.), Vers un espace judiciaire pénal européen, S. 9. Vgl. dazu den Beschluß vom 29.5.2000 zur Bekämpfung der Kinderpornographie im Internet, ABl. EG Nr. L 138 vom 9.6.2000 S. 1 (insbes. Art. 8); den Beschluß vom 28.2.2002 über Kontrollmaßnahmen und strafrechtliche Sanktionen im Zusammenhang mit der neuen synthetischen Droge PMMA, ABl. EG Nr. L 63 vom 6.3.2002 S. 14 sowie den Beschluß über die Errichtung von EUROJUST zur Verstärkung der Bekämpfung der schweren Kriminalität vom 28.2.2002, ABl. EG Nr. L 63 vom 6.3.2002 S. 1 (insbes. Art. 42).

369 Dazu BVerfGE 1, 372, 388.

370 Siehe oben C.II.1.b).aa).(2).(c). S. 93 ff.

(ex-Art. K.6) Abs. 2 S. 2 lit. c) EU mit ihrer Annahme im Rat verbindlich, und das Abstimmungsverhalten des deutschen Vertreters im Rat wird ausschließlich nach den Regeln des Art. 23 Abs. 2 ff. GG festgelegt.[371]

Auch in diesem Bereich war also – trotz des ausdrücklichen Ausschlusses der unmittelbaren Wirkung – eine Übertragung von Hoheitsrechten im oben dargelegten Sinne[372] nach Art. 23 Abs. 1 S. 2, 3 GG erforderlich, um bei Zustandekommen und Ausführung die Vereinbarkeit mit grundgesetzlichen Regeln zu gewährleisten. Auf diese Weise konnten Bundestag und Bundesrat auf ihr *ex-ante*-Kontrollrecht nach Art. 59 Abs. 2 S. 1 GG verzichten.

Beschlüsse nach Art. 34 (ex-Art. K.6) Abs. 2 lit. c) EU gelten demnach vom Zeitpunkt ihres europarechtlichen Inkrafttretens auch in der nationalen Rechtsordnung; einer Annahme nach Art. 59 Abs. 2 GG bedarf es nicht.

Durchführungsmaßnahmen nach Art. 34 (ex-Art. K.6) Abs. 2 S. 2 lit. c) 2. HS EU dienen ausweislich des Wortlauts der Vorschrift ausdrücklich nur der Durchführung auf Unionsebene[373]; sie sind also auf innerstaatliche Geltung von vornherein nicht angelegt.[374] Demnach bedarf es auch keiner – wie auch immer gearteten – Umsetzung durch staatliche Organe.

cc) Gemeinsame Standpunkte, Art. 34 (ex-Art. K.6) Abs. 2 S. 2 lit. a) EU

(1) Europarechtliche Einordnung

Der Rat kann gemäß Art. 34 (ex-Art. K.6) Abs. 2 S. 2 lit. a) EU auf Initiative der Kommission oder eines Mitgliedstaats Gemeinsame Standpunkte annehmen, durch die das weitere Vorgehen der Union in einer gegebenen Frage bestimmt wird.[375] Diese sind – in Verbindung mit Art. 37 (ex-Art. K.9) EU – insbesondere

---

371 Siehe oben C.II.1.b).bb).(2).(a). S. 99.

372 C.II.1.b).aa).(2).(c). S. 95.

373 Diese Konkretisierung fehlte noch in Art. K.3 Abs. 2 lit. b) 2. HS des Unionsvertrags in der Fassung des Vertrags von Maastricht.

374 Ebenso *Böse*, in: Schwarze (Hrsg.), EU-Kommentar, Art. 34 EU, Rdnr. 7; a.A. *Thun-Hohenstein*, Der Vertrag von Amsterdam, S. 45; *Koenig/Haratsch*, Europarecht, 3. Auflage 2000, Rdnr. 825; *Röben*, in: Grabitz/Hilf, EU, Art. 34 EU, Rdnr. 22 ff., der auch eine unmittelbare Wirkung von Durchführungsmaßnahmen nicht ausschließen will.

375 *Böse*, in: Schwarze (Hrsg.), EU-Kommentar, Art. 34 EU, Rdnr. 4. Vgl. z.B. die Gemeinsamen Standpunkte vom 27.12.2001 über die Bekämpfung des Terrorismus und über die Anwendung besonderer Maßnahmen zur Bekämpfung des Terrorismus (jeweils gestützt auf Art. 15 und 34 EU), ABl. EG Nr. L 344 vom 28.12.2001 S. 90 und 93.

für die Außenbeziehungen der Union und ihrer Mitgliedstaaten von Bedeutung.[376] Vorgegeben werden dadurch weniger konkrete Rechtsetzungsverpflichtungen, sondern eher allgemeine Zielsetzungen und ein rechtlicher Rahmen für den Ratsvorsitz, wenn dieser zur Vertretung der Union nach außen tätig wird.[377] Die inhaltliche Verbindlichkeit des Gemeinsamen Standpunkts für das Vorgehen der Mitgliedstaaten in der jeweiligen Frage ist zwar dem Wortlaut des Art. 34 (ex-Art. K.6) Abs. 2 S. 2 lit. a) EU nicht unmittelbar zu entnehmen, ergibt sich aber zumindest im Zusammenhang mit der Verpflichtung aus Art. 37 (ex-Art. K.9) EU, einmal gefaßte Gemeinsame Standpunkte in internationalen Organisationen und auf internationalen Konferenzen zu vertreten.[378]

---

376 Vgl. die Denkschrift der Bundesregierung zum Vertrag von Amsterdam, BR-Drucksache 784/97 vom 17.10.1997 S. 147; *Brechmann,* in: Calliess/Ruffert (Hrsg.), EUV/EGV, 2. Auflage 2002, Art. 34 EU, Rdnr. 6; abweichend *Degen,* in: Groeben/Thiesing/Ehlermann (Hrsg.), EUV/EGV, 5. Auflage 1997, Art. K.3 EUV, Rdnr. 4: „...zielen [...] vornehmlich darauf, daß Mitgliedstaaten ihre innerstaatlichen Rechtsvorschriften oder Verwaltungspraktiken an gemeinsamen Standpunkten ausrichten". Diese Rechtsangleichungsfunktion wurde mit dem Amsterdamer Vertrag aber weitgehend dem Instrument des Rahmenbeschlusses übertragen. Eine fragwürdige Ausnahme dazu stellt Art. 1 des Gemeinsamen Standpunkts vom 27.12.2001 über die Bekämpfung des Terrorismus, ABl. EG Nr. L 344 vom 28.12.2001 S. 90, dar, der den Mitgliedstaaten vorschreibt, die vorsätzliche Bereitstellung oder Beschaffung von Geldern für terroristische Handlungen unter Strafe zu stellen.

377 Vgl. dazu den Gemeinsamen Standpunkt zu den Verhandlungen im Europarat über das Übereinkommen über Cyber-Kriminalität, ABl. EG Nr. L 142 vom 5.6.1999 S. 1, den Gemeinsamen Standpunkt über das geplante Übereinkommen der Vereinten Nationen gegen die organisierte Kriminalität, ABl. EG Nr. L 87 vom 31.3.1999 S. 1 und den Gemeinsamen Standpunkt zum in Ergänzung des geplanten Übereinkommens der Vereinten Nationen gegen die grenzüberschreitende organisierte Kriminalität geplanten Protokoll gegen die illegale Herstellung von Feuerwaffen, ihren Teilen und Bestandteilen sowie ihrer Munition und den illegalen Handel damit, ABl. EG Nr. L 37 vom 12.2.2000 S. 1. *Böse,* in: Schwarze (Hrsg.), EU-Kommentar, Art. 34 EU, Rdnr. 4; *Brechmann,* in: Calliess/Ruffert (Hrsg.), EUV/EGV, 2. Auflage 2002, Art. 34 EU, Rdnr. 6; *Meyring,* EuR 1999, 317.

378 *Thun-Hohenstein,* Der Vertrag von Amsterdam, S. 44; *Pechstein/Koenig,* Die Europäische Union, 3. Auflage 2000, Rdnr. 232 ff.; *Streinz,* Europarecht, 5. Auflage 2001, Rdnr. 422b; *Brechmann,* in: Calliess/Ruffert (Hrsg.), EUV/EGV, 2. Auflage 2002, Art. 34 EU, Rdnr. 6; *Rouchereau,* in: Léger (Hrsg.), Commentaire TUE/TCE, Art. 37 EU, Rdnr. 4; *Hobe,* Europarecht, Rdnr. 499; *Röben,* in: Grabitz/Hilf, EU, Art. 34 EU, Rdnr. 12; vgl. auch die Denkschrift der Bundesregierung zum Vertrag von Amsterdam, BR-Drucksache 784/97 vom 17.10.1997 S. 147; einschränkend *Degen,* in: Groeben/Thiesing/Ehlermann (Hrsg.), EUV/EGV, 5. Auflage 1997, Art. K.3 EUV, Rdnr. 4: Gentlemen's agreement, aber von den Mitgliedstaaten im Rahmen ihrer Kooperationspflicht zu beachten; ähnlich *Böse,* in: Schwarze (Hrsg.), EU-Kommentar, Art. 34 EU, Rdnr. 5, Art. 37 EU, Rdnr. 1: Bindungswirkung nur i.V.m. Art. 37 (ex-Art. K.9) EU; ebenso *O-Keeffe,* CMLR 1995, 913 f.; *Oppermann,* Europarecht, 2. Auflage 1999, Rdnr. 582;

(2) *Mitwirkung der Bundesländer*

(a) *Anwendbarkeit von Art. 23 Abs. 2, 4 bis 7 GG*

Wie Beschlüsse und Rahmenbeschlüsse werden auch Gemeinsame Standpunkte nach Art. 34 (ex-Art. K.6) Abs. 2 S. 2 lit. a) EU innerhalb des institutionellen Gefüges der Union auf primärrechtlicher Grundlage angenommen. Unabhängig vom – umstrittenen – Grad ihrer Verbindlichkeit stellen sie deshalb eine „Angelegenheit der Europäischen Union" im Sinne des Art. 23 Abs. 2 GG dar.[379] Anwendbar ist demnach das Beteiligungsverfahren des Art. 23 Abs. 2, 4 bis 7 GG i.V.m. EUZBLG, nicht die Lindauer Absprache.

(b) *Keine Umsetzung ins innerstaatliche Recht*

Da sie hauptsächlich eine Zielvorgabe für die Vertretung der Union nach außen durch den Ratsvorsitz darstellen, beziehungsweise einen Rahmen für weitere Maßnahmen auf Unionsebene vorgeben, bedürfen Gemeinsame Standpunkte nach Art. 34 (ex-Art. K.6) Abs. 2 S. 2 lit. a) EU keiner Umsetzung in nationales Recht.[380] Die Frage nach der Notwendigkeit einer Zustimmung durch die gesetzgebenden Körperschaften nach der Vorschrift des Art. 59 Abs. 2 S. 1 GG stellt sich somit von vorneherein nicht.[381]

Schweitzer/Hummer, Europarecht, 5. Auflage 1996, Rdnr. 1892: lediglich politisch verbindlich; *Geiger,* EUV/EGV, 3. Auflage 2000, Art. 34 EU, Rdnr. 5.

379 Siehe oben C.II.1.a).dd). S. 81; C.II.1.b).aa).(2).(a). S. 87; a.A. *Stern,* in: Festschrift Carl Heymanns Verlag, 1995, S. 268.

380 *Brechmann,* in: Calliess/Ruffert (Hrsg.), EUV/EGV, 2. Auflage 2002, Art. 34 EU, Rdnr. 6; differenzierend *Thun-Hohenstein,* Der Vertrag von Amsterdam, S. 44.

381 Ebenso, mit abweichender Begründung, *Kokott,* DVBl. 1996, 944. Sollte ein im Rahmen der PJZS angenommener Gemeinsamer Standpunkt ausnahmsweise dennoch einmal eine Umsetzung in nationale Rechtsvorschriften erforderlich machen (was die zumindest mißverständliche Formulierung des Gemeinsamen Standpunkts zur Bekämpung des Terrorismus, ABl. EG Nr. L 344 vom 28.12.2001 S. 90, als nicht ganz ausgeschlossen erscheinen läßt), so gelten die zu Beschlüssen und Rahmenbeschlüssen gemachten Feststellungen, vgl. oben C.II.1.b).aa).(2).(c). S. 90 ff. und C.II.1.b).bb).(2).(b). S. 99 ff. A.A. *Thun-Hohenstein,* Der Vertrag von Amsterdam, S. 44: „Transformation".

dd) Beschlußfassung des Europäischen Rates

(1) Europarechtliche Einordnung

Die vom Europäischen Rat als oberstem politischen Führungsorgan der Europäischen Union gefaßten Beschlüsse erzeugen nur ausnahmsweise Rechtswirkungen.[382] Seine Aufgabe ist nach Art. 4 (ex-Art. D) EU hauptsächlich die Festlegung allgemeiner politischer Zielsetzungen sowie die Kompromißbildung zur Lösung schwieriger Verhandlungslagen im Rat[383]; daneben sind vereinzelt Entscheidungsbefugnisse in konkreten Fällen vorgesehen.[384] Vom Europäischen Rat vorzunehmende Rechtsakte fügen sich nicht in die Nomenklatur der sonstigen Unions- beziehungsweise Gemeinschaftsrechtshandlungen ein und unterliegen nicht der Kontrolle des Gerichtshofs.[385]

---

382 *Koenig/Haratsch,* Europarecht, 3. Auflage 2000, Rdnr. 766 f., 790, 820; *Streinz,* Europarecht, 5. Auflage 2001, Rdnr. 279; weiter: *Pechstein,* in: Geiger (Hrsg.), Völkerrechtlicher Vertrag und staatliches Recht vor dem Hintergrund zunehmender Verdichtung der internationalen Beziehungen, S. 33. *Stumpf,* in: Schwarze (Hrsg.), EU-Kommentar, Art. 4 EU, Rdnr. 4, 18, spricht dagegen dem Europäischen Rat jegliche Kompetenz zum Erlaß von verbindlichen Rechtsakten ab; ebenso *Jacqué,* in: Commentaire Mégret, 2. Auflage 2000, Bd. 9, S. 186, Rdnr. 108; *Wichard,* in: Calliess/Ruffert (Hrsg.), EUV/EGV, 2. Auflage 2002, Art. 4 EU, Rdnr. 2; *Glaesner,* EuR 1994, 30 f.; *Hilf/Pache,* in: Grabitz/Hilf, EU, Archivband EL 5/1995, Art. D EUV, Rdnr. 12 (vgl. aber Rdnr. 40).

383 *Geiger,* EUV/EGV, 3. Auflage 2000, Art. 4 EU, Rdnr. 5 f.; *Hilf/Pache,* in: Grabitz/Hilf, EU, Archivband EL 5/1995, Art. D EUV, Rdnr. 13 f.; *Wichard,* in: Calliess/Ruffert (Hrsg.), EUV/EGV, 2. Auflage 2002, Art. 4 EU, Rdnr. 3, 5.

384 Art. 13 (ex-Art. J.3) Abs. 1, 2 EU; Art. 23 (ex-Art. J.13) Abs. 2 UAbs. 2 EU; Art. 40 (ex-Art. K.12) Abs. 2 UAbs. 2 EU; Art. 99 (ex-Art. 103) Abs. 2 EG. In diesen Fällen wollen *Pechstein/Koenig,* Die Europäische Union, 3. Auflage 2000, Rdnr. 174, den Europäischen Rat als völkerrechtliche Regierungskonferenz qualifizieren. *Glaesner,* EuR 1994, 26 , will den Europäischen Rat mit dem Rat in der Zusammensetzung der Rats- und Regierungschefs der Mitgliedstaaten gleichsetzen; ähnlich wohl *Hilf/Pache,* in: Grabitz/Hilf, EU, Archivband EL 5/1995, Art. D, Rdnr. 2 (vgl. aber Rdnr. 31, 38); dagegen dezidiert *Jacqué,* in: Commentaire Mégret, 2. Auflage 2000, Bd. 9, Chap. II, Le Conseil, Rdnr. 107; *Koenig/Haratsch,* Europarecht, 3. Auflage 2000, Rdnr. 763.

385 *Jacqué,* Droit institutionnel de l'Union européenne, Rdnr. 523; *Anton,* in: Léger (Hrsg.), Commentaire TUE/TCE, Art. 4 EU, Rdnr. 19 unter Hinweis auf EuGH Rs. C-253/94 P (Roujanski/Rat), Slg. 1995 S. I-7, 12; *Wichard,* in: Calliess/Ruffert (Hrsg.), EUV/EGV, Art. 4 EU, Rdnr. 4, 17. Vgl. aber auch Art. 40 (ex-Art. K.12) Abs. 4 UAbs. 2 EU, der die Zuständigkeit des Gerichtshofs zumindest dem Wortlaut nach auch auf die Beschlußfassung des Europäischen Rates nach Abs. 2 UAbs. 2 erstreckt.

(2) *Mitwirkung der Bundesländer*

Da auch die Tagungen des Europäischen Rates in institutionalisierter Form auf der Grundlage primärrechtlicher Regelungen stattfinden[386], kommt eine Anwendung des Länderbeteiligungsverfahrens nach Art. 23 Abs. 2, 4 bis 7 GG grundsätzlich in Betracht.[387] Auf die Rechtsverbindlichkeit der gefaßten Beschlüsse kommt es dabei nicht an.[388] Aufgrund der unionsrechtlichen Vorgabe der Zusammensetzung des Europäischen Rates ist jedoch eine Übertragung der Verhandlungsführung auf einen Vertreter der Länder in Anwendung des Abs. 6 des Art. 23 GG unabhängig von der behandelten Materie von vornherein ausgeschlossen. § 6 des Ausführungsgesetzes trägt dem mit der Beschränkung des Anwendungsbereichs auf Beratungsgremien der Kommission und des Rates Rechnung. Da § 11 EUZBLG den Bereich der Gemeinsamen Außen- und Sicherheitspolitik von der Beteiligung der Länder nach Art. 23 Abs. 2, 4 bis 7 GG gänzlich ausnimmt[389], bleibt für deren Mitwirkung nur noch dort Raum, wo der Europäische Rat auf der Grundlage von Art. 4 (ex-Art. D) EU allgemeine politische Zielvorstellungen für die Entwicklung der Union entwickelt[390], oder wenn ihm, wie in Art. 40 (ex-Art. K.12) Abs. 2 UAbs.2 EU vorgesehen, vom Rat der Europäischen Union eine Frage zur Entscheidung vorgelegt wird, bei der auf Ministerebene keine Einigung erzielt werden konnte.

Da eine rechtliche Bindungswirkung – sofern man sie überhaupt anerkennt – nur gegenüber dem Unionsorgan Rat, der zur Umsetzung der vom Europäischen Rat gefaßten Beschlüsse berufen ist[391], eintritt, ist eine innerstaatliche Annahme nicht erforderlich.

---

386 *Hilf/Pache,* in: Grabitz/Hilf, EU, Archivband EL 5/1995, Art. D EUV, Rdnr. 1.

387 Ebenso *Schede,* Bundesrat und Europäische Union, S. 96.

388 Daß der Begriff der „Angelegenheiten der Europäischen Union" in Art. 23 Abs. 2 GG über den der „Rechtsetzungsakte der Europäischen Union" in Abs. 3 hinausgeht, wurde bereits dargelegt, siehe oben S. 64 (Fn. 199).

389 Zur Verfassungsmäßigkeit dieser Einschränkung vgl. oben C.I.2.a).bb).(2).(a). S. 41.

390 Vgl. beispielsweise die Entschließung anläßlich des Europäischen Rates in Laeken vom 14./15.12.2001 zu Leistungen der Daseinsvorsorge, die nach Auffassung des Bundesrates von der Bundesregierung gemäß § 5 Abs. 2 EUZBLG maßgeblich berücksichtigt werden sollten, BR-Drucksache 902/01 (Beschluß) vom 30.11.2001.

391 *Hilf/Pache,* in: Grabitz/Hilf, EU, Archivband EL 5/1995, Art. D EUV, Rdnr. 12, 32 f.

2. Völkerrechtliche Verträge der Europäischen Gemeinschaften

a) *Gemeinschaftsrechtliche Grundlagen*

aa) *Völkerrechtsfähigkeit der Europäischen Gemeinschaften*

Anders als für die Europäische Union ist die Völkerrechtssubjektivität der Europäischen Gemeinschaften unumstritten. Sie ergibt sich gegenüber den Mitgliedstaaten unmittelbar aus den Verträgen (Art. 281 [ex-Art. 210] EG, 6 EGKS, 184 EAG), gegenüber Drittstaaten nach den allgemeinen völkerrechtlichen Regeln aus direkter oder indirekter Anerkennung (relative Völkerrechtsfähigkeit).[392] Die Gemeinschaften können also grundsätzlich völkerrechtliche Verträge mit Drittstaaten abschließen; diese sind Teil der Gemeinschaftsrechtsordnung[393], beanspruchen in den Mitgliedstaaten ebenso wie Primär- und Sekundärrecht unmittelbare Geltung und Vorrang und sind ihrem Rang nach zwischen diesen beiden Kategorien einzuordnen, Art. 300 (ex-Art. 228) Abs. 7 EG.[394]

bb) *Zuständigkeit und Verfahren*

In EG- und EAG-Vertrag finden sich vereinzelt ausdrückliche Bestimmungen über die Vertragsschlußzuständigkeit der Gemeinschaften.[395] Die wohl wichtigste Vorschrift stellt der die Gemeinsame Handelspolitik betreffende Art. 133 (ex-Art. 113) EG dar.[396] Daneben existieren nach ständiger Rechtsprechung des Gerichtshofs stillschweigende Vertragsschlußkompetenzen auf Gebieten, für die interne Gemeinschaftskompetenzen bestehen, soweit diese bereits ausgeübt

---

392 *Krück*, in: Schwarze (Hrsg.), EU-Kommentar, Art. 281 EG, Rdnr. 2; *Oppermann*, Europarecht, 2. Auflage 1999, Rdnr. 1681; *Streinz*, Europarecht, 5. Auflage 2001, Rdnr. 591 ff.

393 EuGH Rs. C-181/73 (Haegeman/Belgien) Slg. 1974 S. 449, 460, Rdnr. 2/6; Rs. C-12/86 (Demirel/Stadt Schwäbisch Gmünd) Slg. 1987 S. 3719, 3750, Rdnr. 7.

394 *Krück*, in: Schwarze (Hrsg.), EU-Kommentar, Art. 281 EG, Rdnr. 30, 32; *Schweitzer*, Staatsrecht III, 7. Auflage 2000, Rdnr. 413 f.

395 Im einzelnen vgl. *Röttinger*, in: Lenz (Hrsg.), EG-Vertrag, 2. Auflage 1999, Art. 300 EG, Rdnr. 2; *O'Keeffe*, European Foreign Affairs Review 4/1999, 8 f.

396 Die Rechtsprechung des Gerichtshofs eröffnet dieser Vorschrift ein relativ weites Anwendungsfeld. Danach ist der Begriff „Handelspolitik" dynamisch zu verstehen und nicht auf herkömmliche Formen bilateralen Warenaustauschs zu begrenzen. Vgl. EuGH Gutachten 1/75 (Lokale Kosten) Slg. 1975 S. 1355, 1362; Gutachten 1/78 (Naturkautschuk) Slg. 1979 S. 2871, 2913, Rdnr. 45; Rs. C-45/86 (Kommission/Rat) Slg. 1987 S. 1493, 1521 f., Rdnr. 16 ff.; Gutachten 1/94 (WTO) Slg. 1994 S. 5267, 5399 ff., Rdnr. 35 ff.; mit gewissen Einschränkungen jetzt aber Gutachten 2/00 vom 6.12.2001 (Cartagena-Protokoll) Slg. 2001 S. I-9713, Rdnr. 40.

wurden oder der Abschluß eines Abkommens für ihre sinnvolle Ausübung unverzichtbar ist.[397] Mit ihrer Betätigung durch die Gemeinschaft werden diese zunächst konkurrierenden Zuständigkeiten in der Regel zu ausschließlichen Gemeinschaftszuständigkeiten.[398] Auch auf Art. 308 (ex-Art. 235) EG, der die Überbrückung von Unzulänglichkeiten der zur Verfügung stehenden Befugnisse ermöglichen soll, können auf diesem Wege völkerrechtliche Abkommen gestützt werden.[399]

Der Abschluß internationaler Verträge fällt nach Art. 300 (ex-Art. 228) Abs. 2 EG[400] grundsätzlich in die (Organ-)Kompetenz des Rates.[401] Dieser ermächtigt in einem ersten Beschluß zunächst die Kommission zur Aufnahme von Verhandlungen; in einem zweiten Schritt werden dann die zur Unterzeichnung des Abkommens bevollmächtigten Personen benannt. Die endgültige Zustimmung zu einem Abkommen bleibt gemäß Art. 300 (ex-Art. 228) Abs. 2 UAbs. 1 EG – mit variierender Beteiligung des Europäischen Parlaments[402] – einem weiteren Beschluß des Rates vorbehalten.[403] Der Rat entscheidet dabei grundsätzlich mit

---

397 Ständige Rechtsprechung seit EuGH Rs. C-22/70 (AETR) Slg. 1971 S. 263, 274 f., Rdnr. 15 ff.; Gutachten 1/76 (Stillegungsfonds) Slg. 1977 S. 741, 755 f., Rdnr. 4; Gutachten 1/94 (WTO) Slg. 1994 S. I-5267, 5409 ff., Rdnr. 79 ff.

398 EuGH Rs. C-22/70 (AETR) Slg. 1971 S. 263, 276, Rdnr. 30/31; vgl. dazu *O'Keeffe*, in: European Foreign Affairs Review 4/1999, 12 ff.

399 EuGH Gutachten 1/94 (WTO) Slg. 1994 S. I-5267, 5414, Rdnr. 89; *Tomuschat*, in: Groeben/Thiesing/Ehlermann (Hrsg.), EUV/EGV, 5. Auflage 1997, Art. 228 EGV, Rdnr. 8; *Röttinger*, in: Lenz (Hrsg.), EG-Vertrag, 2. Auflage 1999, Art. 300 EG, Rdnr. 4; *O'Keeffe*, in: European Foreign Affairs Review 4/1999, 25 ff.

400 Art. 300 (ex-Art. 228) EG ist auf Verträge, die auf der Grundlage von Art. 133 (ex-Art. 113) EG geschlossen werden, über die Verweisung in dessen Absatz 3 anwendbar. Im Bereich der Währungspolitik besteht mit Art. 111 (ex-Art. 109) EG eine Sonderregelung; vgl. *Müller-Huschke*, in: Schwarze (Hrsg.), EU-Kommentar, Art. 133 EG, Rdnr. 235; *Müller-Ibold*, in: Lenz (Hrsg.), EG-Vertrag, 2. Auflage 1999, Art. 133 EG, Rdnr. 6; anders *Kaddous*, in: Léger (Hrsg.), Commentaire TUE/TCE, Art. 300 EG, Rdnr. 2.

401 Der Gerichtshof hat in EuGH Rs. C-327/91 (Frankreich/Kommission) Slg. 1994 S. I-3641, 3676, Rdnr. 32 ff. den in derselben Vorschrift erwähnten Bereich der eigenen Abschlußzuständigkeit der Kommission auf Fälle begrenzt, die dieser ausdrücklich übertragen wurden. Er verwarf damit die Ansicht der Kommission, sie verfüge in Bereichen, in denen zur Durchführung einer internationalen Vereinbarung keine Mitwirkung des Rates erforderlich sei (Verwaltungsabkommen), über eigenständige Abschlußkompetenzen.

402 Vgl. dazu *Krück*, in: Schwarze (Hrsg.), EU-Kommentar, Art. 300 EG, Rdnr. 20 ff.

403 Vgl. *Dashwood*, CMLRev. 1998, 1019, 1042. Möglich ist auch ein Abschluß im vereinfachten Verfahren, bei dem die Kommission oder die Präsidentschaft zur verbindlichen Unterzeichnung ermächtigt wird, siehe MacLeod, External Relations of the European Communities, S. 93.

qualifizierter Mehrheit, abhängig von der gewählten Rechtsgrundlage jedoch gegebenenfalls auch einstimmig.[404]

b) Zuständigkeit und Verfahren auf nationaler Ebene: Art. 23 GG

Unabhängig von der Beurteilung völkerrechtlicher Verträge der Gemeinschaften als solcher[405] handelt es sich bei den oben genannten Ratsbeschlüssen im Verhältnis zu den Mitgliedstaaten jedenfalls um Akte eines Gemeinschaftsorgans, die auf primärrechtlicher Grundlage ergehen. Die von der Gemeinschaft geschlossenen internationalen Abkommen sind integraler Bestandteil des Gemeinschaftsrechts[406], nehmen an dessen Vorrang und unmittelbarer Geltung teil und bedürfen dementsprechend keiner Umsetzung in den Mitgliedstaaten.[407] Anwendbar ist also das Beteiligungsverfahren nach Art. 23 Abs. 2, 4 bis 7 GG i.V.m. EUZBLG.[408]

3. Gemischte Abkommen

Verträge mit Drittstaaten oder internationalen Organisationen, deren Regelungsmaterien nicht ausschließlich in die Zuständigkeit entweder der Gemeinschaften oder der Mitgliedstaaten fallen, oder deren Einordnung unklar ist, werden zur Vermeidung kompetentieller Konflikte von beiden gemeinsam geschlossen. Die andere Vertragspartei sieht sich also mehreren Vertragspartnern gegenüber-

---

404 Vgl. Art. 300 (ex-Art. 228) Abs. 2 UAbs. 1 EG.

405 Die vom Gerichtshof vorgenommene Einstufung dieser Verträge als Handlungen eines Gemeinschaftsorgans, vgl. EuGH Rs. C-181/73 Slg. 1974 (Haegeman/Belgien) Slg. 1974 S. 449, 460, Rdnr. 2/6; Rs. C-327/91 (Frankreich/Kommission) Slg. I-1994 S. 3672, Rdnr. 13 ff., wird in der Literatur mit der Begründung kritisiert, ein internationales Abkommen könne nicht als einseitiger Akt verstanden werden, sondern beruhe immer auf der Willensübereinstimmung von mindestens zwei Parteien; vgl. *Kaddous,* C.D.E. 1996, 613, 622 ff. Dazu unten C.II.3.a).aa).(4). S. 116.

406 EuGH Rs. C-181/73 Slg. 1974 (Haegeman/Belgien) Slg. 1974 S. 449, 460, Rdnr. 2/6; *Krück,* in: Schwarze (Hrsg.), EU-Kommentar, Art. 281 EG, Rdnr. 29.

407 *Krück,* in: Schwarze (Hrsg.), EU-Kommentar, Art. 281 EG, Rdnr. 32; *Streinz,* Europarecht, 5. Auflage 2001, Rdnr. 606, *Schweitzer,* Staatsrecht III, 7. Auflage 2000, Rdnr. 414.

408 Unstreitig, ebenso *Rojahn,* in: v.Münch/Kunig, GG II, 5. Auflage 2001, Art. 23, Rdnr. 56; *Halfmann,* Entwicklungen des deutschen Staatsorganisationsrechts im Kraftfeld der Europäischen Integration, S. 93; *Schweitzer,* Staatsrecht III, 7. Auflage 2000, Rdnr. 417; *Clostermeyer/Lehr,* DÖV 1998, 148, 151; *Frenz,* DVBl. 1999, 945; *Winkelmann,* DVBl. 1993, 1128, 1134.

gestellt, die alle für den gesamten Vertragsinhalt, also nicht nur für den von der jeweils eigenen Zuständigkeit erfaßten, einzustehen verpflichtet sind.[409] Zum Instrument des Gemischten Vertrags wurde und wird häufig bei Assoziations[410]- und Partnerschaftsabkommen[411] gegriffen; in letzter Zeit haben aber vor allem die im Rahmen der Welthandelsorganisation (WTO) geschlossenen Abkommen[412] herausragende Bedeutung erlangt.

a) *Gemeinschaftsrechtliche Regelung*

Die zum Abschluß als „Gemischtes Abkommen" führende teilweise Unzuständigkeit der Gemeinschaft kann sich aus verschiedenen Gründen ergeben.[413] Zum einen kann das Abkommen Bereiche betreffen, für die auch intern keine Gemeinschaftskompetenz besteht; es handelt sich dann um eine exklusive mitgliedstaatliche Zuständigkeit.[414] Zum anderen bleiben die Mitgliedstaaten grundsätzlich auch dann extern zuständig, wenn die Gemeinschaft zwar intern über einen

---

409 Vgl. die Schlußanträge von Generalanwalt *Jacobs* in EuGH Rs. C-316/91 (Parlament/Rat) Slg. I-1994 S. 625, 646, Rdnr. 69; MacLeod, External Relations of the EC, S. 159; *Geiger,* JZ 1995, 973, 977; *Bleckmann,* EuR 1976, 303.

410 Vgl. zum Beispiel das Europa-Abkommen zur Gründung einer Assoziation zwischen den Europäischen Gemeinschaften und ihren Mitgliedstaaten einerseits und der Slowakischen Republik andererseits, ABl. EG Nr. L 359 vom 31.12.1994 S. 2; das Europaabkommen mit Lettland, ABl. EG Nr. L 26 vom 2.2.1998 S. 3; mit Polen, ABl. EG Nr. L 348 vom 31.12.1993 S. 2; das Europa-Mittelmeer-Abkommen mit Israel, ABl. EG Nr. L 147 vom 21.6.2000 S. 3. Weitere Nachweise bei *Herrnfeld,* in: Schwarze (Hrsg.), EU-Kommentar, Art. 310 EG, Rdnr. 9 ff.

411 Vgl. zum Beispiel das Partnerschaftsübereinkommen vom 23.6.2000 zwischen den Mitgliedern der Gruppe der Staaten in Afrika, im Karibischen Raum und im Pazifischen Ozean einerseits und der Europäischen Gemeinschaft und ihren Mitgliedstaaten andererseits (AKP-EG-Partnerschaftsabkommen), BGBl. II 2002 S. 327.

412 Übereinkommen zur Errichtung der Welthandelsorganisation (WTO), ABl. EG Nr. L 336 vom 22.12.1994 S. 3; Allgemeines Übereinkommen über den Handel mit Dienstleistungen, ABl. EG Nr. L 336 vom 22.12.1994 S. 190; Übereinkommen über handelsbezogene Aspekte der Rechte des geistigen Eigentums, ABl. EG Nr. L 336 vom 22.12.1994 S. 213; Übereinkommen über technische Handelshemmnisse, ABl. EG Nr. L 336 vom 22.12.1994 S. 86; Agreement on Government Procurement, ABl. EG Nr. L 336 vom 22.12.1994 S. 273; International Dairy Arrangement, ABl. EG Nr. L 336 vom 22.12.1994 S. 290 u.a.

413 Vgl. dazu ausführlich MacLeod, The External Relations of the EC, S. 142 ff.; *Stein,* Der gemischte Vertrag im Recht der Außenbeziehungen der Europäischen Wirtschaftsgemeinschaft, S. 150 ff.

414 Art. 133 Abs. 6 EU in der Fassung des Vertrags von Nizza verlangt auf einigen Gebieten, auf denen es an einer entsprechenden internen Zuständigkeit fehlt, nunmehr sogar explizit nach einem Gemischten Abkommen, vgl. dazu *Herrmann,* EuZW 2001, 272.

Kompetenztitel verfügt, diesen aber noch nicht ausgeübt hat.[415] In diesem Fall kann von einer konkurrierenden Zuständigkeit gesprochen werden, die zur exklusiven Gemeinschaftskompetenz wird, sobald im Innenverhältnis ein entsprechender Gemeinschaftsrechtsakt erlassen wird. Eine dritte Variante, in der sich die Gemeinschaft einer Mitwirkung der Mitgliedstaaten nicht entgegenstellen kann[416], stellen die Fälle „geteilter“ Zuständigkeit dar, in denen nebeneinander sowohl die Gemeinschaft als auch die Mitgliedstaaten Verträge mit Dritten schließen können. Zu nennen sind in diesem Zusammenhang Art. 111 (ex-Art. 109) Abs. 5 EG, Art. 174 (ex-Art. 130r) Abs. 4 EG[417] und Art. 181 (ex-Art. 130y) Abs. 2 EG.[418] Gemäß einer Erklärung zur Schlußakte des Vertrags von Maastricht findet auf diese aber die sogenannte AETR-Doktrin ebenfalls Anwendung.[419] Sobald ein entsprechender Gemeinschaftsrechtsakt erlassen ist, wird die EG-Kompetenz dementsprechend zu einer exklusiven Zuständigkeit.[420] [421] Eine ähnliche Konstellation ergibt sich auch, wenn die Gemeinschaft zwar nach ihrem eigenen Recht über die erforderliche Abschlußkompetenz verfügt, jedoch aus Gründen, die im Völkerrecht oder auf seiten der anderen Vertragspartei zu suchen sind, ein Übereinkommen nicht selbst, sondern nur *durch* die Mitgliedstaaten abschließen kann.[422]

---

415 Sogenannte AETR-Doktrin, ständige Rechtsprechung des EuGH seit C-22/70 (AETR), Slg. 1971 S. 263, 274, Rdnr. 15/19; in jüngster Zeit EuGH-Gutachten 2/00 (Cartagena-Protokoll), Slg. 2001 S. I-9713, Rdnr. 45 ff. Dazu *Geiger,* JZ 1995, 975; *Dashwood,* in: O'Keeffe (Hrsg.), Judicial Review in European Union Law, S. 168.

416 *Herrmann,* EuZW 2001, 272.

417 Vgl. z.B. die Entscheidung des Rates vom vom 25.4.2002 über die Genehmigung des Protokolls von Kyoto zum Rahmenübereinkommen der Vereinten Nationen über Klimaänderungen im Namen der Europäischen Gemeinschaft sowie die gemeinsame Erfüllung der daraus erwachsenden Verpflichtungen, ABl. EG Nr. L 130 vom 15.5.2002 S. 1 und das deutsche Vertragsgesetz, BGBl. II 2002 S. 966. Das Kyoto-Protokoll wurde zwar von Gemeinschaft und Mitgliedstaaten getrennt unterzeichnet, jedoch sind beide nach Art. 3, 4 des Protokolls gemeinsam zur Erfüllung der Schutzziele verpflichtet, vgl. Punkt 5 der Denkschrift zum Vertragsgesetz, BT-Drucksache 14/8250 vom 15.2.2002 S. 41.

418 Der Vertrag von Nizza sieht nunmehr auch auf dem Gebiet der gemeinsamen Handelspolitik Bereiche geteilter Zuständigkeit vor, vgl. Art. 133 Abs. 5 Unterabsatz 4 EU n.F.

419 Erklärung zu den Artikeln 109, 130r und 130y des Vertrags zur Gründung der Europäischen Gemeinschaft; ABl. EG Nr. C 191 EG vom 29.7.1992, S. 100.

420 Vgl. *Rosas,* in: Dashwood, The General Law of EC External Relations, S. 205, insb. Fn. 33; *Breier/Vygen,* in: Lenz (Hrsg.), EG-Vertrag, 2. Auflage 1999, Art. 174 EG, Rdnr. 25; differenzierend *Tomuschat,* in: Bourgeois u.a. (Hrsg.), La Communauté européenne et les accords mixtes, S. 69 f.; *O'Keeffe,* European Foreign Affairs Review 4/1999, 27.

421 Zu weiteren Fällen geteilter Zuständigkeit vgl. *O'Keeffe,* European Foreign Affairs Review 4/1999, 32 ff.

422 Vgl. hierzu das EuGH-Gutachten 2/91 (ILO) Slg. 1993 S. I-1061, 1083, Rdnr. 37. Dort fiel ein im Rahmen der Internationalen Arbeitsorganisation zu schließendes Übereinkommen

Gerade im Hinblick auf die praktischen Schwierigkeiten, die sich aus dieser Kompetenzzersplitterung ergeben, sind Mitgliedstaaten und Gemeinschaften bei Verhandlung, Abschluß und Umsetzung Gemischter Abkommen in besonderem Maße zu engem und loyalem Zusammenwirken verpflichtet.[423]

b) *Zuständigkeitsverteilung auf nationaler Ebene: Abgrenzung Art. 23 Abs. 2, 4 bis 7 GG – Art. 32 GG i.V.m. der Lindauer Absprache*

aa) *Innerstaatliche Willensbildung*

Unproblematisch ist die Behandlung desjenigen Teils des Abkommens, das der Gemeinschaftszuständigkeit unterfällt. Auf ihn sind die allgemeinen Regeln für Vertragsschlüsse der Gemeinschaft mit Drittstaaten anwendbar; er steht im Rang wie jeder andere von den Gemeinschaften geschlossene Vertrag zwischen Primär- und Sekundärrecht.[424] Unstreitig erfolgt deshalb die Beteiligung der Bundesländer nach dem Verfahren des Art. 23 Abs. 2, 4 bis 7 GG i.V.m. EUZBLG.[425]

Der in die Kompetenz der Mitgliedstaaten fallende Teil ist dagegen nach deren verfassungsrechtlichen Vorschriften zu behandeln.[426] Damit fragt sich, ob in Deutschland hierauf die Regelung des Art. 23 Abs. 2, 4 bis 7 GG oder Art. 32 Abs. 1 GG i.V.m. der Lindauer Absprache Anwendung finden muß. Ausschlaggebend muß wiederum die Einordnung des nicht der Gemeinschaftskompetenz unterfallenden Teils des Abkommens als „Angelegenheit der Europäischen Union" sein.

---

kommen zwar in den Zuständigkeitsbereich der Gemeinschaft, konnte aber von dieser nicht abgeschlossen werden, da nur die Mitgliedstaaten auch Mitglieder dieser Organisation sind. Siehe auch *McGoldrick*, International Relations Law of the EU, S. 82 f.; *Sack*, CMLRev. 1995, 1227, 1239.

423 EuGH Gutachten 2/91 (ILO), Slg. 1993 S. I-1061, 1083, Rdnr. 36; Gutachten 1/94 (WTO), Slg. 1994 S. I-5267, 5420, Rdnr. 108 f., MacLeod, External Relations of the EC, S. 147 f.

424 *Schweitzer*, Staatsrecht III, 7. Auflage 2000, Rdnr. 417, 416.

425 Vgl. *Frenz*, DVBl. 1999, 945; *Clostermeyer/Lehr*, DÖV 1998, 151; *Winkelmann*, DVBl. 1993, 1135, *Schweitzer*, Staatsrecht III, 7. Auflage 2000, Rdnr. 417; *Scholz*, in: Maunz/Dürig/Herzog, GG, Art. 23, Rdnr. 142.

426 *Schweitzer*, Staatsrecht III, 7. Auflage 2000, Rdnr. 416, *Winkelmann*, DVBl. 1993, 1135.

(1) Gesetzesbegründung

Aus der Gesetzesbegründung zur Neuregelung des Art. 23 GG alleine ergeben sich hierfür nur wenig Anhaltspunkte. Zwar wird die Beteiligung der Länder durch den Bundesrat im Bereich der Zuständigkeiten der Europäischen Union als „staatspraktisches Bedürfnis“ bezeichnet, was zumindest als Hinweis auf die gesetzgeberische Absicht gewertet werden kann, den Anwendungsbereich des neuen Verfahrens möglichst umfassend zu gestalten.[427] Eine genaue Abgrenzung des Begriffs – insbesondere im Bereich Gemischter Verträge – läßt sich daraus jedoch nicht herleiten.

(2) Die Haltung von Bund und Ländern

Zwischen Bund und Ländern besteht über die Behandlung Gemischter Abkommen keine Einigkeit.[428] Der Bund vertritt die Auffassung, in Bereichen, „die im Vertrag über die EU als Gegenstände des gemeinsamen Interesses[429] angesprochen oder als Gegenstände der Zusammenarbeit vorgesehen sind“, seien die Länder ausschließlich nach dem Verfahren des Art. 23 GG zu beteiligen. Nur wenn der angestrebte Vertrag darüberhinaus Regelungen über andere „sonstige“ Materien enthalte, komme eine Beachtung der Lindauer Absprache in Betracht. Die Länder dagegen wollen, soweit bei Gemischten Abkommen die Mitgliedstaaten Vertragspartner sind und auf Gebieten ausschließlicher Länderzuständigkeit eine Verpflichtung des Bundes oder der Länder begründet werden soll, immer – gegebenenfalls zusätzlich – nach dem Verfahren der „Lindauer Vereinbarung“ beteiligt werden. Das interne Einverständnis aller Länder müsse herbei-

---

427 BR-Drucksache 501/92 vom 14.8.92 S. 17.

428 Siehe die Fußnote zu Punkt VII Ziff. 1 der Bund-Länder-Vereinbarung vom 29.10.1993; vgl. hierzu das Protokoll über den Verhandlungsstand zwischen Bund und Ländern in der Frage der Behandlung völkerrechtlicher Abkommen im Bereich der Europäischen Union (Stand 8.12.1993), abgedruckt bei *Clostermeyer/Lehr,* DÖV 1998, 154; ebenso die Stellungnahme des Bundesrates zum Entwurf eines Gesetzes zum Europa-Abkommen zur Gründung einer Assoziation zwischen den Europäischen Gemeinschaften sowie ihren Mitgliedstaaten und der Republik Bulgarien beziehungsweise Rumänien, BR-Drucksache 799/93 (Beschluß) vom 17.12.1993 S. 1; Stellungnahme des Bundesrates zum Entwurf eines Gesetzes zu dem Europa-Mittelmeer-Abkommen zur Gründung einer Assoziation zwischen den Europäischen Gemeinschaften und ihren Mitgliedstaaten einerseits und dem Staat Israel andererseits, BR-Drucksache 708/96 (Beschluß) vom 8.11.1996 S. 1.

429 Der EU-Vertrag in der Fassung des Vertrags von Amsterdam nimmt zwar den Begriff der „Angelegenheiten von gemeinsamem Interesse“ des Art. K.1 a.F. nicht wieder auf, jedoch kann der Aussagegehalt der Protokollnotiz sinngemäß auf die nunmehr vom EU-Vertrag umfaßten Bereiche übertragen werden.

geführt werden, bevor die Verpflichtung völkerrechtlich verbindlich werde.[430] Dementsprechend wird, sofern die Ständige Vertragskommission der Länder[431] von Abkommen der Europäischen Union, die dem problematischen Bereich angehören, Kenntnis erlangt, stets das Verfahren nach der Lindauer Absprache eingeleitet und durchgeführt.[432]

(3) Literaturmeinungen

In der Literatur wurden bisher recht unterschiedliche Ansätze zur Lösung des Problems vorgeschlagen. So will *FRENZ* aus der sich für Gemeinschaft und Mitgliedstaaten ergebenden „Pflicht zum Zusammenwirken" eine so weitgehende rechtliche Verknüpfung zwischen den beiden Teilen eines Gemischten Abkommens herleiten, daß sich zwingend eine Behandlung des gesamten Vertrags nach Art. 23 Abs. 2, 4 bis 7 GG ergibt.[433] Dem Urteil des Bundesverfassungsgerichts

---

[430] In seiner Stellungnahme zum Vertragsgesetz zum Europa-Abkommen mit Bulgarien und Rumänien, BR-Drucksache 799/93 (Beschluß) vom 17.12.1993, erklärte der Bundesrat allgemein:
- Soweit die Europäische Union im Rahmen der ihr vertraglich eingeräumten Kompetenzen Vertragspartner ist, finden nach Maßgabe des Inhalts des angestrebten Abkommens Artikel 23 GG und das Gesetz über die Zusammenarbeit von Bund und Ländern in Angelegenheiten der Europäischen Union sowie die darauf gestützte Bund-Länder-Vereinbarung Anwendung.
- Wenn darüber hinausgehend durch das Abkommen Kompetenzen der Mitgliedstaaten berührt und diese insoweit Vertragspartner sind, gelten die allgemeinen Regelungen über internationale Abkommen und Artikel 59 Abs. 2 S. 1 GG. Soweit derartige Abkommen ausschließliche Zuständigkeiten der Länder berühren, muß nach Ziffer 3 der „Lindauer Vereinbarung" das Einverständnis der Länder herbeigeführt werden. Dieses Einverständnis soll vorliegen, bevor die Verpflichtung völkerrechtlich verbindlich wird.
In ihrer Gegenäußerung, BT-Drucksache 12/7010 vom 9.3.1994 S. 185 (wortgleich BT-Drucksache 12/7012 vom 9.3.1994 S. 222) bekräftigt die Bundesregierung:
Nach Auffassung der Bundesregierung findet bei Abkommen der Europäischen Gemeinschaften mit Drittstaaten die Beteiligung der Länder nach den Vorschriften des Artikels 23 GG sowie des Gesetzes über die Zusammenarbeit von Bund und Ländern in Angelegenheiten der Europäischen Union statt. Dies gilt ausdrücklich auch dann, wenn ausschließliche Gesetzgebungsbefugnisse der Länder betroffen sind. Für die Beachtung der Lindauer Absprache ist daneben kein Raum, sofern für die in dem Abkommen geregelten Materien eine Rechtsgrundlage im Vertrag über die Europäische Union besteht oder soweit sie als Gegenstände des gemeinsamen Interesses angesprochen oder als Gegenstände der Zusammenarbeit vorgesehen sind.

[431] Vgl. hierzu *Schweitzer*, Staatsrecht III, 7. Auflage 2000, Rdnr. 457.

[432] Nach Auskunft des Geschäftsführers der Ständigen Vertragskommission der Länder, *Zwerger.*

[433] *Frenz*, DVBl. 1999, 951; wohl ebenso (in bezug auf GATT und ILO *Kempen*, in: v.Mangoldt/Klein/Starck, GG II, Art. 32 I, Rdnr. 14.

zur EG-Fernsehrichtlinie[434] entnimmt er zudem die Feststellung eines Spezialitätsverhältnisses des Verfahrens zur Länderbeteiligung bei EG-Vorhaben zu Art. 32 GG auch in auswärtigen Angelegenheiten.[435] Dem zusätzlichen Argument, schon die enge materielle und formelle Verwobenheit der verschiedenen Abkommensteile führe zwangsläufig zur Anwendung von Art. 23 GG auf das gesamte Übereinkommen[436], muß allerdings entgegengehalten werden, daß die praktischen Schwierigkeiten einer „kaum trennbaren faktischen Verbindung [...] der mitgliedstaatlichen Zuständigkeiten vorbehaltenen Teile mit den aus der Gemeinschaftskompetenz stammenden“[437] alleine ebensowenig zur Unbeachtlichkeit der grundsätzlichen Kompetenzaufteilung zwischen Bund und Ländern führen können, wie sie auf Gemeinschaftsebene als relevant für die Wahl der Rechtsgrundlage eines Rechtsakts angesehen werden können.[438] Auch die vage Berufung auf den europäischen Einigungsprozeß, dem beide Teile des Abkommens zu dienen bestimmt sind[439], kann dies nicht ändern.

CLOSTERMEYER/LEHR zufolge muß dagegen der Tatsache, daß Gemischte Abkommen grundsätzlich über die EG-Zuständigkeiten hinausgehen, dadurch Rechnung getragen werden, daß der in die mitgliedstaatliche Abschlußkompetenz fallende Teil des Abkommens mit dem dritten Vertragspartner so behandelt wird, als gäbe es das (zusätzliche) Abkommen mit der Gemeinschaft nicht.[440] Dies müsse dann gegebenenfalls zur Anwendung der Lindauer Absprache führen.[441] Auch *WINKELMANN* will auf Materien, die in den Kompetenzbereich der Mitgliedstaaten fallen und nicht im EU-Vertrag enthalten sind, die allgemeinen Vorschriften über internationale Abkommen und ihre Annahme, d.h. Art. 59 Abs. 2 GG und 32 GG i.V.m. der Lindauer Absprache zur Anwendung kommen lassen.[442]

---

434 BVerfGE 92, 203.

435 *Frenz,* DVBl. 1999, 949 f.

436 *Frenz,* DVBl. 1999, 951 ff.

437 *Frenz,* DVBl. 1999, 951.

438 EuGH Gutachten 1/94 (WTO) Slg. 1994 S. I-5267, 5420, Rdnr. 107; Gutachten 2/00 (Cartagena-Protokoll) Slg. 2001 S. I-9713, Rdnr. 41.

439 *Frenz,* DVBl. 1999, 951 f.

440 *Clostermeyer/Lehr,* DÖV 1998, 151.

441 So auch *Schweitzer,* Staatsrecht III, 7. Auflage 2000, Rdnr. 417; *Stern,* in: Festschrift Carl Heymanns Verlag, 1995, S. 267; *Oberländer,* Aufgabenwahrnehmung im Rahmen der EU durch Vertreter der Länder, S. 87 f., 177 ff.; *König,* Die Übertragung von Hoheitsrechten im Rahmen des Europäischen Integrationsprozesses, S. 335; differenzierend auch *Morawitz/Kaiser,* Die Zusammenarbeit von Bund und Ländern bei Vorhaben der Europäischen Union, S. 84.

442 *Winkelmann,* DVBl. 1993, 1135; ebenso *Scholz,* in: Maunz/Dürig/Herzog, GG, Art. 23, Rdnr. 142.

Das Vorliegen oder Nichtvorliegen einer EG-Kompetenz kann nach der hier vertretenen Auffassung jedoch nicht als taugliches Kriterium zur Definition der „Angelegenheiten der Europäischen Union" im Sinne von Art. 23 Abs. 2 GG dienen. Nicht zuletzt geht auch die Gesetzesbegründung zur Neuregelung der Länderbeteiligung in Art. 23 GG davon aus, daß das dort festgelegte Verfahren nicht etwa auf von Gemeinschaftskompetenz gedeckte Materien beschränkt ist, sondern vielmehr auf den gesamten – zwangsläufig weiteren – *„Zuständigkeitsbereich der Europäischen Union"* Anwendung finden soll.[443] Die von den soeben vorgestellten Ansichten vertretene Definition ist demnach zu eng; der Begriff der „Angelegenheiten der Europäischen Union" ist eben nicht deckungsgleich mit dem Kompetenzbereich der Gemeinschaft(en).[444]

(4) Die Auslegungszuständigkeit des Gerichtshofs der Europäischen Gemeinschaften: „Angelegenheit der Europäischen Union"?

Nachdem die Untersuchung verschiedener verfassungsrechtlicher Aspekte kein praktikables Kriterium zur Eingrenzung des Bereichs der „Angelegenheiten der Europäischen Union" im Sinne des Art. 23 Abs. 2 GG ergeben hat, bietet es sich an, als Auslegungshilfe die europarechtliche Seite der Fragestellung zu beleuchten. Bereits an früherer Stelle der Arbeit wurde festgestellt, daß der Begriff der „Angelegenheiten der Europäischen Union" nicht auf die den Gemeinschaften nach dem Prinzip der „begrenzten Einzelermächtigung" zugewiesenen Rechtsetzungskompetenzen beschränkt werden kann.[445] Die Gesetzesbegründung geht zwar davon aus, daß das neue Verfahren auf den gesamten *„Zuständigkeitsbereich der Europäischen Union"* anzuwenden ist; eine Definition dieses Bereichs wird jedoch nicht gegeben.

Eine Bestimmung des Begriffs muß sich demnach aus anderen Aspekten ergeben, die geeignet sind, den Interessenbereich oder – im untechnischen Sinne – den Zuständigkeitsbereich der Europäischen Union abzustecken.

Insbesondere die Zuständigkeit des Gerichtshofs der Europäischen Gemeinschaften zur verbindlichen Interpretation Gemischter Abkommen in Bereichen, die von mitgliedstaatlicher Abschlußkompetenz gedeckt sind, könnte in diesem Zusammenhang von Bedeutung sein.

---

443 BR-Drucksache 501/92 vom 14.8.1992 S. 17.

444 Siehe dazu schon oben C.II.1. S. 63. *Rojahn*, in: v.Münch/Kunig, GG II, 5. Auflage 2001, Art. 23, Rdnr. 56; *Classen*, in: v.Mangoldt/Klein/Starck, GG II, Art. 23 II, Rdnr. 85 und 101.

445 Siehe oben C.II.1.a).dd). S 81 ff.

Drei Möglichkeiten bieten sich diesbezüglich an[446]: Erstens könnte sich die Zuständigkeit auf alle Bestimmungen eines Gemischten Abkommens erstrecken, unabhängig davon, in wessen Kompetenzbereich sie fallen. Zweitens könnte sie auf diejenigen Bestimmungen beschränkt sein, die von der Kompetenz der Gemeinschaft gedeckt sind. Zuletzt könnte sich die Auslegungszuständigkeit des Gerichtshofs zumindest auf solche von der mitgliedstaatlichen Kompetenz umfaßten Bestimmungen eines Abkommens erstrecken, die in irgendeiner Weise mit den in die Gemeinschaftskompetenz fallenden Materien verbunden sind.

Der EuGH hatte immer wieder Gelegenheit, sich zu Rechtsfragen, die die Auslegung Gemischter Abkommen betrafen, zu äußern. Jüngere Entscheidungen betrafen dabei vor allem die WTO-Übereinkommen, insbesondere das Übereinkommen über handelsbezogene Aspekte der Rechte des geistigen Eigentums (TRIPs)[447].

Zunächst ist in diesem Zusammenhang zu vermerken, daß nach der Rechtsprechung des Gerichtshofs von der Gemeinschaft geschlossene Abkommen integraler Bestandteil der EG-Rechtsordnung sind[448] und als Handlungen von Gemeinschaftsorganen seiner Gerichtsbarkeit unterliegen.[449]
Auch im Hinblick auf Gemischte Abkommen hat der Gerichtshof anfänglich nicht nach jeweils betroffenen Kompetenzbereichen unterschieden. Im Falle des Assoziierungsabkommens mit Griechenland[450] („Athener Abkommen") hat er, ohne dessen gemischten Charakter mit einem Wort zu erwähnen, erklärt, die Be-

---

446 *Dashwood,* in: O'Keeffe (Hrsg.), Judicial Review in European Union Law, S. 168 f.; in bezug auf die WTO-Übereinkommen auch *Eeckhout,* CMLRev. 1997, 11, 17 ff.

447 ABl. EG 1994 Nr. L 336 vom 23.12.1994 S. 213.

448 EuGH Rs. C-181/73 (Haegeman/Belgien) Slg. 1974 S. 449, 460, Rdnr. 2/6; Rs. C-12/86 (Demirel/Stadt Schwäbisch Gmünd) Slg. 1987 S. 3719, 3750, Rdnr. 7.

449 Zur Auslegungsbefugnis vgl. nur EuGH Rs. C-104/81 (Hauptzollamt Mainz/Kupferberg) Slg. 1982 S. 3641, 3662 f., Rdnr. 14; Rs. C-181/73 Slg. 1974 (Haegeman/Belgien) Slg. 1974 S. 449, 460, Rdnr. 2/6. Auch eine Nichtigkeitsklage gegen bereits geschlossene Abkommen – beziehungsweise zumindest gegen den für den Abschluß nötigen Rechtsakt nach Art. 300 Abs. 3 EG – soll zulässig sein, vgl. EuGH Rs. C-327/91 (Frankreich/Kommission) (US-Wettbewerbsübereinkommen) Slg. I-1994 S. 3672, Rdnr. 17 sowie, ausführlicher, die Schlußanträge von Generalanwalt *Tesauro* in derselben Rechtssache, Slg. I-1994 S. 3647, Rdnr. 9 ff. Nach der Gegenmeinung sollten von der Gemeinschaft verbindlich geschlossene Verträge nicht als Organhandeln im Sinne von Art. 230 und 234 EG verstanden werden, da für ihr Zustandekommen stets auch eine Handlung der anderen Vertragspartei notwendig ist, und der EuGH, anders als bei gewöhnlichen EG-Rechtsakten, nicht die Möglichkeit hat, ein einmal geschlossenes Abkommen für nichtig zu erklären, vgl. *Kaddous,* C.D.E. 1996, 622 ff.; *Hartley,* Constitutional Problems of the European Union, S. 31 ff.

450 Abkommen zur Gründung einer Assoziation zwischen der Europäischen Wirtschaftsgemeinschaft und Griechenland, ABl. EG Nr. 26 vom 18.2.1963 S. 294.

stimmungen des Abkommens bildeten seit seinem Inkrafttreten einen integrierenden Bestandteil der Gemeinschaftsrechtsordnung. In dem durch diese Rechtsordnung vorgegebenen Rahmen sei der Gerichtshof zur Auslegung des Abkommens befugt.[451]

Im Fall *Demirel/Stadt Schwäbisch Gmünd*, in dem die Frage der Auslegungszuständigkeit in bezug auf Bestimmungen eines Gemischten Abkommens, durch die die Mitgliedstaaten im Rahmen ihrer eigenen Zuständigkeiten Verpflichtungen gegenüber der anderen Vertragspartei eingegangen sind, zum ersten Mal ausdrücklich aufgeworfen wurde, vermied der Gerichtshof eine Festlegung indem er feststellte, die betroffenen Bereiche fielen jedenfalls in die Gemeinschaftszuständigkeit.[452] Dagegen hielt Generalanwalt DARMON – freilich unter Hinweis auf die Besonderheit des in Frage stehenden Assoziierungsabkommens, das im Hinblick auf einen späteren Beitritt geschlossen worden sei – eine einheitliche Auslegung aller vom Abkommen erfaßten Materien für unverzichtbar und bejahte deshalb die Zuständigkeit des Gerichtshofs, ohne explizit eine Gemeinschaftskompetenz anzunehmen.[453]

In der Entscheidung *Sevince* dehnte der EuGH seine Auslegungsbefugnis auch auf Beschlüsse des durch ein Gemischtes Abkommen eingerichteten Assoziationsrats aus und stützte sich hierfür wiederum maßgeblich auf das Bedürfnis einer einheitlichen Anwendung aller zur Gemeinschaftsrechtsordnung gehörenden Bestimmungen, ohne eine Unterscheidung zwischen Kompetenzbereichen der Gemeinschaft und der Mitgliedstaaten zu treffen.[454]

Die Rechtssache *Hermès*[455] betraf einen Bereich konkurrierender Zuständigkeit[456], in dem die Gemeinschaft ihre interne Kompetenz noch nicht ausgeübt

---

451 EuGH Rs. C-181/73 Slg. 1974 (Haegeman/Belgien) Slg. 1974 S. 449, 460, Rdnr. 2/6.

452 EuGH Rs. C-12/86 Slg. 1987 S. 3719, 3751, Rdnr. 7 ff.; für eine genaue Analyse siehe *Dashwood,* in: O'Keeffe (Hrsg.), Judicial Review in European Union Law, S. 170.

453 Schlußanträge des Generalanwalts *Darmon* in der Rs. C-12/86 Slg. 1987 S. 3719, 3741 f., Rdnr. 14 f.

454 EuGH Rs. C-192/89 (Sevince) Slg. 1990 S. I-3461, 3501, Rdnr. 10 f.; differenzierend nach von der Gemeinschaftsrechtsordnung umfaßten oder in Mitgliedstaatskompetenz fallenden Bereichen allerdings Generalanwalt *Darmon* in seinen Schlußanträgen S. I-3475, Rdnr. 7; siehe zuvor schon Rs. C-30/88 (Griechenland/Kommission) Slg. 1989, 3711, Rdnr. 12, 13; gegen eine Zuständigkeit des Gerichtshofs zur Auslegung von Beschlüssen eines Assoziationsrats siehe *Hartley,* Constitutional Problems of the European Union, S. 33.

455 EuGH Rs. C-53/96 (Hermès) Slg. 1998 S. I-3603; ausführlich *Dashwood,* in: O'Keeffe (Hrsg.), Judicial Review in European Union Law, S. 171 ff.

456 Konkret ging es um Art. 50 des TRIPs-Abkommens, um dessen Auslegung das niederländische Gericht nachgesucht hatte.

hatte; die Vereinbarung internationaler Verträge in diesem Bereich stand also (noch) den Mitgliedstaaten zu. Generalanwalt TESAURO kam hier zu dem Schluß, die Gemeinschaft sei, da sie im Verhältnis zu dritten vertragschließenden Staaten Partei in bezug auf das gesamte Abkommen sei und diesen hafte, für jeden Bereich des betreffenden Abkommens verantwortlich. Aus dem daher rührenden Bedürfnis einer einheitlichen Anwendung innerhalb der Gemeinschaft leitete er die Befugnis des Gerichtshofs her, das gesamte Abkommen – mit Ausnahme der in die ausschließliche Zuständigkeit der Mitgliedstaaten fallenden Regelungsbereiche[457] – verbindlich auszulegen.[458] Nur so könne auch der Verpflichtung zur engen Zusammenarbeit zwischen Organen und Mitgliedstaaten nachgekommen werden.[459]
Der Gerichtshof stützte sich in seiner Argumentation hauptsächlich darauf, daß die in Frage stehende Vorschrift des TRIPs sowohl auf innerstaatlichem Recht unterliegende als auch auf in die Kompetenz der Gemeinschaft fallende Sachverhalte[460] anzuwenden sei. Deshalb bestehe ein klares Interesse der Gemeinschaft an an einer einheitlichen Auslegung.[461] Zudem sei das Abkommen von der Gemeinschaft und den Mitgliedstaaten ohne Zuweisung der jeweiligen Verpflichtungen geschlossen worden.[462] Im Ergebnis folgte er damit dem Generalanwalt.
In der Rechtssache *Christian Dior*[463], die wiederum die Interpretation des TRIPs-Abkommens betraf, lehnte Generalanwalt COSMAS eine Erstreckung der Zuständigkeit des Gerichtshofs zur verbindlichen Auslegung auf Bereiche nur potentieller Gemeinschaftszuständigkeit ab, da dies den Spielraum der *Gemeinschafts*organe bei zukünftigen Harmonisierungsmaßnahmen zu sehr einengen würde[464], und empfahl, die Vorlage als unzulässig zurückzuweisen. Statt dessen versuchte er, eine Art *soft-law*-Verpflichtung der nationalen Stellen mit dem Ziel zu etablieren, das erforderliche einheitliche völkerrechtliche Auftreten der Gemeinschaft und der Mitgliedstaaten sicherzustellen.[465]

---

457 Schlußanträge S. I-3618, Rdnr. 18, 19.
458 Schlußanträge S. I-3620, Rdnr. 20 a.E.
459 Schlußanträge S. I-3621, Rdnr. 21.
460 Im konkreten Fall handelt es sich dabei um die Gemeinschaftsmarke und nationales Markenrecht.
461 S. I-3648, Rdnr. 32.
462 S. I-3647, Rdnr. 24.
463 EuGH verbundene Rs. C-300/98 (Christian Dior) und C-392/98 (Assco Gerüstebau) Slg. 2000 S. I-11307.
464 Schlußanträge, Rdnr. 47 f., 51, Slg. 2000 S. I-11326. Dagegen sieht Generalanwalt *Cosmas* die Einschränkung des Spielraums der Mitgliedstaaten in deren Zuständigkeitsbereich aufgrund des vorübergehenden Charakters dieser Kompetenz als gerechtfertigt an, vgl. Rdnr. 43.
465 Schlußanträge, Rdnr. 71 ff., Slg. 2000 S. I-11334 ff.

Der Gerichtshof folgte dieser Auffassung nicht, sondern nahm in seiner Begründung Bezug auf seine Rechtsprechung in der Rechtssache *Hermès,* die er für verallgemeinerungsfähig erklärte. Art. 50 des TRIPs könne auf gemeinschaftsrechtlich wie auch auf mitgliedstaatlich geregelte Sachverhalte gleichermaßen zur Anwendung kommen; deshalb sei eine einheitliche Auslegung aller Vertragsteile notwendig, die nur vom EuGH gewährleistet werden könne.[466]

Im Ergebnis kann damit als mittlerweile gefestigte Rechtsprechung angesehen werden, daß eine Parallelität zwischen Abschlußkompetenz der Gemeinschaft und Auslegungszuständigkeit des Gerichtshofs bei Gemischten Verträgen nicht besteht.[467] Auch Regelungen, die in den Kompetenzbereich der Mitgliedstaaten hineinragen, betrachtet der EuGH als integralen Bestandteil der Gemeinschaftsrechtsordnung[468] und damit als zu den Angelegenheiten der Europäischen Union gehörend.[469]

Diese weite Auslegungsbefugnis erscheint insofern berechtigt, als eine Beschränkung auf von der Abschlußkompetenz der EG umfaßte Materien ein künstliches Auseinanderdividieren der Zuständigkeitsbereiche von Gemeinschaft und Mitgliedstaaten erforderlich machen würde, das durch den Abschluß eines Gemischten Abkommens gerade vermieden werden soll[470].[471] Zudem wäre es illusorisch, anzunehmen, der eine (in die Gemeinschaftskompetenz fallende) Teil eines Abkommens ließe sich ohne Blick auf den anderen (in die mitgliedstaatliche Abschlußzuständigkeit fallenden) in zufriedenstellender Weise ausle-

---

466 Slg. 2000 S. I-11358 f., Rdnr. 37 ff.

467 *Dashwood,* in: O'Keeffe (Hrsg.), Judicial Review in European Union Law, S. 174.

468 A.A. *Geiger,* JZ 1995, 981; *Schweitzer,* Staatsrecht III, 7. Auflage 2000, Rdnr. 416.

469 Das so für Bereiche potentieller Gemeinschaftskompetenz gefundene Ergebnis kann im Wege des Erst-Recht-Schlusses auch auf die oben erwähnten Art. 111 (ex-Art. 109) Abs. 5 EG, Art. 174 (ex-Art. 130r) Abs. 4 EG und Art. 181 (ex-Art. 130y) Abs. 2 EG übertragen werden, die eine „geteilte" Zuständigkeit vorsehen. Da auf diese die AETR-Rechtsprechung anwendbar bleibt, handelt es sich zwar um geteilte, aber potentiell ebenfalls exklusive Gemeinschaftskompetenz. Auch für Abkommen, bei denen aus nicht im Gemeinschaftsrecht liegenden Gründen nur die Mitgliedstaaten Vertragspartei werden können, kann nichts anderes gelten; auch zu ihrer Auslegung ist der EuGH gleichermaßen befugt. Vgl. *McGoldrick,* International Relations Law of the EU, S. 83.

470 *Dashwood,* in: Bourgeois u.a. (Hrsg.), La Communauté européenne et les accords mixtes, S. 94.

471 So auch *Kaddous,* Le droit des relations extérieures dans la jurisprudence de la Cour de Justice des Communautés européennes, S. 78; *Eeckhout,* CMLRev. 1997, 22 f.; *Neuwahl,* CMLRev. 1991, 733 ff.; ablehnend *MacLeod,* The External Relations of the EC, S. 157; *Tomuschat,* in: Groeben/Thiesing/Ehlermann (Hrsg.), EUV/EGV, 5. Auflage 1997, Art. 228 EGV, Rdnr. 89; *Weber,* in: Groeben/Thiesing/Ehlermann (Hrsg.), EUV/EGV, 5. Auflage 1997, Art. 238 EGV, Rdnr. 23; *Vedder,* in: Grabitz/Hilf, EU, Archivband Lfg. 5/1986 Art. 228 EGV, Rdnr. 23.

gen. Schon der – auch in in Art. 31 WVRK[472] zum Ausdruck gebrachte – völkergewohnheitsrechtliche Grundsatz der Auslegung mit Blick auf Sinn und Zweck des Abkommens als Ganzes[473] macht eine Kompetenz des befaßten Gerichts zur Auslegung des gesamten Abkommens erforderlich. Ausgenommen bleiben von der Befugnis des Gerichts zur bindenden Auslegung muß lediglich der Bereich ausschließlicher Zuständigkeiten der Mitgliedstaaten, in dem die Gemeinschaft noch nicht einmal über potentielle Kompetenzen verfügt.[474] Dort würde eine zentrale und verbindliche Interpretation der fraglichen Bestimmungen durch den Gerichtshof die zuständigen nationalen Stellen in einer Weise binden, die mit der – anders als im Bereich konkurrierender Zuständigkeit nicht nur vorläufigen – Kompetenzverteilung zwischen Gemeinschaft und Mitgliedstaaten nicht vereinbar erscheint.[475]

(5) Folgerung: Weite Auslegung des Begriffs „Angelegenheit der EU“

Zwar erscheint es nicht auf Anhieb zwingend, eine Parallelität zwischen der Ländermitwirkung nach Art. 23 Abs. 2 GG und der Auslegungszuständigkeit des Europäischen Gerichtshofes herzustellen, denn der EuGH ist sicherlich nicht

---

472 Wiener Übereinkommen über das Recht der Verträge vom 23.5.1969, BGBl. II 1985, 926. Die Europäische Union ist weder diesem noch dem – nahezu wortgleichen – Übereinkommen über das Recht der Verträge zwischen Staaten und internationalen Organisationen oder zwischen internationalen Organisationen vom 21.3.1986, BGBl. II 1990, 1414 beigetreten. Die in diesen Abkommen enthaltenen Regeln gelten jedoch weitgehend auch gewohnheitsrechtlich, vgl. *Heintschel von Heinegg,* in: Ipsen, Völkerrecht, 4. Auflage 1999, § 9, Rdnr. 4, S. 94.

473 Ständiger Internationaler Gerichtshof, PCIJ series B (advisory opinions) Nr.°2 und 3/1922 S. 23: *„... it is obvious that the Treaty must be read as a whole, and that its meaning is not to be determined merely upon particular phrases which, if detached from the context, may be interpreted in more than one sense.“; Heintschel von Heinegg,* in: Ipsen, Völkerrecht, 4. Auflage 1999, § 11, Rdnr. 9, S. 118; siehe auch die Schlußanträge von Generalanwalt *Tesauro* in der Rs. C-53/96 (Hermès) Slg. 1998 S. I-3619, Rdnr. 20.

474 Vgl. insb. die Schlußanträge von Generalanwalt *Tesauro* in der Rs. C-53/96 (Hermès) Slg. 1998 S. I-3618, insbesondere, Rdnr. 19; wohl auch *Hirsch,* BayVBl. 1997, 449. A.A. *Brandtner,* EJIL 1992, 318.

475 So auch Generalanwalt *Cosmas* in seinen Schlußanträgen zu Rs. C-300/98 und 392/98 (Christian Dior) Slg. 2000 S. I-11324, Rdnr. 42 f.
Auch den vom Bundesverfassungsgericht in der Maastricht-Entscheidung, E 89, 155, 209 f. betonten Grenzen der Ausweitung von Gemeinschaftskompetenzen durch richterliche Rechtsfortbildung dürfte durch diese Beschränkung Rechnung getragen sein, handelt es sich doch in den anderen Bereichen um Materien, in denen der Gemeinschaft bereits (Innen-) Kompetenzen übertragen worden sind, so daß auch nach der allgemein anerkannten „Implied-Powers-Lehre“ zur Herstellung einer Außenkompetenz keine Vertragsänderung mehr erforderlich wäre.

zur Interpretation des Grundgesetzes als solches berechtigt. Jedoch hat das Bundesverfassungsgericht schon in seiner Entscheidung zur europäischen Fernsehrichtlinie in einer die Länderbeteiligung betreffenden Angelegenheit den Rückgriff auf eine gefestigte Rechtsprechung des EuGH zu Kompetenzfragen für grundsätzlich zulässig erachtet.[476] Dieser scheint die betroffenen Bereiche trotz mitgliedstaatlicher Abschlußzuständigkeit als „Angelegenheit" der Europäischen Union zu betrachten. Schon um europarechtlichen Realitäten Rechnung zu tragen, sollte die Auslegung des Begriffs im Rahmen der Ländermitwirkung nach Art. 23 GG in ihrer Tragweite also nicht hinter der vom Gerichtshof vorgegebenen Interpretation zurückbleiben.

Hinzukommt, daß die Erstreckung der Auslegungskompetenz des EuGH nach Art. 234 (ex-Art. 177) EG auf neue Sachverhalte in der Regel als Eingriff in die Entscheidungs- und Regelungsgewalt der Mitgliedstaaten erachtet wird, der, soweit er durch Vertragsänderung erfolgt, einer Hoheitsrechtsübertragung nach Art. 23 Abs. 1 S. 2 oder 3 GG bedarf.[477] Materien, die der Europäischen Union nach dem Verfahren des Art. 23 Abs. 1 S. 2, 3 GG übertragen wurden, stellen dann aber auch „Angelegenheiten der Union" im Sinne der weiteren Absätze desselben Artikels dar.[478] Nichts anderes kann gelten, wenn der Gerichtshof selbst auf dem Wege der Rechtsfortbildung neue Auslegungskompetenzen an sich zieht, beziehungsweise das Bestehen einer solchen Zuständigkeit feststellt. Die Gemeinschaften verfügen dementsprechend bereits über – beschränkte – Hoheitsrechte auf dem betroffenen Gebiet. Bei diesem muß es sich folglich ebenfalls um eine „Angelegenheit der Europäischen Union" handeln.

---

476 BVerfGE 92, 203, 237 f., 241 f.

477 So wurde beispielsweise das Europol-Auslegungsprotokollgesetz, durch das dem EuGH die Befugnis übertragen wurde, Fragen der Auslegung des Europol-Übereinkommens für deutsche Gerichte verbindlich zu entscheiden, auf Art. 23 Abs. 1 S. 2 GG gestützt, vgl. die amtliche Begründung, BT-Drucksache 13/7555 vom 28.4.1997 S. 6. Siehe auch *Geiger,* JZ 1996, 1095, 1097; *Rojahn,* in: v.Münch/Kunig, GG II, 5. Auflage 2001, Art. 23, Rdnr. 42; *Bothe/Lohmann,* ZaöRV 1998, 42 (für die Neufassung des Art. 35 EU); BVerfGE 31, 145, 174.

478 Das Beteiligungsverfahren des Art. 23 Abs. 2, 4 bis 7 GG dient ja gerade der Kompensation des durch die Übertragung von Hoheitsrechten auf die Union eingetretenen Verlusts an innerstaatlichem Gestaltungsspielraum, stellt also sozusagen die Kehrseite des Art. 23 Abs. 1 S. 2, 3 GG dar; vgl. dazu *Lang,* Die Mitwirkungsrechte des Bundesrates und des Bundestages in Angelegenheiten der Europäischen Union, S. 131 ff.; *Zuleeg,* in: Alternativkommentar, Art. 23, Rdnr. 54; *Classen,* in: v.Mangoldt/Klein/Starck, GG II, Art. 23, Rdnr. 83; amtliche Begründung, BR-Drucksache 501/92 vom 14.8.1992 S. 6; Bericht des Sonderausschusses „Europäische Union (Vertrag von Maastricht)", BT-Drucksache 12/3896 vom 1.12.1992 S. 17; Bericht der Gemeinsamen Verfassungskommission, BT-Drucksache 12/6000 vom 5.11.1993 S. 20. Für eine Kohärenz zwischen Art. 23 Abs. 2 bis 7 GG und Art. 23 Abs. 1 GG auch *Frenz,* DVBl. 1999, 952.

Für Materien konkurrierender Abschlußzuständigkeit läßt sich dieses Ergebnis auch auf das zusätzliche Argument stützen, eine „Angelegenheit der Europäischen Union" liege vor, da es sich bei den betroffenen Vertragsgegenständen um „potentielle Integrationsbereiche" handele, in denen eine EG-Abschlußkompetenz nur noch von der Ausübung der bereits übertragenen Innenzuständigkeit abhängt.[479] Würde die Gemeinschaft auf dem betroffenen Gebiet intern tätig, so wären die Länder ohnehin nur nach Art. 23 Abs. 2, 4 bis 7 GG zu beteiligen. Schon aus diesem Grund wäre es verwunderlich, ihnen auf dem Gebiet der Außenbeziehungen der Gemeinschaft einen weitergehenden Einfluß zuzubilligen.

Mangels entgegenstehender verfassungsrechtlicher Gesichtspunkte spricht demnach viel für eine Ausdehnung des Bereichs der „Angelegenheiten der Europäischen Union" auch auf Materien, die in die Abschlußkompetenz der Mitgliedstaaten fallen, soweit es sich hierbei nicht um deren ausschließliche Zuständigkeiten handelt. Nur bei letzteren bleibt demnach noch Raum für einen Rückgriff auf die Lindauer Absprache. Noch weiter könnte nur gehen, wer Gemischte Abkommen in ihrer Gesamtheit von vornherein als in die Gemeinschaftskompetenz fallend betrachtet.[480] Das wäre dann der Fall, wenn der Abschluß Gemischter Abkommen allein durch die Gemeinschaft in eigener Zuständigkeit erfolgte. Diese Ansicht, die von einer punktuellen Kompetenzzuweisung an die Gemeinschaft mittels „*ad-hoc*-Vertragsdurchbrechung" ausgeht, zu der die Mitgliedstaaten als „Herren der Verträge" in der Lage seien, konnte sich jedoch nicht durchsetzen und ist wohl schon aufgrund der unterschiedlichen Verfahren, die innerstaatlich zur Ratifikation internationaler Abkommen einerseits und zur Übertragung von Zuständigkeiten auf die Europäische Union andererseits erforderlich sind[481], sowie des fehlenden dahingehenden Willens der zustimmungspflichtigen nationalen Parlamente abzulehnen.[482]

---

479 A.A. *Rojahn,* in: v.Münch/Kunig, GG II, 5. Auflage 2001, Art. 23, Rdnr. 56, der Art. 23 GG nur auf den Bereich der Gemeinschaftskompetenz anwenden will, diesen andererseits aber auf völkerrechtliche Abkommen im Bereich der GASP/PJZS für anwendbar hält, da es sich hier um „potentielle Integrationsbereiche" handele.

480 *Bleckmann,* EuR 1976, 301, 305 ff.; vgl. auch *Brandtner,* EJIL 1992, 318.

481 Während das Zustimmungsgesetz zu einem Vertrag nach Art. 59 Abs. 2 S. 1 GG nur unter bestimmten Umständen der Zustimmung des Bundesrates bedarf, ist diese bei Hoheitsrechtsübertragungen nach Art. 23 Abs. 1 S. 2, 3 GG immer notwendig. Zudem ist nach der hier vertretenen Ansicht in diesem Fall auch stets eine Zweidrittelmehrheit erforderlich; vgl. dazu oben C.II.5.a).bb).(1).(b). S. 142 ff.

482 Vgl. *Wuermeling,* Kooperatives Gemeinschaftsrecht, S. 228 ff. *Bleckmann,* EuR 1976, 305, hält es dagegen nicht für erforderlich, daß das Parlament sich auch nur bewußt ist, daß Hoheitsbefugnisse übertragen werden.

bb) Übernahme in nationales Recht: Anwendbarkeit von Art. 59 Abs. 2 GG – Umsetzung durch die jeweils zuständige staatliche Stelle

Das soeben gefundene Ergebnis, das Beteiligungsverfahren des Art. 23 Abs. 2 GG sei über den Bereich der Abschlußkompetenz der Union auch auf Materien anzuwenden, die in die Zuständigkeit der Mitgliedstaaten fallen, soweit diese nicht ausschließlicher Natur ist, ändert nichts an der Notwendigkeit der innerstaatlichen Umsetzung der von den Mitgliedstaaten kontrahierten Abkommensteile.[483] Von der unmittelbaren Geltung und Anwendbarkeit des Gemeinschaftsrechts erfaßt und deshalb automatisch als innerstaatliches Recht wirksam[484] sind nur die von der Abschlußkompetenz der Gemeinschaft gedeckten Teile des Abkommens. Alle anderen unterliegen der Vorschrift des Art. 59 Abs. 2 GG, das heißt, die Mitwirkung der jeweils für die Gesetzgebung zuständigen Körperschaften ist erforderlich, soweit es sich um einen „politischen" oder einen Gesetzgebungsvertrag handelt.[485]
Es stellt sich nunmehr also wieder die Frage, ob, wie von den Ländern gefordert[486], eine zusätzliche Anwendung der Lindauer Absprache auf Bereiche des Abkommens in Betracht kommt, die zuvor nach dem Verfahren des Art. 23 Abs. 2, 4 bis 7 GG behandelt wurden, soweit die Länder für die Umsetzung zuständig sind.[487]
Dies ist hier aus folgenden Gründen zu verneinen: Eine Beachtung der Lindauer Absprache würde zum einen das mit Bedacht in Art. 23 Abs. 2, 4 bis 7 GG verankerte Mehrheitsprinzip durch die Hintertür wieder aushebeln. Dieses Vetorecht würde sich aber nicht auf den in die Länder- oder wenigstens in die mitgliedstaatliche Zuständigkeit fallenden Bereich beschränken; jedes einzelne Bundesland könnte das gesamte Abkommen zu Fall bringen.

---

483 Vgl. *Vedder*, in: Grabitz/Hilf, EU, Archivband Lfg. 5/1986, Art. 228 EGV, Rdnr. 23; *Schmalenbach,* in: Calliess/Ruffert (Hrsg.), EUV/EGV, 2. Auflage 2002, Art. 300 EG, Rdnr. 69 f. Daß das Beteiligungsverfahren nach Art. 23 Abs. 2 GG nicht eine gegebenenfalls nötige Umsetzung in innerstaatliches Recht nach Art. 59 Abs. 2 S. 1 GG entfallen läßt, wurde bereits in einem früheren Teil dieser Arbeit festgestellt, vgl. C.I.2.c).bb). S. 57 ff.

484 Vgl. Art. 300 (ex-Art. 228) Abs. 7 EG.

485 Nach der hier vertretenen Auffassung entfällt jedoch im Anwendungsbereich von Art. 23 Abs. 2, 4 bis 7 GG das Erfordernis der Zustimmung beziehungsweise Mitwirkung von Bundesrat und Bundestag, wenn die Umsetzung der fraglichen Bestimmungen ausschließlich in die Zuständigkeit der Länder fällt; vgl. oben C.I.2.c).bb). S. 60.

486 Vgl. Punkt II Ziff. 2 des Protokolls über den Verhandlungsstand zwischen Bund und Ländern in der Frage der Behandlung völkerrechtlicher Abkommen im Bereich der Europäischen Union (Stand 8.12.1993), abgedruckt bei *Clostermeyer/Lehr,* DÖV 1998, 154; Fußnote zu Punkt VII Ziff. 1 der Bund-Länder-Vereinbarung vom 29.10.1993.

487 Siehe dazu grundsätzlich oben C.I.2.c). S. 55 ff.

Vor allem aber leuchtet es nicht ein, weshalb die Länder in Bereichen, in denen die Gemeinschaft ja bereits Gesetzgebungszuständigkeiten besitzt, ein mehr oder weniger weitgehendes Mitspracherecht haben sollten, je nachdem, ob ein rein interner Rechtsakt angenommen oder ein Abkommen mit einem Drittstaat geschlossen wird.
Art. 23 Abs. 2, 4 bis 7 GG schließt bei Gemischten Abkommen in seinem Anwendungsbereich einen Rückgriff auf die Lindauer Absprache also aus.[488] Deren Beachtung kommt somit nur noch im Bereich ausschließlicher mitgliedstaatlicher Zuständigkeiten in Betracht.

In der Folge sind die Länder, soweit eine in ihrem Zuständigkeitsbereich liegende Materie betroffen ist, auch europarechtlich gegebenenfalls zur gesetzgeberischen Umsetzung verpflichtet, sobald einmal die parlamentarische Zustimmung auf Bundesebene erteilt wurde[489], spätestens aber in dem Zeitpunkt, in dem die Übereinkunft völkerrechtlich verbindlich wird. Dies ergibt sich aus der den Mitgliedstaaten – und damit auch den Ländern – nicht nur gegenüber der anderen Vertragspartei, sondern auch gegenüber der Gemeinschaft obliegenden Pflicht zur Erfüllung des Gemischten Abkommens in seiner Gesamtheit.[490] Da die Ge-

---

488 Ebenso *Winkelmann*, DVBl. 1993, 1128, 1132. Der oben, C.I.2.c).bb). S. 57 ff., erörterte Konflikt zwischen der Abstufung der Mitwirkungsrechte in Art. 23 GG und der Transformationskompetenz der Bundesländer auf dem Gebiet ihrer Zuständigkeiten muß hier also zu Lasten der Länderkompetenzen aufgelöst werden.

489 Dazu, daß auch Verträge über Gegenstände der Landesgesetzgebung grundsätzlich der Zustimmung oder Mitwirkung von Bundestag und Bundesrat nach Art. 59 Abs. 2 S. 1 GG bedürfen, vgl. *Schweitzer*, Staatsrecht III, 7. Auflage 2000, Rdnr. 171, 181, 454. In der Praxis werden zudem Abkommen, deren von mitgliedschaftlicher Zuständigkeit erfaßte Teile ausschließlich in die Kompetenz der Länder fallen, kaum auszumachen sein.

490 Siehe explizit Generalanwalt *Tesauro* in seinen Schlußanträgen zu EuGH Rs. C-53/96 (Hermès) Slg. 1998 S. I-3603, 3617, Rdnr. 18: „...gemeinschaftsrechtliche Bedeutung der Pflicht der Mitgliedstaaten [...], ein Gemischtes Abkommen in seiner Gesamtheit zu beachten“ unter Hinweis auf Rs. C-12/86 (Demirel/Stadt Schwäbisch Gmünd) Slg. 1987 S. 3719, 3751, Rdnr. 11 und Rs. C-104/81 (Kupferberg) Slg. 1990 S. I-3641, 3662, Rdnr. 13; ähnlich EuGH verbundene Rs. C-300/98 und 392/98 (Christian Dior) u.a. Slg. 2000 S. I-11307, 11358, Rdnr. 36; EuGH-Gutachten 1/94 (WTO) Slg. 1994 S. I-5267, 5420, Rdnr. 108; *Stein*, Der gemischte Vertrag im Recht der Außenbeziehungen der Europäischen Wirtschaftsgemeinschaft, S. 173 f.
Eine Verpflichtung der Länder zur Umsetzung kann sich dementsprechend auch unter dem Gesichtspunkt der Bundestreue ergeben. Danach sind die Länder gehalten, dem Bund nicht die Erfüllung einer diesem als Mitgliedstaat gemeinschaftsrechtlich obliegenden Pflicht zu verwehren. Vgl. dazu *Bleckmann*, Europarecht, 6. Auflage 1997, Rdnr. 1240; *Kaiser*, in: Festschrift für T. Maunz, 1981, S. 178; *Gedschold*, Zwangsgelder gemäß Art. 228 Absatz 2 EGV und die bundesstaatliche Ordnung der Bundesrepublik Deutschland, S. 107 ff. (in bezug auf die Verpflichtung zur Umsetzung von EG-Richtlinien); *Fisahn*, DÖV 2002, 240 f.

meinschaft gegenüber der anderen Vertragspartei für die Erfüllung des Abkommens in seiner Gesamtheit haftet, erstreckt sich nach der bereits dargestellten Rechtsprechung des Gerichtshofs die mitgliedstaatliche Implementierungspflicht auch auf diejenigen Teile des Abkommens, die nicht von der Gemeinschafts(abschluß)kompetenz gedeckt sind.

4. Die Ausübung von Stimmrechten in Assoziationsräten und Beschlußorganen internationaler Organisationen

a) *Europarechtliche Einordnung*

aa) *Die Ausübung des Stimmrechts in Assoziationsräten*

Die von den Gemeinschaften und den Mitgliedstaaten geschlossenen Assoziierungsabkommen etablieren jeweils auch Beschlußorgane, die zumeist als Assoziationsrat[491] bezeichnet werden.[492] Diese Gremien setzen sich aus Vertretern von Rat, Kommission und Regierungen der Assoziationsstaaten, teilweise auch der EU-Mitgliedstaaten[493], zusammen[494] und sind dazu berufen, Beschlüsse zur Durchführung und Fortentwicklung der Assoziation – sogenanntes Assoziationssekundärrecht[495] – zu fassen.[496] Derartige Assoziationsratsbeschlüsse werden von der wohl herrschenden Meinung als eine vereinfachte Form des Abschlusses

---

491 Zu anderen Bezeichnungen siehe *Weber*, in: Groeben/Thiesing/Ehlermann (Hrsg.), EUV/EGV, 5. Auflage 1997, Art. 238 EGV, Rdnr. 35.

492 Auch die mit den Nachfolgestaaten der ehemaligen Sowjetunion geschlossenen Partnerschafts- und Zusammenarbeitsabkommen sehen Beschlußorgane – Kooperationsräte – vor, die allerdings nur zur Abgabe von Empfehlungen befugt sind, vgl. nur Art. 90 des Abkommens über Partnerschaft und Zusammenarbeit zur Gründung einer Partnerschaft zwischen den Europäischen Gemeinschaften und ihren Mitgliedstaaten einerseits und der Russischen Föderation andererseits, ABl. EG Nr. L 327 vom 28.11.1997 S. 3; *Marescau/Montaguti*, CMLRev. 1995, 1342.

493 Vgl. Art. 23 des Assoziierungsabkommens mit der Türkei, ABl. EG Nr. 217 vom 29.12.1964 S. 3; Art. 65 des Assoziierungsabkommens mit Griechenland, ABl. EG Nr. L 26 vom 18.2.1963 S. 294.

494 Vgl. beispielsweise Art. 90 des Abkommens über den Europäischen Wirtschaftsraum, ABl. EG Nr. L 1 vom 3.1.1994 S. 3; Art. 105 des Assoziationsabkommens mit Ungarn, ABl. EG Nr. L 347 vom 31.12.1993 S. 1; Art. 68 des Assoziationsabkommens mit Israel, ABl. EG Nr. L 147 vom 21.6.2000 S. 3.

495 Vgl. *Vedder*, in: Grabitz/Hilf, EU, Archivband Lfg. 9/1987, Art. 238 EGV, Rdnr. 35.

496 Vgl. zum Beispiel den Beschuß Nr. 1/95 des Assoziationsrates EG-Türkei vom 22.12.1995 über die Durchführung der Endphase der Zollunion, ABl. EG Nr. L 35 vom 13.2.1996; *Herrnfeld*, in: Schwarze (Hrsg.), EU-Kommentar, Art. 310 EG, Rdnr. 13.

internationaler Verträge angesehen.[497] Zur Herbeiführung der Geltung eines Assoziationsratsbeschlusses in der Gemeinschaftsrechtsordnung bedarf es keines gesonderten Transformationsaktes. Zwar wurde früher vor allem unter Berufung auf die zur Durchführung von Assoziierungsabkommen geschlossenen internen Abkommen der Vertreter der Regierungen der Mitgliedstaaten[498] geltend gemacht, daß Rechtsakte des Assoziationsrates in jedem Fall zu ihrer Geltung in den Rechtsordnungen von Gemeinschaft und Mitgliedstaaten einer Umsetzung bedürfen.[499] Nach der mittlerweile gefestigten Rechtsprechung des Gerichtshofs ist dies jedoch – zumindest im Bereich der Gemeinschaftszuständigkeit – nicht der Fall.[500] Der Rechtsakt wird also ab dem Zeitpunkt seines Inkrafttretens „auf-

---

497 *Vedder*, in: Grabitz/Hilf, EU, Art. 238 EGV, Rdnr. 35; *ders.*, EuR 1994, 210; *Gilsdorf*, EuZW 1991, 461; *ders.*, in: Groeben/Thiesing/Ehlermann (Hrsg.), EUV/EGV, 5. Auflage 1997, 4. Auflage, Art. 238 EGV, Rdnr. 49; Generalanwalt *Darmon*, Schlußanträge zu EuGH Rs. C-237/91 (Kus/Landeshauptstadt Wiesbaden) Slg. 1992 S. I-6781, 6799, Rdnr. 21; *Fischer*, Das Assoziationsrecht der Europäischen Gemeinschaften, S. 157 ff.; vgl. aber die Schlußanträge von Generalanwalt *Mancini* zu EuGH Rs. C-204/86 (Griechenland/Rat) Slg. 1988 S. 5323, 5349 f., Rdnr. 10.

498 Art. 2 des Regierungsabkommens zur Durchführung des Assoziierungsabkommens mit der Türkei, ABl. EG Nr. 217 vom 29.12.1964 S. 3703 (1964/737/EWG), lautet:
(1) Die Anwendbarkeit der Beschlüsse und Empfehlungen des Assoziationsrats, die nach dem Vertrag zur Gründung der Gemeinschaft zu deren Zuständigkeit gehören, wird durch einstimmig gefasste Beschlüsse des Rates nach Stellungnahme der Kommission ausgesprochen.
(2) Betreffen die Beschlüsse und Empfehlungen des Assoziationsrats ein Gebiet, das nach dem Vertrag zur Gründung der Gemeinschaft nicht zu deren Zuständigkeit gehört, so treffen die Mitgliedstaaten die für die Anwendung erforderlichen Maßnahmen.

499 Vgl. *Vedder*, in: Grabitz/Hilf, EU, Art. 238 EGV, Rdnr. 36: „... erlangen kraft Transformation gemeinschaftsrechtlich Wirksamkeit"; OVG Nordrhein-Westfalen, Beschluß vom 20.6.1985, DVBl. 1986, 521 f.; BVerwG, Urteil vom 9.5.1986, DVBl. 1986, 873; weitere Nachweise bei *Richter*, Die Assoziierung osteuropäischer Staaten durch die Europäischen Gemeinschaften, S. 159 (Fn. 43). Auch Art. 12 des Beschlusses Nr. 2/76 und Art. 29 des Beschlusses Nr. 1/80 (abgedruckt bei Rat der Europäischen Gemeinschaft [Hrsg.], Assoziierungsabkommen und Protokolle EWG-Türkei), wonach die Vertragsparteien jeweils für ihren Bereich die zur Durchführung des jeweiligen Beschlusses erforderlichen Maßnahmen treffen, legen diese Auffassung nahe, vgl. EuGH Rs. C-192/89 (Sevince) Slg. 1989 S. I-3461, 3504, Rdnr. 23, der allerdings zu einer gegenteiligen Ansicht gelangt. Auch die frühere Praxis des Rates ging von der Notwendigkeit einer Umsetzung in Gemeinschaftsrecht aus, vgl. dazu *Gilsdorf*, EuZW 1991, 460.

500 EuGH Rs. C-30/88 (Griechenland/Kommission) Slg. 1989 S. 3711, 3737, Rdnr. 10 ff; siehe auch die Schlußanträge von Generalanwalt *Tesauro* S. I-3725, Rdnr. 9; Rs. C-192/89 (Sevince) Slg. 1990 S. I-3461, 3501, Rdnr. 14; siehe auch die Schlußanträge von Generalanwalt *Darmon*, S. I-3484, der die oben zitierte Vorschrift des Durchführungsabkommens zum Assoziierungsabkommen mit der Türkei so verstanden wissen möchte, daß die Anwendung der betreffenden Bestimmungen Durchführungsmaßnahmen nur voraussetzt, „*sofern* diese notwendig sind, und nicht deshalb, *weil* sie von vornherein in je-

grund seines unmittelbaren Zusammenhanges mit dem Assoziationsabkommen", zu dessen Durchführung er ergeht, zum integrierenden Bestandteil der Gemeinschaftsrechtsordnung[501]; er gilt kraft Gemeinschaftsrecht in den Mitgliedstaaten[502] und ist gegebenenfalls unmittelbar anwendbar.[503] Beschlüsse eines Assoziationsrats unterliegen der Auslegung durch den EuGH.[504]
Wie bei den oben behandelten Gemischten Abkommen können diese Feststellungen nach der hier vertretenen Auffassung auch für Assoziationratsbeschlüsse wiederum nur mit Ausnahme derjenigen Materien gelten, die in den Bereich ausschließlicher mitgliedstaatlicher Abschlußzuständigkeit fallen.[505] Da Assozi-

---

dem Fall notwendig wären"; ; ähnlich auch Generalanwalt *Mancini* in den Schlußanträgen zu EuGH Rs. C-204/86 (Griechenland/Rat) Slg. 1988 S. 5323, 5350 f., Rdnr. 10: „... daß Art. 2 Abs. 1 des Abkommens 64/737 zur Umsetzung nur der Entscheidungen verpflichtet, die sonst nicht angewendet werden können"; Rs. C-237/91 (Kus/Landeshauptstadt Wiesbaden) Slg. 1992 S. I-6781, 6816, Rdnr. 28 ff.

501 EuGH Rs. C-30/88 (Griechenland/Kommission) Slg. 1989 S. 3711, 3738, Rdnr. 13; dazu *Vedder*, EuR 1994, 208 f. Nach Generalanwalt *Darmon*, Schlußanträge zu EuGH Rs. C-237/91 (Kus/Landeshauptstadt Wiesbaden) Slg. 1992 S. I-6781, 6798, Rdnr. 18, gilt das auch für Bereiche, deren Durchführung in die Zuständigkeit der Mitgliedstaaten fällt. Die Zugehörigkeit zur Gemeinschaftsrechtsordnung resultiere aus der Verantwortung der Gemeinschaft gegenüber der anderen Vertragspartei für die Erfüllung des gesamten Abkommens.

502 Geht man vom Vertragscharakter des Assoziationsratsbeschlusses aus, so ist dessen Geltungsgrund Art. 300 (ex-Art. 228) Abs. 7 EG, vgl. *Fischer,* Das Assoziationsrecht der Europäischen Gemeinschaften, S. 157 ff.; *Vedder*, EuR 1994, 211. *Richter,* Die Assoziierung osteuropäischer Staaten durch die Europäischen Gemeinschaften, S. 172 ff., geht dagegen von einer Übertragung von Hoheitsrechten von den Gemeinschaften auf den Assoziationsrat aus.

503 Der Gerichtshof knüpft die Frage der unmittelbaren Anwendbarkeit von Bestimmungen eines Assoziationsratsbeschlusses an dieselben Kriterien, anhand derer er auch die unmittelbare Anwendbarkeit der Bestimmungen des Assoziationsabkommens selbst überprüft, vgl. EuGH Rs. C-192/89 (Sevince) Slg. 1989 S. I-3461, 3501, Rdnr. 14; Rs. C-277/94 (Taflan-Met) Slg. 1996 S. 4085, Rdnr. 24 f.; zustimmend *Weber,* in: Groeben/Thiesing/Ehlermann (Hrsg.), EUV/EGV, 5. Auflage 1997, Art. 238 EGV, Rdnr. 50; *Gilsdorf,* in: Groeben/Thiesing/Ehlermann (Hrsg.), EWG-V, 4. Auflage 1991, Art. 238 EGV, Rdnr. 50.

504 EuGH Rs. C-192/89 (Sevince) Slg. 1990 S. I-3461, 3500 f., Rdnr. 7 ff. Dies soll gelten, soweit die Beschlüsse Bestandteil der Gemeinschaftsrechtsordnung sind, was aufgrund des unmittelbaren Zusammenhangs mit dem zugrundeliegenden Assoziationsabkommen stets bejaht wird, vgl. die Schlußanträge von Generalanwalt *Darmon* in derselben Rs. S. 3474 f. Zur Gegenansicht vgl. die schriftliche Erklärung der Bundesregierung zu EuGH Rs. C-237/91 (Kus/Landeshauptstadt Wiesbaden) Slg. 1992 S. I-6781, 6786, Rdnr. 1.

505 Siehe oben C.II.3.b).aa).(4), S. 122. Das Bundesinnenministerium geht dagegen ohne Einschränkung von „supranationaler Wirkung" und damit von unmittelbarer Geltung und Vorrang der Bestimmungen des Assoziationsratsbeschlusses aus, vgl. die Allgemeinen Anwendungshinweise des Bundesministeriums des Inneren zum Beschluß Nr. 1/80 des

ierungsabkommen in der Regel als Gemischte Abkommen geschlossen werden[506], muß wie bei diesen auch bei der Frage, wem ein darauf basierender Assoziationsratsbeschluß gemeinschaftsintern zuzurechnen ist, entsprechend zwischen mitgliedstaatlichen und gemeinschaftlichen Zuständigkeitsbereichen unterschieden werden.[507] Dabei ist zu beachten, daß nach der Rechtsprechung des Gerichtshofs sowie nach der überwiegenden Ansicht in der Literatur Art. 310 (ex-Art. 238) EG als eigenständige Kompetenzvorschrift zu verstehen ist, deren Reichweite über die der Gemeinschaft anderweitig ausdrücklich oder implizit verliehenen Vertragsschließungszuständigkeiten hinausgeht. Dementsprechend umfaßt die Abschlußkompetenz der Gemeinschaft im Rahmen des Art. 310 (ex-Art. 238) EG alle Regelungsbereiche, für die auch im Innenverhältnis eine Gemeinschaftszuständigkeit besteht, unabhängig von ihrer vorhergehenden Ausübung.[508]
Die Rechtsakte zur Genehmigung des Vertragsschlusses sehen bezüglich des im Namen der Gemeinschaft im Assoziationsrat zu vertretenden gemeinsamen Standpunkts teilweise ein Verfahren zur gemeinschaftsinternen Willensbildung vor.[509] Art. 300 (ex-Art. 228) Abs. 2 UAbs. 2, 3 EG bestimmt nunmehr aus-

---

Assoziationsrats EWG-Türkei vom 2.5.2002 S. 7; ähnlich *Richter,* Die Assoziierung osteuropäischer Staaten durch die Europäischen Gemeinschaften, S. 161 f.

506 Eine Ausnahme bilden insoweit die Assoziierungsabkommen mit Malta, ABl. EG Nr. L 61 vom 14.3.1971 S. 1, und Zypern, ABl. EG Nr. L 133 vom 21.5.1973 S. 1.

507 Vgl. *Vedder*, EuR 1994, 210.

508 Vgl. EuGH Rs. C-12/86 (Demirel/Stadt Schwäbisch Gmünd) Slg. 1987 S. 3719, 3751, Rdnr. 9; *Hirsch,* BayVBl. 1997, 449; *Vedder*, EuR 1994, 204, 207; *ders.,* in: Grabitz/Hilf, EU, Art. 238 EGV, Rdnr. 9 f.; *Stein,* Der gemischte Vertrag im Recht der Außenbeziehungen der Europäischen Wirtschaftsgemeinschaft, S. 64; *Fischer,* Das Assoziationrecht der Europäischen Gemeinschaften, S. 103; *Herrnfeld,* in: Schwarze (Hrsg.), EU-Kommentar, Art. 310 EG, Rdnr. 5; *Weber,* in: Groeben/Thiesing/Ehlermann (Hrsg.), EUV/EGV, 5. Auflage 1997, Art. 238 EGV, Rdnr. 22; weiter: *Gilsdorf,* in: Groeben/Thiesing/Ehlermann (Hrsg.), EWG-V, 4. Auflage 1991, Art. 238 EGV, Rdnr. 24; zur Gegenansicht vgl. *Oppermann,* Europarecht, 2. Auflage 1999, Rdnr. 1883 f.: Gemeinschaft muß sich im Rahmen ihrer sonstigen materiellen Kompetenzen halten.

509 Vgl. Art. 3 des Beschlusses des Rates und der Kommission über den Abschluß des Europa-Abkommens zwischen den Europäischen Gemeinschaften und ihren Mitgliedstaaten einerseits und der Republik Polen andererseits, ABl. EG Nr. L 348 vom 31.12.1993 S. 1; ABl. EG Nr. L 359 vom 31.12.1994 S. 1 (Assoziierungsabkommen mit der Slowakischen Republik, Art. 2); ABl. EG Nr. L 347 vom 31.12.1993 S. 1 (Assoziierungsabkommen mit Ungarn, Art. 2); ABl. EG Nr. L 147 vom 21.6.2000 S. 1 (Europa-Mittelmeer-Abkommen mit Israel, Art. 2); ABl. EG Nr. L 61 vom 14.3.1971 S. 1 (Assoziierungsabkommen mit Malta, Art. 3); andererseits beispielsweise den Beschluß des Rates und der Kommission über den Abschluß des Abkommens über den Europäischen Wirtschaftsraum, ABl. EG Nr. L 1 vom 3.1.1994 S. 1; Beschluß des Rates über den Abschluß des Abkommens zur Gründung einer Assoziation mit der Türkei, ABl. EG Nr. 217 vom 29.12.1964 S. 3685, vgl. hierzu aber das Abkommen der im Rat vereinigten Vertreter der Regierungen der

drücklich, daß der Standpunkt, den die Gemeinschaft in einem derartigen Gremium einnimmt, vom Rat einstimmig zu beschließen und das Parlament umfassend und unverzüglich zu unterrichten ist.

bb) Die Mitwirkung der Gemeinschaft in Beschlußorganen internationaler Organisationen und in anderen durch internationale Konventionen eingerichteten Beschlußorganen

Vergleichbare Beschlußorgane sehen auch die Gründungsverträge mancher internationaler Organisationen vor, deren Mitglied die Gemeinschaften[510] als Völkerrechtssubjekte sein können.[511] Die ihnen zustehenden Mitgliedschaftsrechte variieren jedoch von einer Organisation zur anderen.[512] Für die Modalitäten der Ausübung eines der Europäischen Gemeinschaft gegebenenfalls zugestandenen Stimmrechts sieht der EG-Vertrag derzeit[513] noch keine spezifischen Regeln vor;

Mitgliedstaaten über die zur Durchführung des Abkommens zur Gründung einer Assoziation zwischen der Europäischen Wirtschaftsgemeinschaft und der Türkei zu treffenden Maßnahmen und die dabei anzuwendenden Verfahren, ABl. EG Nr. 217 vom 29.12.1964 S. 3703 (1964/737/EWG).

510 Nach der hier vertretenen Ansicht auch die Union, vgl. oben C.II.1.a). S. 65 ff.

511 Das Recht der Gemeinschaft, im Rahmen ihrer Zuständigkeiten an der Gründung internationaler Organisationen teilzunehmen, wurde vom EuGH im Gutachten 1/76 (Stillegungsfonds) Slg. 1977 S. 741, Rdnr. 5 ausdrücklich festgestellt. Eine Aufzählung der Organisationen, in denen nur die Gemeinschaft, nicht aber ihre Mitgliedstaaten vertreten ist, findet sich bei *Sack*, CMLRev. 1995, 1240 f. Eine vollwertige Mitgliedschaft scheitert allerdings nicht selten am Widerstand anderer Vertragsparteien, so daß sich die Gemeinschaft auf einen Beobachterstatus beschränken muß, vgl. *Kaddous*, Le droit des relations extérieures dans la jurisprudence de la CJCE, S. 136 ff.; *MacLeod*, External Relations of the European Communities, S. 170; *Sack*, ZEuS 2001, 277 f.; *ders.*, CMLRev. 1995, 1233 ff.; für Beispiele siehe *MacLeod*, a.a.O., S. 176 ff. In solchen Fällen sind die Mitgliedstaaten gehalten, ihre Stimmen für die Gemeinschaft, sozusagen als Treuhänder, auszuüben, vgl. EuGH Rs. C-22/70 (AETR) Slg. 1971 S. 263, Rdnr. 90; Gutachten 2/91 (ILO) Slg. 1993 S. I-1061, 1076, Rdnr. 5.
Auch Übereinkommen, durch die keine internationale Organisation mit eigener Rechtspersönlichkeit begründet wird, können Organe einsetzen, die zur verbindlichen Beschlußfassung berechtigt sind, vgl. Art. 15 Abs. 3 des Übereinkommens zwischen der Europäischen Wirtschaftsgemeinschaft, der Republik Österreich, der Republik Finnland, dem Königreich Norwegen, dem Königreich Schweden und der schweizerischen Eidgenossenschaft über ein gemeinsames Versandverfahren, ABl. EG Nr. L 226 vom 13.8.1987 S. 2.

512 *Sack*, CMLRev. 1995, 1241 ff.

513 Art. 2 Punkt 46 des Vertrags von Nizza erstreckt das in Art. 300 (ex-Art. 228) Abs. 2 UAbs. 2 EG vorgesehene Verfahren zur Bildung des im Namen der Gemeinschaft in Assoziationsräten zu vertretenden Standpunkts auf alle Beschlußorgane internationaler Organisationen.

die Vorschriften über den Abschluß internationaler Verträge werden teilweise analog herangezogen.[514] Die von der EG im Beschlußorgan der jeweiligen internationalen Organisation zu vertretende Position wird im voraus im Rat mit der für die zugrundeliegende gemeinschaftliche Rechtsgrundlage erforderlichen Mehrheit festgelegt.[515] Teilweise sieht auch der Ratifikationsakt des Rates ein spezielles Verfahren zur internen Willensbildung vor.[516]
Die Situation gestaltet sich schwieriger, wenn sowohl die Gemeinschaft als auch ihre Mitgliedstaaten Mitglieder der internationalen Organisation sind. Nachdem der Gerichtshof unter dem Gesichtspunkt der Erforderlichkeit einheitlichen Auftretens nach außen das Bestehen einer Kooperationspflicht zwischen Gemeinschaft und Mitgliedstaaten festgestellt hatte[517], wurde die Frage, wer in solchen Fällen unter welchen Voraussetzungen die gemeinsame Position vertreten soll, meist durch informelle, nicht veröffentlichte Arrangements zwischen Rat und Kommission einer praktikablen Lösung zugeführt.[518] In von der Gemeinschaftskompetenz abgedeckten Bereichen kann die Gemeinschaft grundsätzlich über die Stimmen ihrer Mitgliedstaaten verfügen.[519] Auf Gebieten mitgliedstaatlicher

---

514 *Sack*, CMLRev. 1995, 1252; *Hyett*, in: Dashwood (Hrsg.), The General Law of EC External Relations, S. 251.

515 *Sack*, CMLRev. 1995, 1252.

516 Vgl. Art. 3 der Verordnung zum Abschluß des Übereinkommens zur Gründung eines internationalen Wissenschafts- und Technologiezentrums zwischen den Vereinigten Staaten von Amerika, Rußland, Japan, sowie der Europäischen Atomgemeinschaft und der Europäischen Wirtschaftsgemeinschaft, ABl. EG Nr. L 409 vom 31.12.1992 S. 1; *MacLeod*, External Relations of the European Communities, S. 176.

517 EuGH Gutachten 2/91 (ILO), Slg. 1993 S. I-1061, 1083, Rdnr. 36 ff.; Gutachten 1/94 (WTO), Slg. 1994 S. I-5267, 5420, Rdnr. 108 f., dazu *Timmermans*, in: Dashwood (Hrsg.), General Law of EC-External Relations, S. 239, 241 ff.; *Kuijper*, EJIL 1995 S. 222, 242 ff.

518 Vgl. *MacLeod*, External Relations of the European Communities, S. 172 f.; *Sack*, CMLRev. 1995, 1253. Die als Reaktion auf das Gutachten 1/78 (Naturkautschuk) Slg. 1979 S. 2871 für Rohstoffabkommen beschlossene Formel „Proba 20“ ist nachzulesen bei *Völker/Steenbergen*, Leading Cases and Materials on External Relations Law of the E.C., S. 48 ff. Das von Mitgliedstaaten und Gemeinschaft hinsichtlich der Ausübung der Mitgliedschaftsrechte in der FAO geschlossenen Arrangement (in Auszügen abgedruckt bei *Kaddous*, Le droit des relations extérieures dans la jurisprudence de la CJCE, S. 139 f., sowie in der nachfolgend zitierten Entscheidung des Gerichtshofs bei, Rdnr. 6 f.) wurde vom Gerichtshof in der Rs. C-25/94 (Kommission/Rat) Slg. 1996 S. I-1469, 1510, Rdnr. 49, für rechtsverbindlich gehalten. Zur Abstimmung des Verhaltens von EG und Mitgliedstaaten im Rahmen der WTO war ein „Code of Conduct“ zwar geplant, kam jedoch bisher nicht zustande, vgl. *Timmermans*, in: Dashwood (Hrsg.), The General Law of EC External Relations, S. 244.

519 *Sack*, CMLRev. 1995, 1241; *ders.*, ZEuS 2001, 278; *McGoldrick*, International Relations Law of the EU, S. 84; *Vedder*, in: Grabitz/Hilf, EU, Archivband Lfg. 5/1986, Art. 228 EGV, Rdnr. 29.

Vertragsschlußkompetenz wird eine gemeinsame Haltung von den im Rat vereinigten Vertretern der Regierungen der Mitgliedstaaten verabredet.[520] In Bereichen geteilter Zuständigkeit kann letztlich eine gemeinsame Position nicht erzwungen werden[521], und die Mitgliedstaaten haben sich vorbehalten, neben der Gemeinschaft ihren eigenen Standpunkt zu vertreten, soweit wesentliche nationale Interessen betroffen sind und eine interne Einigung nicht erzielt werden kann.[522]
Wegen des unmittelbaren Zusammenhangs mit dem zugrundeliegenden Übereinkommen werden nach der Rechtsprechung des Gerichtshofs auch Rechtshandlungen von durch das jeweilige Übereinkommen geschaffenen Organen mit ihrem Inkrafttreten Teil der Gemeinschaftsrechtsordnung und unterliegen der Auslegung durch den EuGH.[523]

b) *Mitwirkungsrechte der deutschen Bundesländer*

aa) *hinsichtlich der Beschlüsse von Assoziationsräten*

(1) *Zuständigkeitsbereich der Gemeinschaft*

Da die Bestimmungen eines Assoziationsratsbeschlusses, soweit sie von der Vertragsschlußkompetenz der Gemeinschaft gedeckt sind, im Gemeinschaftsrecht ohne Umsetzungsakt unmittelbar gelten, beschränkt sich die Einflußnahmemöglichkeit der deutschen Bundesländer zwangsläufig auf den im Vorfeld der Beschlußfassung im Assoziationsrat zu bildenden und dort im Namen der Gemeinschaft zu vertretenden gemeinsamen Standpunkt. Die Beteiligung an der Bestimmung der Haltung des deutschen Vertreters im Rat erfolgt hier über den Bundesrat gemäß Art. 23 Abs. 2, 4 bis 7 GG i.V.m. EUZBLG.[524]

---

520 *Hyett*, in: Dashwood (Hrsg.), The General Law of EC External Relations, S. 251.

521 *Hyett*, in: Dashwood (Hrsg.), The General Law of EC External Relations, S. 251 f.; *McGoldrick*, International Relations Law of the EU, S. 83.

522 Vgl. die Erklärung der deutschen, dänischen und britischen Delegationen im Anhang zu „Proba 20“, abgedruckt bei *Völker/Steenbergen*, Leading Cases and Materials on External Relations Law of the E.C., S. 50.

523 Vgl. EuGH Rs. C-188/91 (Deutsche Shell AG) Slg. 1993 S. I-363, 388, Rdnr. 17 ff. zu einer Empfehlung des durch das Übereinkommen über ein gemeinsames Versandverfahren, ABl. EG Nr. L 226 vom 13.8.1987 S. 2, eingesetzten gemischten Ausschusses. A.A. *Tomuschat*, in: Groeben/Thiesing/Ehlermann (Hrsg.), EUV/EGV, 5. Auflage 1997, Art. 210 EGV, Rdnr. 50.

524 Das entspricht auch der Haltung von Bundesrat und Bundesregierung, vgl. die Stellungnahme des Bundesrates zum Abschluß des Europaabkommens mit der Slowakischen Republik, BT-Drucksache 12/7622 vom 19.5.1994 S. 211 (wortgleich in bezug auf das Europaabkommen mit der Tschechischen Republik in BT-Drucksache 12/7621 vom

Von den Mitgliedstaaten zu erlassende Durchführungsvorschriften stellen keine Transformation des Rechtsakts dar, sondern erfolgen lediglich in Erfüllung einer gemeinschaftsrechtlichen Pflicht.[525] Sie sind dementsprechend am ehesten als Transposition zu bezeichnen, bei der zumindest hinsichtlich des „Ob" der Umsetzung keinerlei Spielraum bleibt.[526] Eine Anwendung der Lindauer Absprache kommt folglich in diesem Bereich nicht in Betracht.

(2) Kompetenzbereich der Mitgliedstaaten

(a) Mitwirkung an der Willensbildung auf Gemeinschaftsebene

Soweit eine zu behandelnde Materie in die mitgliedstaatliche Zuständigkeit fällt, ist wie bei Gemischten Abkommen zu klären, ob es sich hierbei dennoch um eine Angelegenheit der Europäischen Union im Sinne des Art. 23 Abs. 2, 4 bis 7 GG handelt. Geht man davon aus, daß Art. 310 (ex-Art. 238) EG eine Abschlußkompetenz der Gemeinschaft für alle vom EG-Vertrag erfaßten Materien begründet, so kann es nicht, wie bei anderen völkerrechtlichen Verträgen, zu einem Auseinanderfallen von Abschlußkompetenz und interner Regelungsbefugnis im Sinne einer „überschießenden" Innenkompetenz kommen.[527] Der Bereich, für den im Rahmen „normaler" Gemischter Abkommen eine Abschlußzuständigkeit der Gemeinschaft nur deshalb nicht besteht, weil eine vorhandene

---

19.5.1994 S. 211) sowie die jeweils angefügte Gegenäußerung der Bundesregierung.

525 Vgl. EuGH Rs. C-192/89 (Sevince) Slg. 1990 S. I-3461, 3503 f., Rdnr. 22; Schlußanträge von Generalanwalt *Darmon* zu Rs. C-237/91 (Kus/Landeshauptstadt Wiesbaden) Slg. 1992 S. I-6781, 6798, Rdnr. 18, unter Bezugnahme auf Rs. C-104/81 (Kupferberg) Slg. 1982 S. 3641, 3662, Rdnr. 13.

526 Anders *Weber,* in: Groeben/Thiesing/Ehlermann (Hrsg.), EUV/EGV, 5. Auflage 1997, Art. 238 EGV, Rdnr. 12, 19, der im Bereich des Art. 310 (ex-Art. 238) EG durchaus noch Raum für eine Transformationskompetenz der Mitgliedstaaten sieht.

527 Siehe dazu oben C.II.3.a). S. 109 und b).aa).(5). S. 121. Dagegen ist – in Anwendung des *effet-utile*-Gedankens – nicht auszuschließen, daß ein Sachbereich Gegenstand einer Assoziation nach Art. 310 (ex-Art. 238) EG wird, für den die Gemeinschaft intern über keine Rechtsetzungsbefugnisse verfügt. So hat der Gerichtshof in der Rs. C-12/86 (Demirel/Stadt Schwäbisch Gmünd) Slg. 1987 S. 3719, 3751, Rdnr. 9, 10, deutlich gemacht, daß die Zugehörigkeit einer die Freizügigkeit von Arbeitnehmern aus Drittstaaten betreffenden Bestimmung des Assoziierungsabkommens zur Gemeinschaftsrechtsordnung nicht deswegen in Frage gestellt werden könne, weil „es beim gegenwärtigen Stand des Gemeinschaftsrechts Sache der Mitgliedstaaten wäre, die Vorschriften zu erlassen, die notwendig sind, um die Durchführung der Bestimmungen des Abkommens oder der vom Assoziationsrat zu treffenden Entscheidungen auf ihrem Hoheitsgebiet sicherzustellen"; vgl. *Richter,* Die Assoziierung osteuropäischer Staaten durch die Europäischen Gemeinschaften, S. 157 f.; *Gilsdorf,* in: Groeben/Thiesing/Ehlermann (Hrsg.), EWG-V, 4. Auflage 1991, Art. 238 EGV, Rdnr. 24.

Innenkompetenz nocht nicht ausgeübt wurde, und der deshalb dort als „Angelegenheit der Europäischen Union“ eingestuft wurde, obwohl der Vertragsschluß den Mitgliedstaaten zuzurechnen ist, fällt bei Assoziierungsabkommen auf der umfassenderen Grundlage des Art. 310 (ex-Art. 238) EG von vornherein in die Abschlußzuständigkeit der Gemeinschaft. Eine Beteiligung der Mitgliedstaaten am Vertragsschluß ist deshalb nur in deren ausschließlichem Kompetenzbereich erforderlich und zulässig.[528] Für diesen ist nach der hier vertretenen Ansicht eine Einordnung als „Angelegenheit der Europäischen Union“ im Sinne des Art. 23 Abs. 2 GG aber abzulehnen[529]; die bloße Verbindung von Materien beider Kompetenzbereiche in einem einheitlichen Rechtsakt reicht hierfür nicht aus. Eine Beteiligung der Länder muß hier demnach gegebenenfalls über die Lindauer Absprache erfolgen.[530]

(b) Umsetzung in innerstaatliches Recht

Beschlüsse eines Assoziationsrates können also, soweit sie von der Gemeinschaftskompetenz gedeckt sind, in den Rechtsordnungen der Mitgliedstaaten unmittelbare Geltung und Anwendbarkeit entfalten. Dagegen muß, folgt man der Auffassung, bei diesen Beschlüssen handele es sich um völkerrechtliche Verträge, im Bereich mitgliedstaatlicher Abschlußzuständigkeit das zu Gemischten Abkommen Erörterte gelten. Für die Umsetzung, bei der es sich hier um eine Transformation, nicht um eine bloße Transposition wie im Bereich der Gemeinschaftszuständigkeit handelt, bleiben die Mitgliedstaaten verantwortlich und wenden ihre für völkerrechtliche Verträge geltenden verfassungsrechtlichen Vorschriften an.[531] Denn ebensowenig wie die Gemeinschaften selbst ist ein As-

---

528 *Richter,* Die Assoziierung osteuropäischer Staaten durch die Europäischen Gemeinschaften, S. 196; *Stein,* Der gemischte Vertrag im Recht der Außenbeziehungen der Europäischen Wirtschaftsgemeinschaft, S. 73 f.; *Weber,* in: Groeben/Thiesing/Ehlermann (Hrsg.), EUV/EGV, 5. Auflage 1997, Art. 238 EGV, Rdnr. 22; *Gilsdorf,* in: Groeben/Thiesing/Ehlermann (Hrsg.), EWG-V, 4. Auflage 1991, Art. 238 EGV, Rdnr. 29.

529 Siehe dazu oben C.II.3.b).aa). S. 108 ff.

530 Zu einem anderen Ergebnis muß freilich im Wege des Erst-recht-Schlusses kommen, wer schon Gemischte Abkommen in ihrer Gesamtheit von vornherein als Angelegenheiten der Europäischen Union einstuft. Auch Bundesrat und Bundesregierung wollen auf Assoziationsratsbeschlüsse ohne Unterscheidung nach Kompetenzbereichen stets Art. 23 GG zur Anwendung bringen, vgl. die Stellungnahmen des Bundesrates, BT-Drucksache 12/7622 vom 19.5.1994 S. 211 und BT-Drucksache 12/7621 vom 19.5.1994 S. 211 und die angefügten Gegenäußerungen der Bundesregierung.

531 So auch *Weber,* in: Groeben/Thiesing/Ehlermann (Hrsg.), EUV/EGV, 5. Auflage 1997, Art. 238 EGV, Rdnr. 23, 54; *Vedder,* in: Grabitz/Hilf, EU, Archivband Lfg. 9/1987, Art. 238 EGV, Rdnr. 36. Die Einschätzung deutscher Gerichte, Beschlüsse von Assoziationsräten könnten keine unmittelbaren Rechtswirkungen in den Mitgliedstaaten der EG

soziationsrat in der Lage, ohne vorhergehende Hoheitsrechtsübertragung in den Mitgliedstaaten unmittelbar geltendes Recht zu setzen. Berührt also ein Teil eines Assoziationsratsbeschlusses Bereiche der Gesetzgebungszuständigkeit des Bundes, so ist er nach Art. 59 Abs. 2 S. 1 GG zu transformieren. Soweit er innerstaatlich in die Zuständigkeit der Länder fällt, sind diese für die Umsetzung verantwortlich. Vor der Ratifikation, die die völkerrechtliche Verbindlichkeit der in die ausschließliche mitgliedstaatliche Zuständigkeit fallenden Bestimmungen – und damit gleichzeitig die vom Gerichtshof festgestellte gemeinschaftsrechtliche Pflicht zur Umsetzung[532] – herbeiführt, ist also gegebenenfalls das Einverständnis der Bundesländer nach der Lindauer Absprache einzuholen.[533]

bb) hinsichtlich der Mitwirkung in anderen Beschlußorganen

Die in bezug auf Gemischte Abkommen und Assoziationsratsbeschlüsse gefundenen Lösungen können im wesentlichen auf im Rahmen internationaler Orga-

---

entfalten, es bedürfe vielmehr einer Umsetzung in das innerstaatliche Recht, behält also für den von der mitgliedstaatlichen Abschlußzuständigkeit abgedeckten Bereich ihre Gültigkeit, vgl. OVG Nordrhein-Westfalen, Beschluß vom 20.6.1985, DVBl. 1986, 521 f.; BVerwG, Urteil vom 9.5.1986, DVBl. 1986, 873; BVerwGE 78, 192, 196 f. In seiner jüngeren Rechtsprechung geht das Bundesverwaltungsgericht zwar nunmehr ebenfalls von einer unmittelbaren Geltung von Assoziationsratsbeschlüssen in der nationalen Rechtsordnung aus und folgt damit dem EuGH, vgl. BVerwGE 97, 301, 304 f.; E 98, 31, 33; E 98, 298, 310; E 98, 313, 323 f.; E 99, 28, 31 f. Diese Rechtsprechung bezieht sich aber wiederum nur auf den von der EG-Abschlußkompetenz abgedeckten Bereich des Ausländer-Aufenthaltsrechts, so daß Rückschlüsse auf die Haltung des Bundesverwaltungsgerichts zur unmittelbaren Geltung von Bestimmungen, die in mitgliedstaatliche Kompetenz fallen, wohl nicht möglich sind.
Dagegen scheint Generalanwalt *Darmon* in seinen Schlußanträgen zu EuGH Rs. C-192/89 (Sevince) Slg. 1989 S. I-3461, 3484, Rdnr. 36 davon auszugehen, daß Beschlüsse, auch soweit sie auf einem Gebiet mitgliedstaatlicher Zuständigkeit gefaßt werden, unmittelbar Rechtswirkungen in den Mitgliedstaaten entfalten können. Eine klare Haltung des Gerichtshofs läßt sich dem Urteil (insbesondere, Rdnr. 22 f.) jedoch nicht entnehmen, da der EuGH ja davon ausgeht, daß der fragliche Bereich der Freizügigkeit türkischer Arbeitnehmer im Rahmen des Art. 310 (ex-Art. 238) EG in die Abschlußzuständigkeit der Gemeinschaft fällt, vgl. EuGH Rs. C-12/86 (Demirel/Stadt Schwäbisch Gmünd) Slg. 1987 S. 3719, 3751, Rdnr. 9.

532 EuGH Rs. C-192/89 (Sevince) Slg. 1990 S. I-3461, 3503 f., Rdnr. 22; Generalanwalt *Darmon*, Schlußanträge zu Rs. C-237/91 (Kus/Landeshauptstadt Wiesbaden) Slg. 1992 S. I-6781, 6798, Rdnr. 18; Rs. C-104/81 (Kupferberg) Slg. 1982 S. 3641, 3662, Rdnr. 13.

533 Ist der Assoziationsratsbeschluß als reines Verwaltungsabkommen einzustufen, das einer Ratifikation nicht bedarf, so ist der Zeitpunkt der Herstellung des Einvernehmens der Länder entsprechend vorzuverlagern.

nisationen oder anderer internationaler Konventionen gefaßte Beschlüsse übertragen werden. Soweit man also solche Beschlüsse als in vereinfachter Form abgeschlossene internationale Verträge einstuft[534], steht für den von der Abschlußkompetenz der Gemeinschaft abgedeckten Bereich der Annahme einer unmittelbaren Geltung in den Rechtsordnungen der Gemeinschaft und der Mitgliedstaaten grundsätzlich nichts entgegen; Art. 300 (ex-Art. 228) Abs. 7 EG findet Anwendung. Einer Transformation bedarf es dann nicht.[535] Die Mitwirkung der Länder an der gemeinschaftsinternen Willensbildung im Rat erfolgt über das Bundesratsverfahren des Art. 23 GG. Geht man mit einem Teil der Lehre davon aus, daß zumindest mit Mehrheitsvotum gefaßte Beschlüsse zu ihrer Geltung in der Gemeinschaftsrechtsordnung einer Umsetzung durch den Rat bedürfen[536], so muß auch auf diesen vom Rat zu erlassenden Transformationsakt das Beteiligungsverfahren des Art. 23 Abs. 2, 4 bis 7 GG i.V.m. EUZBLG angewandt werden.
Für die Lindauer Absprache bleibt, auch soweit mitgliedstaatliche Abschlußzuständigkeiten betroffen sind, nur noch dort Raum, wo diese ausschließlicher Natur sind.[537] Die Umsetzung in innerstaatliches Recht hat dann durch die jeweils zuständige nationale Stelle zu erfolgen.

5. Verträge der Mitgliedstaaten untereinander

a) Verträge zur Änderung der Gründungsverträge

aa) Europarechtliche Einordnung

Das in Art. 48 (ex-Art. N) EU vorgesehene Verfahren zur Vertragsänderung verbindet abweichend vom allgemeinen völkerrechtlichen Änderungsverfahren nach Art. 39, 40 der Wiener Vertragsrechtskonvention[538] eine unions- bezie-

---

534 Das ist zumindest dort der Fall, wo ausschließlich einstimmig beschlossen wird, vgl. *Tomuschat,* in: Groeben/Thiesing/Ehlermann (Hrsg.), EUV/EGV, 5. Auflage 1997, Art. 228 EGV, Rdnr. 75; *Gilsdorf,* EuZW 1991, 460: „autonomes Abkommensrecht".

535 Ebenso *Gilsdorf,* EuZW 1991, 462; a.A. *Hailbronner,* in: Hailbronner/Klein/Magiera, Handkommentar zum EU/EG-Vertrag, Art. 228 EGV, Rdnr. 49.

536 *Tomuschat,* in: Groeben/Thiesing/Ehlermann (Hrsg.), EUV/EGV, 5. Auflage 1997, Art. 228 EGV, Rdnr. 75, Art. 210 EGV, Rdnr. 50; *Schmalenbach,* in: Calliess/Ruffert (Hrsg.), EUV/EGV, 2. Auflage 2002, Art. 300 EG, Rdnr. 75: gemeinschaftsrechtlicher Umsetzungsakt außerhalb von Art. 310 (ex-Art. 238) EG immer erforderlich; a.A. *Gilsdorf,* EuZW 1991, 461 f.

537 Siehe oben, C.II.3.b).aa).(5). S. 120 ff.

538 Wiener Übereinkommen über das Recht der Verträge vom 23.5.1969, BGBl. II 1985

hungsweise gemeinschaftsrechtliche Phase mit einem völkerrechtlichen Vertragsschluß durch die Mitgliedstaaten.[539] Auf Initiative der Kommission oder eines Mitgliedstaats gibt der Rat, nach Anhörung von Europäischem Parlament und Kommission[540] eine Stellungnahme zugunsten der Einberufung einer Regierungskonferenz ab, Art. 48 (ex-Art. N) Abs. 2 EU. Diese wird dann vom Präsidenten des Rates einberufen.[541] Nach erfolgreichem Abschluß müssen die dort beschlossenen Regelungen von allen Mitgliedstaaten nach ihren jeweiligen verfassungsrechtlichen Vorschriften ratifiziert werden, Art. 48 (ex-Art. N) Abs. 3 EU.

Hinsichtlich der Beteiligung der deutschen Bundesländer ist also zu trennen zwischen dem Beschluß des Rates nach Art. 48 (ex-Art. N) Abs. 2 EU auf der einen und der sich anschließenden völkerrechtlichen Phase der Regierungskonferenz und des Vertragsschlusses auf der anderen Seite. Da die Erörterung der Länderbeteiligung an der Beschlußfassung des Rates durch die Klärung der Mitwirkung an den völkerrechtlichen Verhandlungen erleichtert wird, soll – entgegen der zeitlichen Reihenfolge – zunächst letzterer nachgegangen werden.

S. 926. Ob und inwieweit daneben eine Vertragsänderung nach allgemeinen völkerrechtlichen Regeln möglich ist, bedarf im Rahmen dieser Untersuchung keiner Klärung; vgl. dazu *Herrnfeld*, in: Schwarze (Hrsg.), EU-Kommentar, Art. 48 EU, Rdnr. 15 f.; *Cremer*, in: Calliess/Ruffert (Hrsg.), EUV/EGV, 2. Auflage 2002, Art. 48 EU, Rdnr. 4 f.; *Vedder/Folz*, in: Grabitz/Hilf, EU, Art. 48 EU, Rdnr. 46 ff.; *Koenig/Pechstein*, EuR 1998, 132, 138 ff.

539 *Herrnfeld*, in: Schwarze (Hrsg.), EU-Kommentar, Art. 48 EU, Rdnr. 4 f.; *Richter*, Die Erweiterung der Europäischen Union, S. 166; *Oppermann*, Europarecht, 2. Auflage 1999, Rdnr. 501. Zum Verfahrensablauf in Vorbereitung des Vertrags von Nizza vgl. die Denkschrift der Bundesregierung, BT-Drucksache 14/6146 vom 25.5.2001 S. 42; zum Vertrag von Amsterdam vgl. die Denkschrift der Bundesregierung, BT-Drucksache 13/9339 vom 3.12.1997 S. 139 f.

540 Soweit nicht die Initiative von dieser selbst ausging.

541 In der Praxis wird der Regierungskonferenz ihr Mandat vom Europäischen Rat erteilt, vgl. die Denkschriften der Bundesregierung zu den Verträgen von Amsterdam und Nizza, BT-Drucksache 14/6146 vom 25.5.2001 S. 42 und BT-Drucksache 13/9339 vom 3.12.1997 S. 139 f. sowie die Schlußfolgerungen des Vorsitzes zum Europäischen Rat in Köln vom 3./4.6.1999 Punkt 52 ff.; nur die formelle Beschlußfassung bleibt dem Rat der Europäischen Union überlassen; vgl. *Jacqué*, Droit institutionnel de l'Union européenne, Rdnr. 814.

bb) Mitwirkungsrechte der Bundesländer

(1) Völkerrechtlicher Teil: Regierungskonferenz und Vertragsschluß

Die Verträge zur Gründung der Europäischen Gemeinschaften und der Europäischen Union einschließlich der Protokolle sowie die Verträge zur Änderung derselben gemäß Art. 48 (ex-Art. N) EU[542] sind rein völkerrechtlicher Natur.[543] Als völkerrechtliche Verträge, die die politischen Beziehungen des Bundes regeln oder sich auf Gegenstände der Bundesgesetzgebung beziehen, machen sie innerstaatlich nach allgemeinen Grundsätzen ein Vertragsgesetz nach den Vorschriften des Art. 59 Abs. 2 S. 1 GG erforderlich.[544] Durch die Gründungsverträge selbst sowie die nachfolgenden Verträge zu deren Änderung werden in aller Regel[545] auch Hoheitsrechte übertragen[546], so daß das Vertragsgesetz eine Doppel-

---

[542] Ebenfalls von Art. 48 (ex-Art. N) EU erfaßt sind Änderungen von anderen die Verträge ergänzenden primärrechtlichen Grundlagen der Union und – soweit darin angeordnet – der Beitrittsverträge, vgl. *Herrnfeld,* in: Schwarze (Hrsg.), EU-Kommentar, Art. 48 EU, Rdnr. 2; *Koenig/Pechstein,* EuR 1998, 130.

[543] *Cremer,* in: Calliess/Ruffert (Hrsg.), EUV/EGV, 2. Auflage 2002, Art. 48 EU, Rdnr. 3; *Weber/Wuermeling,* EuZW 1990, 342; *Classen,* in: v.Mangoldt/Klein/Starck, GG II, Art. 23 I, Rdnr. 4; *Schweitzer,* Staatsrecht III, 7. Auflage 2000, Rdnr. 328; *Oppermann,* Europarecht, 2. Auflage 1999, Rdnr. 499; *Vedder/Folz,* in: Grabitz/Hilf, EU, Art. 48 EU, Rdnr. 31; *Kort,* JZ 1997, 640; *Pechstein/Koenig,* Die Europäische Union, 3. Auflage 2000, Rdnr. 142.
Davon streng zu trennen ist die im Vorfeld ebenfalls auf der Grundlage des Art. 48 (ex-Art. N) EU abzugebende Stellungnahme des Rates zugunsten des Zusammentritts der Regierungskonferenz; bei dieser handelt es sich um einen Akt des Gemeinschafts- beziehungsweise Unionsrechts, vgl. *Koenig/Pechstein,* EuR 1998, 146; *Weber/Wuermeling,* EuZW 1990, 343; *Vedder/Folz,* in: Grabitz/Hilf, EU, Art. 48 EU, Rdnr. 27; siehe dazu unten (2). S. 159.

[544] Vgl. die Gesetzesbegründung der Bundesregierung zur Änderung des Art. 23 GG, BR-Drucksache 501/92 vom 14.8.1992 S. 9; *Schweitzer,* Staatsrecht III, 7. Auflage 2000, Rdnr. 61a.

[545] Unter Hinweis auf den „intergouvernementalen Charakter" der Handlungsformen des EU-Vertrages wird teilweise bezweifelt, daß in diesem Rahmen überhaupt eine Übertragung von Hoheitsrechten stattgefunden hat, vgl. *Pernice,* in: Dreier (Hrsg.), GG, Bd. 2, Art. 23, Rdnr. 84, *Rojahn,* in: v.Münch/Kunig, GG II, 5. Auflage 2001, Art. 23, Rdnr. 45. Eine weitere Ausnahme mag für den Fusionsvertrag von 1967 gelten, vgl. *Weber,* DVBl. 1986, 801; *Ipsen,* Europäisches Gemeinschaftsrecht, 2/11, S. 54 (Fn. 14). In diesen Fällen soll nach herrschender Meinung ein Vertragsgesetz nach Art. 59 Abs. 2 S. 1 GG ausreichen; Art. 23 Abs. 1 S. 2, 3 GG soll nicht zur Anwendung kommen, vgl. *Schweitzer,* Staatsrecht III, 7. Auflage 2000, Rdnr. 65a; *König,* Die Übertragung von Hoheitsrechten im Rahmen des europäischen Integrationsprozesses, S. 302 f. Siehe dazu unten S. 148.

[546] Für den Vertrag von Amsterdam vgl. die Begründung der Bundesregierung zum Vertragsgesetz, BR-Drucksache 784/97 vom 17.10.1997 S. 6; für den Vertrag von Nizza BR-Drucksache 200/01 vom 9.3.2001 S. 3.

funktion – Hoheitsrechtsübertragung nach Art. 23 Abs. 1 S. 2, 3 GG und Vertragsgesetz, das sich, sofern dieser nicht verdrängt wird[547], nach Art. 59 Abs. 2 S. 1 GG richtet – erfüllt.[548] Auch hier ist zu erwägen, ob für eine Beteiligung der Länder nach dem für völkerrechtliche Verträge im allgemeinen geltenden Verfahren der Lindauer Absprache Raum bleibt.

(a) Mitwirkung im Rahmen der Regierungskonferenz: Anwendbarkeit von Art. 23 Abs. 2, 4 bis 7 GG i.V.m. EUZBLG?

Zu untersuchen ist zunächst, ob für Regierungskonferenzen zur Vertragsrevision der Anwendungsbereich der Länderbeteiligung nach Art. 23 Abs. 2, 4 bis 7 GG eröffnet ist.

Die Regelung folgt, wie eingangs dargestellt[549], in weiten Zügen der „Bundesratslösung" nach Art. 2 EEAG, die auf eine verfassungsrechtliche Grundlage gestellt wurde.[550] Dieses Beteiligungsverfahren wurde in der Literatur zum Teil auch im Rahmen von Vertragsänderungsverfahren für anwendbar gehalten, da auch der Abschluß eines Änderungsvertrages einen „Beschluß der Europäischen Gemeinschaften" i.S.v. Art. 2 Abs. 2 EEAG darstelle.[551] In der Konsequenz müßte das Verfahren nach Art. 23 Abs. 2, 4 bis 7 GG i.V.m. EUZBLG bei Änderungen der vertraglichen Grundlagen der Europäischen Union wohl erst recht zum Zuge kommen, da die Mitwirkungsbefugnisse der Länder ausweislich der Gesetzesbegründung mit der Neuregelung verfassungsrechtlich verankert und erweitert, keinesfalls aber beschränkt werden sollten.[552] Eine Vielzahl von Autoren sieht dementsprechend in den Änderungen der vertraglichen Grundlagen der Europäischen Union im Sinne des Art. 23 Abs. 1 S. 2, 3 GG zugleich deren „Angelegenheiten", wie sie von Art. 23 Abs. 2 S. 1 GG erfaßt werden.[553]

---

547 Siehe dazu unten S. 142 ff.

548 *Schweitzer,* Staatsrecht III, 7. Auflage 2000, Rdnr. 61a; *Streinz,* in: Sachs, GG, 3. Auflage 2003, Art. 23, Rdnr. 61.

549 Siehe oben A.II. S. 25 und C.I.2. S. 37.

550 *Halfmann,* Enwicklungen des deutschen Staatsorganisationsrechts im Kraftfeld der Europäischen Integration, S. 79; *Oschatz/Risse,* DÖV 1995, 441; *Morawitz/Kaiser,* Die Zusammenarbeit von Bund und Ländern bei Vorhaben der Europäischen Union, S. 89; Gesetzesbegründung der Bundesregierung zu Art. 23 GG, BR-Drucksache 501/92 vom 14.8.1992 S. 7.

551 *Weber/Wuermeling,* EuZW 1990, 343; *Winkelmann,* DVBl. 1993, 1133. Freilich ist es auch in diesem Zusammenhang schon fragwürdig, ungeachtet der Unterscheidung zwischen Primär- und Sekundärrecht Beschlüsse der Mitgliedstaaten den Beschlüssen der Gemeinschaften i.S.d. Art. 2 EEAG gleichzustellen.

552 BR-Drucksache 501/92 vom 14.8.1992 S. 7.

553 Nach *Fischer,* ZParl. 1998, 50, nahmen die Länder bei der Regierungskonferenz 1996, die zum Vertrag von Amsterdam führte, Einfluß „durch auf Art. 23 GG gestützte und von

Zutreffend ist es wohl aber, als Grundlage der Länderbeteiligung im Rahmen von Regierungskonferenzen lediglich Punkt VII Ziff. 2 der Bund-Länder-Vereinbarung vom 29.10.1993 zu sehen.[554] Dort selbst (zweiter Spiegelstrich) ist die Rede von einer „*entsprechenden* Anwendung“[555] von § 5 EUZBLG. Bund und Länder gehen also dem Anschein nach ebenfalls davon aus, daß das Beteiligungsverfahren nach Art. 23 Abs. 2, 4 bis 7 GG i.V.m. EUZBLG auf Regierungskonferenzen keine direkte Anwendung findet. Wenn auch die Formulierung „Angelegenheiten der Europäischen Union“ in Art. 23 Abs. 2 S. 1 GG – anders als „Beschlüsse der Gemeinschaften“ noch in Art. 2 Abs. 2 EEAG[556] – die Schaffung von Primärrecht begrifflich nicht von vornherein ausschließt, spricht doch schon die systematische Stellung der Grundsatzregelung des Art. 23 Abs. 2 S. 1 GG dafür, Vertragsänderungen vom dort normierten Beteiligungsverfahren auszunehmen. Wenn es die Absicht des Gesetzgebers gewesen wäre, auch diese dem Regime der Absätze 2 und 4 bis 7 i.V.m. EUZBLG zu unterwerfen, wäre schwer erklärlich, warum Absatz 1 Sätze 2 und 3 in dieser Form den Vorschriften über die Ländermitwirkung vorangestellt wurden, während alle anderen denkbaren Konstellationen im Anschluß dahinter angeführt werden.

Auch in der Gesetzesbegründung sind keine Hinweise auf eine Erstreckung des Beteiligungsverfahrens nach Art. 23 Abs. 2, 4 bis 7 GG i.V.m. EUZBLG auf die Schaffung von Primärrecht ersichtlich. Darin wird vielmehr eine Unterscheidung getroffen zwischen der „Entwicklung der Europäischen Union“, also Änderungen des Primärrechts, zum einen und der „*weiteren* Mitwirkung der Länder über den Bundesrat in Angelegenheiten der Europäischen Union“[557], die in den Absätzen 2 bis 6 geregelt wird, zum anderen.[558] Auch daraus muß gefolgert werden, daß die Gesamtregelung der Länderbeteiligung in Art. 23 Abs. 2, 4 bis 7 GG sich nicht auf Regierungskonferenzen zur Änderung der Gründungs-

der Bundesregierung zu beachtende Beschlüsse des Bundesrates“ sowie durch die Teilnahme von zwei Ländervertretern an den Verhandlungen. Das auf den neuen Art. 23 GG gestützte Länderbeteiligungsverfahren habe „seine Feuerprobe bestanden“ (S. 63); *Classen*, in: v.Mangoldt/Klein/Starck, GG II, Art. 23 II, Rdnr. 84; *Scholz*, in: Maunz/Dürig/Herzog, GG, Art. 23, Rdnr. 111; *Pernice*, in: Dreier (Hrsg.), GG, Bd. 2, Art. 23, Rdnr. 98; *Blume/Rex*, in: Borkenhagen (Hrsg.), Europapolitik der deutschen Länder, S. 30, 41; *Kunig*, in: Festschrift Carl Heymanns Verlag, 1995, S. 594; *Schede*, Bundesrat und Europäische Union, S. 98; *König*, Die Übertragung von Hoheitsrechten im Rahmen des Europäischen Integrationsprozesses, S. 334.

554 Vgl. *Oberländer*, Aufgabenwahrnehmung im Rahmen der EU durch Vertreter der Länder, S. 30; *Schmuck*, in: Borkenhagen (Hrsg.), Europapolitik der deutschen Länder, S. 225.

555 Hervorhebung durch den Verfasser.

556 Vgl. aber *Weber/Wuermeling*, EuZW 1990, 342.

557 Hervorhebung durch den Verfasser.

558 BR-Drucksache 501/92 vom 14.8.1992 S. 11.

verträge bezieht, Regierungskonferenzen demnach keine „Angelegenheiten der Europäischen Union“ im Sinne dieser Vorschrift sind.

Eine Bestätigung findet diese Auffassung auch in den Gesetzesmaterialien zum Entwurf des EUZBLG. Dort wird, unter ausdrücklicher Nennung von „Regierungskonferenzen zur Änderung des Vertrages über die Europäische Union“, davon ausgegangen, daß in der Bund-Länder-Vereinbarung weitere Fälle festgelegt werden können[559], die von diesem Gesetz nicht erfaßt werden, in denen aber eine Länderbeteiligung in entsprechender Anwendung seiner Vorschriften erfolgen soll.[560] Die Bundesregierung hält eine Anwendung der §§ 1 bis 6 des EUZBLG auf Regierungskonferenzen ausdrücklich für unsachgemäß.[561] Der Bundesrat hatte eine entsprechenden Ergänzung des § 12 EUZBLG gefordert, konnte sich aber nicht durchsetzen.[562] Vertragsänderungen fallen also nicht unter das EUZBLG. Da das EUZBLG in Ausführung von Art. 23 Abs. 7 GG „das Nähere zu den Absätzen 4 bis 6 regelt“, und weil aufgrund der praktisch zeitgleichen Beratung[563] der Grundgesetzänderung und des Ausführungsgesetzes letzteres durchaus als Auslegungshilfe für erstere herangezogen werden kann[564], ergibt sich im Rückschluß, daß sich die Länderbeteiligung nach Art. 23 Abs. 4 bis 7 GG nicht auf das Verfahren zur Änderung der Gründungsverträge bezieht.

Ein letztes Indiz (zumindest im Hinblick auf die Übertragung der Mitgliedschaftsrechte auf einen Ländervertreter nach Art. 23 Abs. 6 GG i.V.m. § 6 Abs. 2 EUZBLG) kann der Tatsache entnommen werden, daß Art. 48 (ex-Art. N) Abs. 2 S. 1 EU nach wie vor eine Zusammenkunft von „Vertretern der Regierungen der Mitgliedstaaten“ vorsieht, nicht etwa eine Tagung des Rates als Unionsorgan im Sinne von Art. 203 (ex-Art. 146) EG. Diese Bestimmung findet im Bereich des Unionsvertrages im Rahmen der Gemeinsamen Außen- und Si-

---

559 Das ist dann in Punkt VII der Bund-Länder-Vereinbarung vom 29.10.1993 auch geschehen. Die Forderung des Bundesrates nach der Aufnahme einer Unterrichtungs- und Beteiligungspflicht der Bundesregierung „entsprechend den Bestimmungen in den §§ 1-6 bei Regierungskonferenzen“ in § 12 EUZBLG, vgl. BT-Drucksache 12/3540 vom 22.10.1992 S. 9 f., konnte nicht durchgesetzt werden; die Bundesregierung hat sich dem ausdrücklich widersetzt (ebenda S. 12).

560 Amtliche Begründung, BT-Drucksache 12/3540 vom 22.10.1992 S. 7.

561 Gegenäußerung der Bundesregierung zur Stellungnahme des Bundesrates, BT-Drucksache 12/3540 vom 22.10.1992 S. 12 (zu Nr. 9).

562 Stellungnahme des Bundesrates, BT-Drucksache 12/3540 vom 22.10.1992 S. 9 f. (Nr. 9).

563 Der Entwurf eines Gesetzes zur Änderung des Grundgesetzes (BT-Drucksache 12/3338) wurde dem Bundestag am 2.10.1992 vorgelegt; der Entwurf eines Gesetzes über die Zusammenarbeit von Bund und Ländern in Angelegenheiten der Europäischen Union (BT-Drucksache 12/3540) am 22.10.1992.

564 *Brockmeyer*, in: Schmidt-Bleibtreu/Klein, GG, 9. Auflage 1999, Art. 23, Rdnr. 21; auch *Kokott*, DVBl. 1996, 938, 942.

cherheitspolitik über die Verweisung in Art. 28 (ex-Art. J.18) Abs. 1 EU und in der Polizeilichen und Justitiellen Zusammenarbeit in Strafsachen über Art. 41 (ex-Art. K.13) Abs. 1 EU Anwendung, nicht hingegen bei Regierungskonferenzen nach Art. 48 (ex-Art. N) EU. Die Gesetzesbegründung[565] zu Art. 23 GG geht aber davon aus, daß durch die Neufassung des Art. 203 (ex-Art. 146) EG die Übertragung der Mitgliedschaftsrechte auf einen Ländervertreter nach Art. 23 Abs. 6 GG i.V.m. § 6 Abs. 2 EUZBLG erst möglich geworden ist.[566] Mag dies auch für den völkerrechtlichen Bereich der Vertragsänderung ohnehin nicht zwingend zutreffen – die Regelung der völkerrechtlichen Vertretung und der Verhandlungsbefugnis steht grundsätzlich jedem einzelnen, souveränen Mitgliedstaat selbst zu[567] –, so ist doch nicht anzunehmen, daß dies von der amtlichen Begründung stillschweigend vorausgesetzt und mit keinem Wort erwähnt worden wäre, wenn es von vornherein gesetzgeberische Intention gewesen wäre, Art. 23 Abs. 6 GG über den von Art. 203 (ex-Art. 146) EG erfaßten Bereich hinaus auch auf Vertragsänderungen anzuwenden. Demnach kann wohl davon ausgegangen werden, daß nach dem Willen des Gesetzgebers Art. 23 Abs. 6 GG nicht auf Regierungskonferenzen zur Änderung der Gründungsverträge angewendet werden soll.[568]

„Angelegenheiten der Europäischen Union" im Sinne des Art. 23 Abs. 2 GG können also nur Rechte sein, die das Gemeinschafts- oder Unionsrecht der Bun-

---

565 BR-Drucksache 501/92 vom 14.8.1992 S. 22, vgl. auch S. 7: Übertragung des Rechts zur Wahrnehmung der mitgliedstaatlichen Befugnisse „mit Blick auf Art. 146 des EG-Vertrages (in der Fassung des Unions-Vertrages)".

566 Art. 2 Abs. 1 des Fusionsvertrags (Vertrag zur Einsetzung eines Gemeinsamen Rates und einer Gemeinsamen Kommission der Europäischen Gemeinschaften, ABl. EG Nr. L 152 vom 13.7.1967 S. 2), der durch Art. 146 EG ersetzt wurde, hatte gelautet: *„Der Rat besteht aus Vertretern der Mitgliedstaaten. Jede Regierung entsendet eines ihrer Mitglieder."* Daraus wurde geschlossen, daß nur Vertreter der mitgliedstaatlichen Regierungen, nicht der der territorialen Untergliederungen, in den Gemeinschaftsgremien auftreten durften, vgl. *Meißner*, Die Bundesländer und die Europäischen Gemeinschaften, S. 75.

567 *Heintschel von Heinegg*, in: Ipsen, Völkerrecht, 4. Auflage 1999, S. 103 § 10, Rdnr. 1; *Verdross/Simma*, Universelles Völkerrecht, S. 442. Zur Anwendbarkeit des Beteiligungsverfahrens nach Art. 23 Abs. 2, 4 bis 7 GG i.V.m. EUZBLG auf Rechtsakte der im Rat vereinigten Vertreter der Regierungen der Mitgliedstaaten vgl. unten C.II.5.e).bb).(1). S. 200.

568 Die Benennung der Ländervertreter für die Teilnahme an den Verhandlungen von Nizza durch den Bundesrat wurde dementsprechend auch nicht auf § 6 EUZBLG gestützt, vgl. BR-Drucksache 602/99 (Beschluß) vom 26.11.1999; zur Regierungskonferenz 1996 vgl. die Entschließung des Bundesrates, BR-Drucksache 169/95 (Beschluß) vom 31.3.1995. In Angelegenheiten der Europäischen Union wird dagegen bei der Benennung der Bundesratsvertreter ausdrücklich auf § 6 EUZBLG als Rechtsgrundlage Bezug genommen, vgl. beispielsweise BR-Drucksache 168/95 (Beschluß) vom 31.3.1995.

desrepublik in ihrer Eigenschaft als Mitgliedstaat zuweist[569], nicht aber bereits die völkervertragliche Begründung von Unions- oder Gemeinschaftsrecht. Diese bleiben eine Angelegenheit der Mitgliedstaaten. Mithin ist der Anwendungsbereich der Absätze 2 und 4 bis 7 des Art. 23 GG im Rahmen von Vertragsänderungen, also der Schaffung und Modifizierung von Primärrecht nach Art. 48 (ex-Art. N) EU, nicht eröffnet.[570] Eine Beteiligung nach diesem Verfahren kommt nur im Rahmen der bereits bestehenden Gemeinschafts- und Unionsrechtsordnung in Betracht.

(b) Das Vertragsgesetz: Anwendbarkeit von Art. 59 Abs. 2 S. 1 GG und Art. 23 Abs. 1 S. 2, 3 GG

Auch die Notwendigkeit einer Einbeziehung von Art. 59 Abs. 2 S. 1 GG im Rahmen des Art. 23 Abs. 1 S. 2 und 3 GG zur völkerrechtlichen Ratifikation des Unionsvertrags und nachfolgender Vertragsänderungen steht – ungeachtet der so verfahrenden Staatspraxis[571] – nicht außer Zweifel. Umgekehrt stellt sich bei Änderungen im tendenziell „intergouvernementalen" Bereich der Titel V und VI des Vertrags über die Europäische Union die Frage, ob das Vertragsgesetz neben Art. 59 Abs. 2 S. 1 GG auch noch auf Art. 23 Abs. 1 S. 2, 3 GG gestützt werden muß.

(aa) Integrationsbereich

Die Verträge über die Gründung der Europäischen Gemeinschaften und der Europäischen Union sowie die nachfolgenden Änderungsverträge regeln aufgrund ihrer Bedeutung für die Stellung der Bundesrepublik in der Staatengemeinschaft[572] die politischen Beziehungen des Bundes, sind also „hochpolitisch"[573]

---

[569] *Classen*, in: v.Mangoldt/Klein/Starck, GG II, Art. 23 II, Rdnr. 84, der die Norm jedoch ausdrücklich auch auf Regierungskonferenzen anwenden will.

[570] So auch *Wilhelm*, BayVBl. 1992, 708; *Randelzhofer*, in: Maunz/Dürig/Herzog, GG, Art. 24 I, Rdnr. 205; *Paul*, Mitwirkung der Bundesländer, S. 18, 27, 43; *Brockmeyer*, in: Schmidt-Bleibtreu/Klein, GG, 9. Auflage 1999, Art. 23, Rdnr. 18: Mitwirkung nach Abs. 2 ff. „im Rahmen der jeweils erreichten Integration".

[571] Vgl. zum Vertrag von Maastricht die Gesetzesbegründung der Bundesregierung, BT-Drucksache 12/3334 vom 1.10.1992; zum Vertrag von Amsterdam die Gesetzesbegründung, BR-Drucksache 784/97 vom 17.10.1997 S. 1, 6; zum Vertrag von Nizza die Gesetzesbegründung, BT-Drucksache 14/4146 vom 25.5.2001 S. 6. Von der Notwendigkeit eines Vertragsgesetzes nach Art. 59 Abs. 2 S. 1 GG zur völkerrechtlichen Ratifikation geht auch die amtliche Begründung zu Art. 23 Abs. 1 S. 2 GG aus, vgl. BR-Drucksache 501/92 vom 14.8.1992 S. 9.

[572] Zu diesem Kriterium vgl. BVerfGE 1, 372, 381.

im Sinne des Art. 59 Abs. 2 S. 1 GG.[574] Der Anwendungsbereich der Norm wäre damit eröffnet. Fraglich ist aber, ob nicht Art. 23 Abs. 1 S. 2, 3 GG in seinem Anwendungsbereich als *lex specialis* Vorrang beansprucht.
Soweit im supranational organisierten Bereich der Europäischen Gemeinschaften diesen durch die Vertragsänderung neue Befugnisse zugewiesen werden, ist eine Hoheitsrechtsübertragung nach Art. 23 Abs. 1 S. 2, 3 GG erforderlich.[575] Die Übertragung von Hoheitsrechten im Sinne von Art. 23 Abs. 1 S. 2 GG sowie Art. 24 Abs. 1 GG[576] erfordert einerseits zwischenstaatlich einen völkerrechtlichen Vertrag und andererseits innerstaatlich die Rücknahme des eigenen Ausschließlichkeitsanspruchs bei der Ausübung von Hoheitsgewalt.[577] Hält man neben Art. 23 Abs. 1 S. 2, 3 GG (beziehungsweise Art. 24 Abs. 1 GG) noch ein Gesetz nach Art. 59 Abs. 2 S. 1 GG für nötig[578], so bedeutet dies, die Anwendungsbereiche von Art. 24 Abs. 1 GG und Art. 23 Abs. 1 S. 2, 3 GG auf die zweite – innerstaatliche – Komponente des Begriffs der Übertragung zu be-

---

573 *Schweitzer,* Staatsrecht III, 7. Auflage 2000, Rdnr. 164; *Streinz,* in: Sachs, GG, 3. Auflage 2003, Art. 59, Rdnr. 29.

574 *Streinz,* in: Sachs, GG, 3. Auflage 2003, Art. 23, Rdnr. 61. Generell werden durch jede Übertragung von Hoheitsrechten die „politischen Beziehungen des Bundes" geregelt, vgl. *Streinz,* in: Sachs, GG, 3. Auflage 2003, Art. 24, Rdnr. 24; *Tomuschat,* in: Bonner Kommentar, Art. 24, Rdnr. 148; einschränkend, aber für den Bereich der europäischen Integration ebenso *Rauser,* Die Übertragung von Hoheitsrechten auf ausländische Staaten, S. 372. Dahingestellt bleiben kann deshalb, ob sich die Verträge schon deshalb i.S.v. Art. 59 Abs. 2 S. 1 Alt.2 GG „auf Gegenstände der Bundesgesetzgebung beziehen", weil sie ein Zustimmungsgesetz nach Art. 24 Abs. 1 GG beziehungsweise Art. 23 Abs. 1 S. 2 GG erforderlich machen; so *Birke,* Die deutschen Bundesländer in den Europäischen Gemeinschaften, S. 99; ähnlich *Stern,* Staatsrecht, Bd. 1, 2. Auflage 1984, § 15 II 7 S. 534.

575 Vgl. zum Verhältnis von Art. 23 Abs. 1 S. 2 und S. 3 GG zueinander schon oben C.I.2.a). S. 38 (Fn. 92).

576 Auf die zur Rechtslage vor der Neufassung des Art. 23 GG entwickelten Grundsätze kann weiterhin zurückgegriffen werden, da der Begriff der Hoheitsrechtsübertragung in der Bedeutung, die ihm schon in Art. 24 GG beigemessen wurde, übernommen wurde, vgl. die amtliche Begründung, BR-Drucksache 501/92 vom 14.8.1992 S. 7 f.; *Streinz,* in: Sachs, GG, 3. Auflage 2003, Art. 24, Rdnr. 11; *Classen,* in: v.Mangoldt/Klein/Starck, GG II, Art. 23 I, Rdnr. 13; *Schede,* Bundesrat und Europäische Union, S. 7; *Geiger,* JZ 1996, 1094; *Halfmann,* Entwicklungen des deutschen Staatsorganisationsrechts im Kraftfeld der Europäischen Integration, S. 89.

577 *Pernice,* in: Dreier (Hrsg.), GG, Bd. 2, Art. 23, Rdnr. 82; *Bethge,* in Kremer (Hrsg.), Die Bundesrepublik Deutschland und das Königreich Spanien 1992, S. 36; *v. Welck,* Bundesländer und Einheitliche Europäische Akte, S. 12 ff.; *Schweitzer,* Staatsrecht III, 7. Auflage 2000, Rdnr. 56; *Streinz,* in: Sachs, GG, 3. Auflage 2003, Art. 24, Rdnr. 24; *Geiger,* Grundgesetz und Völkerrecht, 2. Auflage 1994, § 27 II S. 141; *ders.,* JZ 1996, 1094.

578 So die h.M., vgl. *Schweitzer,* Staatsrecht III, 7. Auflage 2000, Rdnr. 56; *ders.,* ZG 1992, 138; *Weber,* DVBl. 1986, 803; *Tomuschat,* in: Bonner Kommentar, Art. 24, Rdnr. 148.

schränken.[579] Eine Reihe von Stimmen in der Literatur geht deshalb davon aus, daß Art. 59 Abs. 2 S. 1 GG als *lex generalis* im Anwendungsbereich von Art. 23 Abs. 1 S. 2, 3 GG und Art. 24 Abs. 1 GG verdrängt wird.[580] Durch die Öffnung der nationalen Rechtsordnung alleine erfolge gerade noch keine „Übertragung" von Hoheitsrechten, sondern werden nur die innerstaatlichen Voraussetzungen hierfür geschaffen. Eine derartige Einschränkung lasse sich zumindest dem Wortlaut der Vorschriften nicht entnehmen.[581]

Teilweise wurde früher zugunsten einer Einbeziehung von Art. 59 Abs. 2 S. 1 GG im Rahmen von Art. 24 Abs. 1 GG angeführt, diese sei erforderlich, um eine Zustimmungspflichtigkeit des Übertragungsgesetzes herbeizuführen. Es sei nicht einzusehen, daß „völkerrechtliche Verträge, die häufig weitaus geringere Eingriffe in Länderkompetenzen nach sich ziehen, aber gemäß Art. 59 Abs. 2 Satz 1, 1. oder 2. Alt. GG [...] der Zustimmungspflicht des Bundesrates unterliegen", einer intensiveren Ländermitwirkung zugänglich seien als „Integrationsverträge, die durch den Übertragungsakt umfassendere Eingriffsbefugnisse in die Länderkompetenzen eröffnen".[582] Diese Argumentation hat sich mit der Einführung des Art. 23 Abs. 1 S. 2 GG n.F., der zu jeder Übertragung von Hoheitsrechten ohnehin die Zustimmung des Bundesrates verlangt, in dessen Anwendungsbereich erledigt. Freilich wird damit zugleich der entgegengesetzten Ansicht weitgehend der Boden entzogen, die eine Anwendung von Art. 59 Abs. 2 S. 1 GG auf Hoheitsrechtsübertragungen gerade mit der Begründung ablehnte, Art. 24 GG wolle die Integrationsfähigkeit der Bundesrepublik stärken, indem er die Mitwirkung des Bundesrates auf den eher zu umgehenden Einspruch beschränke.[583]

---

579 Nach BVerfGE 37, 271, 280 bedeutet „Übertragung" i.S.d. Art. 24 GG – und damit auch des Art. 23 Abs. 1 S. 2 n.F. GG – die Öffnung der deutschen Rechtsordnung durch Rücknahme des ausschließlichen Herrschaftsanspruchs der Bundesrepublik Deutschland. Vgl. *Weber,* DVBl. 1986, 804; *Meißner,* Die Bundesländer und die Europäischen Gemeinschaften, S. 69 ff.

580 *Classen,* in: v.Mangoldt/Klein/Starck, GG II, Art. 23 I, Rdnr. 19; *Pernice,* in: Dreier (Hrsg.), GG, Bd. 2, Art. 23, Rdnr. 82, 122; *Jarass,* in: Jarass/Pieroth, GG, 5. Auflage 2000, Art. 23, Rdnr. 4 (anders aber jetzt in der 6. Auflage 2002), für Art. 24 GG vgl. dagegen Rdnr. 8; *Stern,* Staatsrecht, Bd. 1, 2. Auflage 1984, § 15 II 7 S. 533 f. (für Art. 24 GG); *Brockmeyer,* in: Schmidt-Bleibtreu/Klein, GG, 9. Auflage 1999, Art. 32, Rdnr. 2a.

581 *v. Welck,* Bundesländer und Einheitliche Europäische Akte, S. 84 f.

582 *Weber,* DVBl. 1986, 803. Tatsächlich wurden schon die Zustimmungsgesetze zu den Römischen Verträgen und das Gesetz zur Einheitlichen Europäischen Akte mit Zustimmung des Bundesrates beschlossen, vgl. BGBl. II 1957 S. 753 und BGBl. II 1986 S. 1102.

583 *v. Welck,* Bundesländer und Einheitliche Europäische Akte, S. 92. Für diese Ansicht wurde auch die Beratung im Parlamentarischen Rat (Hauptausschuß) herangezogen. Dort

Aus der Doppelnatur von Hoheitsrechtsübertragungen – Kompetenzzuweisung an die überstaatliche Instanz zum einen, Rücknahme des eigenen staatlichen Ausschließlichkeitsanspruchs bei der Setzung von Hoheitsakten zum anderen – wird noch ein weiteres Argument gegen die Anwendbarkeit des Art. 59 Abs. 2 S. 1 GG hergeleitet: Im Bereich des Europarechts bestehe diese Rücknahme in der Anerkennung des (Anwendungs-) Vorrangs[584] gemeinschaftsrechtlicher Regelungen.[585] Genau dies werde aber durch ein Vertragsgesetz i.S.d. Art. 59 Abs. 2 S. 1 GG nicht sichergestellt. Auf der Grundlage dieser Vorschrift könne zwar der nationale Rechtsraum für bereits hinreichend bestimmte oder zumindest bestimmbare fremde Rechtsakte geöffnet, beziehungsweise diese in nationales Recht umgesetzt werden; als einfaches Gesetz unterliege das Vertragsgesetz aber dem *lex-posterior*-Grundsatz und könne deshalb eine Vorrangwirkung nicht gewährleisten.[586]

Dem ist zunächst zuzugeben, daß ein Vertragsgesetz nach Art. 59 Abs. 2 S. 1 GG tatsächlich nicht in der Lage ist, den Anwendungsvorrang des Gemeinschaftsrechts zu begründen. Die Ermöglichung einer Durchgriffswirkung in den staatlichen Herrschaftsbereich ist ein, wenn nicht *das* prägende Merkmal der Hoheitsrechtsübertragung[587] und die Zielsetzung von Art. 23 Abs. 1 S. 2, 3 GG beziehungsweise Art. 24 Abs. 1 GG.[588] Damit wird ein Vertragsgesetz nach Art. 59 Abs. 2 S. 1 GG jedoch noch nicht überflüssig. Auch dieses selbst setzt sich funktionell aus wiederum zwei Bestandteilen zusammen: Zustimmungsgesetz, das zur Ratifikation[589] ermächtigt einerseits und Transformator bezie-

---

wurde der Antrag, die Übertragung von Hoheitsrechten nach Art. 24 Abs. 1 GG an eine qualifizierte Mehrheit in Bundestag und Bundesrat zu knüpfen, zurückgewiesen, vgl. JöR Bd. 1 (1951) S. 226 (Art. 24).

584 Vgl. dazu *Streinz*, Europarecht, 5. Auflage 2001, Rdnr. 200 ff.

585 BVerfGE 31, 145, 173 f.; E 73, 339, 374 f.; *Pernice*, in: Dreier (Hrsg.), GG, Bd. 2, Art. 23, Rdnr. 83; *Streinz*, Europarecht, 5. Auflage 2001, Rdnr. 203 ff.; *ders.*, in: Sachs, GG, 3. Auflage 2003, Art. 23, Rdnr. 59; *Geiger*, JZ 1996, 1094.

586 *Geiger*, JZ 1996, 1094 f.; vgl. auch *Kunig*, in: Graf Vitzthum (Hrsg.), Völkerrecht, S. 139.

587 BVerfGE 37, 271, 280; *Streinz*, in: Sachs, GG, 3. Auflage 2003, Art. 23, Rdnr. 54; *Bethge*, in: Kremer (Hrsg.), Die Bundesrepublik Deutschland und das Königreich Spanien 1992, S. 34; weiter: *Bothe/Lohmann*, ZaöRV 1998, 23 ff.; vgl. dazu auch oben, C.II.1.a).bb). S. 69 und C.II.1.b).aa).(2).(c). S. 86 ff.

588 *Geiger*, JZ 1996, 1094; *Randelzhofer*, in: Maunz/Dürig/Herzog, GG, Art. 24, Rdnr. 12.

589 Ratifikation in diesem Zusammenhang bedeutet – im Unterschied zum allgemeinen Sprachgebrauch – die Erklärung des Staatsoberhaupts, den Vertrag als bindend anzusehen und seine innerstaatliche Umsetzung zu gewährleisten, vgl. *Schweitzer*, Staatsrecht III, 7. Auflage 2000, Rdnr. 153; *Streinz*, in: Sachs, GG, 3. Auflage 2003, Art. 59, Rdnr. 15; *Heintschel von Heinegg*, in: Ipsen, Völkerrecht, 4. Auflage 1999, S. 105 f. § 10,

hungsweise Vollzugsbefehl[590] andererseits.[591] Nur die letztgenannte Komponente wird im Bereich von Hoheitsrechtsübertragungen wegen der im Verhältnis zur „schlichten" Umsetzung weitergehenden Durchgriffswirkung überflüssig. Der insoweit parallele Fall der Umsetzung vom Bund geschlossener völkerrechtlicher Verträge durch die Länder in deren Gesetzgebungsbereich[592] zeigt, daß ein Zustimmungsgesetz nach Art. 59 Abs. 2 S. 1 GG erforderlich bleibt, auch wenn die innerstaatliche Umsetzung auf anderem Wege erfolgt. Das Vertragsgesetz beschränkt sich dort auf die Funktion der Ratifikationsermächtigung.[593]
Ebenso verhält es sich demnach bei Hoheitsrechtsübertragungen: Das Vertragsgesetz nach Art. 59 Abs. 2 S. 1 GG hat zwar keine Transformationsfunktion, bleibt aber zur Ermächtigung des Bundespräsidenten zum Vertragsschluß auf völkerrechtlicher Ebene erforderlich.[594]
Soweit zugunsten einer Verdrängung des Art. 59 Abs. 2 S. 1 GG angeführt wird, die Neufassung des Art. 23 Abs. 1 S. 2 GG habe eine umfassende und abschließende (Sonder-) Regelung der Beteiligung an der Entwicklung der Europäischen Union bezweckt[595], also auf die Intention des Gesetzgebers abgestellt wird, so muß dem entgegengehalten werden, daß diese Behauptung in der amtlichen Begründung des Gesetzesentwurfs gerade keine Stütze findet. Dort wird vielmehr ausdrücklich von der gleichzeitigen Anwendbarkeit des Art. 59 Abs. 2 S. 1 GG ausgegangen.[596]

Rdnr. 7.

590 Zu den unterschiedlichen Ansätzen von Vollzugslehre und Transformationstheorie vgl. schon oben Fn. 7 auf S. 22. Ihnen kommt im Rahmen dieser Arbeit keine Bedeutung zu.

591 *Streinz,* in: Sachs, GG, 3. Auflage 2003, Art. 59, Rdnr. 59 f.; *Schweitzer,* Staatsrecht III, 7. Auflage 2000, Rdnr. 445; *Bernhardt,* in: Isensee/Kirchhof (Hrsg.), HdStR, Bd. VII, § 174, Rdnr. 28; *Fastenrath,* Kompetenzverteilung im Bereich der auswärtigen Gewalt, S. 134; siehe oben C.I.2.c).bb). S. 57.

592 Nach h.M. ist Art. 59 Abs. 2 S. 1 Alt. 2 GG über seinen Wortlaut hinaus auch dann anwendbar, wenn Gegenstände der Landesgesetzgebung betroffen sind, vgl. BVerfGE 1, 372, 388 ff.; *Schweitzer,* Staatsrecht III, 7. Auflage 2000, Rdnr. 171; *Streinz,* in Sachs, GG, 3. Auflage 2003, Art. 59, Rdnr. 33; *Warg,* Jura 2002, 807; a.A. *Maunz,* in: Maunz/Dürig/Herzog, GG, Art. 32, Rdnr. 37. Zu einer Einschränkung im Anwendungsbereich des Beteiligungsverfahrens nach Art. 23 Abs. 2, 4 bis 7 GG siehe oben C.I.2.c).bb). S. 60.

593 *Kempen,* in: v.Mangoldt/Klein/Starck, GG II, Art. 59 II, Rdnr. 42 (Fn. 63), 76; *Schweitzer,* Staatsrecht III, 7. Auflage 2000, Rdnr. 454; *Streinz,* in Sachs, GG, 3. Auflage 2003, Art. 32, Rdnr. 37 (Fn. 92); *Brockmeyer,* in: Schmidt-Bleibtreu/Klein, GG, 9. Auflage 1999, Art. 59, Rdnr. 1b.

594 *Weber,* DVBl. 1986, 800, 803.

595 *Geiger,* JZ 1996, 1098.

596 BR-Drucksache 501/92 vom 14.8.1992 S. 9. Auch in der Folge wurden die Zustimmungsgesetze zu Vertragsänderungen jeweils auf Art. 23 Abs. 1 S. 2, 3 und Art. 59 Abs. 2 S. 1 GG gestützt, vgl. jeweils die amtliche Begründung, BT-Drucksache 13/828 vom 16.3.1995 hinsichtlich des Gesetzes zum Eigenmittelbeschluß des Rates vom

Im Ergebnis ist demnach festzuhalten, daß auch bei Hoheitsrechtsübertragungen im Anwendungsbereich von Art. 23 Abs. 1 S. 2 GG (sowie von Art. 24 Abs. 1 GG) die Vorschrift des Art. 59 Abs. 2 S. 1 GG anwendbar bleibt.

(bb) „Intergouvernementaler" Bereich

Im „intergouvernementalen" Bereich der Zweiten und Dritten Säule[597] der Europäischen Union gilt nach wohl herrschender Ansicht die gemeinschaftsrechtliche Vorrangregel nicht.[598] Hoheitsrechte der Mitgliedstaaten im Sinne der Ermächtigung zur Setzung von Rechtssätzen mit Durchgriffswirkung sollen dort nicht berührt sein.[599] Verneint man dementsprechend die Anwendbarkeit von Art. 23 Abs. 1 S. 2, 3 GG, so stellt sich das Konkurrenzproblem nicht. Ohne Rückgriff auf Art. 23 Abs. 1 S. 2, 3 GG wäre dann zunächst nur ein Vertragsgesetz nach Art. 59 Abs. 2 S. 1 GG erforderlich.[600]

Nach der hier vertretenen Ansicht machte jedoch spätestens der Vertrag von Amsterdam auch im Bereich der Zweiten und Dritten Unionssäule eine Übertragung von Hoheitsrechten erforderlich, die auf Art. 23 Abs. 1 S. 2, 3 GG zu stützen war.[601] Schon aus diesem Grund ergibt sich für das Vertragsgesetz keine andere Bewertung als im Gemeinschaftsbereich.
Das Bedürfnis, die Zustimmung zum Änderungsvertrag neben Art. 59 Abs. 2 S. 1 GG auch auf die Grundlage von Art. 23 Abs. 1 S. 2, 3 GG zu stellen, kann

---

31.10.1994; zum Gesetz zum Vertrag von Amsterdam, BR-Drucksache 784/97 vom 17.10.1997 S. 6; zum Gesetz zum Vertrag von Nizza, BR-Drucksache 200/01 vom 9.3.2001 S. 6. Vgl. auch *Hilf/Pache,* NJW 1998, 705; *Kempen,* in: v.Mangoldt/Klein/Starck, GG II, Art. 59 II, Rdnr. 44; *Rojahn,* in: v.Münch/Kunig, GG II, 5. Auflage 2001, Art. 23, Rdnr. 44.

597 Vgl. zum sogenannten Tempelmodell *Schweitzer/Hummer,* Europarecht, 5. Auflage 1996, Rdnr. 58.

598 BVerfGE 89, 155, 176 f.; *Pechstein/Koenig,* Die Europäische Union, 3. Auflage 2000, Rdnr. 147; *Geiger,* JZ 1996, 1095; *Schweitzer/Hummer,* Europarecht, 5. Auflage 1996, Rdnr. 949. Zur Gegenansicht vgl. oben C.II.1.a).bb). S. 72; *Jacqué,* Droit institutionnel de l'Union européenne, Rdnr. 948.

599 *Geiger,* JZ 1996, 1095; *Streinz,* Europarecht, 5. Auflage 2001, Rdnr. 121a a.E.; *ders.,* EuZW 1998, 140; *Pechstein/Koenig,* Die Europäische Union, 3. Auflage 2000, Rdnr. 148; *Schweitzer,* Staatsrecht III, 7. Auflage 2000, Rdnr. 61; *Rojahn,* in: v.Münch/Kunig, GG II, 5. Auflage 2001, Art. 23, Rdnr. 45.

600 So *Schweitzer,* Staatsrecht III, 7. Auflage 2000, Rdnr. 65a; *Pechstein/Koenig,* Die Europäische Union, 3. Auflage 2000, Rdnr. 147; *Pernice,* in: Dreier (Hrsg.), GG, Bd. 2, Art. 23, Rdnr. 84.

601 Vgl. oben C.II.1.a).bb). S. 91 ff.; amtliche Begründung zum Vertragsgesetz, BR-Drucksache 784/97 vom 17.10.1997 S. 6; *Bothe/Lohmann,* ZaöRV 1998, 23 ff.

sich darüberhinaus aber noch unter einem anderen Gesichtspunkt ergeben: Das ursprüngliche Zustimmungsgesetz zum Unionsvertrag erging auf der Grundlage von Art. 23 Abs. 1 S. 2, 3 GG und Art. 59 Abs. 2 S. 1 GG.[602] Zwar dient nach der hier vertretenen Ansicht der Rechtsanwendungsbefehl des Art. 23 Abs. 1 S. 2, 3 GG ausschließlich der Öffnung der nationalen Rechtsordnung; er war demnach nur für diejenigen Vertragsbestandteile von Bedeutung, die eine Übertragung von Hoheitsrechten erforderlich machten. Dennoch steht das Vertragswerk in seiner Gesamtheit auf einer einheitlichen Rechtsgrundlage; es kann in dieser Hinsicht nicht in einzelne Bestandteile aufgespalten werden.

Nach allgemeinen Grundsätzen bedarf jede vertragliche Änderung völkerrechtlicher Verträge eines Vertragsgesetzes der gleichen Qualität.[603] Teilweise wird dies bestritten, soweit der Vertragsinhalt nicht zu (innerstaatlichem) Gesetzesrecht wird[604], oder soweit die Änderung isoliert betrachtet kein Vertragsgesetz erfordert und auch keine Vertragsbestimmung betrifft, für die ursprünglich ein Vertragsgesetz vonnöten war.[605] Mit Rücksicht auf die parlamentarische Kontrollfunktion ist diese Einschränkung jedoch abzulehnen. Die Zustimmung der gesetzgebenden Körperschaften ist das Ergebnis einer Gesamtabwägung im

---

602 BGBl. II 1992 S. 1251; vgl. auch die amtliche Begründung zu Art. 23 GG, BR-Drucksache 501/92 vom 14.8.1992 S. 9.

603 *Rojahn,* in: v.Münch/Kunig, GG II, 5. Auflage 2001, Art. 59, Rdnr. 44; Leitsätze (Punkt II.1.) des Rechtsausschusses des Bundesrates zu mit völkerrechtlichen Verträgen zusammenhängenden Rechtsfragen vom 7./8.6.1977, abgedruckt bei *Fastenrath,* Kompetenzverteilung im Bereich der auswärtigen Gewalt, S. 289 f.; *Geiger,* JZ 1996, 1093, 1096; differenzierend, im Hinblick auf das Erfordernis einer Zustimmung durch den Bundesrat, *Weber,* DVBl. 1986, 800, 804.
Umstritten war diese Frage bereits bei den Verhandlungen zum Zustimmungsgesetz zum Fusionsvertrag. Der Bundesrat hielt das Gesetz für zustimmungspflichtig, weil auch die Vertragsgesetze zu den Gründungsverträgen selbst mit Zustimmung des Bundesrates beschlossen worden waren. Die Bundesregierung wollte dagegen allein darauf abstellen, „ob das Vertragsgesetz zu einem Änderungsvertrag in Verbindung mit diesem eine Regelung enthält, die einen verfassungsrechtlichen Zustimmungstatbestand erfüllt", vgl. die Anlage zu BT-Drucksache VI/879 vom 11.9.1970 S. 1. Letztlich konnte die Bundesregierung ihre Auffassung durchsetzen; das Vertragsgesetz wurde als Einspruchsgesetz erlassen, vgl. BGBl. II 1970 S. 1281. Das Gesetz zur Einheitlichen Europäischen Akte dagegen wurde mit Zustimmung des Bundesrates verabschiedet; allerdings erhielt die Bundesregierung ihre ablehnende Haltung gegenüber der *actus-contrarius*-These ausdrücklich aufrecht, vgl. BGBl. II 1986 S. 1102 sowie das Begleitschreiben des Bundeskanzlers anläßlich der Zuleitung des Gesetzesentwurfs an den Bundesrat, BR-Drucksache 150/86 vom 4.4.1986 S. 3.

604 *Fastenrath,* Kompetenzverteilung im Bereich der auswärtigen Gewalt, S. 236.

605 *Zuleeg,* in: Alternativkommentar, Art. 59, Rdnr. 30; wohl auch *Dellmann,* in: Seifert/Hömig (Hrsg.), GG, 6. Auflage 1999, Art. 59, Rdnr. 8.

Hinblick auf den Vertrag als Ganzes.[606] Solange nicht auszuschließen ist, daß den zustimmungspflichtigen Bestimmungen des Vertrags alleine, d.h. ohne die nicht-zustimmungspflichtigen, nicht zugestimmt worden wäre, muß jede Änderung eines ursprünglich zustimmungsbedürftigen Vertrages wieder mit Zustimmung der gesetzgebenden Körperschaften erfolgen.[607] Stellte der ursprüngliche Vertrag besondere Anforderungen an die für die Zustimmung notwendige Mehrheit, muß auch die Änderung mit gleicher Mehrheit beschlossen werden. Für Änderungen der Verträge zur Gründung der Europäischen Gemeinschaften und der Europäischen Union ist mithin ein Vertragsgesetz gleicher Qualität erforderlich. Die Qualität des Vertragsgesetzes läßt sich im Bereich der Gründungsverträge aber nicht auf der Grundlage von Art. 59 Abs. 2 S. 1 GG alleine ermitteln; vielmehr ist ein Rückgriff auf Art. 23 Abs. 1 S. 2, 3 GG erforderlich.[608] Rechtsgrundlage eines jeden Zustimmungsgesetzes zur Vertragsänderung muß dementsprechend Art. 59 Abs. 2 S. 1 GG i.V.m. Art. 23 Abs. 1 S. 2, 3 GG sein.

(c) Länderbeteiligung nach Art. 32 Abs. 1 GG i.V.m. der Lindauer Absprache?

Nachdem die Anwendbarkeit des Beteiligungsverfahrens nach Art. 23 Abs. 2, 4 bis 7 GG verneint wurde, bleibt nun zu klären, ob neben der – unstreitigen – Mitwirkung der Länder über den Bundesrat gemäß Art. 23 Abs. 1 S. 2, 3 GG, wonach eine Übertragung von Hoheitsrechten nur mit dessen Zustimmung erfolgen kann, auch noch die Lindauer Absprache zur Anwendung kommt.[609]

---

606 *Rojahn,* in: v.Münch/Kunig, GG II, 5. Auflage 2001, Art. 59, Rdnr. 44; *v.Simson/Schwarze,* Europäische Integration und Grundgesetz, S. 59.

607 Vgl. auch *Streinz,* in Sachs, GG, 3. Auflage 2003, Art. 59, Rdnr. 39; *Maunz,* in: Maunz/Dürig/Herzog, GG, Art. 59, Rdnr. 46; *Jarass,* in: Jarass/Pieroth, GG, 6. Auflage 2002, Art. 59, Rdnr. 13; *Bothe/Lohmann,* ZaöRV 1998, 43 f.; *Rojahn,* in: v.Münch/Kunig, GG II, 5. Auflage 2001, Art. 59, Rdnr. 44.

608 So auch *Geiger,* JZ 1996, 1095 f., der allerdings die Anwendung von Art. 59 Abs. 2 S. 1 GG neben Art. 23 Abs. 1 S. 2 GG ablehnt; *Randelzhofer,* in: Maunz/Dürig/Herzog, GG, Art. 24 I, Rdnr. 203.

609 Vor der Neufassung des Art. 23 GG wurde die Anwendbarkeit der Lindauer Absprache auf Regierungskonferenzen zur Änderung der Gründungsverträge in der Regel bejaht, vgl. die Wortmeldungen im Bundesrat zur Entschließung zur Einheitlichen Europäischen Akte, Stenographisches Protokoll, 561. Sitzung vom 21.2.1986 S. 107 ff., wo sowohl Vertreter der Länder (ausdrücklich: Staatsminister *Schmidhuber* für Bayern, S. 108) als auch der Staatsminister im Auswärtigen Amt *Stavenhagen* für die Bundesregierung (S. 114 f.) die Lindauer Absprache für anwendbar halten. *Weber/Wuermeling,* EuZW 1990, 342; a.A. *Winkelmann,* DVBl. 1993, 1133.

Beschränkt man mit der hier vertretenen Ansicht die Funktion des Art. 23 Abs. 1 S. 2, 3 GG (und des Art. 24 Abs. 1 GG) auf die Öffnung der nationalen Rechtsordnung durch Rücknahme des staatlichen Ausschließlichkeitsanspruchs, also auf die innerstaatliche Komponente der Übertragung von Hoheitsrechten, so kommt eine Verdrängung des nur auf das Tätigwerden nach außen bezogenen Art. 32 GG[610] mangels Überschneidung der Anwendungsbereiche eigentlich von vornherein nicht in Betracht. Im Rahmen der Zweistufigkeit des Übertragungsvorgangs (im umfassenderen Sinne) ist die Zustimmung des Bundesrates gemäß Art. 23 Abs. 1 S. 2, 3 GG für die Öffnung der bundesdeutschen Rechtsordnung gegenüber Hoheitsakten der Gemeinschaften, also für den Kompetenzverzicht, erforderlich; der daneben notwendige völkerrechtliche Vertrag richtet sich nach den allgemeinen Regeln, steht also auf der Grundlage von Art. 32 und 59 GG.[611] Nach dem Wortlaut des Art. 23 Abs. 1 S. 2 GG ist alleine der Bund berechtigt, Hoheitsrechte – eigene und solche der Länder[612] – zu übertragen.[613] Selbst wenn den Ländern also nach Art. 32 Abs. 3 GG eine Abschlußkompetenz im Bereich ihrer Gesetzgebungszuständigkeit zustünde[614], wäre es ihnen verwehrt, die in-

---

610 *Maunz,* in: Maunz/Dürig/Herzog, GG, Art. 32, Rdnr. 32; *Grabitz,* AöR Bd. 111 (1986) S. 1, 22.

611 So auch *Weber/Wuermeling,* EuZW 1990, 342; *Grabitz,* AöR Bd. 111 (1986) S. 1, 24; a.A. *Brockmeyer,* in: Schmidt-Bleibtreu/Klein, GG, 9. Auflage 1999, Art. 32, Rdnr. 17b; *Winkelmann,* DVBl. 1993, 1133: „Die entsprechende Gemeinschaftsgewalt beruht allein auf Art. 24, 23 n.F. GG"; *Jarass,* in: Jarass/Pieroth, GG, 6. Auflage 2002, Art. 32, Rdnr. 1, Art. 23, Rdnr. 4; *Streinz,* in: Sachs, GG, 3. Auflage 2003, Art. 23, Rdnr. 9.

612 *Rojahn,* in: v.Münch/Kunig, GG II, 5. Auflage 2001, Art. 23, Rdnr. 41; für Art. 24 Abs. 1 GG: *Bethge,* in: Kremer (Hrsg.), Die Bundesrepublik Deutschland und das Königreich Spanien 1992, S. 37; *Stern,* Staatsrecht, Bd. 1, 2. Auflage 1984, § 15 II 8; *Füßlein,* in: Seifert/Hömig (Hrsg.), GG, 6. Auflage 1999, Art. 24, Rdnr. 2; *Mosler,* in: Isensee/Kirchhof (Hrsg.), HdStR, Bd. VII, § 175, Rdnr. 67; *Bernhardt,* in: Isensee/Kirchhof (Hrsg.), HdStR, Bd. VII, § 174, Rdnr. 18; *Schweitzer,* ZG 1992, 129.

613 *Rojahn,* in: v.Münch/Kunig, GG II, Art. 23, Rdnr. 41 f.; *Lang,* Die Mitwirkungsrechte des Bundestages und des Bundesrates in Angelegenheiten der Europäischen Union, S. 230; *Brockmeyer,* in: Schmidt-Bleibtreu/Klein, GG, 9. Auflage 1999, Art. 32, Rdnr. 2a; *Schweitzer,* Staatsrecht III, 7. Auflage 2000, Rdnr. 332; *Pernice,* in: Dreier (Hrsg.), GG, Bd. 2, Art. 23, Rdnr. 85. Für den Anwendungsbereich von Art. 24 GG: *Weber,* DVBl. 1986, 805; *Grotefels,* DVBl. 1994, 787 f.; *Füßlein,* in: Seifert/Hömig (Hrsg.), GG, 6. Auflage 1999, Art. 24, Rdnr. 2; *Birke,* Die deutschen Bundesländer in den Europäischen Gemeinschaften, S. 95; *Bleckmann,* AWD/RIW 1978, 144; *Randelzhofer,* in: Maunz/Dürig/Herzog, GG, Art. 24, Rdnr. 28.

614 Nach *Bernhardt,* Abschluß völkerrechtlicher Verträge im Bundesstaat, S. 173, hat Art. 32 Abs. 3 GG nur „den normalen zwischenstaatlichen Verkehr im Auge", erstreckt sich also von vorneherein nicht auf die Übertragung von Länderhoheitsrechten; a.A. *Grotefels,* DVBl. 1994, 788; *Fastenrath,* Kompetenzverteilung im Bereich der auswärtigen Gewalt, S. 152, der aber die Möglichkeit eine Übertragung von Hoheitsrechten durch die Länder mit der Begründung ablehnt, diese stelle materiell eine unzulässige Grundgesetzänderung dar. Für eine inhaltliche Beschränkung des Art. 32 Abs. 3 GG durch eine exklusive Zu-

nerstaatlichen Maßnahmen zur Umsetzung des Vertrags, d.h. vor allem zur Einräumung von Durchgriffsbefugnissen, zu ergreifen.[615] Nur der Bund kann demnach sinnvollerweise völkerrechtliche Verträge über die Übertragung von (Bundes- und Länder-) Hoheitsrechten abschließen. Er macht dann von seiner – konkurrierenden[616] – Abschlußkompetenz auf dem Gebiet der Länderzuständigkeit Gebrauch; es kommt mithin immer Art. 32 Abs. 1 GG zur Anwendung.[617]

Zu prüfen bleibt, ob daraus unmittelbar die Anwendbarkeit der Lindauer Absprache gefolgert werden darf. Bedenken hiergegen könnten sich ergeben, wenn man davon ausgeht, daß auf die Bestimmungen der Vereinbarung nur dann zurückgegriffen werden soll, wenn innerstaatlich eine Umsetzung durch die Länder erforderlich ist, mithin, um der Gefahr eines wegen auseinanderfallender Abschluß- und Transformationskompetenzen „hinkenden" Vertrages[618] vorzubeugen.[619] Nimmt man dagegen an, daß unabhängig davon durch die Regelung der Bereich der ausschließlichen Kompetenzen der Länder geschützt werden soll[620], so steht einer Beachtung der Absprache nichts entgegen.

---

ständigkeit des Bundes: *Kempen*, in: v.Mangoldt/Klein/Starck, GG II, Art. 32 III, Rdnr. 86.

615 *Rojahn*, in: v.Münch/Kunig, GG II, 5. Auflage 2001, Art. 32, Rdnr. 37; für die Rechtslage vor der Novellierung des Art. 24 GG: *Grabitz*, AöR Bd. 111 (1986) S. 1, 6; *Grotefels*, DVBl. 1994, 788; *Stern*, Staatsrecht, Bd. 1, 2. Auflage 1984, § 15 II 8 S. 534, § 19 III 3 e γ S. 694. Ein Rückschluß aus der neugeschaffenen Ausnahmeregelung in Art. 24 Abs. 1a GG untermauert dies noch: Eine Hoheitsrechtsübertragung durch die Länder auf andere Einrichtungen als die dort genannten ist ausgeschlossen; vgl. dazu die amtliche Begründung, BR-Drucksache 501/92 vom 14.8.1992 S. 25, wonach sich die Vorschrift nur auf Einrichtungen „unterhalb der Ebene beziehungsweise außerhalb des Unions-Vertrages" beziehen soll.

616 Zum diesbezüglichen Streit zwischen föderalistischer, zentralistischer und vermittelnder Auffassung siehe oben A.I.1. S. 21.

617 Ebenso *Maunz*, in: Maunz/Dürig, GG, Altauflage, Art. 24, Rdnr. 12. Ablehnend: *Bleckmann*, AWD/RIW 1978, 144 ff., der eine Anwendung von Art. 32 GG auf Integrationsverträge verneint; ebenso *Winkelmann*, DVBl. 1993, 1133: „Länderrechte, die sich aus Art. 32 Abs. 1, 3 GG ergeben könnten, sind von vornherein ‚unanwendbar'"; *Rauser*, Die Übertragung von Hoheitsrechten auf ausländische Staaten, S. 330: Art. 24 I GG ist *lex specialis* zu Art. 32 GG; *Pernice*, in: Dreier (Hrsg.), GG, Bd. 2, Art. 23, Rdnr. 85.

618 Vgl. dazu *Streinz*, in: Sachs, GG, 3. Auflage 2003, Art. 32, Rdnr. 32; *v.Stralenheim*, BayVBl. 1955, 6 f.; *Hirsch*, Kulturhoheit und auswärtige Gewalt, S. 68.

619 So tendenziell *Streinz*, in Sachs, GG, 3. Auflage 2003, Art. 32, Rdnr. 37 f.

620 So wohl *Hartung*, Die Praxis des Lindauer Abkommens, S. 165, 166. Die Frage stellt sich freilich von vornherein nicht, wenn man von einer Verdrängung der Art. 32, 59 GG im Bereich von Art. 23 Abs. 1 S. 2, 3 GG, Art. 24 Abs. 1 GG, und damit vom Vorliegen einer ausschließlichen Bundeskompetenz, ausgeht, vgl. *Brockmeyer*, in: Schmidt-Bleibtreu/Klein, GG, 9. Auflage 1999, Art. 32, Rdnr. 17b; *Bleckmann*, AWD/RIW 1978, 145.

(aa) Zielsetzung und Wortlaut der Lindauer Absprache

Zielsetzung und politischer Hintergrund[621] der Absprache könnten für die Annahme eines engen Anwendungsbereichs sprechen. Die Vereinbarung wurde gerade zur praktischen Handhabung des Streits um das Zusammenspiel von Abschluß- und Transformationszuständigkeit erforderlich.[622] Es bestand das Bedürfnis, das Entstehen völkerrechtlich wirksamer Verträge zu verhindern, die dann innerstaatlich nicht umgesetzt werden können.[623] Das ausdrückliche Festhalten von Bund und Ländern „an ihren bekannten Rechtsauffassungen" (Ziffer 1) könnte belegen, daß der Bund gerade keine über das in der Praxis erforderliche Maß hinausgehenden Zugeständnisse allgemeiner Art machen wollte, die seine Abschlußkompetenz im Bereich der Länderzuständigkeiten einschränken.[624] Ein Entgegenkommen ist aber nur insoweit unabdingbar, als der Bund zur innerstaatlichen Umsetzung völkerrechtlicher Verträge auf die Mitwirkung der Länder angewiesen ist. Ist diese nicht notwendig, so besteht unmittelbar keine Veranlassung für den Bund, „freiwillig" auch in anderen Fällen zunächst das Einverständnis der Länder abzuwarten.

Andererseits beschränkt der Wortlaut insbesondere der Ziffer 3 der Absprache deren Anwendungsbereich nicht auf Verträge, die eine Transformation durch die Länder erforderlich machen. Abgestellt wird auf „ausschließliche Kompetenzen". Solche sind nicht nur dann *berührt*, wenn der vom Bund geschlossene Vertrag zu seiner innerstaatlichen Geltung einer Umsetzung durch die Länder bedarf. Ein Berührtsein ist vielmehr auch dann gegeben, wenn, wie im Fall eines Vertrags zur Änderung der Gründungsverträge, eine Transformation durch die Länder nicht notwendig ist, sondern im Gegenteil der Bund für die Schaffung

---

621 Dazu *Hirsch*, Kulturhoheit und auswärtige Gewalt, S. 63 ff.; *Winkelmann*, DVBl. 1993, 1130; *Hartung*, Die Praxis des Lindauer Abkommens, S. 6 ff.; *Busch*, Lindauer Vereinbarung und Ständige Vertragskommission der Länder, S. 89 ff.

622 Vgl. die Beratungen des Bundesrates zum Entwurf eines Gesetzes zum deutsch-belgischen Grenzabfertigungsabkommen in der 176. Sitzung vom 3.5.1957, Stenographischer Bericht S. 642 ff.: „Der Bundesrat stellt fest, daß das Abkommen ohne Einwilligung der Länder nicht in vollem Umfange *vollziehbar* ist; die Zustimmung des Bundesrates im 2. Durchgang kann *deshalb* nicht in Aussicht gestellt werden, falls nicht das Einverständnis der Länder durch die Bundesregierung herbeigeführt wird." (Hervorhebungen durch den Verfasser), sowie die Darstellung der Verhandlungen in Lindau bei *Hirsch*, Kulturhoheit und auswärtige Gewalt, S. 78; *Rudolf*, in: Festschrift für H. Armbruster, 1976, S. 67 f.; *Winkelmann*, DVBl. 1993, 1130.

623 *Hartung*, Die Praxis des Lindauer Abkommens, S. 25 f.; *Stern*, in: Festschrift Carl Heymanns Verlag, 1995, S. 257 ff.; *Streinz*, in Sachs, GG, 3. Auflage 2003, Art. 32, Rdnr. 37; Hirsch, Kulturhoheit und auswärtige Gewalt, S. 68; *Fastenrath*, Kompetenzverteilung im Bereich der auswärtigen Gewalt, S. 119.

624 Vgl. *Winkelmann*, DVBl. 1993, 1130.

der innerstaatlichen Voraussetzungen, nämlich die Einräumung von Durchgriffsbefugnissen im Hoheitsbereich der Länder, zuständig ist. Dann besteht zwar nicht die Gefahr eines wegen auseinanderfallender Abschluß- und Transformationskompetenz „hinkenden" Vertrages, denn der vertragsschließende Bund kann für die Schaffung der innerstaatlichen Voraussetzungen auch ohne die direkte Mitwirkung der Länder sorgen. Doch es erscheint durchaus naheliegend, Integrationsverträge, die weit gravierendere Eingriffe in ausschließliche Länderkompetenzen mit sich bringen können, nicht einer schwächeren Mitwirkungsform zu unterstellen als andere, „einfache" völkerrechtliche Verträge.
Für diese Auslegung spricht auch, daß laut Satz 2 der Ziffer 3 der Absprache das Einverständnis der Länder auch herbeigeführt werden soll, wenn durch den völkerrechtlichen Vertrag nur eine Verpflichtung *des Bundes* begründet wird.[625]
Es ist also davon auszugehen, daß die Lindauer Absprache eine umfassende (Kompromiß-) Regelung zum Abschluß völkerrechtlicher Verträge durch den Bund auf dem Gebiet ausschließlicher Länderkompetenzen darstellt, die daher grundsätzlich auch in Bereichen zur Anwendung kommt, in denen der Bund zur Erfüllung eingegangener völkerrechtlicher Verpflichtungen nicht unmittelbar auf die Mitwirkung der Länder angewiesen ist.[626]

(bb) Zielsetzung des Art. 23 GG

Dieser Schluß steht zunächst im Einklang mit der Zielsetzung der Neufassung des Art. 23 GG, die vornehmlich in einer Stärkung der Länderrechte bestand.[627] Stellte man sich auf den Standpunkt, Art. 23 Abs. 1 S. 2, 3 GG verdränge als *lex specialis* die Beteiligung nach der Lindauer Absprache[628], so käme man jedoch

---

[625] Diese Formulierung bezog sich ursprünglich auf Verträge, in denen sich der Bund verpflichtet, auf ein bestimmtes Verhalten der Länder hinzuwirken. Schon darin sahen die Länder eine so gravierende Berührung ihrer Interessen, daß sie eine Mitwirkung am Vertragsschluß für unabdingbar erachteten, vgl. *Busch*, Lindauer Vereinbarung und Ständige Vertragskommission der Länder, S. 93.

[626] Ebenso *Fastenrath*, Kompetenzverteilung im Bereich der auswärtigen Gewalt, S. 119, der eine Einschränkung der Vertragsfreiheit des Bundes annimmt, auch soweit ein Vertrag nicht der Umsetzung durch Landesorgane bedarf; vgl. auch die Richtlinien des Auswärtigen Amtes für die Behandlung völkerrechtlicher Verträge (RvV) S. 31 (2), wo für die Anwendbarkeit der Lindauer Absprache ebenfalls nicht nicht auf die Transformationsbedürftigkeit des betroffenen völkerrechtlichen Vertrags abgestellt wird. A.A. *Kempen*, in: v.Mangoldt/Klein/Starck, GG II, Art. 32 I, Rdnr. 61. Siehe auch oben, A.I.3. S. 23.

[627] Vgl. die amtliche Begründung zu Art. 23 GG, BR-Drucksache 501/92 vom 14.8.1992 S. 6 f.; den Bericht der Gemeinsamen Verfassungskommission, BT-Drucksache 12/6000 vom 5.11.1993 S. 20; Beschlußempfehlung und Bericht des Sonderausschusses „Europäische Union (Vertrag von Maastricht)", BT-Drucksache 12/3896 vom 1.12.1992 S. 17, 20.

[628] So beispielsweise *Clostermeyer/Lehr*, DÖV 1998, 153; *Oberländer*, Aufgabenwahrneh-

im Gegenteil zu einer schwächeren Mitwirkung der Bundesländer sowohl im Vergleich zu einfachen, also nicht-europabezogenen völkerrechtlichen Verträgen, als auch zum Beteiligungsverfahren nach Art. 23 Abs. 2, 4 bis 7 GG, das im Bereich der Vertragsrevision nach der hier vertretenen Ansicht gerade nicht anwendbar ist.[629]
Zudem beinhalten regelmäßig nicht alle der im Rahmen einer Regierungskonferenz vereinbarten Bestimmungen eine Hoheitsrechtsübertragung.[630] Wegen der einheitlichen Behandlung des gesamten Vertragswerkes wären dann aber sämtliche, auch die in ausschließliche Länderzuständigkeit fallenden Materien, dem Anwendungsbereich der Lindauer Absprache entzogen, wenn nur ein Punkt des Vertrags Hoheitsrechte berührt. Dies würde wiederum zu einer mit der grundlegenden Ausrichtung der Neuregelung nur schwer zu vereinbarenden Schlechterstellung der Länder führen.
Damit spricht zunächst viel für eine Beachtung der Lindauer Absprache auch im Bereich der Vertragsrevision.[631] [632]

---

mung im Rahmen der EU durch Vertreter der Länder, S. 176; *Kempen,* in: v.Mangoldt/Klein/Starck, GG II, Art. 32 I, Rdnr. 14. Vgl. auch die von den Ländern im Protokoll über den Verhandlungsstand zwischen Bund und Ländern in der Frage der Behandlung völkerrechtlicher Abkommen im Bereich der Europäischen Union (abgedruckt bei *Clostermeyer/Lehr,* a.a.O. S. 154) zum Ausdruck gebrachte Auffassung.

629 Siehe oben C.II.5.a).bb).(1).(a). S. 138 ff.; für eine parallele Anwendung beider Verfahren dagegen: *Weber/Wuermeling,* EuZW 1990, 342.

630 Vgl. *Weber,* DVBl. 1986, 803.

631 Ebenso *Weber/Wuermeling,* EuZW 1990, 342.

632 Für das Ausmaß der Beteiligung der Länder nach der Lindauer Absprache käme es dementsprechend darauf an, ob gemäß Ziffer 3 der Absprache ausschließliche Kompetenzen oder nur wesentliche Interessen der Länder i.S.v. Ziffer 4 berührt sind. Da Art. 23 Abs. 1 S. 2 GG die Zuständigkeit zur Übertragung von Hoheitsrechten – auch von Länderhoheitsrechten – auf die Gemeinschaften ausschließlich dem Bund zuweist, ist zu klären, ob für die Abgrenzung der Kompetenzen nach Ziffer 3 und 4 der Lindauer Absprache formell an den Übertragungsakt selbst oder vielmehr an den materiellen Gehalt der übertragenen Hoheitsrechte anzuknüpfen ist. Ein Abstellen auf die – formelle – Zuständigkeit zur Übertragung nach Art. 23 Abs. 1 S. 2 GG würde dazu führen, daß in keinem Fall die Betroffenheit ausschließlicher Kompetenzen der Länder anzunehmen wäre, unabhängig davon, ob die betroffenen Hoheitsrechte ursprünglich diesen ausschließlich zugeordnet waren oder dem Bund. Den Ländern verbliebe dann das Informations- und Konsultationsrecht nach Ziffer 4 der Lindauer Absprache sowie die Zustimmung zum Vertrag im Bundesrat nach Art. 23 Abs. 1 S. 2, 3 GG und gegebenenfalls Art. 59 Abs. 2 S. 1 GG.
Allerdings wurde bereits bei der Frage der Anwendbarkeit der Lindauer Absprache festgestellt, daß ausschließliche Länderkompetenzen im Sinne der Ziffer 3 unabhängig davon „berührt" sein können, ob die Verpflichtung zur normativen Umsetzung die Länder oder den Bund trifft. Es wäre widersprüchlich, nun auf der zweiten Stufe der Prüfung plötzlich aus der Tatsache, daß es dem Bund obliegt, die innerstaatlichen Voraussetzungen zur Erfüllung der völkerrechtlichen Pflicht zu schaffen, zu schließen, daß eine Betroffenheit ausschließlicher Zuständigkeiten der Länder zu verneinen ist. Abzustellen wäre also auf

(cc) Art. 23 Abs. 1 GG als abschließende Regelung

Ginge man dementsprechend von der Anwendbarkeit der Lindauer Absprache auf Regierungskonferenzen zur Änderung der Gründungsverträge aus, stünde man aber erneut vor dem im Rahmen dieser Untersuchung bereits angeklungenen Problem[633] der Unvereinbarkeit der jeweils erforderlichen Mehrheiten: Verlangt man auch im Rahmen der Lindauer Absprache nur das Einverständnis einer entsprechenden Mehrheit der Länder, so verliert diese Regelung ihren Sinn. Beläßt man dagegen den Ländern das ihnen nach Ziffer 3 der Absprache faktisch zustehende Vetorecht, dann bleibt offen, wie zu verfahren ist, wenn zwar das Vertragsgesetz mit der erforderlichen qualifizierten Mehrheit im Bundesrat zustandekommt, nicht aber das Einvernehmen nach Ziffer 3 der Lindauer Absprache. Ist dann die nach den Vorschriften des Grundgesetzes erfolgte Zustimmung dennoch unbeachtlich oder sogar unwirksam? Die nach Art. 23 Abs. 1 S. 2, 3 GG zu beachtende qualifizierte Mehrheitsregelung würde *ad absurdum* geführt, gewährte man den Ländern, die im Bundesrat ihre Zustimmung verweigert hatten, anschließend, und sei es auf der innerstaatlichen Ebene, die Möglichkeit, einen einmal gefaßten Beschluß mittels der Lindauer Absprache doch noch „auszubremsen". Das Resultat wäre hier in der Tat eine wenig wünschenswerte „Potenzierung" der Länderrechte.[634]

Trotz aller aufgezählten Gründe, die die Anwendung der Lindauer Absprache stark nahelegen, muß deshalb letztlich dennoch der Gegenansicht der Vorzug gegeben werden. Denn deutlicher als im Bereich der vornehmlich auf klassische Gemeinschaftsrechtsakte zugeschnittenen Absätze 2 bis 6 des Artikels 23 GG, deren Verhältnis zur Transformationszuständigkeit der Länder[635] nirgendwo ausdrücklich erörtert wird, wird Art. 23 Abs. 1 GG schon in den Beratungen in Bundestag und Bundesrat als abschließende Regelung betrachtet, die ein Mehrheitserfordernis festlegt, das nicht durch den Rückgriff auf ein weiteres Beteiligungsverfahren ausgehebelt werden darf. Die Vorschrift des Art. 23 Abs. 1 S. 2, 3 GG bezieht sich zudem – im Gegensatz zu den folgenden Absätzen – spezi-

---

die materielle Kompetenzverteilung nach dem Grundgesetz. Demnach kämen Ziffer 3 und 4 der Lindauer Absprache nebeneinander zur Anwendung., wenn Hoheitsrechte der Länder übertragen werden.

633 Siehe oben S. 57, 123.

634 So (allerdings in bezug auf das Verhältnis zwischen Lindauer Absprache und Beteiligungsverfahren nach EUZBLG) *Winkelmann*, DVBl. 1993, 1132; im Ergebnis ebenso *Scholz*, in: Maunz/Dürig/Herzog, GG, Art. 23, Rdnr. 142.

635 Gerade aufgrund dieser Transformationszuständigkeit ist nach der hier vertretenen Ansicht die zusätzliche Beachtung der Lindauer Absprache ja unter gewissen Umständen geboten; siehe oben C.II.3.b).bb). S. 124 und ausführlich unten C.II.5.d.bb).(2).(a).(bb). S. 192.

fisch auf die für die innerstaatliche Annahme erforderliche Mehrheit und muß schon deshalb anderen Regelungen, die die interne Behandlung völkerrechtlicher Übereinkommen betreffen, vorgehen.
Die Frage der Betroffenheit von Länderkompetenzen sowie der Ländermitwirkung wurde auch in die gesetzgeberischen Überlegungen zur Zustimmung zum Vertrag von Maastricht stets miteinbezogen.[636] Dennoch wurde – anders als noch bei den Beratungen zum Zustimmungsgesetz zur Einheitlichen Europäischen Akte[637] – die Forderung nach einem Rückgriff auf die Lindauer Absprache trotz der – vermeintlichen oder tatsächlichen – starken Berührtheit von Länderzuständigkeiten[638] soweit ersichtlich von niemandem erhoben.[639] So spielte die Lindauer Absprache im gesamten Ratifikationsverfahren keine Rolle. Wegen des unmittelbaren zeitlichen und thematischen Zusammenhangs zwischen Grundgesetzänderung und Vertragsgesetz[640] kann auch von der Staatspraxis hier relativ zweifelsfrei auf den gesetzgeberischen Willen geschlossen werden. Dementsprechend muß gelten: Sobald ein Vertragswerk auch nur eine eine Hoheits-

---

636 Ausweislich der amtlichen Begründung zu Art. 23 GG, BR-Drucksache 501/92 vom 14.8.1992 S. 14, sollte durch das Erfordernis der Zustimmungsbedürftigkeit von Hoheitsrechtsübertragungen nach Art. 23 Abs. 1 S. 2, 3 GG im Bundesrat „der regelmäßig zu verzeichnenden starken Betroffenheit der Länder von Hoheitsrechtsübertragungen zur europäischen Integration“ Rechnung getragen werden. Vgl. auch den Bericht der Gemeinsamen Verfassungskommission, BT-Drucksache 12/6000 vom 5.11.1993 S. 21; Verhandlungen des Bundesrates, Stenographischer Bericht, 646. Sitzung vom 25.9.1992 S. 419-439.

637 Vgl. die Beratungen des Bundesrates in der 561. Sitzung vom 21.2.1986, Stenographischer Bericht, S. 107 ff.; siehe oben S. 149 (Fn. 609).

638 Vgl. nur den Redebeitrag des damaligen bayerischen Staatsministers *Stoiber* in der 646. Sitzung des Bundesrates vom 25.9.1992, Stenographischer Bericht, S. 425: *„Der Vertrag räumt der Gemeinschaft weitere nicht unbeträchtliche Kompetenzen, letzten Endes bis hin zum Grundschulbereich, ein. Damit greift er empfindlich in das Kompetenzverteilungssystem der Bundesrepublik Deutschland als dem einzigen Mitgliedstaat mit föderaler Struktur ein.“*

639 Auch in den Beratungen zu den darauf folgenden Vertragsänderungen von Amsterdam und Nizza wurde eine Beteiligung nach der Lindauer Absprache nicht mehr verlangt. Dasselbe gilt für Zustimmungsgesetze zu „begleitendem Gemeinschaftsrecht“, die eine Übertragung von Hoheitsrechten nach Art. 23 Abs. 1 S. 2 GG beinhalteten, vgl. das Gesetz zum Europol-Auslegungsprotokoll, dem der Bundesrat ohne Einwendungen zustimmte, BT-Drucksache 13/7555 vom 28.4.1997.

640 Die Entwürfe des Zustimmungsgesetzes zum Vertrag von Maastricht und des Gesetzes zur Änderung des Artikels 23 GG wurden Bundestag und Bundesrat jeweils gleichzeitig vorgelegt, vgl. BR-Drucksache 500/92 und 501/92, jeweils vom 14.8.1992 und BT-Drucksache 12/3334 und 12/3338 vom 1. beziehungsweise 2.10.1992; ausdrücklich auch die amtliche Begründung der Bundesregierung zum Zustimmungsgesetz, BT-Drucksache 12/3334 vom 1.10.1992 S. 5.

rechtsübertragung erforderlich machende Bestimmung enthält, beschränkt sich die Mitwirkung der Bundesländer auf die Zustimmung im Bundesrat.
Kompensiert und gleichzeitig legitimiert wird diese zusätzliche Gewichtsverschiebung im bundesstaatlichen Gefüge durch das Erfordernis einer verfassungsändernden Mehrheit nach Art. 23 Abs. 1 S. 3 i.V.m. Art. 79 Abs. 2 GG, das nach der hier vertretenen Auffassung bei jeder Übertragung von Hoheitsrechten zur Änderung der Gründungsverträge zu beachten ist.[641]

(d) Zwischenergebnis und Wertung

Zusammenfassend läßt sich also feststellen, daß auf Verträge zur Änderung der vertraglichen Grundlagen der Europäischen Union weder das Beteiligungsverfahren nach Art. 23 Abs. 2, 4 bis 7 GG i.V.m. EUZBLG noch die Lindauer Absprache zur Anwendung kommen. Die Mitwirkung der Bundesländer erfolgt im Rahmen von Art. 23 Abs. 1 S. 2, 3, Art. 59 Abs. 2 S. 1 GG durch die Zustimmung im Bundesrat.
In der Praxis wird darüberhinaus den Ländern auf der Grundlage von Punkt VII Nr. 2 der Bund-Länder-Absprache in Ausführung von § 9 EUZBLG eine dem Bundesratsverfahren des Art. 23 Abs. 4 ff. GG i.V.m. EUZBLG in weiten Zügen entsprechende Beteiligungsmöglichkeit eingeräumt.[642] Dies läßt sich zwar nicht unmittelbar auf Art. 23 GG stützen, kann aber als Ausformung des Gebots des bundesfreundlichen Verhaltens betrachtet werden[643], die zudem politisch erfor-

---

[641] Siehe oben, C.I.2.a). S. 38 (Fn. 92) sowie ausführlich unten C.II.5.b).bb).(2).(a). S. 163 ff.; Beschlußempfehlung und Bericht des Sonderausschusses „Europäische Union (Vertrag von Maastricht)“, BT-Drucksache 12/3896 vom 1.12.1992 S. 18 f.; Bericht der Gemeinsamen Verfassungskonvention, BT-Drucksache 12/6000 vom 5.11.1993 S. 21; *Randelzhofer,* in: Maunz/Dürig/Herzog, GG, Art. 24 I, Rdnr. 203.

[642] Vgl. die Stellungnahmen des Bundesrates zur Regierungskonferenz 1996/97, in denen jeweils auf das EUZBLG Bezug genommen wird, z.B. BR-Drucksache 667/95 vom 15.12.1995 (Beschluß), BR-Drucksache 768/96 vom 21.2.1997 (Beschluß), BR-Drucksache 333/97 vom 16.5.1997 (Beschluß); *Borkenhagen,* Europapolitik der deutschen Länder (Vorwort), S. 7.

[643] Außerhalb des direkten Anwendungsbereichs des Art. 23 Abs. 2, 4 bis 7 GG beanspruchen die Feststellungen des Bundesverfassungsgerichts zum Grundsatz des bundesfreundlichen Verhaltens, BVerfGE 92, 203, 230 ff., insoweit immer noch Geltung. Insbesondere das Erfordernis einer engen Zusammenarbeit zwischen Bund und Ländern ergibt sich demnach nicht erst aus der formalisierten Beteiligungregelung in Art. 23 GG. Vgl. dazu *Scholz,* in: Maunz/Dürig/Herzog, Art. 23, Rdnr. 107 ff.; *Bethge,* in: Bayerischer Landtag (Hrsg.), Die Regionen der EU im Hinblick auf die bevorstehende Osterweiterung, S. 25. Zur Einordnung der Bund-Länder-Vereinbarung als eine „die Bundestreue konkretisierende Vereinbarung“ vgl. auch *Halfmann,* Entwicklungen des deutschen Staatsorganisationsrechts im Kraftfeld der Europäischen Integration, S. 155 f.

derlich ist, um die spätere Zustimmung des Bundesrats zu dem Vertragswerk frühzeitig sicherzustellen.

(2) Gemeinschaftsrechtlicher Teil: Die „Stellungnahme“ des Rates

Anders als der Begriff im Hinblick auf Art. 249 (ex-Art. 189) Abs. 5 EG zunächst vermuten läßt, ist die „Stellungnahme“ des Rates nach Art. 48 (ex-Art. N) Abs. 2 EU für die Mitgliedstaaten verbindlich und somit zwingende Voraussetzung für das Zusammentreten der Regierungskonferenz.[644] Der Rat handelt hierbei als Gemeinschafts- beziehungsweise Unionsorgan gemäß Art. 5 (ex-Art. E) EU[645], je nachdem, auf welchem Gebiet die Änderungen erfolgen sollen.[646]
Eine Mitwirkung der Länder nach Art. 23 Abs. 2, 4 bis 7 GG kommt demnach in Betracht, wenn man den Anwendungsbereich der Vorschrift nicht von vornherein auf rechtsetzende Akte im engeren Sinne, also auf die Schaffung von Sekundärrecht beschränkt.[647]

Ein derart enges Verständnis würde aber die Frage nach dem Sinn der in der Vorschrift vorgenommen begrifflichen Differenzierung zwischen „Angelegenheiten“ (Absatz 2) und „Rechtsetzungsakten“ (Absatz 3) der Europäischen Union aufwerfen. Naheliegender erscheint es, „Angelegenheiten“ weiter, sozusagen als Oberbegriff zu verstehen.[648]
Eine Beschränkung auf Rechtsetzungsakte läßt sich auch der Gesetzesbegründung nicht entnehmen. Wenn dort von „Angelegenheiten der Europäischen Union“ oder von interner Willensbildung „im Zuständigkeitsbereich der Europäischen Union“ die Rede ist[649], so kann dieser eher unbestimmten Formulierung

---

644 *Koenig/Pechstein,* EuR 1998, 146; *Vedder/Folz,* in: Grabitz/Hilf, EU, Art. 48 EU, Rdnr. 24, 27.

645 *Vedder/Folz,* in: Grabitz/Hilf, EU, Art. 48 EU, Rdnr. 24.

646 *Koenig/Pechstein,* EuR 1998, 146 f.

647 So unter Hinweis auf die kompensatorische Funktion des Art. 23 Abs. 2 ff. GG *Vedder,* in: Grabitz/Hilf, EU, Art. 49 EU, Rdnr. 38 (ausdrücklich nur für den Ratsbeschluß nach Art. 49 EU).

648 So auch *Classen,* in: v.Mangoldt/Klein/Starck, GG II, Art. 23 III, Rdnr. 94; *Scholz,* in: Maunz/Dürig/Herzog, GG, Art. 23, Rdnr. 111; *Heimlich,* BayVBl. 2000, 233; *Schede,* Bundesrat und Europäische Union, S. 94; *Frenz,* DVBl. 1999, 945, 952; *Bethge,* in: Bayerischer Landtag (Hrsg.), Die Regionen der EU im Hinblick auf die bevorstehende Osterweiterung, S. 20.

649 BR-Drucksache 501/92 vom 14.8.1992 S. 16, 17.

jedenfalls entnommen werden, daß auch anderes, nicht unmittelbar auf die Setzung von Sekundärrecht gerichtetes Organhandeln mitumfaßt sein soll.
Wie bereits dargelegt[650], bezieht sich der Begriff der „Angelegenheiten der Europäischen Union" im Sinne des Art. 23 Abs. 2 GG auf die Wahrnehmung von Rechten, die das Unions- oder Gemeinschaftsrecht der Bundesrepublik Deutschland als Mitgliedstaat zuweisen.[651]
Zwar ist die Setzung von Primärrecht von der Mitwirkung nach Art. 23 Abs. 2, 4 bis 7 GG ausgenommen.[652] Die Beteiligung der Organe erfolgt jedoch, auch wenn sie als Voraussetzung für die Änderung von Primärrecht dient, auf der Grundlage von bereits gesetztem Vertragsrecht, ist also selbst unterhalb der Schwelle des Primärrechts angesiedelt.[653]
Damit steht einer Länderbeteiligung am Zustandekommen der Stellungnahme des Rates gemäß Art. 48 (ex-Art. N) EU nach dem Verfahren des Art. 23 Abs. 2, 4 bis 7 GG nichts entgegen.
Dieses Ergebnis steht auch nicht im Widerspruch zu der soeben für den völkerrechtlichen Bereich der Regierungskonferenz getroffenen Feststellung, eine direkte Anwendung des Beteiligungsverfahrens nach Art. 23 Abs. 2, 4 bis 7 GG sei ausgeschlossen.[654] Denn bei völkerrechtlichem Vertrag und Ratsbeschluß handelt es sich um zwei voneinander zu unterscheidende Rechtsakte[655], die – auch hinsichtlich der Mitwirkung der Bundesländer – jeweils einer eigenen rechtlichen Beurteilung unterliegen.

---

650 Siehe oben S. 82, 142.
651 *Classen,* in: v.Mangoldt/Klein/Starck, GG II, Art. 23 II, Rdnr. 84.
652 Siehe oben S. 138 ff.
653 *Bruha/Vogt,* VRÜ Bd. 30 (1997) S. 490.
654 Oben C.II.5.a).bb).(1).(a). S. 138 ff.; zum Verhältnis der beiden Beteiligungsverfahren zueinander vgl. allgemein oben C.I.2.c).aa). S. 57 ff.
655 Das zeigt sich schon an der Frage der Justitiabilität der Vertragsänderung. Während eine Rechtmäßigkeitskontrolle der Änderungsverträge durch den EuGH ausscheidet, unterliegt die Stellungnahme des Rates als Organhandeln nach vorherrschender Ansicht wohl der Rechtsprechung des Gerichtshofs; vgl. *Herrnfeld,* in: Schwarze, EU-Kommentar, Art. 48 EU, Rdnr. 10; EuGH Rs. C-253/94 P (Roujanski/Rat) Slg. 1995 S. I-7, 12, Rdnr. 11; EuG Rs. T-113/96 (Dubois et fils/Rat und Kommission) Slg. 1998 S. II-125, 140, Rdnr. 41; *Vedder/Folz,* in: Grabitz/Hilf, EU, Art. 48 EU, Rdnr. 34; *Klein,* in: Hailbronner/Klein/Magiera, Handkommentar zum EU/EG-Vertrag, Art. N EUV, Rdnr. 5; differenzierend *Meng,* in: Groeben/Thiesing/Ehlermann (Hrsg.), EUV/EGV, 5. Auflage 1997, Art. N EUV, Rdnr. 68.

b) Vereinfachte Änderungsverfahren, insbesondere Art. 42 (ex-Art. K.14) EU

aa) Europarechtliche Einordnung

Neben der Vertragsänderung nach Art. 48 (ex-Art. N) EU sehen die Gründungsverträge an mehreren Stellen die Möglichkeit eines vereinfachten Verfahrens zur Änderung beziehungsweise Ergänzung des Primärrechts vor.[656] Der Ratsbeschluß ersetzt dabei die Einigung auf der Ebene der Regierungskonferenz.[657] In einigen Fällen genügt zur rechtlichen Wirksamkeit die Beschlußfassung auf Gemeinschaftsebene; ein solches Verfahren wird als „autonom" bezeichnet.[658] In anderen Fällen bedarf es, wie für einen herkömmlichen völkerrechtlichen Vertrag, im Anschluß an den Rechtsakt im Rat der Annahme durch die Mitgliedstaaten nach deren verfassungsrechtlichen Vorschriften; es handelt sich dann um ein sogenanntes „halbautonomes" Änderungsverfahren.[659] Besonders signifikant ist in diesem Zusammenhang die „Evolutivklausel"[660] des Art. 42

---

656 Vgl. dazu *König/Haratsch,* Europarecht, Rdnr. 831; *Pechstein/Koenig,* Die Europäische Union, 3. Auflage 2000, Rdnr. 213 f., 367 (zu Art. 42 EU); *Schweitzer,* Staatsrecht III, 7. Auflage 2000, Rdnr. 63; der Sonderausschuß „Europäische Union (Vertrag von Maastricht)" bezeichnet Evolutivklauseln als „eine Art dritte Kategorie zwischen primärem und sekundärem Gemeinschaftsrecht", vgl. BT-Drucksache 12/3896 vom 1.12.1992 S. 18.

657 *Böse,* in: Schwarze (Hrsg.), EU-Kommentar, Art. 42 EU, Rdnr. 2; *Herrnfeld,* in: Schwarze (Hrsg.), EU-Kommentar, Art. 48 EU, Rdnr. 11.

658 Siehe die in Art. 133 (ex-Art. 113) Abs. 5 EG (Art. 133 Abs. 7 des Vertrags in der Fassung von Nizza) vorgesehene Möglichkeit des Rates, das Anwendungsfeld der Absätze 1 bis 4 der Vorschrift auf den Bereich des geistigen Eigentums zu erstrecken; die Beschlüsse nach Art. 213 (ex-Art. 157) Abs. 1 EG und Art. 221 (ex-Art. 165) EG (aufgehoben durch Art. 2 Nr. 27 des Vertrags von Nizza) zur Änderung der Anzahl der Richter und Kommissare; Art. 67 (ex-Art.73o) EG; Art. 104 (ex-Art. 104c) Abs. 14 EG; Art. 107 (ex-Art. 106) Abs. 5 EG; Art. 187 (ex-Art. 136) EG; Art. 222 (ex-Art. 166) Abs. 3 EG; Art. 225 (ex-Art. 168a) Abs. 2 EG (ersetzt durch Art. 225a EG i.d.F. des Vertrags von Nizza); Art. 245 (ex-Art. 188) EG; vgl. *Jacqué,* Droit institutionnel de l'Union européenne, Rdnr. 817; *Vedder/Folz,* in: Grabitz/Hilf, EU, Art. 48 EU Rdnr. 23; *Herrnfeld,* in: Schwarze (Hrsg.), EU-Kommentar, Art. 48 EU, Rdnr. 12.

659 Vgl. *Vedder/Folz,* in: Grabitz/Hilf, EU, Art. 48 EU, Rdnr. 22; *Brechmann,* in: Calliess/Ruffert (Hrsg.), EUV/EGV, 2. Auflage 2002, Art. 42 EU, Rdnr. 4; *Herrnfeld,* in: Schwarze (Hrsg.), EU-Kommentar, Art. 48 EU Rdnr. 11; *Streinz,* Europarecht, 5. Auflage 2001, Rdnr. 121a, 301a.

660 Der Begriff soll hier für alle Bestimmungen verwandt werden, die Änderungen und Ergänzungen des Primärrechts durch Beschluß des Rates und anschließende Annahme durch die Mitgliedstaaten nach ihren verfassungsrechtlichen Vorschriften ermöglichen, vgl. *Schweitzer,* Staatsrecht III, 7. Auflage 2000, Rdnr. 63; *König/Haratsch,* Europarecht, Rdnr. 831. Weiter dagegen: *Clostermeyer/Lehr,* DÖV 1998, 152; *Oberländer,* Aufgabenwahrnehmung im Rahmen der EU durch Vertreter der Länder, S. 174 f.: auch Übereinkommen nach Art. 34 (ex-Art. K.6) Abs. 2 S.2 lit. d); auch *Scholz,* in:

(ex-Art. K.14) EU, auf deren Grundlage der Rat, auf Initiative der Kommission oder eines Mitgliedstaates, nach Anhörung des Europäischen Parlaments einstimmig beschließen kann, bestimmte Materien des Titels VI des Unionsvertrages in den vierten Titel des EG-Vertrags zu überführen[661], also zu „vergemeinschaften" und das anzuwendende Abstimmungsverfahren festlegen.[662] Weitere Evolutivklauseln finden sich beispielsweise in Art. 190 (ex-Art. 138) Abs. 4 EG[663] hinsichtlich der Festsetzung eines einheitlichen Verfahrens zur Wahl der Abgeordneten des Europäischen Parlaments sowie in Art. 269 (ex-Art. 201) EG[664] für Bestimmungen über das System der Eigenmittel der Gemeinschaft.[665]

Maunz/Dürig/Herzog, GG, Art. 23, Rdnr. 73; *ders.*, NVwZ 1993, 822: „Art. K Nr. 1-9 EUV".

661 Wegen dieser Überleitungsfunktion wird Art. 42 (ex-Art. K.14) EU auch als „Brücke" beziehungsweise als *«passerelle»* bezeichnet, vgl. *Thun-Hohenstein*, Der Vertrag von Amsterdam, S. 50; *Rouchereau*, in: Léger (Hrsg.), Commentaire TUE/TCE, Art. 42 EU, Rdnr. 1; *Röben*, in: Grabitz/Hilf, EU, Art. 42 EU, Rdnr. 1.

662 Die (einseitige, von der Konferenz lediglich zur Kenntnis genommene) Erklärung (Nr.2) Dänemarks zu Art. K.14 des Vertrags über die Europäische Union in der Schlußakte des Amsterdamer Vertrages deutet allerdings darauf hin, daß Art. 42 (ex-Art. K.14) EU ebensowenig zur Anwendung kommen wird, wie die Vorgängerregelung in Art. K.9 EUV in der Fassung des Vertrags von Maastricht, vgl. ABl. EG Nr. C 340 vom 10.11.1997 S. 143; *Thun-Hohenstein*, Der Vertrag von Amsterdam, S. 50; *Röben*, in: Grabitz/Hilf, EU, Art. 42 EU, Rdnr. 6; *Böse*, in: Schwarze (Hrsg.), EU-Kommentar, Art. 42 EU, Rdnr. 1.

663 Auf diese Rechtsgrundlage wurde schon der Beschluß des Rates zur Einführung allgemeiner unmittelbarer Wahlen der Abgeordneten des Europaparlaments gestützt, vgl. ABl. EG Nr. L 278 vom 8.10.1976 S. 1; BGBl. II 1977 S. 733.

664 Siehe hierzu zuletzt den Beschluß des Rates vom 29.9.2000 über das System der Eigenmittel der Europäischen Gemeinschaften, ABl. EG Nr. L 253 vom 7.10.2000 S.42.

665 Des weiteren sind zu nennen: Art. 22 (ex-Art. 8e) EG; Art. 17 (ex-Art. J.7) Abs. 1 UAbs. 1 und UAbs. 2 EU; durch Art. 2 Nr. 33 des Vertrags von Nizza wird dem Rat jetzt in Art. 229a EG die Möglichkeit eingeräumt, durch einstimmigen ratifizierungsbedürftigen Beschluß der Gemeinschaftsgerichtsbarkeit die Zuständigkeit zur Entscheidung von Rechtsstreitigkeiten über gemeinschaftsrechtliche Rechtstitel auf dem Gebiet des gewerblichen Rechtsschutzes zu übertragen, vgl. dazu die Denkschrift der Bundesregierung zum Vertrag von Nizza, BT-Drucksache 14/6146 vom 25.5.2001 S. 44. Zur Einschätzung des Bundesrates, auch jeder Rückgriff auf Art. 308 (ex-Art. 235) EG stelle materiell eine Vertragserweiterung dar, die eine entsprechende Heranziehung des Art. 23 Abs. 1 GG erforderlich mache, BT-Drucksache 12/3540 S. 9, vgl. einerseits *Halfmann*, Entwicklungen des deutschen Staatsorganisationsrecht im Kraftfeld der Europäischen Integration, S. 137 f.; *Pernice*, in: Dreier (Hrsg.), GG, Bd. 2, Art. 23, Rdnr. 90; andererseits *Scholz*, in: Maunz/Dürig/Herzog, Art. 23, Rdnr. 85; *Pechstein/Koenig*, Die Europäische Union, 3. Auflage 2000, Rdnr. 111.
Wegen ihrer kompetenzerweiternden Wirkung hält *Scholz*, in: Maunz/Dürig/Herzog, Art. 23, Rdnr. 20, Evolutivklauseln für „prinzipiell oder doch zumindest tendenziell verfassungswidrig." Für *Thym*, DVBl. 2000, 679, ist die Ausfüllung einer Evolutivklausel dagegen nichts weiter als die autonome Nutzung primärrechtlicher Kompetenzen und

bb) Mitwirkung der Bundesländer

(1) Anwendbarkeit von Art. 23 Abs. 2, 4 bis 7 GG

Im Änderungsverfahren nach Art. 48 (ex-Art. N) EU kommt das Beteiligungsverfahren nach Art. 23 Abs. 2, 4 bis 7 GG i.V.m. EUZBLG in bezug auf die Mitwirkung der Länder an der Regierungskonferenz nicht direkt zur Anwendung.[666] Fraglich ist, ob sich für das vereinfachte Verfahren, insbesondere für die *„passerelle"* des Art. 42 (ex-Art. K.14), etwas anderes ergibt. Auch in diesen Fällen wird Primärrecht geschaffen, ergänzt oder geändert.[667] Trennte man also, wie von einigen Stimmen im Schrifttum gefordert[668], hinsichtlich des Anwendungsbereichs von Art. 23 Abs. 2, 4 bis 7 GG streng nach Primär- und Sekundärrechtsetzung, so müßte man die Frage wohl verneinen. Dann käme eine Mitwirkung der Bundesländer über das Verfahren der Lindauer Absprache in Betracht.

Jedoch kann im Unterschied zu Art. 48 (ex-Art. N) EU im Wege des halbautonomen oder autonomen Verfahrens ein Beschluß nur über primärrechtlich bereits determinierte Materien gefaßt werden. Insbesondere die mittels Art. 42 (ex-Art. K.14) EU zu vergemeinschaftenden Sachbereiche sind ohnehin schon aufgrund ihrer Einbeziehung in die Dritte Säule „Angelegenheiten der Europäischen Union".[669] Es wäre widersinnig, diese Qualität wieder zu verneinen, wenn es darum geht, die fraglichen Materien einer höheren Integrationsstufe zuzuführen.

Die Änderungen können darüberhinaus jeweils auch nur einen bestimmten, ebenfalls bereits primärrechtlich determinierten Inhalt haben. Im Rahmen von Art. 42 (ex-Art. K.14) EU ist dies eben beispielsweise die Überführung der in dem Beschluß bestimmten Maßnahmen in Titel IV des Vertrags zur Gründung der Europäischen Gemeinschaft; im Rahmen des Art. 190 (ex-Art. 138) Abs. 4 UAbs. 2 EG ist es die Einführung eines einheitlichen Wahlverfahrens.

Der Rat handelt mithin in Anwendung von bereits früher – gegebenenfalls mittels einer Änderung nach Art. 48 (ex-Art. N) EU[670] – gesetztem Unions- bezie-

---

keine Form der Vertragsänderung.

666 Siehe oben C.II.5.a).bb).(1).(a). S. 138 ff.

667 *Herrnfeld*, in: Schwarze (Hrsg.), EU-Kommentar, Art. 48 EU, Rdnr. 12; *Schede*, Bundesrat und Europäische Union, S.79: „... ausdrücklichen Vertragsänderungen vergleichbar."

668 *Wilhelm*, BayVBl. 1992, 708; *Randelzhofer*, in: Maunz/Dürig/Herzog, GG, Art. 24 I, Rdnr. 205.

669 Siehe oben C.II.1.a).dd). S. 81; die Anwendung des Beteiligungsverfahrens des Art. 23 Abs. 2 ff. GG im intergouvernementalen Bereich insgesamt ablehnend: *Stern*, in: Festschrift Carl Heymanns Verlag, 1995, S. 267 f.

670 Die Möglichkeit der Vergemeinschaftung von Materien der polizeilichen und justitiellen Zusammenarbeit in Strafsachen besteht beispielsweise erst seit dem Vertrag von Amster-

hungsweise Gemeinschaftsrecht. Das Vorliegen einer „Angelegenheit der Europäischen Union“ im Sinne des Art. 23 Abs. 2 GG ist damit im Gegensatz zur Vertragsänderung nach Art. 48 (ex-Art. N) EU zu bejahen.

Schon oben[671] wurde zur Frage der Anwendbarkeit des Beteiligungsverfahrens nach Art. 23 Abs. 2, 4 bis 7 GG im Rahmen von Vertragsänderungen gemäß Art. 48 (ex-Art. N) EU festgestellt, nur Angelegenheiten, die der Union oder den Gemeinschaften primärrechtlich bereits zugewiesen wurden, seien solche der Europäischen Union im Sinne des Art. 23 Abs. 2 GG. In Konkretisierung dieser Aussage ist nunmehr also festzuhalten, daß Beschlüsse des Rates, die im Rahmen von Art. 42 (ex-Art. K.14) EU oder anderer vereinfachter Änderungsverfahren ergehen, in Anwendung von Primärrecht, mithin auf gründungsvertraglicher Grundlage gefaßt werden. Demnach ist auf sie das Beteiligungsverfahren nach Art. 23 Abs. 2, 4 bis 7 GG i.V.m. EUZBLG anwendbar[672]; die Lindauer Absprache ist unbeachtlich. Ein Unterschied zwischen autonomem und halbautonomem Änderungsverfahren besteht hinsichtlich der Behandlung des Rechtsakts des Rates nach Art. 23 Abs. 2, 4 bis 7 GG i.V.m. EUZBLG nicht.

(2) Innerstaatliche Annahme: Art. 23 Abs. 1 i.V.m. Art. 59 Abs. 2 S. 1 GG

(a) Vertragsgesetz: Erforderliche Mehrheit nach Art. 23 Abs. 1 S. 2, 3 GG

Soweit beim Gebrauchmachen von Evolutivklauseln Hoheitsrechte übertragen werden, ist das Vertragsgesetz neben Art. 59 Abs. 2 S. 1 GG auch auf Art. 23 Abs. 1 GG zu stützen.[673] Schon seit den ursprünglichen Beratungen zur Ände-

---

dam; in Art. K.9 EUV a.F. waren die von Art. K.1 Nr. 7-9 EUV a.F. erfaßten Ziele der Zusammenarbeit davon noch ausdrücklich ausgenommen.

671 Siehe oben C.II.5.a).bb).(1).(a). S. 142.

672 Für das Beratungsverfahren auf der Ebene der Union ebenso: *Clostermeyer/Lehr*, DÖV 1998, 152; *Oberländer*, Aufgabenwahrnehmung im Rahmen der EU durch Vertreter der Länder, S. 175. Dementsprechend erfolgte beispielsweise die Beteiligung des Bundesrates an den Beratungen zum Eigenmittelbeschluß vom 29.9.2000 (ABl. EG Nr. L 253 vom 7.10.2000 S. 42) auf der Grundlage der §§ 2, 3 und 5 EUZBLG, vgl. BR-Drucksache 435/99 vom 29.7.1999 S. 2 sowie den Beschluß des Bundesrates vom 5.11.1999, ebenfalls in BR-Drucksache 435/99.

673 Bereits oben, C.II.5.a).bb).(1).(b). S. 142 ff., wurde festgestellt, daß ein Vertragsgesetz nach Art. 59 Abs. 2 S. 1 GG auch im Anwendungsbereich von Art. 23 Abs. 1 S. 2, 3 GG erforderlich bleibt. Nach *Pernice*, in: Dreier (Hrsg.), GG, Bd. 2, Art. 23, Rdnr. 88, fehlt es dagegen an einer korrespondierenden Bestimmung im Grundgesetz. In Betracht komme daher nur eine *analoge* Anwendung des Art. 23 Abs. 1 S. 2 GG.
Thym, DVBl. 2000, 681, hält im Bereich der Evolutivklausel des Art. 17 (ex-Art. J.7) Abs. 1 UAbs. 2 EU (Integration der WEU in die GASP) ausnahmsweise Art. 24

rung des Art. 23 GG umstritten und noch immer ungeklärt ist dabei die Frage, ob Hoheitsrechtsübertragungen im Rahmen von Art. 23 Abs. 1 GG in bestimmten Fällen durch den einfachen Gesetzgeber möglich sein sollen, oder ob es hierfür stets einer verfassungsändernden Mehrheit nach Art. 23 Abs. 1 S. 3 GG i.V.m. Art. 79 Abs. 2 GG bedarf. Die Bundesregierung stellte sich auf den Standpunkt, eine Zwei-Drittel-Mehrheit sei nicht erforderlich, „wenn Änderungen des Unions-Vertrages zu ratifizieren sind, die von ihrem Gewicht her der Gründung der Europäischen Union nicht vergleichbar sind und insofern nicht die 'Geschäftsgrundlage' dieses Vertrages betreffen“.[674] Der Bundesrat sah dagegen in jeder Übertragung von Hoheitsrechten nach Art. 23 Abs. 1 S. 2 GG auch einen Anwendungsfall des Satzes 3 der Vorschrift, da nach der Rechtsprechung des Bundesverfassungsgerichts[675] mit jeder Hoheitsrechtsübertragung materiell eine Verfassungsänderung einhergehe.[676]

Folgte man der Ansicht, bei Hoheitsrechtsübertragungen zur Vertiefung der europäischen Integration sei im Hinblick auf Art. 23 Abs. 1 S. 2 und S. 3 GG zu unterscheiden zwischen solchen, die über vorhandene Ermächtigungen hinausgehen und anderen, die im Primärrecht bereits angelegt seien, so läge es auf den ersten Blick nahe, Evolutivklauseln in letztgenannte Kategorie einzuordnen.[677] Schon im Bericht des Sonderausschusses „Europäische Union (Vertrag von Maastricht)“ wird aber klargestellt, daß das Zustimmungsgesetz zum Unionsvertrag nicht bereits alle auf der Grundlage von Evolutivklauseln möglichen „Verlängerungen“ von Hoheitsrechtsübertragungen umfaßt.[678] Der Anwendungsbe-

---

Abs. 2 GG für die einschlägige Rechtsgrundlage. Im Anschluß will er eine Entscheidung der Bundesregierung für die innerstaatliche Annahme ausreichen lassen.

674 Amtliche Begründung zu Art. 23 GG, BR-Drucksache 501/92 vom 14.8.1992 S. 15.

675 BVerfGE 58, 1, 36.

676 Stellungnahme des Bundesrates, BR-Drucksache 501/92 (Beschluß) vom 25.9.1992 S. 1 f.

677 Vgl. die Gegenäußerung der Bundesregierung zur Stellungnahme des Bundesrates, BT-Drucksache 12/3338 vom 2.10.1992 S. 14; *Bothe/Lohmann*, ZaöRV 1998, 7; *Brockmeyer*, in: Schmidt-Bleibtreu/Klein, GG, 9. Auflage 1999, Art. 23, Rdnr. 16; weiter differenzierend (nach dem Kriterium der Vorhersehbarkeit der Verfassungsänderungsqualität) *Scholz*, in: Maunz/Dürig/Herzog, GG, Art. 23, Rdnr. 84 ff.; *ders.*, NVwZ 1993, 822; anders noch *ders.*, NJW 1992, 2599. Nach *Schede*, Bundesrat und Europäische Union, S. 82 f., erfaßt der Anwendungsbereich des Satzes 2 hingegen „insbesondere die Hoheitsrechtsübertragungen [...], die vor einem der Gründung der Europäischen Union vergleichbaren Integrationsfortschritt, jedenfalls aber unterhalb dieser Schwelle erfolgen.“ Maßgeblicher Anknüpfungspunkt sei nicht die Auswirkung auf das Grundgesetz, sondern der zu erreichende beziehungsweise schon erreichte Integrationsstand. *Pernice*, in: Dreier (Hrsg.), GG, Bd. 2, Art. 23, Rdnr. 92, will eine Abstufung nach der „Verfassungsintensität“ des betreffenden Integrationsakts vornehmen; ähnlich *Zuleeg*, in: Alternativkommentar, Art. 23, Rdnr. 48.

678 BT-Drucksache 12/3896 vom 1.12.1992 S. 18.

reich von Art. 23 Abs. 1 S. 3 GG werde nicht schon deshalb verlassen, weil eine förmliche Änderung der vertraglichen Grundlagen der Union nicht erforderlich sei.[679] Dementsprechend wurde in den Wortlaut des Art. 23 Abs. 1 S. 3 GG hinter die „Änderungen der vertraglichen Grundlagen" die Wendung „und vergleichbare Regelungen" eingefügt, um sicherzustellen, daß Verfassungsdurchbrechungen über vorhandene Ermächtigungen hinaus auch nicht über Evolutivklauseln ermöglicht werden.[680] Gegen die Auffassung, das Zustimmungsgesetz zum Unionsvertrag erfasse zumindest solche Integrationsfortschritte, die im Zeitpunkt seiner Verabschiedung bereits primärrechtlich determiniert, also für den Gesetzgeber vorhersehbar waren[681], läßt sich zudem einwenden, daß dieses Kriterium schon angesichts des umfassenden Integrationsziels dieses Vertrages („Verwirklichung einer immer engeren Union", Art. 1 (ex-Art. A) EU) zu wenig Unterscheidungskraft besitzt.[682] So ist beispielsweise auch die Ermächtigung des Rates in Art. 42 (ex-Art. K.14) EU zur Festlegung des nach der Vergemeinschaftung anzuwendenden Abstimmungsverfahrens viel zu unbestimmt, als daß sie durch das ursprüngliche Zustimmungsgesetz bereits gedeckt sein könnte.[683] Soweit die inhaltliche Ausfüllung einer Evolutivklausel bei ihrer Einfügung in den Vertrag bereits vollumfänglich absehbar war, kann davon ausgegangen werden, daß die erforderlichen Hoheitsrechte schon mit der Zustimmung zum ursprünglichen Vertrag übertragen worden sind. Das spätere Gebrauchmachen von der Evolutivklausel erfordert dann keine weitere Hoheitsrechtsübertragung

---

679 BT-Drucksache 12/3896 vom 1.12.1992 S. 19.

680 Beschlußempfehlung des Sonderausschusses „Europäische Union (Vertrag von Maastricht)", BT-Drucksache 12/3896 S. 5. Ohne danach zu unterscheiden, ob diese bereits in den Verträgen angelegt sind oder nicht, ging die Abgeordnete *Wieczorek-Zeul* im Bundestag unwidersprochen davon aus, „daß Hoheitsrechtsübertragungen künftig nur noch mit einer Zwei-Drittel-Mehrheit [...] möglich sein werden", vgl. Stenographisches Protokoll 12/126 vom 2.12.1992 S. 10815.

681 Vertreten von *Lerche,* in: Festschrift für H. Schambeck, 1994, S. 761; *Scholz,* in: Maunz/Dürig/Herzog, GG, Art. 23, Rdnr. 84; *ders,* NVwZ 1993, 821 f., auch mit dem Argument, Satz 2 der Vorschrift wäre ansonsten überflüssig.

682 *Bothe/Lohmann,* ZaöRV 1998, 9 f. Als untauglich erwies sich auch der Versuch, die Unterscheidung zwischen S. 2 und S. 3 des Art. 23 Abs. 1 GG anhand der Frage vorzunehmen, ob mit dem Übertragungsakt Eingriffe in die „wesentlichen Strukturen" des Grundgesetzes verbunden sind, vgl. den Bericht der Gemeinsamen Verfassungskommission, BT-Drucksache 12/6000 vom 5.11.1993 S. 21; *Schmalenbach,* Der neue Europaartikel 23 des Grundgesetzes im Lichte der Arbeit der Gemeinsamen Verfassungskommission, S. 87 ff.

683 Grundsätzlich kommt im Bereich des Titels IV des EG-Vertrags nach Art. 67 (ex-Art. 73o) EG die Einstimmigkeitsregel zur Anwendung. Der Rat kann jedoch darüber hinausgehen und gegebenenfalls auch Mehrheitsvoten zulassen. Vgl. *Rouchereau,* in: Léger (Hrsg.), Commentaire TUE/TCE, Art. 42 EU, Rdnr. 9; *Böse,* in: Schwarze (Hrsg.), EU-Kommentar, Art. 42 EU, Rdnr. 4.

mehr.[684] Dann kommt aber auch Art. 23 Abs. 1 S. 2 GG nicht zur Anwendung.[685]
Soweit hingegen die Aktualisierung einer Evolutivklausel wie bei der Vergemeinschaftung von Materien der Dritten Säule nach Art. 42 (ex-Art. K.14) EU, durch die der Gemeinschaft ja Durchgriffsbefugnisse zuteil werden können, eine Hoheitsrechtsübertragung erforderlich macht, ist in jedem Fall ein Zustimmungsgesetz nach Art. 23 Abs. 1 S. 2, 3 i.V.m. Art. 79 Abs. 2 GG notwendig.[686]
Nach der hier vertretenen Ansicht bedarf darüberhinaus ohnehin jede Vertragsänderung eines Zustimmungsgesetzes mit derselben Mehrheit wie das ursprüngliche Vertragsgesetz.[687] Eine Vertragsänderung wird aber – wenn auch in einem vereinfachten Verfahren – zumindest auch durch den Gebrauch der Evolutivklausel des Art. 42 (ex-Art. K.14) EU bewirkt.

Wenn also ein auf der Grundlage einer Evolutivklausel ergangener Beschluß eine Vertragsänderung bewirkt oder eine neuerliche Übertragung von Hoheitsrechten erforderlich macht, bedarf das Vertragsgesetz gemäß Art. 23 Abs. 1 S. 2, 3 i.V.m. Art. 79 Abs. 2 GG der Zustimmung von zwei Dritteln der Stimmen des Bundestages und des Bundesrates.[688] Bei der Vergemeinschaftung von Materien

---

684 Die Entbehrlichkeit einer Hoheitsrechtsübertragung wird zum Beispiel angenommen für die Zustimmung zu den Eigenmittelbeschlüssen der Gemeinschaft, vgl. *Oschatz/Risse,* DÖV 1995, 440 f. A.A. *Bothe/Lohmann,* ZaöRV 1998, 7; *Lerche,* in: Festschrift für H. Schambeck, 1994, S. 761. Für den Beschluß zur Einführung eines einheitlichen Wahlverfahrens nach Art. 190 (ex-Art. 138) Abs. 4 siehe *Streinz,* in: Sachs, GG, 3. Auflage 2003, Art. 23, Rdnr. 81; wohl auch *Clostermeyer/Lehr,* DÖV 1998, 153 (Fn. 44). Zu beiden: *Pernice,* in: Dreier (Hrsg.), GG, Bd. 2, Art. 23, Rdnr. 91. Zur grundlegenden Kritik am Kriterium der Hoheitsrechtsübertragung vgl. *Kuijper,* in: Legal Issues of European Integration 1998/'99, 4.

685 Ähnlich *Oschatz/Risse,* DÖV 1995, 439, 440; *Schede,* Bundesrat und Europäische Union, S. 81 f.

686 Ebenso *Streinz,* in: Sachs, GG, 3. Auflage 2003, Art. 23, Rdnr. 78; *Oschatz/Risse,* DÖV 1995, 439; *Wilhelm,* BayVBl. 1992, 707; *Randelzhofer,* in: Maunz/Dürig/Herzog, GG, Art. 24 I, Rdnr. 203; wohl auch *Rojahn,* in: v.Münch/Kunig, GG II, 5. Auflage 2001, Art. 23, Rdnr. 50, 47.

687 Siehe oben C II.5.a).bb).(2).(b). S. 147 f.; ähnlich *Geiger,* JZ 1996, 1096.

688 In der Praxis hat sich jedoch offenbar die Auffassung der Bundesregierung durchgesetzt. So wurde zum Beispiel das Zustimmungsgesetz zum Eigenmittelbeschluß vom 29.9.2000, BGBl. II 2001 S. 794, nur auf Art. 23 Abs. 1 S. 2 GG i.V.m. Art. 59 Abs. 2 S. 1 GG gestützt, vgl. Gesetzentwurf und Begründung, BT-Drucksache 14/6142 vom 25.5.2001 S. 1, 6. Der Bundesrat hat dem, anders als noch beim Vertragsgesetz zum Eigenmittelbeschluß von 1994, nicht widersprochen, vgl. die Stellungnahmen des Bundesrates, BT-Drucksache 14/6142 S. 19 einerseits und BT-Drucksache 13/382 vom 2.2.1995 S. 19 andererseits. Vgl. auch das Zustimmungsgesetz zum – allerdings auf Art. 34 (ex-Art. K.6) Abs. 2 S. 2 lit. d) EU gestützten – Auslegungsprotokoll zum Europol-Übereinkommen, BGBl. II 1997 S. 2170 sowie die amtliche Begründung, BT-

der Polizeilichen und Justitiellen Zusammenarbeit in Strafsachen ist dies wohl stets der Fall.[689] Raum für ein einfaches Zustimmungsgesetz kann also nur noch in Fällen reiner Vertragsausfüllung beziehungsweise Vertragsergänzung ohne Hoheitsrechtsübertragung bestehen.[690]

(b) *Anwendbarkeit der Lindauer Absprache in Anknüpfung an das Vertragsgesetz?*

Durch das Erfordernis der innerstaatlichen Annahme bleibt auch im Rahmen des halbautonomen Verfahrens im entscheidenden Punkt die völkervertragliche Natur der Vertragsänderung gewahrt.[691] Fraglich ist nun wiederum, ob in Anknüpfung an den unzweideutig völkerrechtlich determinierten Charakter der für die innerstaatliche Annahme erforderlichen Handlungsformen die Lindauer Absprache zur Anwendung kommen muß. Dies würde dazu führen, daß nach Ziffer 3 der Absprache das Einverständnis der Länder herzustellen wäre, wenn deren ausschließliche Kompetenzen berührt sind; die Ratifizierung bedürfte also – außerhalb des Verfahrens des Art. 59 Abs. 2 GG – der Zustimmung jedes einzelnen Landes. Bereits im Zusammenhang mit der innerstaatlichen Behandlung der Verträge zur Änderung der vertraglichen Grundlagen der Union wurde jedoch festgestellt, daß das in Art. 23 Abs. 1 S. 2, 3 GG i.V.m. Art. 79 Abs. 2 GG mit Bedacht aufgestellte Mehrheitserfordernis bedeutungslos würde, beließe man den Ländern das ihnen nach Ziffer 3 der Absprache zustehende Vetorecht.[692] Für das vereinfachte Änderungsverfahren kann nichts anderes gelten: Wird in die-

---

Drucksache 13/7555 vom 28.4.1997 S. 6 und den Zustimmungsbeschluß des Bundesrates, BR-Drucksache 778/97 (Beschluß) vom 7.11.1997.

689 *Scholz/Hofmann*, Europa-Blätter 1998, 6, sehen dagegen in der Vergemeinschaftung von Teilbereichen der Dritten Säule (im Rahmen des Vertrags von Amsterdam) keine verfassungsrelevante Hoheitsrechtsübertragung und halten deshalb ein mit einfacher Mehrheit nach Art. 23 Abs. 1 S. 2 GG beschlossenes Gesetz für ausreichend.

690 Ebenso *Oschatz/Risse*, DÖV 1995, 440. Zu diesem Ergebnis muß auch gelangen, wer unter den Begriff „Evolutivklausel" auch die sonstigen, lediglich vertragsausfüllenden Handlungsformen des Art. 34 EU beziehungsweise des ehemaligen K-Bereichs des Unions-Vertrags fassen möchte, die in der Regel ebenfalls keine Hoheitsrechtsübertragung erfordern und deshalb nicht der Annahme mit verfassungsändernder Mehrheit nach Art. 23 Abs. 1 S. 3 i.V.m. Art. 79 Abs. 2 GG bedürfen, vgl. oben C.II.1.b). S. 83 ff. und unten C.II.5.d).aa).(3). S. 182 ff.; *Scholz*, NVwZ 1993, 822; *Clostermeyer/Lehr*, DÖV 1998, 152 f.; *Oberländer*, Aufgabenwahrnehmung im Rahmen der EU durch Vertreter der Länder, S. 174 ff.

691 *Streinz*, Europarecht, 5. Auflage 2001, Rdnr. 121a.

692 Siehe oben C.II.5.a).bb).(1).(c). S. 155.

sem Rahmen eine Hoheitsrechtsübertragung erforderlich, so schließt Art. 23 Abs. 1 S. 2, 3 GG die zusätzliche Anwendung der Lindauer Absprache aus.[693]

c) Beitrittsverträge nach Art. 49 EU

aa) Europarechtliche Einordnung

Der Beitritt neuer Mitgliedstaaten zur Europäischen Union erfolgt nach Maßgabe des Art. 49 (ex-Art. O) EU. Obwohl es sich bei den Beitrittsverträgen zunächst strenggenommen nicht um Verträge allein der Mitgliedstaaten untereinander handelt, soll die Mitwirkung der deutschen Bundesländer daran wegen des engen Zusammenhangs mit Art. 48 (ex-Art. N) EU[694] an dieser Stelle untersucht werden. Dabei sind wiederum ein gemeinschafts- beziehungsweise unionsrechtlicher und ein völkerrechtlicher Teil des Beitrittsverfahrens zu unterscheiden.[695]

Auf Unionsebene beschließt zunächst auf Antrag des Beitrittsaspiranten und nach vorläufiger Stellungnahme der Kommission[696] der Rat, in Beitrittsverhandlungen einzutreten.[697] Diese werden dann auf Ministerkonferenzen unter Leitung des Ratspräsidenten geführt.[698] Dabei wird die Verhandlungsführung von den Mitgliedstaaten auf Rat und Kommission delegiert.[699] Trotz der Beteili-

---

693 Die Beachtung der Lindauer Absprache kommt aber in Betracht, soweit eine Übertragung von Hoheitsrechten nicht erfolgt. Vgl. dazu im einzelnen die Ausführungen zur Behandlung völkerrechtlicher Abkommen der Mitgliedstaaten untereinander, C.II.5.d).bb).(2).(a).(bb)., S. 192. Ebenso *Clostermeyer/Lehr,* DÖV 1998, 152 f.; *Oberländer,* Aufgabenwahrnehmung im Rahmen der EU durch Vertreter der Länder, S. 176 f. Die hier vertretene Auffassung entspricht auch dem in Punkt II Ziff. 1 des Protokolls über den Verhandlungsstand zwischen Bund und Ländern in der Frage der Behandlung völkerrechtlicher Abkommen im Bereich der Europäischen Union zum Ausdruck gekommenen Standpunkt der Länder (abgedruckt bei *Clostermeyer/Lehr,* DÖV 1998, 154).

694 *Vedder,* in: Grabitz/Hilf, EU, Art. 49 EU, Rdnr. 2.

695 *Streinz,* Europarecht, 5. Auflage 2001, Rdnr. 79; *Šarčević,* EuR 2002, 471 ff.

696 *Herrnfeld,* in: Schwarze (Hrsg.), EU-Kommentar, Art. 49 EU, Rdnr. 7; *Vedder,* in: Grabitz/Hilf, EU, Art. 49 EU, Rdnr. 28.

697 Dabei handelt es sich noch nicht um den in Art. 49 (ex-Art. O) Abs. 1 S. 2 EU vorgesehenen Ratsbeschluß, vgl. *Vedder,* in: Grabitz/Hilf, EU, Art. 49 EU, Rdnr. 29, 35. In der Praxis wird der Beschluß während eines Europäischen Rates getroffen, vgl. *Anton,* in: Léger (Hrsg.), Commentaire TUE/TCE, Art. 49 EU, Rdnr. 8; für die Osterweiterung: Schlußfolgerungen des Europäischen Rats von Luxemburg vom 12./13.12.1997, Punkt 10 ff. (insbes. 27) (abrufbar unter http://www.europarl.eu.int/enlargement/ec/lux_de.htm).

698 *Cremer,* in: Calliess/Ruffert (Hrsg.), EUV/EGV, 2. Auflage 2002, Art. 49 EU, Rdnr. 2.

699 *Vedder,* in: Grabitz/Hilf, EU, Art.49 EU, Rdnr. 30; *Anton,* in: Léger (Hrsg.), Commen-

gung von Unionsorganen handelt es sich um einen Vorgang rein intergouvernementaler, also völkerrechtlicher Natur.[700] Nach positivem Abschluß faßt erneut der Rat gemäß Art. 49 (ex-Art. O) Abs. 1 EU einstimmig nach Anhörung der Kommission und mit Zustimmung des Europäischen Parlaments den „Aufnahmebeschluß".[701]

Zugleich[702] werden zwischen den Mitgliedstaaten und dem oder den Kandidaten die Beitrittsmodalitäten in einem völkerrechtlichen Vertrag festgelegt[703], Art. 49 (ex-Art. O) Abs. 2 EU. Dieser bedarf – unabhängig von der vorherigen Zustimmung im Rat – zu seiner Rechtsverbindlichkeit der Ratifikation durch jeden einzelnen Mitgliedstaat nach den jeweiligen verfassungsrechtlichen Vorschriften.[704] Die Union und die Gemeinschaften selbst sind dabei nicht Vertragspartei.[705]

Bei der Prüfung der Mitwirkungsmöglichkeiten der Bundesländer ist dementsprechend zu trennen zwischen den beiden Ratsbeschlüssen einerseits und dem völkerrechtlichen Vertrag zwischen Mitgliedstaaten und Beitrittskandidaten andererseits.

---

taire TUE/TCE, Art. 49 EU, Rdnr. 8; *Jacqué,* Droit institutionnel de l'Union européenne, Rdnr. 136.

700 *Anton,* in: Léger (Hrsg.), Commentaire TUE/TCE, Art. 49 EU, Rdnr. 8; *Jacqué,* Droit institutionnel de l'Union européenne, Rdnr. 138.

701 Vgl. den Beschluß des Rates über die Aufnahme des Königreichs Norwegen, der Republik Österreich, der Republik Finnland und des Königreichs Schweden in die Europäische Union, ABl. EG Nr. C 241 vom 29.8.1994 S. 8. *Cremer,* in: Calliess/Ruffert (Hrsg.), EUV/EGV, 2. Auflage 2002, Art. 49 EU, Rdnr. 3; *Herrnfeld,* in: Schwarze (Hrsg.), EU-Kommentar, Art. 49 EU, Rdnr. 7. Für die Osterweiterung vgl. jetzt die Schlußfolgerungen des Europäischen Rates von Kopenhagen vom 12. und 13.12.2002, abrufbar unter http://ue.eu.int/pressData/de/ec/73778.pdfp/.

702 Tatsächlich erfolgen Ratsbeschluß und Abschluß des Beitrittsvertrages in sehr engem zeitlichen Zusammenhang; so wurde der Beschluß zur Aufnahme von Norwegen, Österreich, Finnland und Schweden am 16.5.1994 gefaßt und der Beitrittsvertrag am 24.6.1994 unterzeichnet, vgl. ABl. EG Nr. C 241 vom 29.8.1994 S. 8 ff.; *Vedder,* in: Grabitz/Hilf, EU, Art. 49 EU, Rdnr. 35 f., *Cremer,* in: Calliess/Ruffert (Hrsg.), EUV/EGV, 2. Auflage 2002, Art. 49 EU, Rdnr. 3 (Fn. 9). Für die weitere rechtliche Beurteilung spielt dies jedoch keine Rolle.

703 *Bruha/Vogt,* VRÜ Bd. 30 (1997) S. 490; *Much,* EuR 1972, 327.

704 *Richter,* Die Erweiterung der Europäischen Union, S. 160; *Geiger,* EUV/EGV, 3. Auflage 2000, Art. 49 EU, Rdnr. 13; *Cremer,* in: Calliess/Ruffert (Hrsg.), EUV/EGV, 2. Auflage 2002, Art. 49 EU, Rdnr. 3 f.; a.A. *Vedder,* in: Grabitz/Hilf, EU, Art. 49 EU, Rdnr. 35: „Der Rat entscheidet über den Beitritt definitiv". Die Mitgliedstaaten sollen nur noch über das „Wie", nicht über das „Ob" zu entscheiden haben.

705 *Bruha/Vogt,* VRÜ Bd. 30 (1997) S. 490; *Vedder,* in: Grabitz/Hilf, EU, Art. 49 EU, Rdnr. 26; *Cremer,* in: Calliess/Ruffert (Hrsg.), EUV/EGV, 2. Auflage 2002, Art. 49 EU, Rdnr. 3.

bb) Mitwirkungsrechte der Bundesländer

(1) Völkerrechtlicher Teil: Regierungskonferenz und Beitrittsvertrag

(a) Anwendbarkeit des Beteiligungsverfahrens nach Art. 23 Abs. 2, 4 bis 7 GG?

Mit jedem Beitritt sind Änderungen der Gründungsverträge, also des Primärrechts verbunden.[706] Daneben stellen auch die Beitrittsverträge selbst Primärrecht dar.[707] [708]
Insoweit kann auf die Ausführungen zur Länderbeteiligung an Regierungskonferenzen zur Änderung der Gründungsverträge verwiesen werden.[709] Danach findet das Mitwirkungsverfahren des Art. 23 Abs. 2, 4 bis 7 GG auf die in Ministerkonferenzen geführten Beitrittsverhandlungen keine direkte Anwendung.[710] Diese stellen keine „Angelegenheit der Europäischen Union" im Sinne des Art. 23 Abs. 2 GG dar.[711]
Auch im Gesetzgebungsverfahren zur Verabschiedung des EUZBLG wurde davon ausgegangen, daß Erweiterungsverhandlungen dem Beteiligungsverfahren nach Art. 23 Abs. 2, 4 bis 7 GG i.V.m. EUZBLG nicht direkt unterfallen. Neben den Regierungskonferenzen zur Vertragsänderung wurden als Beispiel für Fälle, die vom EUZBLG, und damit auch von Art. 23 Abs. 4 bis 6 GG nicht erfaßt werden, ausdrücklich auch Beitrittsverhandlungen genannt.[712] Dementsprechend findet sich in der Bund-Länder-Vereinbarung in Ausführung von § 9 EUZBLG vom 29.10.1993 in Punkt VII Ziff. 3 eine Regelung zur Länderbeteiligung an Beitrittsverhandlungen, die weitgehend parallel zur Mitwirkung an Regierungs-

---

706 *Vedder,* in: Grabitz/Hilf, EU, Art. 49 EU, Rdnr. 2, 26; *Herrnfeld,* in: Schwarze (Hrsg.), EU-Kommentar, Art. 49 EU, Rdnr. 12; *Hölscheidt/Schotten,* DÖV 1995, 189; *Geiger,* JZ 1996, 1096. Art. 49 ist insofern *lex specialis* zu Art. 48 EU, vgl. *Vedder,* a.a.O., Rdnr. 2.

707 *Oppermann,* Europarecht, 2. Auflage 1999, Rdnr. 475; *Schweitzer,* Staatsrecht III, Rdnr. 322.

708 In der Praxis wird der Vertrag aufgeteilt in den eigentlichen Beitrittsvertrag und eine „Akte über die Bedingungen des Beitritts [...] und Anpassungen der die Europäische Union begründenden Verträge", vgl. ABl. EG Nr. C 241 vom 29.8.1994 S. 9 und 21.

709 Vgl. oben C.II.5.a).bb).(1).(a). S. 138 ff.

710 Auch die Vorgängerregelung in Art. 2 EEAG wurde nicht direkt auf das Beitrittsverfahren angewandt, vgl. BR-Drucksache 179/93 vom 10.3.1993: Benennung eines Vertreters in der Ad-hoc-Gruppe des Rates „EG-Erweiterung" in *analoger* Anwendung von Art. 2 Abs. 5 EEAG i.V.m. Abschnitt III der Bund-Länder-Vereinbarung vom 17.12.1987.

711 Ebenso *Oberländer,* Aufgabenwahrnehmung im Rahmen der EU durch Vertreter der Länder, S. 174.

712 Vgl. die Gesetzesbegründung, BT-Drucksache 12/3540 vom 22.10.1992 S. 7 i.V.m. der Stellungnahme des Bundesrates, a.a.O., S. 8 und der Gegenäußerung der Bundesregierung, a.a.O., S. 12.

konferenzen zur Vertragsänderung (Punkt VII Ziff. 2) formuliert ist. Vorgesehen sind ein Unterrichtungsrecht des Bundesrates (erster Spiegelstrich), die *entsprechende* Anwendung von § 5 EUZBLG hinsichtlich der Berücksichtigung der Stellungnahme des Bundesrates (zweiter Spiegelstrich), sowie eine Beteiligung von Ländervertretern an Ressortabstimmungen und im Rat, wenn ausschließliche Gesetzgebungskompetenzen der Länder betroffen sind (dritter Spiegelstrich).

(b) Innerstaatliche Annahme: Notwendigkeit eines Zustimmungsgesetzes nach Art. 23 Abs. 1 S. 2, 3 GG i.V.m. Art. 59 Abs. 2 S. 1 GG oder einfaches Vertragsgesetz nach Art. 59 Abs. 2 S. 1 GG?

In den Beratungen über das Zustimmungsgesetz zum Beitritt von Österreich, Finnland und Schweden konnte zwischen Bundesrat[713] auf der einen und Bundesregierung[714] sowie Bundestag[715] auf der anderen Seite keine Einigung darüber erzielt werden, ob die Erweiterungen der Europäischen Union nach Art. 23 Abs. 1 S. 2, 3 GG i.V.m. Art. 79 Abs. 2 GG zu behandeln sei, oder ob hierfür ein Vertragsgesetz nach Art. 59 Abs. 2 S. 1 GG ausreiche.

Im Bundestag wurde gegen die „erneute" Anwendung von Art. 23 Abs. 1 S. 3 GG argumentiert, in Art. 49 des Unionsvertrags werde allen europäischen Staaten die Möglichkeit des Beitritts eröffnet. Der Vorschrift – und damit künftigen Erweiterungen – sei bereits mit verfassungsändernder Mehrheit nach Art. 23 Abs. 1 S. 3 GG i.V.m. Art. 79 Abs. 2 GG zugestimmt worden; dementsprechend müsse nicht jede einzelne Erweiterung nochmals demselben Verfahren unterzogen werden.[716] Dem ist aber jedenfalls entgegenzuhalten, daß Art. 49 EU in bezug auf seinen Adressatenkreis viel zu unbestimmt ist, als daß in der Zustimmung zu dieser Norm gleichzeitig die Zustimmung zu einem konkreten

[713] Stellungnahme des Bundesrates, BT-Drucksache 12/7977 vom 16.6.1994 S. 330; vgl. aber die vom damaligen sächsischen Staatsminister *Milbradt* im Bundesrat zu Protokoll gegebene Erklärung, Stenographischer Bericht, 672. Sitzung vom 8.7.1994 S. 451.

[714] Amtliche Begründung zum Vertragsgesetz, BT-Drucksache 12/7977 vom 16.6.1994 S. 6; Gegenäußerung zur Stellungnahme des Bundesrates, a.a.O., S. 330; Erklärung des Staatssekretärs im Auswärtigen Amt, *Kastrup,* vor dem Bundesrat, Stenographischer Bericht, 670. Sitzung vom 10.6.1994 S. 351 f.

[715] Entschließung des Bundestages, BT-Stenographisches Protokoll 237. Sitzung vom 29.6.1994 S. 20831 (A).

[716] BT-Stenographisches Protokoll 237. Sitzung vom 29.6.1994 S. 20831 (A); vgl. aber auch die Erklärung der Abgeordneten *Wieczorek-Zeul* für die SPD-Fraktion, Anlage 4 (Nachtrag) S. 20917, die „aus guten rechtlichen Gründen" auch die Notwendigkeit eines Rückgriffs auf Art. 23 Abs. 1 S. 3 GG nicht ausschließen will, dies aber dahinstehen läßt, weil die Zwei-Drittel-Mehrheit ohnehin erreicht sei.

Beitritt erblickt werden könnte.[717] Eine derartige Annahme implizierte, daß schon durch Art. 49 EU potentiellen Beitrittsländern ein Rechtsanspruch auf Aufnahme in die Europäische Union eingeräumt worden ist. Das ist aber anerkanntermaßen nicht der Fall.[718]

Zu prüfen ist also, ob die tatbestandlichen Voraussetzungen des Art. 23 Abs. 1 S. 2, 3 GG vorliegen. Dazu ist zunächst noch einmal festzustellen, daß im Rahmen von Beitrittsverträgen stets eine Veränderung der vertraglichen Grundlagen der Europäischen Union stattfindet.[719] Zu klären bleibt mithin zum einen, ob bereits aufgrund der Tatsache, daß die Zustimmung zum ursprünglichen Vertrag auf der Grundlage des Art. 23 Abs. 1 S. 2, 3 GG erfolgt ist, auch jede durch einen Beitrittsvertrag bedingte Änderung auf dieselbe Rechtsgrundlage gestellt werden muß; zum anderen, ob durch jede Zustimmung zu einem Beitrittsvertrag auch eine Übertragung von Hoheitsrechten und damit materiell eine Verfassungsänderung bewirkt wird.[720]

(aa) Hoheitsrechtsübertragung

Die Anwendung des Art. 23 Abs. 1 S. 2, 3 GG ist notwendig, wenn beim Beitritt neuer Mitgliedstaaten erneut eine Übertragung von Hoheitsrechten im Sinne des Art. 23 Abs. 2 S. 2, 3 GG stattfindet. Dies könnte sich aus folgenden Erwägungen ergeben:

Durch den Beitrittsvertrag werden keine neuen Befugnisse von Union und Gemeinschaften begründet.[721] Änderungen ergeben sich aber hinsichtlich der Aus-

---

717 *Hölscheidt/Schotten*, DÖV 1995, 189.

718 *Oppermann*, Europarecht, 2. Auflage 1999, Rdnr. 1842; *Scholz*, in: Maunz/Dürig/Herzog, GG, Art. 23, Rdnr. 43; *Brockmeyer*, in: Schmidt-Bleibtreu/Klein, GG, 9. Auflage 1999, Art. 23, Rdnr. 4; vgl. auch die Schlußanträge des Generalanwalts *Mayras* in der Rechtssache C-93/78 (Mattheus/Doego) EuGH Slg. 1978 S. 2203, 2213: Abhängig von „Verhandlungen vorwiegend politischen Charakters"; ebenso: *Streinz*, Europarecht, 5. Auflage 2001, Rdnr. 78.

719 Siehe oben S. 170.

720 Zum Problem der Abgrenzung zwischen Art. 23 Abs. 1 S. 2 und S. 3 GG siehe oben S. 38 (Fn. 92). Folgt man der Ansicht, wonach jede Übertragung von Hoheitsrechten nach Art. 23 Abs. 1 S. 2 GG stets auch eine materielle Verfassungsänderung i.S.d. Satzes 3 bewirkt, stellt sich die Frage auch im Rahmen von Beitrittsverträgen von vorneherein nicht, sofern eine Hoheitsrechtsübertragung angenommen wird. Aber auch nach der Gegenansicht dürfte dann die Anwendbarkeit von S. 3 zu bejahen sein, da Beitrittsverträge jedenfalls die „Geschäftsgrundlage" der Verträge betreffen, vgl. dazu allgemein die amtliche Begründung zu Art. 23 GG, BR-Drucksache 501/92 vom 14.8.1992 S. 15.

721 *Oschatz/Risse*, DÖV 1995, 440.

übung der diesen Organisationen bereits früher übertragenen Hoheitsrechte. Durch das Anwachsen der Anzahl der Staaten, die gemeinsam Träger der Union und der Gemeinschaften – und damit der diesen zugewiesenen Hoheitsrechte – sind, sinkt gleichzeitig der Einfluß eines jeden einzelnen Mitgliedstaats auf die Ausübung der gemeinsamen Hoheitsgewalt.

Eine innergemeinschaftliche Verschiebung übertragener Hoheitsrechte als vom ursprünglichen Übertragungsakt gedeckt anzusehen[722], würde bedeuten, daß die Bundesrepublik Deutschland Hoheitsrechte auf ein Gebilde übertragen hat, dessen Träger – die Gesamtheit der Mitgliedstaaten – in seiner Zusammensetzung noch nicht feststand, und dessen künftige Beschaffenheit noch immer höchstens in groben Umrissen feststeht. Der Einfluß der Bundesrepublik auf sie betreffende Entscheidungen hinge also von zukünftigen ungewissen Ereignissen ab, die für den der konkreten Hoheitsrechtsübertragung zustimmenden verfassungsändernden Gesetzgeber weder vorhersehbar noch kontrollierbar waren.
Die Annahme, die Union sei durch das Zustimmungsgesetz zu den Gründungsverträgen oder zum Vertrag von Maastricht zu einer unbestimmten Vielzahl zukünftiger Erweiterungen ermächtigt worden, käme also der antizipierten Zustimmung zu einer fortlaufenden Verminderung deutscher Mitwirkungsrechte gleich. Diese Vorstellung steht aber im Widerspruch zu dem vom Bundesverfassungsgericht in der „Maastricht-Entscheidung" aufgestellten Bestimmtheitserfordernis[723] hinsichtlich der Ermöglichung der Ausübung fremder Hoheitsgewalt auf dem Gebiet der Bundesrepublik. Danach müssen die zur Wahrnehmung durch die Union übertragenen Rechte sowie das beabsichtigte Integrationsprogramm im Zeitpunkt der Übertragung hinreichend bestimmbar festgelegt sein. Unabdingbar ist demnach nicht nur die eindeutige Bestimmbarkeit des Ausmaßes der übertragenen Hoheitsrechte, sondern auch des Adressaten.[724] Im Zeit-

---

[722] So *Hölscheidt/Schotten*, DÖV 1995, 192; *Streinz*, in: Sachs, GG, 3. Auflage 2003, Art. 23, Rdnr. 80: „... lediglich lineare Anpassung des Gewichts Deutschlands in den Organen im Rahmen einer Erweiterung der Europäischen Union"; *Vedder*, in: Grabitz/Hilf, EU, Art. 49 EU, Rdnr. 39 m.w.N.

[723] BVerfGE 89, 155, 187 f. „Entscheidend ist, daß die Mitgliedschaft der Bundesrepublik Deutschland und die daraus sich ergebenden Rechte und Pflichten – insbesondere auch das rechtsverbindliche unmittelbare Tätigwerden der Europäischen Gemeinschaften im innerstaatlichen Rechtsraum – für den Gesetzgeber voraussehbar im Vertrag umschrieben und durch ihn im Zustimmungsgesetz hinreichend bestimmbar normiert worden sind."

[724] A.A. *Hölscheidt/Schotten*, DÖV 1995, 192, die zwar grundsätzlich anerkennen, daß sich „Änderungen auf der horizontalen, der europäischen Ebene [...] in vertikaler Hinsicht als Hoheitsrechtsübertragungen auswirken" können, dies im Falle der Erweiterung der Union mangels meßbarer Einflußeinbuße der Altmitglieder jedoch ablehnen. Schon die hierfür als Beleg angeführte Anpassung der Sperrminorität im Rat anläßlich der Erweiterung 1995 zeigt aber, daß durch diese Beitritte doch erhebliche Gewichtsverschiebungen bedingt wurden, denen mit Ausgleichsmaßnahmen Rechnung getragen werden mußte.

punkt der Verabschiedung des Zustimmungsgesetzes zum Vertrag von Maastricht (erst recht zu den Gründungsverträgen) war zwar die sogenannte Norderweiterung absehbar. Doch war seitens der Gemeinschaften von einer beabsichtigten Osterweiterung oder gar von der Aufnahme der Türkei noch keineswegs die Rede.[725] Die mit den nunmehr absehbaren Beitritten einhergehende Verlagerung – um nicht von Umkehrung zu sprechen – der Machtverhältnisse im Rat könnte zum Beispiel dazu führen, daß künftig die Netto-Empfänger-Staaten die Netto-Zahler-Staaten majorisieren.[726] Eine derartige Verschiebung muß als „wesentliche Änderung des im Unions-Vertrag angelegten Integrationsprogramms" im Sinne des Maastricht-Urteils[727] des Bundesverfassungsgerichts verstanden werden.
Das Zustimmungsgesetz zum Vertrag von Maastricht beinhaltet demnach nicht schon eine Zustimmung zu allen künftigen Erweiterungen der Union.

Das Vorliegen einer „Hoheitsrechtsübertragung" im Sinne von Art. 23 Abs. 1 S. 2, 3 GG muß also auch dann angenommen werden, wenn sich beim Beitritt neuer Mitgliedstaaten die Modalitäten der Ausübung bereits übertragener Hoheitsrechte[728] so ändern, daß der Einfluß des einzelnen Staates darauf – zum Beispiel durch eine Verschiebung der Stimmgewichtung im Rat – merklich verringert wird.[729] [730]

---

725 Erst mit der politischen Reorientierung durch den Europäischen Rat von Kopenhagen vom 21. bis 22. Juni 1993 wurde der Beitritt der mittel- und osteuropäischen Staaten als Zielsetzung der Union festgelegt, vgl. Punkt 7 A iii) der Schlußfolgerungen des Vorsitzes (abrufbar unter http://www.europarl.eu.int/enlargement/ec/cop_de.htm); *Marescau*, CMLRev. 1995, 1332.

726 Zu der diesbezüglich geäußerten Befürchtung vgl. *Schmidt*, DIE ZEIT Nr. 24 vom 7.6.2001 S. 3.

727 BVerfGE 89, 155, 188.

728 *Hölscheidt/Schotten*, DÖV 1995, 191, sprechen insoweit von einer „graduellen Abstufung" der Übertragung von Hoheitsrechten.

729 Ebenso *Geiger*, JZ 1996, 1097; *Jarass*, in: Jarass/Pieroth, GG, 6. Auflage 2002, Art. 23 Rdnr. 20; *Huber*, Recht der europäischen Integration, S. 35; im Ergebnis auch: *Schweitzer*, Staatsrecht III, 7. Auflage 2000, Rdnr. 63. A.A. *Streinz*, in: Sachs, GG, 3. Auflage 2003, Art. 23, Rdnr. 80; *Scholz*, in: Maunz/Dürig/Herzog, GG, Art. 23, Rdnr. 52; *Oschatz/Risse*, DÖV 1995, 440; *Classen*, in: v.Mangoldt/Klein/Starck, GG II, Art. 23 Abs. 1, Rdnr. 20; *Hölscheidt/Schotten*, DÖV 1995, 192; *Vedder*, in: Grabitz/Hilf, EU, Art. 49 EU, Rdnr. 39; *Pernice*, in: Dreier (Hrsg.), GG, Bd. 2, Art. 23, Rdnr. 84, vgl. aber Rdnr. 88: analoge Anwendung des Art. 23 Abs. 1 S. 2 GG; *König*, Die Übertragung von Hoheitsrechten im Rahmen des europäischen Integrationsprozesses, S. 302.

730 In einer vergleichbaren Konstellation stellte sich die Frage der Behandlung „horizontaler", d.h. innergemeinschaftlicher Verschiebungen bereits übertragener Hoheitsrechte (hier vom Rat zum Parlament) schon anläßlich der innerstaatlichen Annahme des Fusionsvertrages, ABl. EG Nr. 152 vom 13.7.1967, S. 2; BGBl. II 1970 S. 1282; vgl. *Ipsen*, Europäisches Gemeinschaftsrecht, 2/11 S. 54 (Fn. 14). Die Denkschrift der Bundesregie-

(bb) actus contrarius

Unabhängig von der Frage des Vorliegens einer neuerlichen Übertragung von Hoheitsrechten ergibt sich die Anwendbarkeit des Art. 23 Abs. 1 S. 2, 3 GG auch aus den schon bei der Erörterung der Länderbeteiligung bei Vertragsänderungen nach Art. 48 (ex-Art. N) EU angestellten Überlegungen zum *actus-contrarius*-Prinzip: Das ursprüngliche Zustimmungsgesetz zum Unionsvertrag erging auf der Grundlage von Art. 23 Abs. 1 S. 2, 3 GG und Art. 59 Abs. 2 S. 1 GG.[731] Rechtsgrundlage des Zustimmungsgesetzes zum Beitrittsvertrag, der stets gleichzeitig Vertragsänderung ist, muß dementsprechend ebenfalls Art. 59 Abs. 2 S. 1 GG i.V.m. Art. 23 Abs. 1 S. 2, 3 GG sein. Für Erweiterungen nach Art. 49 (ex-Art. O) EU kann hier wiederum nichts anderes gelten als für „normale" Vertragsänderungen nach Art. 48 (ex-Art. N) EU.[732]

Nach der hier vertretenen Ansicht zur Anwendbarkeit von Art. 59 Abs. 2 S. 1 GG neben Art. 23 Abs. 1 S. 2, 3 GG machen Beitrittsverträge somit ein Vertragsgesetz nach Art. 23 Abs. 1 S. 2, 3 i.V.m. Art. 59 Abs. 2 S. 1 GG erforderlich.

---

rung, BT-Drucksache VI/879, S. 36 ff., geht darauf ebensowenig ein wie die Stellungnahme des Bundesrates. In seiner Stellungnahme zum Vertrag von Nizza, BT-Drucksache 14/6146 vom 25.5.2001 S. 55, geht der Bundesrat nun aber davon aus, daß eine Verlagerung der Gewichte vom Rat und den dort vertretenen Mitgliedstaaten in Richtung Parlament und die damit verbundene Veränderung der Stellung der einzelnen Mitgliedstaaten in der Gemeinschaft eine vertragliche Änderung der Grundlagen der Europäischen Union darstellt, durch die das Grundgesetz seinem Inhalt nach geändert wird, und die deshalb nach Art. 23 Abs. 1 S. 3 i.V.m. Art. 79 Abs. 2 GG zu behandeln ist, vgl. dazu auch den Redebeitrag des bayerischen Staatsministers *Bocklet* im Bundesrat, 763. Sitzung vom 11.5.2001 Stenographischer Bericht S. 234. Die Bundesregierung hat sich dieser Argumentation letztlich, trotz ihrer Gegenäußerung, BT-Drucksache 14/6146 S. 57, gebeugt; die Voraussetzungen des Art. 79 Abs. 2 GG wurden gewahrt, vgl. BGBl. II 2001 S. 1666; ähnlich auch *Pernice,* in: Dreier (Hrsg.), GG, Bd. 2, Art. 23, Rdnr. 84; *Hölscheidt/Schotten,* DÖV 1995, 191; *Rojahn,* in: v.Münch/Kunig, GG II, 5. Auflage 2001, Art. 23, Rdnr. 42; a.A. *König,* Die Übertragung von Hoheitsrechten im Rahmen des Europäischen Integrationsprozesses, S. 302. Nichts anderes kann dann für eine ebenso gravierende Verschiebung der Gewichte durch den Beitritt neuer Mitgliedstaaten gelten. Ebenso: *Rojahn,* in: v.Münch/Kunig, 5. Auflage, GG, Art. 23, Rdnr. 47a.

731 BGBl. II 1992 S. 1251; vgl. die amtliche Begründung zu Art. 23 GG, BR-Drucksache 501/92 vom 14.8.1992 S. 9.

732 Siehe oben C.II.5.a).bb).(1).(b). S. 142 ff.

(c) Länderbeteiligung nach der Lindauer Absprache?

Nachdem festgestellt wurde, daß es sich auch bei Ministerkonferenzen zur Erweiterung der EU um Verhandlungen rein völkerrechtlicher Natur zur Schaffung neuen Primärrechts handelt, auf die das Beteiligungsverfahren nach Art. 23 Abs. 2, 4 bis 7 GG nicht zugeschnitten ist, kann hinsichtlich der Anwendbarkeit der Lindauer Absprache wiederum auf die Ausführungen zu den Regierungskonferenzen zur Änderung der Gründungsverträge verwiesen werden.[733] Insoweit ergeben sich keine Besonderheiten; die Lindauer Absprache ist neben der Beteiligung der Länder über den Bundesrat im Rahmen von Art. 23 Abs. 1 S. 2, 3 GG unanwendbar.[734] Ihre Beachtung wurde – soweit ersichtlich – im Rahmen der Erweiterungsrunde von 1995 von den Ländern auch nicht gefordert.[735]

(d) Zwischenergebnis und Wertung

Nach der hier gefundenen Lösung erfolgt also die Beteiligung der Bundesländer am völkervertraglichen Teil der Erweiterung allein auf der Grundlage von Art. 23 Abs. 1 S. 2, 3 GG i.V.m. Art. 59 Abs. 2 S. 1 GG.
Erneut geht jedoch die Staatspraxis mit der in Punkt VII Ziff. 3 der Bund-Länder-Vereinbarung getroffenen Regelung über das von Verfassungs wegen Erforderliche hinaus. Gerade im Bereich der Erweiterungsverhandlungen entspricht dies auch einem praktischen Bedürfnis: Durch die Delegation der Verhandlungsführung von den Mitgliedstaaten auf Rat und Kommission ist eine dem Verfahren nach Art. 23 Abs. 2, 4 bis 7 GG i.V.m. EUZBLG entsprechende Beteiligung schon aus tatsächlichen Gründen naheliegend. Dementsprechend nahmen an den Beitrittsverhandlungen mit Österreich, Schweden, Finnland und Norwegen erstmals vom Bundesrat entsandte Vertreter der Länder teil.[736]

---

733 C.II.5.a).bb).(1).(c). S. 149 ff.

734 A.A. *Clostermeyer/Lehr*, DÖV 1998, 152, die allerdings in anderen Bereichen, in denen es zu einer Änderung der vertraglichen Grundlagen der Union kommt, ebenfalls von einer Verdrängung der Lindauer Absprache durch Art. 23 Abs. 1 S. 2, 3 GG ausgehen (S. 153); ebenso *Oberländer*, Aufgabenwahrnehmung im Rahmen der EU durch Vertreter der Länder, S. 174.

735 Vgl. die Stellungnahme des Bundesrates zum Zustimmungsgesetz zum Beitrittsvertrag, BT-Drucksache 12/7977 vom 16.6.1994 S. 330; die Entschließung des Bundesrates zur Erweiterung der Europäischen Union, BR-Drucksache 841/93 (Beschluß) vom 17.12.1993; die Entschließung des Bundesrates in der Anlage zu BR-Drucksache 680/94 (Beschluß) vom 8.7.1994; die Verhandlungen des Bundesrates, Stenographischer Bericht, 670. Sitzung vom 10.6.1994 S. 323, 351 bis 353 und 672. Sitzung vom 8.7.1994 S. 405.

736 Für die Norderweiterung erfolgte deren Benennung noch in analoger Anwendung von Art. 2 Abs. 5 EEAG i.V.m Abschnitt III der Bund-Länder-Vereinbarung vom 17.12.1987, vgl. BR-Drucksache 179/93 (Beschluß) vom 10.3.1993; für die Osterweiterung (aller-

(2) Gemeinschaftsrechtlicher Teil: Beschlüsse des Rates

Die vom Rat gemäß Art. 49 (ex-Art. O) EU zu fassenden Beschlüsse sind Entscheidungen der Europäischen Union[737], die keiner Annahme durch die Mitgliedstaaten „entsprechend ihren verfassungsrechtlichen Vorschriften" bedürfen. Hinsichtlich der Anwendbarkeit von Art. 23 Abs. 2, 4 bis 7 GG gelten die Ausführungen zum Ratsbeschluß im Rahmen von Art. 48 (ex-Art. N) EU entsprechend.[738]
Beide Beschlüsse sind wiederum keine Rechtsetzungsakte[739], ergehen jedoch jeweils auf der Grundlage der den Mitgliedstaaten durch das Primärrecht zugewiesenen Befugnisse.[740]
Für eine Einordnung der Beschlüsse als „Angelegenheiten der Europäischen Union" im Sinne von Art. 23 Abs. 2, 4 bis 7 GG spricht auch die Tatsache, daß die Beschlüsse des Rates – anders als die Bestimmungen in der Beitrittsakte selbst[741] – gemäß Art. 46 (ex-Art. L) lit. e) EU als Handlung eines Organs einer Überprüfung durch den Europäischen Gerichtshof nach Art. 230 (ex-Art. 173) EG zugänglich sind.[742] Auch wenn sie nach Art. 49 (ex-Art. O) EU notwendige Voraussetzung für die Schaffung von Primärrecht sind, unterliegen sie doch selbst ebenfalls den bereits bestehenden primärrechtlichen Normen.
Die Mitwirkung der Bundesländer an den Ratsbeschlüssen im Rahmen von Art. 49 (ex-Art. O) EU erfolgt also nach Maßgabe des Art. 23 Abs. 2, 4 bis 7 GG.
Auch hier ist festzuhalten, daß sich dieses Ergebnis nicht in Widerspruch zu der Feststellung setzt, auf eine Rechtshandlung dürfe einheitlich stets nur ein Mitwirkungsverfahren angewandt werden.[743] Die Handlungen des Rates sind von dem völkerrechtlichen Tätigwerden der Mitgliedschaften zu unterscheidende, eigenständige Rechtsakte, die einer unabhängigen Beurteilung unterliegen.[744]

---

dings unter direkter Bezugnahme auf Art. 6 EUZBLG): BR-Drucksache 830/00 (Beschluß) vom 21.12.2000.

737 *Vedder*, in: Grabitz/Hilf, EU, Art. 49 EU, Rdnr. 35.

738 Vgl. oben C.II.5.a).bb).(2). S. 158.

739 *Vedder*, in: Grabitz/Hilf, EU, Art. 49 EU, Rdnr. 38.

740 *Bruha/Vogt*, VRÜ Bd. 30 (1997) S. 490.

741 EuGH verbundene Rs. C-31 und 35/86 (LAISA) Slg. 1988 S. 2285, 2319, Rdnr. 17, 18; vgl. aber auch Generalanwalt *Lenz*, Schlußanträge S. 2310, Rdnr. 28.

742 *Bruha/Vogt*, VRÜ Bd. 30 (1997) S. 490 f.

743 Vgl. oben C.I.2.c). S. 55.

744 Siehe oben C.II.5.a).bb).(2). S. 158.

d) Sonstige Verträge: „Begleitendes Gemeinschafts- oder Unionsrecht, insbesondere Art. 293 (ex-Art. 220) EG; Art. 34 (ex-Art. K.6) Abs. 2 S. 2 lit. d) EU

Art. 293 (ex-Art. 220) EG erlegt den Mitgliedstaaten auf, zur Förderung bestimmter Ziele der Gemeinschaft, die nicht aufgrund unmittelbar anwendbaren Vertragsrechts oder durch Ausübung von den Gemeinschaften vertraglich zugewiesenen Befugnissen verwirklicht werden können[745], völkerrechtliche Verträge untereinander – sogenanntes „begleitendes Gemeinschaftsrecht" – abzuschließen. Die Mitgliedstaaten sind dabei aber nicht auf die in dieser Norm aufgezählten Zielsetzungen beschränkt; Verträge können auch auf anderen Gebieten geschlossen werden.[746] [747] Die im Rahmen des Titels VI des EU-Vertrages (Bestimmungen über die polizeiliche und justitielle Zusammenarbeit in Strafsachen) gemäß Art. 34 Abs. 2 S. 2 lit. d) EU vom Rat zu erstellenden und von den Mitgliedstaaten nach ihren verfassungsrechtlichen Vorschriften anzunehmenden Abkommen fallen – als „begleitendes Unionsrecht"[748] – ebenfalls in diese Kategorie.

„Begleitendes Gemeinschaftsrecht" stellt trotz seiner Nähe zu den Zielen der Gründungsverträge weder primäres noch sekundäres Gemeinschaftsrecht dar[749]

---

745 *Schwartz,* in: Groeben/Thiesing/Ehlermann (Hrsg.), EUV/EGV, 5. Auflage 1997, Art. 220 EGV, Rdnr. 2.

746 *Schweitzer,* Staatsrecht III, 7. Auflage 2000, Rdnr. 408 mit Beispielen; *Streinz,* Europarecht, 5. Auflage 2001, Rdnr. 427; a.A. *Schwartz,* in: Festschrift für U. Everling, 1995, S. 1352.

747 Insbesondere diese letztgenannte Kategorie der Verträge zwischen den Mitgliedstaaten ohne primärrechtliche Grundlage zeigt die Unmöglichkeit, eine klare Trennlinie zu den noch zu behandelnden „Beschlüssen der im Rat vereinigten Vertreter der Regierungen der Mitgliedstaaten" zu ziehen. Beispielhaft sei hier nur auf das Gemeinschaftspatent*übereinkommen,* ABl. EG Nr. L 17 vom 26.1.1976 S. 1, verwiesen, das ausweislich seiner Präambel von den „im Rat der Europäischen Gemeinschaften vereinigten Bevollmächtigten" aber zwischen den „Hohen Vertragsparteien des Vertrags zur Gründung der Europäischen Wirtschaftsgemeinschaft" geschlossen und – anders als einfache Beschlüsse der im Rat vereinigten Vertreter der Regierungen der Mitgliedstaaten – von allen Regierungsvertretern unterzeichnet wurde. Da die Unterscheidung jedoch sowohl in den gängigen Lehrbüchern als auch in den Beitrittsverträgen hinsichtlich des zu übernehmenden *acquis communautaire* vorgenommen wird, sollen beide auch im Rahmen dieser Untersuchung gesondert behandelt werden. Vgl. Art. 4 Abs. 1 und Abs. 2 der Akte über die Bedingungen des Beitritts des Königreichs Norwegen, der Republik Österreich, der Republik Finnland und des Königreichs Schweden und die Anpassung der die Europäische Union begründenden Verträge, ABl. EG Nr. C 241 vom 29.8.1994 S. 21; *Streinz,* Europarecht, 5. Auflage 2001, Rdnr. 272 ff. und 427; *Koenig/Haratsch,* Europarecht, 3. Auflage 2000, Rdnr. 246 und 247.

748 *Schweitzer,* Staatsrecht III, 7. Auflage 2000, Rdnr. 409.

749 *Kort,* JZ 1997, 646; *Schwartz,* in: Festschrift für W. Grewe, 1981, S. 606 f.; *ders.,* in:

und unterliegt der Beurteilung durch den Europäischen Gerichtshof nur kraft ausdrücklicher Zuweisung.[750]

aa) Europarechtliche Einordnung

(1) Art. 293 (ex-Art. 220) EG

Art. 293 (ex-Art. 220) EG statuiert eine gemeinschaftsrechtliche Pflicht der Mitgliedstaaten, in Vertragsverhandlungen zur Regelung der in der Vorschrift enumerierten Themenbereiche einzutreten.[751] Übereinkommen nach Art. 293 (ex-Art. 220) EG werden unter Beachtung der klassischen völkerrechtlichen Formen ausgehandelt und abgeschlossen.[752] Sie werden von den im Rat vereinigten Vertretern der Regierungen der Mitgliedstaaten als Staatenkonferenz vereinbart[753] und müssen von den Mitgliedstaaten nach ihren verfassungsrechtlichen Vorschriften angenommen werden.

Die in Art. 293 (ex-Art. 220) EG angeführten Materien – und mithin die auf diese Norm gestützten Übereinkommen[754] – zeichnen sich aus durch einen engen

---

Groeben/Thiesing/Ehlermann (Hrsg.), EUV/EGV, 5. Auflage 1997, Art. 220 EGV, Rdnr. 12; *Hatje,* in: Schwarze (Hrsg.), EU-Kommentar, Art. 293 EG, Rdnr. 13; *Mackel,* in: Léger (Hrsg.), Commentaire TUE/TCE, Art. 293 EG, Rdnr. 6. Zur Gegenansicht vgl. die Nachweise bei *Geimer/Schütze,* Europäisches Zivilverfahrensrecht, Einleitung, Rdnr. 13.

750 Siehe beispielsweise das Protokoll betreffend die Auslegung des Übereinkommens vom 27.9.1968 über die gerichtliche Zuständigkeit und die Vollstreckung gerichtlicher Entscheidungen in Zivil- und Handelssachen durch den Gerichtshof, ABl. EG Nr. L 204 vom 2.8.1975 S. 28 und das Protokoll betreffend die Auslegung des Übereinkommens über die Errichtung eines Europäischen Polizeiamts durch den Gerichtshof der Europäischen Gemeinschaften im Wege der Vorabentscheidung, ABl. EG Nr. C 299 vom 9.10.1996 S. 2, BGBl. II 1997 S. 2172. *Schwartz,* in: Festschrift für W. Grewe, 1981, S. 600; EuGH Rs. C-44/84 (Hurd/Jones) Slg. 1986 S. 76, Rdnr. 20; *Mackel,* in: Léger (Hrsg.), Commentaire TUE/TCE, Art. 293 EG, Rdnr. 6. Für Abkommen nach Art. 34 Abs. 2 S. 2 lit. d) EU erfolgt die Zuweisung pauschal durch Art. 35 (ex-Art. K.7) Abs. 7 S. 2 EU, vgl. *Rouchereau,* in: Léger (Hrsg.), Commentaire TUE/TCE, Art. 34 EU, Rdnr. 11 ff.

751 *Mackel,* in: Léger (Hrsg.), Commentaire TUE/TCE, Art. 293 EG, Rdnr. 5; *Schwartz,* in: Groeben/Thiesing/Ehlermann (Hrsg.), EUV/EGV, 5. Auflage 1997, Art. 220 EGV, Rdnr. 2, 24 ff.; *Wuermeling,* Kooperatives Gemeinschaftsrecht, S. 15 ff.; *Hatje,* in: Schwarze (Hrsg.), EU-Kommentar, Art. 293 EG, Rdnr. 1; *Schweitzer,* in: Grabitz/Hilf, EU, Art. 293 EG, Rdnr. 5.

752 *Wuermeling,* Kooperatives Gemeinschaftsrecht, S. 59; *Degen,* in: Groeben/Thiesing/Ehlermann (Hrsg.), EUV/EGV, 5. Auflage 1997, Art. K.3 EUV, Rdnr. 12.

753 *Schwartz,* in: Festschrift für W. Grewe, 1981, S. 600.

754 Zu nennen sind das (außer für Dänemark) mittlerweile durch eine Verordnung ersetzte Europäische Übereinkommen über die gerichtliche Zuständigkeit und die Vollstreckung

Bezug zu den Zielen des Gemeinsamen Marktes.[755] Gleichwohl wurde den Gemeinschaften keine Regelungskompetenz übertragen; diese haben sich vielmehr die Mitgliedstaaten vorbehalten.[756]
Dennoch soll den Abkommen nach der Rechtsprechung des Gerichtshofs[757] – wegen des „Zusammenhangs zwischen Gemeinschaftsrecht und Übereinkommen" nach Art. 293 (ex-Art. 220) EG sowie wegen der „dem Gerichtshof übertragenen Aufgabe der einheitlichen Auslegung"[758] – Vorrang vor nationalem Recht zukommen.[759]

---

gerichtlicher Entscheidungen in Zivil- und Handelssachen vom 27.9.1968, BGBl. II 1972 S. 774, das Übereinkommen über die gegenseitige Anerkennung von Gesellschaften und juristischen Personen vom 29.2.1968 BGBl. II 1972 S. 370, das bisher nicht in Kraft getreten ist und das Übereinkommen über die Beseitigung der Doppelbesteuerung im Falle von Gewinnberichtigungen zwischen verbundenen Unternehmen vom 23.7.1990, BGBl. II 1993 S. 1309. Das Europäische Übereinkommen über Insolvenzverfahren vom 23.11.1995, das ebenfalls nicht in Kraft getreten ist, ist abgedruckt in ZIP 1996, 976.

755 *Schwartz,* in: Festschrift für W. Grewe, 1981, S. 554 f.; *Degen,* in: Groeben/Thiesing/Ehlermann (Hrsg.), EUV/EGV, 5. Auflage 1997, Art. K.3 EUV, Rdnr. 11; *Streinz,* Europarecht, 5. Auflage 2001, Rdnr. 425.

756 *Streinz,* Europarecht, 5. Auflage 2001, Rdnr. 425; a.A. *Wuermeling,* Kooperatives Gemeinschaftsrecht S. 79, der davon ausgeht, „daß Art. 220 EWGV die von ihm genannten Materien in die Kompetenz der Gemeinschaft transferiert". *Mackel,* in: Léger (Hrsg.), Commentaire TUE/TCE, Art. 293 EG, Rdnr. 3 geht davon aus, daß Art. 293 (ex-Art. 220) EG den Mitgliedstaaten erst erlaubt, außerhalb des Gemeinschaftsrahmens in Verhandlungen hinsichtlich der aufgezählten Regelungsgegenstände einzutreten, also eine Art Rückermächtigung darstellt.

757 EuGH Rs. C-288/82 (Duijnstee/Goderbauer) Slg. 1983 S. 3663, 3674 f., Rdnr. 13, 14; Rs. C-25/79 (Sanicentral/Collin) Slg. 1979 3423, 3429, Rdnr. 5.

758 Vgl. die Schlußanträge von Generalanwalt *Capotorti* in Rs. C-25/79 Slg. 1979 S. 3435, Rdnr. 3: *„[...] die Berücksichtigung des Zusammenhangs zwischen Gemeinschaftsrecht und Übereinkommen nach Artikel 220 des Vertrages von Rom sowie der dem Gerichtshof übertragenen Aufgabe der einheitlichen Auslegung genügen, um diese Frage dahin zu beantworten, daß die Vorschriften des Übereinkommens Vorrang gegenüber dem – auch späteren – innerstaatlichen Recht eines Mitgliedstaates haben müssen [...]. Mit anderen Worten hat die vom Gerichtshof in der Frage der Beziehungen zwischen dem Gemeinschaftsrecht und dem nationalen Recht der Mitgliedstaaten wiederholt eingenommene Haltung auch für das in Artikel 220 EWG-Vertrag vorgesehene Übereinkommen zu gelten, dessen einheitliche Auslegung sicherzustellen der Gerichtshof berufen ist."*

759 Diese Begründung ist umstritten. Erkennt das Bundesverfassungsgericht – anders als der Europäische Gerichtshof – den Vorrang des Gemeinschaftsrechts ohnehin nur kraft verfassungsrechtlicher Ermächtigung an (BVerfGE 22, 293, 296; E 31, 145, 173 f; E 73, 339, 374 f.; E 75, 223, 244; dazu *Streinz,* Europarecht, 5. Auflage 2001, Rdnr. 203 ff.; *Geiger,* JZ 1996, 1094. Die Berufung auf die Eigenständigkeit der Gemeinschaftsrechtsordnung alleine kann dagegen den Vorranganspruch gegenüber den nationalen Rechtsordnungen der Mitgliedstaaten noch nicht hinreichend erklären, vgl. *Streinz,* Europarecht, 5. Auflage 2001, Rdnr. 189; a.A. *Oppermann,* Europarecht, 2. Auflage 1999, Rdnr. 616 ff.*)*, so stützt sich doch auch letzterer zur dogmatischen Herleitung der Eigen-

(2) Verträge ohne Grundlage in den Gründungsverträgen

Auch über die Aufzählung des Art. 293 (ex-Art. 220) EG hinaus steht es den Mitgliedstaaten kraft ihrer völkerrechtlichen Handlungsfähigkeit frei, völkerrechtliche Verträge mit Gemeinschaftsbezug untereinander abzuschließen.[760] In

---

ständigkeit der Gemeinschaftsrechtsordnung, aus der er den Vorranganspruch des Gemeinschaftsrechts folgert, nicht zuletzt auf die Tatsache der Übertragung von Hoheitsrechten der Mitgliedstaaten auf die Gemeinschaft (EuGH Rs. C-6/64 (Costa/E.N.E.L.) Slg. 1964 S. 1251, 1269: *„Zum Unterschied von gewöhnlichen internationalen Verträgen hat der EWG-Vertrag eine eigene Rechtsordnung geschaffen, die bei seinem Inkrafttreten in die Rechtsordnungen der Mitgliedstaaten aufgenommen worden und von ihren Gerichten anzuwenden ist. Denn durch die Gründung einer Gemeinschaft für unbegrenzte Zeit, die mit eigenen Organen, mit der Rechts- und Geschäftsfähigkeit, mit internationaler Handlungsfähigkeit und insbesondere mit echten, aus der Beschränkung der Zuständigkeit der Mitgliedstaaten oder der Übertragung von Hoheitsrechten der Mitgliedstaaten auf die Gemeinschaft herrührenden Hoheitsrechten ausgestattet ist, haben die Mitgliedstaaten, wenn auch auf einem begrenzten Gebiet, ihre Souveränitätsrechte beschränkt und so einen Rechtskörper geschaffen, der für ihre Angehörigen und sie selbst verbindlich ist. Diese Aufnahme der Bestimmungen des Gemeinschaftsrechts in das Recht der einzelnen Mitgliedstaaten und, allgemeiner, Wortlaut und Geist des Vertrages haben zur Folge, daß es den Staaten unmöglich ist, gegen eine von ihnen auf der Grundlage der Gegenseitigkeit angenommene Rechtsordnung nachträglich einseitige Maßnahmen ins Feld zu führen. Solche Maßnahmen stehen der Anwendbarkeit der Gemeinschaftsrechtsordnung daher nicht entgegen.")* und grenzt die Gemeinschaftsverträge dadurch von „gewöhnlichen internationalen Verträgen" ab. Auch der Gerichtshof sieht demnach einen Zusammenhang zwischen Hoheitsrechtsübertragung und Vorrangwirkung. Durch den Verweis auf jene „gewöhnlichen" völkerrechtliche Verfahrensformen nahmen die Mitgliedstaaten die in Art. 293 (ex-Art. 220) EG genannten Materien aber gezielt aus dem Anwendungsbereich des Gemeinschaftsrechts heraus (Vgl. *Schwartz,* in: Festschrift für W. Grewe, 1981, S. 587, 605; *Koenig/Haratsch,* Europarecht, 3. Auflage 2000, Rdnr. 246; *Mackel,* in: Léger (Hrsg.), Commentaire TUE/TCE, Art. 293 EG, Rdnr. 3; a.A. *Wuermeling,* Kooperatives Gemeinschaftsrecht, S. 79). Eine Übertragung von Hoheitsrechten fand gerade nicht statt; der nationale Ausschließlichkeitsanspruch wurde nicht zurückgenommen, vgl. z.B. das Vertragsgesetz zum EuGVÜ BGBl. II 1972 S. 773. Die gewünschte Vorrangwirkung läßt sich jedoch auch erzielen, wenn man das Übereinkommen als *lex specialis* gegenüber innerstaatlichen Regelungen ansieht *(Streinz,* Europarecht, 5. Auflage 2001, Rdnr. 426) oder Art. 293 (ex-Art. 220) EG als gemeinschaftsrechtliche Ermächtigungsnorm der Mitgliedstaaten betrachtet (*Mackel,* in: Léger (Hrsg.), Commentaire TUE/TCE, Art. 293 EG, Rdnr. 3, *Wuermeling,* Kooperatives Gemeinschaftsrecht, S. 67 ff., 128).

760 *Kort,* JZ 1997, 642; *Koenig/Haratsch,* Europarecht, 3. Auflage 2000, Rdnr. 426; *Wuermeling,* Kooperatives Gemeinschaftsrecht, S. 164; einschränkend *Schwartz,* in: Festschrift für U. Everling, 1995, S. 1352.
Vgl. z.B. das Übereinkommen über das europäische Patent für den Gemeinsamen Markt (Gemeinschaftspatentübereinkommen) vom 15.12.1975 ABl. EG Nr. L 17 vom 26.1.1976 S. 1; BGBl. II 1979 S. 834; Übereinkommen über das auf vertragliche Schuld-

diesem Fall handeln sie jedoch nicht als „Funktionsträger von Gemeinschaftsinteressen".[761] Diese Abkommen unterliegen ausschließlich völkerrechtlichen Regeln[762], dürfen sich aber – zumindest aufgrund des Gebots der Gemeinschaftstreue[763] – zu den Zielen der Gründungsverträge nicht in Widerspruch setzen.[764]

(3) Übereinkommen nach Art. 34 (ex-Art. K.6) Abs. 2 S. 2 lit. d) EU

Im Bereich der Dritten Säule der Europäischen Union sieht Art. 34 (ex-Art. K.6) Abs. 2 S. 2 lit. d) EU zur Förderung der Ziele der Union die Möglichkeit des Abschlusses völkerrechtlicher Abkommen zwischen den Mitgliedstaaten vor.[765] Diese werden – im Unterschied zum vorstehend dargestellten „begleitenden *Gemeinschafts*recht" – vom Rat als Organ der Union erstellt und bedürfen einer Annahme durch die Mitgliedstaaten „gemäß ihren verfassungsrechtlichen Vorschriften". Der förmliche Abschluß und die Unterzeichnung werden – in Abweichung von den klassischen Formen des völkerrechtlichen Vertragsschlusses und von der Regelung in Art. 293 (ex-Art. 220) EG – durch einen einstimmigen Ratsbeschluß ersetzt.[766] Die Annahme durch den Rat führt noch nicht zu einer

---

verhältnisse anzuwendende Recht vom 19.6.1980 ABl. EG Nr. L 266 vom 9.10.1980 S. 1; weitere Nachweise bei *Schweitzer,* in: Grabitz/Hilf, EU, Art. 293 EG, Rdnr. 9 sowie bei *Wuermeling,* Kooperatives Gemeinschaftsrecht, S. 164 ff.

761 *Kort,* JZ 1997, 642.

762 *Streinz,* Europarecht, 5. Auflage 2001, Rdnr. 427. In der Einhaltung klassisch-völkerrechtlicher Formen liegt regelmäßig auch der Unterschied zu den Beschlüssen der im Rat vereinigten Vertreter der Regierungen der Mitgliedstaaten, bei denen sich im Verfahren eine „gewisse Gemeinschaftstypik" herausgebildet hat; vgl. *Wuermeling,* Kooperatives Gemeinschaftsrecht, S. 174 ff. Dem entspricht auch die Antwort der Kommission auf die schriftliche Anfrage 941/91, ABl. EG Nr. C 261 vom 7.10.1991 S. 20, wonach es sich bei Akten der im Rat vereinigten Vertreter der Regierungen der Mitgliedstaaten um zwischenstaatliche Vereinbarungen in vereinfachter Form handele.

763 EuGH Rs. C-44/84 (Hurd/Jones) Slg. 1986 S. 29, 81, Rdnr. 39; *Kort,* JZ 1997, 645. Der zusätzliche Hinweis von *Schwartz,* in: Groeben/Thiesing/Ehlermann (Hrsg.), EUV/EGV, 5. Auflage 1997, Art. 220 EGV, Rdnr. 10, auf Art. N (Art. 48 n.F.) EUV gilt gleichermaßen außerhalb des Bereichs von Art. 293 (ex-Art. 220) EG.

764 Allerdings läßt ein Verstoß gegen Gemeinschafts- oder Unionsrecht die völkerrechtliche Wirksamkeit des Vertrags unberührt, vgl. *Kort,* JZ 1997, 640.

765 *Rouchereau,* in: Léger (Hrsg.), Commentaire TUE/TCE, Art. 34 EU, Rdnr. 11. Vgl. das Übereinkommen über die Rechtshilfe in Strafsachen zwischen den Mitgliedstaaten der Europäischen Union, ABl. EG Nr. C 197 vom 2.7.2000 S. 3.

766 *Degen,* in: Groeben/Thiesing/Ehlermann (Hrsg.), EUV/EGV, 5. Auflage 1997, Art. K.3 EUV, Rdnr. 12; *Böse,* in: Schwarze (Hrsg.), EU-Kommentar, Art. 34 EU, Rdnr. 8; allerdings werden Übereinkommen in der Praxis weiterhin gesondert unterzeichnet, vgl. z.B. das Übereinkommen über den Schutz der finanziellen Interessen der Europäischen Gemeinschaften, ABl. EG Nr. C 316 vom 27.11.1995 S. 49, 54; Übereinkommen über die

völkerrechtlichen Bindung; die Verpflichtung der Mitgliedstaaten beschränkt sich auf die Einleitung des Ratifikationsverfahrens innerhalb der vom Rat vorgegebenen Frist.[767]
Wann auf diese völkervertragliche Vorgehensweise zurückgegriffen werden muß, hängt nicht davon ab, ob nach den verfassungsrechtlichen Bestimmungen eines oder mehrerer Mitgliedstaaten der Inhalt der Maßnahme eine innerstaatliche Zustimmung erforderlich macht, sondern ist letztlich eine Frage der politischen Abwägung.[768]
Im Unterschied zum Rahmenbeschluß nach Art. 34 (ex-Art. K.6) Abs. 2 S. 2 lit. b) EU stellen Übereinkommen inhaltlich wie formell bereits vollständige Rechtsakte dar, die lediglich noch in die nationale Rechtsordnung eingegliedert werden müssen, während erstere nur inhaltliche Zielvorgaben machen, die noch einer konkretisierenden Ausformung durch den nationalen Gesetzgeber bedürfen.[769]

Zur Durchführung kann der Rat mit der Mehrheit von zwei Dritteln der Vertragsparteien gemäß Art. 34 (ex-Art. K.6) Abs. 2 S. 2 lit. d) S. 4 EU Maßnahmen beschließen[770], die sich in dem von dem jeweiligen Abkommen gesteckten Rahmen halten müssen, also keine weitergehenden Verpflichtungen begründen dürfen.[771]
Zum Inkrafttreten des Übereinkommens bedarf es der Annahme durch mindestens die Hälfte der Mitgliedstaaten, Art. 34 (ex-Art. K.6) Abs. 2 S. 2 lit. d) S. 3 EU.

Auslieferung zwischen den Mitgliedstaaten der Europäischen Union, ABl. EG Nr. C 313 vom 23.10.1996 S. 12, 18; Übereinkommen über die Rechtshilfe in Strafsachen zwischen den Mitgliedstaaten, ABl. EG Nr. C 197 vom 2.7.2000 S. 3, 19 ff.

767 *Röben*, in: Grabitz/Hilf, EU, Art. 34 EU, Rdnr. 29; *Degen*, in: Groeben/Thiesing/Ehlermann (Hrsg.), EUV/EGV, 5. Auflage 1997, Art. K.3 EUV, Rdnr. 13; *Böse*, in: Schwarze (Hrsg.), EU-Kommentar, Art. 34 EU, Rdnr. 8.

768 Siehe oben C.II.1.b).aa).(1). S. 84 ff.

769 *Streinz*, EuZW 1998, 142.

770 Vgl. beispielsweise den Rechtsakt des Rates über die Durchführungsbestimmungen für die von Europol geführten Arbeitsdateien zu Analysezwecken, ABl. EG Nr. C 26 vom 30.1.1999 S. 1.

771 *Degen*, in: Groeben/Thiesing/Ehlermann (Hrsg.), EUV/EGV, 5. Auflage 1997, Art. K.3 EUV, Rdnr. 14; *Böse*, in: Schwarze (Hrsg.), EU-Kommentar, Art. 34 EU, Rdnr. 9; freilich kann durch das Übereinkommen selbst unter Beachtung von Art. 23 Abs. 1 S. 2, 3 GG der Rat zu weitergehenden Maßnahmen, selbst zur Setzung unmittelbar geltenden Rechts, ermächtigt werden, vgl. *Streinz*, in: Hummer (Hrsg.), Die Europäische Union und Österreich, S. 45; *ders.*, Europarecht, 5. Auflage, Rdnr. 422d; anders *Koenig/Haratsch*, Europarecht, 3. Auflage 2000, Rdnr. 826; *Pechstein/Koenig*, Die Europäische Union, 3. Auflage 2000, Rdnr. 252.

bb) Mitwirkung der Bundesländer: „Angelegenheiten der Europäischen Union" i.S.d. Art. 23 Abs. 2 GG?

(1) Anwendbarkeit des Beteiligungsverfahrens nach Art. 23 Abs. 2, 4 bis 7 GG i.V.m. EUZBLG

(a) Abkommen in Ausführung der Verpflichtung des Art. 293 (ex-Art. 220) EG

(aa) Angelegenheit der Europäischen Union

Für herkömmliches „begleitendes Gemeinschaftsrecht", das im Kreise der „im Rat vereinigten Vertreter der Regierungen der Mitgliedstaaten" vereinbart wird, d.h. abgesehen von Übereinkommen nach Art. 34 (ex-Art. K.6) Abs. 2 S. 2 lit. d) EU, gilt hinsichtlich der Ländermitwirkung dieselbe Differenzierung, die auch in bezug auf dieses Gremium vorzunehmen ist.[772]
Soweit die Mitgliedstaaten also ihrem Auftrag aus Art. 293 (ex-Art. 220) EG nachkommen und Verträge zur Verwirklichung der dort gesteckten Ziele aushandeln, bewegen sie sich – sozusagen als Funktionsträger von Gemeinschaftsinteressen[773] – trotz des völkerrechtlichen Charakters sowohl der Verhandlungen als auch des Vertragsschlusses im Rahmen der ihnen auf primärrechtlicher Grundlage zugewiesenen Rechte und Pflichten[774] und mithin auf dem Boden (gründungs-) vertraglicher Regelungen.[775]
Es handelt sich hierbei also um eine „Angelegenheit der Europäischen Union" im Sinne des Art. 23 Abs. 2 GG[776], dessen Anwendungsbereich nicht auf die Be-

---

772 Siehe unten C.II.5.e).bb).(1). S. 200 ff. *Wuermeling,* Kooperatives Gemeinschaftsrecht, S. 174, behandelt deshalb alle Beschlüsse der im Rat vereinigten Vertreter der Regierungen der Mitgliedstaaten sowie andere Abkommen von vornherein einheitlich als „Komplementäres Gemeinschaftsrecht".

773 *Streinz,* Europarecht, 5. Auflage 2001, Rdnr. 425.

774 *Schwartz,* in: Groeben/Thiesing/Ehlermann (Hrsg.), EUV/EGV, 5. Auflage 1997, Art. 220 EGV, Rdnr. 12, spricht treffend von „in Ausführung primären Gemeinschaftsrechts [...] vereinbartem Völkerrecht".

775 Geht man davon aus, daß Art. 293 (ex-Art. 220) EG eine gemeinschaftsrechtliche Ermächtigung der Mitgliedstaaten zum Vertragsschluß darstellt, vgl. *Mackel,* in: Léger (Hrsg.), Commentaire TUE/TCE, Art. 293 EG, Rdnr. 3, dann besteht an der Einordnung als „Angelegenheit der Europäischen Union" erst recht kein Zweifel.

776 Ebenso *Rojahn,* in: v.Münch/Kunig, GG II, 5. Auflage 2001, Art. 23, Rdnr. 56; *Stern,* in: Festschrift Carl Heymanns Verlag, 1995, S. 267; *Scholz,* in: Maunz/Dürig/Herzog, GG, Art. 23, Rdnr. 142; a.A. *Brockmeyer,* in: Schmidt-Bleibtreu/Klein, GG, 9. Auflage 1999, Art. 32, Rdnr. 17b.
In seiner Stellungnahme zum Entwurf des Ausführungsgesetzes zu Art. 23 Abs. 7 GG, BT-Drucksache 12/3540 vom 22.10.1992 S. 8, fordert hingegen der Bundesrat eine ausdrückliche Nennung von „Beschlüssen oder zwischenstaatlichen Vereinbarungen aller

teiligung an der Setzung von abgeleitetem Gemeinschaftsrecht reduziert werden kann.[777] Für eine Mitwirkung nach der Lindauer Absprache besteht daneben zunächst kein Bedürfnis.

(bb) Innerstaatliche Zuständigkeit: Formelle oder materielle Kriterien?

Soweit von der Anwendbarkeit des Verfahrens nach Art. 23 Abs. 2, 4 bis 7 GG ausgegangen wird, ist darüberhinaus klärungsbedürftig, ob hinsichtlich der innerstaatlichen Zuständigkeit des Bundesrates oder der Länder nach Absatz 4 abstrakt auf die Zuständigkeit zur Vertragsaushandlung oder auf die konkret von dem Abkommen betroffene Materie abzustellen ist.[778] Im erstgenannten Fall wären wegen der Bundeszuständigkeit nach Art. 32 Abs. 1 GG schon die tatbestandlichen Voraussetzungen des Art. 23 Abs. 4 GG nicht erfüllt und mithin die Einflußmöglichkeiten auf die Mitwirkung im Rahmen des Ratifikationsverfahrens im Bundesrat nach Art. 59 Abs. 2 S. 1 beschränkt.[779]
Der Rückgriff auf die Abschlußzuständigkeit erscheint aber aus mehreren Gründen wenig sinnvoll:
Zum einen stellt Art. 23 Abs. 4 GG eben auf die *innerstaatliche* Kompetenzverteilung ab; es wäre verwunderlich, wenn der Gesetzgeber dabei die nach außen gerichtete Kompetenz des Art. 32 GG im Auge gehabt hätte.[780] Die Einstufung als auswärtig adressierter Akt kann im Bereich des Art. 23 Abs. 2, 4 bis 7 GG der Einflußnahme der Länder gerade nicht entgegengehalten werden.[781]

---

oder mit mehreren Mitgliedstaaten der Union" in § 13 EUZBLG, der gerade die Behandlung derjenigen Fälle regelt, die vom EUZBLG, und damit vom Beteiligungsverfahren nach Art. 23 Abs. 2, 4 bis 7 GG, *nicht* erfaßt werden, vgl. die amtliche Begründung, BT-Drucksache 12/3540 S. 7. Übereinkommen der Mitgliedstaaten werden demnach wohl pauschal nicht als „Angelegenheiten der Europäischen Union" im Sinne des Art. 23 Abs. 2 GG angesehen.

[777] Siehe oben C.II.1.a).dd). S. 77. Dementsprechend kommen auch die Bestimmungen der Bund-Länder-Vereinbarung in Ausführung von § 9 EUZBLG vom 29.10.1993 gemäß Punkt VII Ziff. 1 auf Vorbereitung und Abschluß völkerrechtlicher Abkommen direkt – und nicht lediglich entsprechend – zur Anwendung.

[778] *Morawitz/Kaiser*, Die Zusammenarbeit von Bund und Ländern bei Vorhaben der Europäischen Union, S. 83 f.

[779] Vgl. *Morawitz/Kaiser*, Die Zusammenarbeit von Bund und Ländern bei Vorhaben der Europäischen Union, S. 84; *Winkelmann*, DVBl. 1993, 1134.

[780] Vgl. dazu die amtliche Begründung zu Art. 23 GG, BR-Drucksache 501/92 vom 14.8.1992 S. 16, 18 und den Bericht der Gemeinsamen Verfassungskommission, BT-Drucksache 12/6000 vom 5.11.1993 S. 22.

[781] *Kunig*, in: Festschrift Carl Heymanns Verlag, 1995, S. 598; Ebenso *Oberländer*, Aufgabenwahrnehmung im Rahmen der EU durch Vertreter der Länder, S. 176; *Scholz*, in: Maunz/Dürig/Herzog, GG, Art. 23, Rdnr. 142.

Zum anderen wäre auch über den Umweg der Abschlußzuständigkeit nach Art. 32 GG ohnehin wiederum auf die konkret betroffene Materie zurückzukommen, da Art. 32 GG dem Bund ja nicht durchweg eine ausschließliche Kompetenz in auswärtigen Angelegenheiten einräumt (und Art. 23 Abs. 4 GG ebensowenig eine solche voraussetzt). Die Frage, ob nach Art. 32 Abs. 3 GG neben dem Bund auch den Ländern eine – konkurrierende – Abschlußkompetenz zusteht, richtet sich nach der innerstaatlichen Zuständigkeitsverteilung.[782] Dem dürfte auch nicht entgegenstehen, daß ab dem Zeitpunkt der Betätigung der konkurrierenden Kompetenz des Bundes im Bereich von Art. 32 Abs. 1, 3 GG die Zuständigkeit der Länder gemäß Art. 72 Abs. 1 GG gesperrt ist.[783] Es wäre ein Zirkelschluß, den Ländern eine Mitwirkung nach Art. 23 Abs. 4 GG mit der Begründung zu verweigern, der Bund mache gerade von seiner konkurrierenden Zuständigkeit nach Art. 32 Abs. 1 GG Gebrauch, eine Kompetenz der Länder bestehe also nicht mehr. Art. 23 Abs. 4 GG würde dann im Bereich der konkurrierenden Zuständigkeiten völlig leerlaufen und käme nur noch im Falle ausschließlicher Länderkompetenzen zum Zuge. Darauf ist die Vorschrift aber schon ihrem Wortlaut nach, der im Gegensatz zu den Absätzen 5 und 6 gerade nicht zwischen ausschließlichen und sonstigen Zuständigkeiten beziehungsweise Gesetzgebungsbefugnissen differenziert, nicht zu beschränken.
Auch durch die Wahl des *Irrealis* in der Formulierung des Art. 23 Abs. 4 GG („... mitzuwirken *hätte*", „... zuständig *wären*" im Gegensatz zu „... berührt *sind*", „... betroffen *sind*" in Absatz 5) wird deutlich, daß die Beurteilung der Zuständigkeitsverteilung aus einer *ex-ante*-Perspektive zu erfolgen hat, bei der gerade unbeachtlich bleiben muß, ob der Bund im fraglichen Fall durch die Vertragsverhandlungen von seinem Zugriffsrecht Gebrauch macht.

Gerade das Beispiel des Vertragsabschlusses des Bundes auf einem Gebiet der ausschließlichen Zuständigkeit der Länder zeigt auch, daß ein Tätigwerden des Bundes nach außen keine Rückschlüsse auf die innerstaatliche Kompetenzverteilung erlaubt: Die Länder bleiben für „entsprechende innerstaatliche Maßnahmen" zuständig.

Nicht zuletzt sind wiederum Sinn und Zweck des Beteiligungsverfahrens nach Art. 23 GG in die Überlegungen miteinzubeziehen. Wenn es erklärtermaßen die

---

[782] Vgl. zu dieser Erwägung auch *Winkelmann,* DVBl. 1993, 1134 f. (Fn. 90); allgemein zur Kompetenzverteilung im Rahmen des Art. 32 GG *Schweitzer,* Staatsrecht III, 7. Auflage 2000, Rdnr. 116 ff.

[783] Vgl. dazu allgemein *Schweitzer,* Staatsrecht III, 7. Auflage 2000, Rdnr. 118; davon zu unterscheiden ist die Kontroverse im Rahmen des Art. 23 Abs. 5 GG über die Anwendung des Satzes 1 in Fällen, in denen der Bund von einer konkurrierenden Kompetenz noch nicht Gebrauch gemacht hat, aber das Bedürfnis nach einer bundeseinheitlichen Regelung besteht, vgl. dazu oben C.I.2.a).bb).(1). S. 36.

Absicht des Gesetzgebers war, die Mitwirkungsrechte der Bundesländer zu stärken und zu sichern[784], wäre schwer verständlich, daß aufgrund der Anwendung des Art. 23 Abs. 2, 4 bis 7 GG und des Abstellens auf die Kompetenzverteilung des Art. 32 GG plötzlich trotz materieller Betroffenheit ihrer Zuständigkeiten die Länder ausschließlich über den Bundesrat im Rahmen des Ratifizierungsverfahrens nach Art. 59 Abs. 2 S. 1 GG Einfluß nehmen können sollen. Es wäre widersprüchlich, durch die Bezugnahme auf die Kompetenzverteilung einer Vorschrift, die im Rahmen des Beteiligungsverfahrens nach Art. 23 Abs. 2, 4 bis 7 GG gerade keine Anwendung finden soll, die Ländermitwirkung über Art. 23 Abs. 4 GG auszuhebeln.[785]

Es muß demnach darauf ankommen, ob die in Frage stehende Materie bei Zugrundelegung eines rein nationalen Sachverhalts ohne auswärtigen Bezug zur Bundes- oder Landeskompetenz führen würde.[786]

(b) Sonstige Übereinkommen

Im Gegensatz zu den nach Maßgabe des Art. 293 (ex-Art. 220) EG geschlossenen Übereinkommen besteht keine vertragliche Verpflichtung der Mitgliedstaaten zum Abschluß von Verträgen über Materien, die über die in Art. 293 (ex-Art. 220) EG aufgezählten Gegenstände hinausgehen. Die Mitgliedstaaten bewegen sich insoweit außerhalb des Regelungsbereichs der Gründungsverträge auf rein völkerrechtlichem Terrain.

Ein irgendwie gearteter sonstiger Bezug zu den Zielen der Gemeinschaft oder der Union kann aber nicht schon zur Einordnung als „Angelegenheit der Europäischen Union" im Sinne des Art. 23 Abs. 2 GG ausreichen.[787] Schon die dar-

---

[784] Vgl. die amtliche Begründung zu Art. 23 GG, BR-Drucksache 501/92 vom 14.8.1992 S. 7; den Bericht der Gemeinsamen Verfassungskommission, BT-Drucksache 12/6000 vom 5.11.1993 S. 20, 22. In diesem Sinne sind auch die Ausführungen im Bericht des Sonderausschusses „Europäische Union (Vertrag von Maastricht)" des Bundestages, BT-Drucksache 12/3896 vom 1.12.1992 S. 20, zu verstehen: *„Was an Kompetenzen der Länder an die Europäische Union abwandert, lebt im innerstaatlichen Gefüge als Mitwirkungsrecht des Bundesrates fort."* Das muß auch dann gelten, wenn zwar keine Gemeinschaftskompetenz begründet worden ist, aber die Wahrnehmung einer Länderaufgabe aufgrund der Einordnung als „Angelegenheit der Europäischen Union" nun dem Bund zufällt.

[785] Ebenso *Winkelmann*, DVBl. 1993, 1135.

[786] Im Ergebnis ebenso *Winkelmann*, DVBl. 1993, 1135; *Oberländer*, Aufgabenwahrnehmung im Rahmen der EU durch Vertreter der Länder, S. 176; *Clostermeyer/Lehr*, DÖV 1998, 152.

[787] *Scholz*, in: Maunz/Dürig/Herzog, GG, Art. 23, Rdnr. 142; ebenso *Winkelmann*, DVBl. 1993, 1135, der für die Anwendbarkeit des Art. 23 Abs. 2, 4 bis 7 GG ebenfalls auf das

aus resultierenden Abgrenzungsprobleme verdeutlichen, daß es eines einschränkenden Kriteriums bedarf. Ließe man jedweden Zusammenhang mit einem der (immer umfassenderen) Regelungsbereiche einer der drei Säulen der Union als „Angelegenheit der Union" gelten, solange nur die Mitgliedstaaten an dem Übereinkommen beteiligt sind, so wäre bald kein Vertragsgegenstand mehr vorstellbar, der nicht in den Anwendungsbereich des Art. 23 Abs. 2, 4 bis 7 GG fiele. Durch die Ausgestaltung als völkerrechtliche Verträge sollen die fraglichen Übereinkommen zudem gerade aus der Unions- und Gemeinschaftsrechtsordnung herausgehalten werden, um die damit verbundenen europarechtlichen Konsequenzen zu vermeiden. Es wäre als *venire contra factum proprium* zu werten, solche Übereinkommen dann aber auf der anderen Seite hinsichtlich der Länderbeteiligung an der staatlichen Willensbildung doch als „Angelegenheit der Europäischen Union" zu behandeln, um hier wiederum die unerwünschte Mitwirkungsform nach der Lindauer Absprache zu umgehen.[788]

Es muß daher auch hier bei der Feststellung bleiben, daß nur diejenigen Bereiche, die bereits Eingang in eine primärrechtliche Regelung gefunden haben – sei es auch ohne Kompetenzzuweisung an die Gemeinschaften – als „Angelegenheiten der Europäischen Union" im Sinne des Art. 23 Abs. 2 GG zu betrachten sind.
Übereinkommen der Mitgliedstaaten, die nicht aufgrund einer primärrechtlichen Verpflichtung der Mitgliedstaaten abgeschlossen werden, unterliegen also nicht dem Beteiligungsverfahren nach Art. 23 Abs. 2, 4 bis 7 GG.[789] Insoweit ist die Bestimmung des Punkt VII Ziff. 1 der Bund-Länder-Vereinbarung vom 29.10.1993, derzufolge die „Regelungen dieser Vereinbarung" auch „für die Vorbereitung und den Abschluß völkerrechtlicher Abkommen" gelten, restriktiv auszulegen.[790]

Kriterium einer „Regelung im Vertrag selbst" abstellt.

788 Gleiches muß für Fälle gelten, in denen es aufgrund mangelnden Integrationswillens der Gesamtheit der Mitgliedstaaten nicht gelingt, der Union oder den Gemeinschaften eine Angelegenheit vertraglich zuzuweisen. Wenn die Aufnahme einer Materie in das Primärrecht nicht möglich ist, darf sie auch innerstaatlich nicht als „Angelegenheit der Europäischen Union" gewertet werden. Beispielhaft sind hier die Schengener Übereinkommen vom 14.6.1985 und vom 19.6.1990 zu nennen, die, bevor sie mit Inkrafttreten des Vertrags von Amsterdam in die Gründungsverträge integriert wurden, als eine „Form der Zusammenarbeit im kooperativen Raum dicht neben der EG" eingestuft wurden, und auf die Art. 23 Abs. 2, 4 bis 7 GG i.V.m. EUZBLG deshalb keine Anwendung fanden, vgl. *Clostermeyer/Lehr,* DÖV 1998, 152; *di Fabio,* DÖV 1997, 92 f.; siehe auch unten C.II.7. S. 215 ff.

789 Weitergehend offensichtlich *Rojahn,* in: v.Münch/Kunig, GG II, 5. Auflage 2001, Art. 23, Rdnr. 56: „Angelegenheiten der Europäischen Union" erfassen auch „sonstige Vereinbarungen der Mitgliedstaaten".

790 Freilich soll schon nach dem Wortlaut des Punkt VII Ziff. 1 der Bund-Länder-

Der Vertragsschluß ist ein Akt auswärtiger Gewalt im Sinne des Art. 32 GG. Dementsprechend ist für die Beteiligung der Bundesländer auf das für herkömmliche völkerrechtliche Verträge geltende Verfahren der Lindauer Absprache zurückzugreifen.

(c) Übereinkommen nach Art. 34 (ex-Art. K.6) Abs. 2 S. 2 lit. d) EU

(aa) Ausarbeitung der Übereinkommen und Beschlußfassung durch den Rat

Im Gegensatz zum „begleitenden *Gemeinschafts*recht" werden die Übereinkommen im Rahmen der Polizeilichen und Justitiellen Zusammenarbeit in Strafsachen nicht durch die „im Rat vereinigten Vertreter der Regierungen der Mitgliedstaaten", sondern durch das Unionsorgan Rat aus eigenem Recht ausgearbeitet. Dieser handelt hierbei auf der Grundlage der ihm durch Primärrecht zugewiesenen Reche und Pflichten im Rahmen einer vertraglich vorgesehenen Handlungsform, so daß nach der hier vertretenen Abgrenzung das Vorliegen einer „Angelegenheit der Europäischen Union" im Sinne des Art. 23 Abs. 2 GG zu bejahen ist.[791] Daß es sich bei dem Ratsbeschluß letztlich nur um eine Vereinfachung einer völkervertragsrechtlichen Kooperationsform handelt[792], tritt demgegenüber in den Hintergrund.

Vereinbarung der Abschluß völkerrechtlicher Abkommen nur „im Rahmen des Vertrages über die Europäische Union" erfaßt sein; eine Formulierung, die als Anknüpfungspunkt einer einschränkenden Auslegung dienen kann, wenn man ihr dieselbe Bedeutung zumißt wie den „Angelegenheiten der Europäischen Union" in Art. 23 Abs. 2 GG.

791 Dementsprechend erfolgte die Beteiligung des Bundesrates an der Ausarbeitung des EUROPOL-Übereinkommens auch nach dem Verfahren des Art. 23 Abs. 2, 4 bis 7 GG i.V.m. EUZBLG. Allerdings konnten sich Bund und Länder nicht darauf verständigen, ob die Stellungnahme des Bundesrates nach § 5 Abs. 2 S. 1 EUZBLG maßgeblich zu berücksichtigen ist (so der Beschluß des Bundesrats, BR-Drucksache 909/94 vom 16.12.1994 S. 3) oder nicht (vgl. die Gegenäußerung der Bundesregierung im Rahmen des Gesetzgebungsverfahrens zum Vertragsgesetz, BT-Drucksache 13/7391 vom 10.4.1997 S. 59 f.); ebenso *Halfmann*, Entwicklungen des deutschen Staatsorganisationsrechts im Kraftfeld der Europäischen Integration, S. 82; *Scholz*, in: Maunz/Dürig/Herzog, GG, Art. 23, Rdnr. 142.

792 Vgl. *Degen*, in: Groeben/Thiesing/Ehlermann (Hrsg.), EUV/EGV, 5. Auflage 1997, Art. K.3 EUV, Rdnr. 12; *Böse*, in: Schwarze (Hrsg.), EU-Kommentar, Art. 34 EU, Rdnr. 8.

Die Beteiligung der Bundesländer richtet sich folglich nach dem Verfahren des Art. 23 Abs. 2, 4 bis 7 GG i.V.m. EUZBLG[793]; ein Anknüpfungspunkt für eine Beteiligung nach der Lindauer Absprache ist hier zunächst nicht gegeben.[794]

(bb) Durchführungsmaßnahmen Art. 34 (ex-Art. K.6) Abs. 2 S. 2 lit. d) S. 4 EU

Gleiches gilt für Durchführungsmaßnahmen zu den Übereinkommen nach Art. 34 (ex-Art. K.6) Abs. 2 S. 2 lit. d) S. 4 EU, die ebenfalls vom Rat als Organ der Europäischen Union[795] nach Art. 5 (ex-Art. E) EU beschlossen werden. Auch hier sind die Länder nach Art. 23 Abs. 2, 4 bis 7 GG i.V.m dem Ausführungsgesetz zu beteiligen; die Lindauer Absprache kommt nicht zur Anwendung.

(2) Innerstaatliche Umsetzung: Vertragsgesetz nach Art. 59 Abs. 2 S. 1 GG

(a) Annahme der Übereinkommen nach den „verfassungsrechtlichen Vorschriften"

Sowohl im Bereich des „begleitenden Unions-" als auch des „begleitenden Gemeinschaftsrechts", also für Übereinkommen nach Art. 293 (ex-Art. 220) EG, nach Art. 34 (ex-Art. K.6) Abs. 2 S. 2 lit. d) EU, sowie für die sonstigen Verträ-

---

793 Auch hier kommen die Bestimmungen der Bund-Länder-Vereinbarung in Ausführung von § 9 EUZBLG vom 29.10.1993 gemäß Punkt VII Ziff. 1 direkt zur Anwendung.

794 Das entspricht dem Standpunkt der Bundesregierung, vgl. das Protokoll über den Verhandlungsstand zwischen Bund und Ländern in der Frage der Behandlung völkerrechtlicher Abkommen im Bereich der Europäischen Union, abgedruckt bei *Clostermeyer/Lehr*, DÖV 1998, 154: *„Bei Übereinkommen zwischen den Mitgliedstaaten, die vom Rat ausgearbeitet und von diesem den Mitgliedstaaten zur Annahme gemäß ihren verfassungsrechtlichen Vorschriften empfohlen werden, beteiligt die Bundesregierung die Länder ausschließlich gemäß Art. 23 Abs. 2 GG und darüber hinaus entsprechend den in Art. 23 Abs. 4 ff. GG und EUZBLG vorgesehenen Formen, soweit die von dem jeweiligen Übereinkommen erfaßten Gegenstände in die innerstaatliche Zuständigkeit der Länder fallen."*
Ebenso *Rojahn*, in: v.Münch/Kunig, GG II, 5. Auflage 2001, Art. 23, Rdnr. 56; *Winkelmann*, DVBl. 1993, 1134.
A.A. *Stern*, in: Festschrift Carl Heymanns Verlag, 1995, S. 268, der im Bereich der intergouvernementalen Kooperation ausschließlich die Lindauer Absprache für anwendbar hält; ebenso die Rechtsauffassung der Bundesländer, dargelegt in o.g. Protokoll; *Brockmeyer*, in: Schmidt-Bleibtreu/Klein, GG, 9. Auflage 1999, Rdnr. 17b.

795 *Degen*, in: Groeben/Thiesing/Ehlermann (Hrsg.), EUV/EGV, 5. Auflage 1997, Art. K.3 EUV, Rdnr. 14; *Böse*, in: Schwarze (Hrsg.), EU-Kommentar, Art. 34 EU, Rdnr. 9; *Röben*, in: Grabitz/Hilf, EU, Art. 34 EU, Rdnr. 37 ff.

ge, ist innerstaatlich die Annahme nach den jeweiligen verfassungsrechtlichen Vorschriften des Mitgliedstaats erforderlich.[796] Das Verfahren folgt den für völkerrechtliche Verträge geltenden allgemeinen Vorschriften. Ein Übereinkommen, das die „politischen Beziehungen des Bundes" regelt oder sich auf Gegenstände der Bundesgesetzgebung bezieht, macht also ein Vertragsgesetz nach Art. 59 Abs. 2 S. 1 GG erforderlich.[797] Die Mitwirkung des Bundesrates richtet sich jeweils nach den allgemeinen Bestimmungen des Grundgesetzes. Soweit der Regelungsgegenstand eines Abkommens in die Gesetzgebungszuständigkeit der Länder fällt, bedarf es der Umsetzung durch deren Legislative. Nur wenn durch das Übereinkommen auch Hoheitsrechte übertragen werden, kommt Art. 23 Abs. 1 S. 2, 3 GG zur Anwendung.[798]
Es stellt sich nunmehr erneut die Frage, ob die Gesetzgeber von Bund und Ländern zur Transformation verpflichtet sind, oder ob ihnen ein Ermessen auch hinsichtlich des „Ob" der Umsetzung zusteht. Dabei ist nach Bereichen der Bundes- und der Länderzuständigkeit zu unterscheiden.

(aa) Bundeszuständigkeit

Eine Verpflichtung zur Umsetzung kann sich erst ergeben, wenn das Übereinkommen völkerrechtlich verbindlich geworden ist. Schon hierfür bedarf es aber der Ratifikation, zu der die Mitgliedstaaten jedoch ausdrücklich nicht verpflichtet sind. Der Rat „empfiehlt" den Mitgliedstaaten die Abkommen ja nur zur An-

---

796 *Schweitzer,* Staatsrecht III, 7. Auflage 2000, Rdnr. 410; *Röben,* in: Grabitz/Hilf, EU, Art. 34 EU, Rdnr. 25 (für Übereinkommen nach Art. 34 Abs. 2 S. 2 lit. d) EU).

797 *Pernice,* in: Dreier (Hrsg.), GG, Bd. 2, Art. 59, Rdnr. 10; *Rojahn,* in: v.Münch/Kunig, GG II, 5. Auflage 2001, Art. 23, Rdnr. 56a; vgl. z.B. das Vertragsgesetz zum Europol-Übereinkommen, BGBl. II 1997 S. 2150.

798 Dazu im einzelnen unten C.II.5.d).bb).(2).(b). S. 194. Vgl. die amtliche Begründung zum Vertragsgesetz zum Europol-Auslegungsprotokoll, BT-Drucksache 13/7555 vom 28.4.1997 S. 6: Anwendung von Art. 23 Abs. 1 S. 2 GG, weil dem Gerichtshof der Europäischen Gemeinschaften die Befugnis übertragen wird, Fragen der Auslegung des Europol-Übereinkommens für deutsche Gerichte verbindlich zu entscheiden. Das Vertragsgesetz zum Europol-Übereinkommen selbst hingegen wurde nur auf Art. 59 Abs. 2 S. 1 GG gestützt und bedurfte auch nicht der Zustimmung des Bundesrates, vgl. BT-Drucksache 13/7391 S. 7; BGBl. II 1997 S. 2150. Nach *Winkelmann,* DVBl. 1993, 1134, soll dagegen die innerstaatliche Umsetzung „auf der Grundlage von Art. 23 Abs. 1 S. 2 oder 3 n.F. GG i.V. mit Art. 59 Abs. 2 S. 1 GG" erfolgen, wobei er davon ausgeht, daß die Anwendung des Art. 23 Abs. 1 GG auch dann geboten sei, wenn keine Hoheitsrechte übertragen werden (Fn. 87). Ähnlich *Geiger,* EUV/EGV, 3. Auflage 2000, Art. 34 EU, Rdnr. 10: In der abschließenden mitgliedstaatlichen Phase ist Art. 23 Abs. 1 GG für das innerstaatliche Vertragsschlußverfahren maßgeblich.

nahme gemäß ihren verfassungsrechtlichen Vorschriften.[799] Zur Annahme nach den Vorschriften des Grundgesetzes bedarf es aber einer Zustimmung der jeweils für die Gesetzgebung zuständigen Körperschaften. Da Zustimmung und Transformation regelmäßig *uno actu* erfolgen, kann vorher auch keine Verpflichtung zur innerstaatlichen Umsetzung bestehen.[800]

(bb) Länderzuständigkeit

Schwieriger gestaltet sich die Beantwortung der Frage nach der Umsetzungspflicht im Bereich der Landesgesetzgebung. Sobald einmal die Zustimmung durch die gesetzgebenden Körperschaften des Bundes nach Art. 59 Abs. 2 S. 1 GG gegeben[801] und das Übereinkommen ratifiziert und völkerrechtlich verbindlich wurde, obliegt die Transformation seiner Bestimmungen den zuständigen Länderorganen. Nimmt man an, den Ländern stehe, auch wenn einzelne sich zuvor im Bundesrat – im Rahmen der Beteiligung nach Art. 23 Abs. 2, 4 bis 7 GG oder bei der Abstimmung über das Zustimmungsgesetz nach Art. 59 Abs. 2 S. 1 GG – gegen das Abkommen gewandt haben, diesbezüglich kein Entscheidungsspielraum mehr zu, so wird die bundesstaatliche Kompetenzverteilung nach Art. 30, 70 GG zur leeren Hülse.
Beläßt man dagegen den Ländern ein Ermessen, so ist zur Sicherung des Vollzugs der vom Bund eingegangenen völkerrechtlichen Verpflichtung ein Rückgriff auf die Lindauer Absprache erforderlich.[802]

Die Argumente, die in anderen Bereichen, insbesondere bei Gemischten Abkommen, dazu geführt haben, den Länderorganen diese Entscheidungsfreiheit abzusprechen, sind in diesem Zusammenhang weit weniger schlagkräftig: Das „staatspraktische Bedürfnis“[803], die Länderbeteiligung zeitlich zu straffen und dementsprechend auf den mit Mehrheit beschließenden Bundesrat zu konzentrieren, um den schnelleren Entscheidungsabläufen auf europäischer Ebene Rechnung zu tragen und die deutsche Verhandlungsfähigkeit zu wahren, besteht

---

799 Vgl. Art. 34 (ex-Art. K.6) Abs. 2 S. 2 lit. d) EU; dazu *Böse*, in: Schwarze (Hrsg.), EU-Kommentar, Art. 34 EU, Rdnr. 8; *Koenig/Haratsch,* Europarecht, 3. Auflage 2000, Rdnr. 823. Die sich aus Art. 293 (ex-Art. 220) EG ergebende Verpflichtung erstreckt sich lediglich auf das Einleiten von Verhandlungen.

800 *Rojahn,* in: v.Münch/Kunig, GG II, 5. Auflage 2001, Art. 59, Rdnr. 32, 35.

801 Was nach der hier vertretenen Auffassung nur noch dann erforderlich ist, wenn ein Abkommen gleichzeitig entweder auch die politischen Beziehungen des Bundes regelt oder auch Gegenstände betrifft, die in die Gesetzgebungszuständigkeit des Bundes fallen, siehe dazu oben C.I.2.c).bb). S. 57 ff.

802 Siehe dazu allgemein oben C.I.2.c).bb). S. 57 ff.

803 BR-Drucksache 501/92 vom 14.8.1992 S. 17.

im Bereich der innerstaatlichen Annahme von Übereinkommen nicht. Hierbei handelt es sich um ein rein nationales, von der Entscheidungsfindung auf europäischer Ebene abgekoppeltes Verfahren.

Im fraglichen Bereich Gemischter Abkommen sind zudem Regelungsgegenstände betroffen, die ohnehin schon in Gemeinschaftszuständigkeit übertragen wurden. Bei diesen wären die Länder, handelte es sich um rein gemeinschaftsinterne Rechtsakte ohne Außenbezug, von vorneherein nur über Art. 23 Abs. 2, 4 bis 7 GG zu beteiligen.[804] Dagegen geht es bei den von „begleitendem Gemeinschaftsrecht" erfaßten Sachbereichen um Materien, die insgesamt aus Gemeinschafts- beziehungsweise Unionskompetenz herausgehalten wurden; diese sollten also gerade in der Zuständigkeit der Mitgliedstaaten verbleiben.

Im Gegensatz zu den Gemischten Abkommen ist im hier zu behandelnden Zusammenhang auch eine Erstreckung der Einstimmigkeitsregel – also letztlich eines Vetorechts jedes einzelnen Bundeslandes – auf Bereiche, die dieser durch die Beteiligung über den Bundesrat gerade entzogen werden sollten, nicht im selben Ausmaß zu befürchten. Verweigert ein Land sein nach der Lindauer Absprache erforderliches Einverständnis zu einem Übereinkommen, so kann zwar dieses nicht ratifiziert werden; dies hat aber keine Auswirkungen auf andere, ausschließlich von Art. 23 Abs. 2, 4 bis 7 GG abgedeckte Regelungsgegenstände wie bei Gemischten Abkommen, die zur Gänze, also auch im Bereich ausschließlicher Gemeinschaftskompetenz, zum Scheitern verurteilt wären.[805]

Im Ergebnis muß also zur Sicherung des innerstaatlichen Vollzugs von „begleitendem Gemeinschaftsrecht" im Bereich von Länderzuständigkeiten auf das Verfahren der Lindauer Absprache zurückgegriffen werden. Bevor ein im Rahmen von Art. 34 (ex-Art. K.6) Abs. 2 S. 2 lit. d) EU oder Art. 293 (ex-Art. 220) EG zu schließendes Übereinkommen völkerrechtlich verbindlich wird, das – unabhängig davon, ob es einer gesetzgeberischen Umsetzung bedarf[806] – ausschließliche Kompetenzen der Länder berührt, ist dementsprechend nach Ziffer 3 der Absprache das Einverständnis aller Länder herbeizuführen.[807]

---

804 Zur Abschlußzuständigkeit der Gemeinschaften und der sogenannten AETR-Doktrin siehe oben C.II.2.a).bb.) S. 106.

805 Siehe oben C.II.3.b).bb). S. 123.

806 Zur Anwendbarkeit der Lindauer Absprache auf Verwaltungsabkommen vgl. allgemein *Schweitzer*, Staatsrecht III, 7. Auflage 2000, Rdnr. 468.

807 Vgl. Punkt II Ziff. 1 des Protokolls über den Verhandlungsstand zwischen Bund und Ländern in der Frage der Behandlung völkerrechtlicher Abkommen im Bereich der Europäischen Union, abgedruckt bei *Clostermeyer/Lehr*, DÖV 1998, 154; ebenso *Oberländer*, Aufgabenwahrnehmung im Rahmen der EU durch Vertreter der Länder, S. 176 unter Hinweis auf die „völkervertragsrechtlich gebundene Form der Kooperation"; *Closter-*

Die Überschneidung mit dem Länderbeteiligungsverfahren des Art. 23 Abs. 2, 4 bis 7 GG, das im Vorfeld auf die Beschlußfassung auf europäischer Ebene Anwendung findet, ist auf die Vermischung völkerrechtlicher und unions- beziehungsweise gemeinschaftsrechtlicher Elemente zurückzuführen, aus denen sich die fraglichen Abkommen ja mit Bedacht zusammensetzen, und dementsprechend hinzunehmen.[808]
Bei anderen Verträgen ohne Grundlage in EU- oder EG-Vertrag, die nach der hier vertretenen Auffassung von vornherein nicht als „Angelegenheiten der Europäischen Union" im Sinne des Art. 23 Abs. 2 GG anzusehen sind, ist ohnehin ausschließlich auf die Lindauer Absprache zurückzugreifen.

(b) Ausnahme: Übertragung von Hoheitsrechten nach Art. 23 Abs. 1 S. 2, 3 GG

Eine Ausnahme muß für Übereinkommen gelten, durch die nach Art. 23 Abs. 1 S. 2, 3 GG Hoheitsrechte übertragen werden.[809] Wie bereits im Zusammenhang

---

meyer/Lehr, DÖV 1998, 152 f., die die Erforderlichkeit eines Vertragsgesetzes nach Art. 59 Abs. 2 S. 1 GG als Kriterium für die Anwendbarkeit der Absprache heranziehen wollen (Fn. 45); a.A. *Scholz,* in: Maunz/Dürig/Herzog, GG, Art. 23, Rdnr. 142. Vgl. dazu oben C.I.2.c).aa). S. 55 ff.
Dementsprechend hat der Bundesrat in seiner Stellungnahme zum Europol-Übereinkommen, BT-Drucksache 13/7391 vom 10.4.1997 Anlage 2 Nr. 2b) S. 54, die Bundesregierung aufgefordert, vor der Ratifikation das Einverständnis aller Bundesländer nach Ziffer 3 der Lindauer Absprache einzuholen, da die Regelungsgegenstände der Konvention über den Bereich der ausschließlichen Zuständigkeit des Bundes nach Art. 73 Nr. 10 GG hinausgingen und teilweise in die Kompetenz der Länder fielen. In ihrer Gegenäußerung (Anlage 3 zur selben Drucksache S. 58) lehnt die Bundesregierung aber zum einen die Anwendbarkeit der Lindauer Absprache auf Abkommen nach Art. K.3 Abs. 2 lit. c) (jetzt Art. 34 Abs. 2 S. 2 lit. d)) EUV weiterhin ab und hält zum anderen auch die tatbestandlichen Voraussetzungen der Ziffer 3 der Lindauer Absprache für nicht erfüllt.
Zur Betroffenheit von Länderzuständigkeiten durch das Europol-Übereinkommen, das die im deutschen Polizeirecht vorgenommene Unterscheidung zwischen repressivem und präventivem Tätigwerden nicht trifft, vgl. *Lindner,* BayVBl. 2001, 193 ff.

808 A.A. *Winkelmann,* DVBl. 1993, 1132: „Potenzierung der Rechte der im Bundesrat vertretenen Länder"/„Überbetonung föderaler Entscheidungsstrukturen"; *König,* Die Übertragung von Hoheitsrechten im Rahmen des europäischen Integrationsprozesses, S. 335 f.

809 Vgl. das Vertragsgesetz zum Europol-Auslegungsprotokoll, das auf Art. 23 Abs. 1 S. 2 GG gestützt wurde, weil dem EuGH die Befugnis zur verbindlichen Auslegung des Übereinkommens übertragen wurde, siehe die amtliche Begründung, BT-Drucksache 13/7555 vom 28.4.1997 S. 6, während das Vertragsgesetz zum Europol-Übereinkommen selbst nur auf Art. 59 Abs. 2 S. 1 GG gestützt wurde, siehe BT-Drucksache 13/7391 vom 10.4.1997 S. 7; BGBl. II 1997 S. 2150.

mit den Verträgen zur Änderung der Gründungsverträge erörtert[810], stellt das in Art. 23 Abs. 1 S. 2, 3 GG festgelegte Mehrheitserfordernis eine abschließende Regelung dar, die eine zusätzliche Beachtung anderer Beteiligungsverfahren mit widersprechenden Bestimmungen zur Beschlußfassung nicht zuläßt.[811] Der Betroffenheit der Länder– seien nun Länderhoheitsrechte berührt oder nicht – wird durch die Zustimmungsbedürftigkeit des Übertragungsgesetzes erschöpfend Rechnung getragen.[812] Die auf den ersten Blick widersprüchlich erscheinende Konsequenz ist, daß „einfache" Abkommen, die einen weniger intensiven, weil nur punktuellen, Eingriff in Länderkompetenzen mit sich bringen, einem stärkeren Ländereinfluß unterstellt werden, als Hoheitsrechtsübertragungen, bei denen die Länderbeteiligung ausschließlich über die Regelung des Art. 23 Abs. 1 S. 2, 3 GG erfolgt. Dies läßt sich jedoch, abgesehen von der Tatsache, daß eine im Wege der Lindauer Absprache sicherzustellende Umsetzung durch Länderorgane im Bereich des Art. 23 Abs. 1 GG schlichtweg nicht erforderlich ist, auch damit rechtfertigen, daß die verbliebenen, noch nicht auf die Union übertragenen Länderkompetenzen eben eines besonderen Schutzes bedürfen.

(c) Durchführungsmaßnahmen

Zu klären bleibt, ob daneben auch die nach Art. 34 (ex-Art. K.6) Abs. 2 S. 2 lit. d) S. 4 EU vom Rat zu beschließenden Maßnahmen zur Durchführung der nach dieser Vorschrift zustandegekommenen Übereinkommen der Ratifikation nach den verfassungsrechtlichen Vorschriften der Mitgliedstaaten bedürfen.[813] Der Rat handelt in dieser Angelegenheit im Rahmen der ihm durch den EU-Vertrag selbst beziehungsweise durch das Übereinkommen übertragenen Befug-

---

Eine Beachtung der Lindauer Absprache wurde von den Ländern nur hinsichtlich der Ratifikation des Europol-Abkommens gefordert, nicht jedoch für das Auslegungsprotokoll, vgl. die Stellungnahme des Bundesrates zum Europol Übereinkommen, BT-Drucksache 13/7391 S. 54, einerseits und zum Auslegungsprotokoll, BR-Drucksache 149/97 (Beschluß) vom 25.4.1997, andererseits.

810 Siehe oben C.II.5.a).bb).(1).(c). S. 149 ff.

811 Ebenso *Clostermeyer/Lehr,* DÖV 1998, 153; *Oberländer,* Aufgabenwahrnehmung im Rahmen der EU durch Vertreter der Länder, S. 176 f.; Punkt II Ziff. 1 1. Spiegelstrich des Protokolls über den Verhandlungsstand zwischen Bund und Ländern in der Frage der Behandlung völkerrechtlicher Abkommen im Bereich der Europäischen Union, abgedruckt bei *Clostermeyer/Lehr,* DÖV 1998, 154; zur Hoheitsrechtsübertragung im Rahmen von Evolutivklauseln siehe oben C.II.5.b).bb).(2).(a). S. 163.

812 Vgl. die amtliche Begründung zu Art. 23 GG, BR-Drucksache 501/92 vom 14.8.1992 S. 14.

813 Bejahend *Thun-Hohenstein,* Der Vertrag von Amsterdam, S. 46; ablehnend *Röben,* in: Grabitz/Hilf, EU, Art. 34 EU, Rdnr. 32.

nisse.[814] Es ist also davon auszugehen, daß schon das Zustimmungsgesetz zum Unionsvertrag, spätestens aber das Zustimmungsgesetz zu dem Übereinkommen, zu dessen Durchführung Maßnahmen beschlossen werden sollen, die in Frage stehenden Ratshandlungen erfaßt.[815] Ein neuerliches Vertragsgesetz ist dementsprechend nicht erforderlich.

e) Die Beschlüsse der „im Rat vereinigten Vertreter der Regierungen der Mitgliedstaaten"

§ 12 EUZBLG stellt klar, daß das Gesetz auch für Vorhaben gilt, die auf Beschlüsse des Rates und der im Rat vereinigten Vertreter der Regierungen der Mitgliedstaaten gerichtet sind (sogenannte „Gemischte Beschlüsse").[816] Darüberhinaus treffen die im Rat vereinigten Vertreter der Regierungen aber auch weitere Entscheidungen in der Form völkerrechtlicher Vereinbarungen[817], deren Einordnung unter Art. 23 Abs. 2, 4 bis 7 GG zumindest nicht eindeutig ist.[818] Allerdings läßt sich auch in diesen Fällen ein „staatspraktisches Bedürfnis", die Willensbildung der Länder aus der zur Einstimmigkeit verpflichtenden Länderkooperation auf die Ebene der Bundesstaatlichkeit zu heben[819], um eine flexiblere und vor allem schnellere Entscheidungsfindung zu ermöglichen, wie es zur Rechtfertigung des Bundesratsprinzips in Angelegenheiten der Europäischen Union allgemein herangezogen wird, nicht leugnen. Auch in der Zusammenset-

---

814 *Degen*, in: Groeben/Thiesing/Ehlermann (Hrsg.), EUV/EGV, 5. Auflage 1997, Art. K.3 EUV, Rdnr. 14; *Böse*, in: Schwarze (Hrsg.), EU-Kommentar, Art. 34 EU, Rdnr. 9.

815 Zu einem anderen Ergebnis müßte man freilich kommen, wenn man, was hier abgelehnt wird, in den Durchführungsmaßnahmen Bestimmungen zulassen möchte, die über die Festlegungen des Übereinkommens hinausgehen; so offensichtlich *Koenig/Haratsch*, Europarecht, 3. Auflage 2000, Rdnr. 826 beziehungsweise *Pechstein/Koenig*, Die Europäische Union, 3. Auflage 2000, Rdnr. 252.

816 Vgl. die amtliche Begründung zum EUZBLG, BT-Drucksache 12/3540 vom 22.10.1992 S. 7.

817 *Streinz*, Europarecht, 5. Auflage 2001, Rdnr. 275.

818 Die Bund-Länder-Vereinbarung in Ausführung von § 9 EUZBLG vom 29.10.1993 scheint in Punkt I Ziff. 1 a.E. davon auszugehen, daß sich die Unterrichtungspflicht des Art. 23 Abs. 2 GG, § 2 EUZBLG und damit das Beteiligungsverfahren des Art. 23 Abs. 2, 4 bis 7 GG auch auf derartige Beschlüsse bezieht. *Morawitz/Kaiser*, Die Zusammenarbeit von Bund und Ländern in Angelegenheiten der Europäischen Union, S. 119, hingegen wollen der Nennung in Punkt I Ziff. 1 im Gegenschluß entnehmen, daß die weiteren Mitwirkungsrechte auf Beschlüsse der im Rat vereinigten Vertreter der Regierungen der Mitgliedstaaten keine Anwendung finden. Pauschal für eine Einordnung als Angelegenheit der Europäischen Union: *Schede*, Bundesrat und Europäische Union, S. 98.

819 Vgl.die Gesetzesbegründung der Bundesregierung zu Art. 23 GG, BR-Drucksache 501/92 14.8.1992 S. 17.

zung als „im Rat vereinigte Vertreter der Regierungen der Mitgliedstaaten" wird das Gremium nicht tage- oder wochenlang abwarten können, bis die deutschen Länder sich untereinander geeinigt haben. Jedoch darf auch hier nicht übersehen werden, daß alle Praktikabilitätserwägungen, seien sie noch so überzeugend, ihre Schranken in den Kompetenzbestimmungen des Grundgesetzes finden.[820]

aa) Europarechtliche Einordnung

Beschlüsse der „im Rat vereinigten Vertreter der Regierungen der Mitgliedstaaten" oder der „im Rat vereinigten Mitgliedstaaten"[821] sind keine Akte der Gemeinschaftsorgane.[822] Dennoch sind sie als Handlungsformen neben den eigentlichen Ratsbeschlüssen im Unionsvertrag[823], den Beitrittsverträgen[824] und in den Gemeinschaftsverträgen[825] anerkannt und vorgesehen. Diese Feststellungen deuten schon auf die Zwitterstellung[826] dieser Rechtsakte hin, sind aber noch nicht

---

820 So *Schwarz,* Die verfassungsgerichtliche Kontrolle der Außen- und Sicherheitspolitik, S. 44 (konkret im Hinblick auf pauschale Verweise auf die effiziente Handhabung der Außen- und Sicherheitspolitik durch die Regierung); *Blumenwitz,* BayVBl. 1996, 577 (Fn. 6); zur Notwendigkeit, föderalismusbedingte Verzögerungen im europäischen Entscheidungsprozeß hinzunehmen vgl. *Schütz,* BayVBl. 1990, 488: „Preis für den verfassungspolitischen Föderalismus der Bundesrepublik". Die Beschränkung der Auswirkung von Praktikabilitätserwägungen durch ausdrückliche Kompetenzbestimmungen kann als allgemeingültiges Prinzip betrachtet werden und findet sich beispielsweise auch im Recht der EU-Außenbeziehungen wieder, vgl. EuGH-Gutachten 1/94 (WTO) Slg. 1994 S. I-5267, 5420, Rdnr. 107; Gutachten 2/91 (ILO) Slg. 1993 S. I-1061, 1079, Rdnr. 20; Gutachten 2/00 (Cartagena-Protokoll), Slg. 2001 S. I-9713, Rdnr. 41.

821 Die beiden Begriffe werden synonym verwendet, vgl. die Schlußanträge von Generalanwalt *Jacobs* zu EuGH verbundene Rs. C-181/91 und C-248/91 (Parlament/Rat und Kommission) Slg. 1993-I S. 3685, 3704 Ziffer 18.

822 Allerdings behält es sich der Gerichtshof vor, zu prüfen, ob es sich bei einem Rechtsakt tatsächlich um einen derartigen Beschluß handelt, oder ob vielmehr nach seinem Inhalt und den gesamten Umständen, unter denen er erlassen wurde, in Wirklichkeit eine Entscheidung des Rates als Unions- oder Gemeinschaftsorgan vorliegt; vgl. EuGH verbundene Rs. C-181/91 und C-248/91 (Parlament/Rat und Kommission) Slg. 1993-I S. 3685, 3718, Rdnr. 14 sowie die Schlußanträge von Generalanwalt *Jacobs* S. 3705 Ziffer 19, 20; *Schweitzer,* in: Grabitz/Hilf, EU, Art. 203 EG, Rdnr. 18.

823 Vgl. Art. 48 (ex-Art. N) Abs. 2 S. 1 EU.

824 Vgl. nur Art. 4 Abs. 1 der Akte über die Bedingungen des Beitritts des Königreichs Norwegen, der Republik Österreich, der Republik Finnland und des Königreichs Schweden und die Anpassung der die Europäische Union begründenden Verträge, ABl. EG Nr. C 241 vom 29.8.1994 S. 21.

825 Vgl. Art. 112 (ex-Art. 109a) Abs. 2 lit. b) EG, Art. 214 (ex-Art. 158) Abs. 2 EG; Art. 223 (ex-Art. 167) Abs. 1 EG; Art. 225 (ex-Art. 168a) Abs. 3 EG; Art. 289 (ex-Art. 216) EG.

826 Generalanwalt *Jacobs* in den Schlußanträgen zu EuGH verbundene Rs. C-181/91 und C-248/91 (Parlament/Rat und Kommission) Slg. 1993 S. I-3704 Ziffer 18.

geeignet, Aufschluß über die rechtliche Qualifizierung der „uneigentlichen Ratsbeschlüsse“[827] zu geben. Denn über die in den Verträgen vorgesehenen Fälle hinaus wandelt sich der Rat immer dann in ein Gremium der „im Rat vereinigten Vertreter der Regierungen der Mitgliedstaaten“, wenn Beschlüsse zu fassen sind, die nicht von einer gemeinschaftsrechtlichen Kompetenz gedeckt sind.[828] Er wird also zu einer intergouvernementalen Staatenkonferenz[829], deren Handlungen nicht der Überprüfung durch den Gerichtshof der Europäischen Gemeinschaften unterliegen.[830] In Ermangelung einer Kompetenzgrundlage kann auf diesem Wege auch kein sekundäres Gemeinschaftsrecht geschaffen werden.[831]

(1) Beschlüsse auf primärrechtlicher Grundlage

Soweit uneigentliche Ratsbeschlüsse eine Grundlage im Primärrecht haben[832], also insbesondere in den Fällen der Ernennung der Mitglieder der Kommission und des Rechnungshofs, der Richter und Generalanwälte und der Bestimmung des Sitzes der Organe, werden sie als völkerrechtliche Verwaltungsabkommen

---

827 *Ipsen*, Europäisches Gemeinschaftsrecht, 22/2 S. 468; *Streinz*, Europarecht, 5. Auflage 2001, Rdnr. 275; zu den Übereinkommen nach Art. 293 (ex-Art. 220) EG, die ebenfalls von den im Rat vereinigten Vertretern der Regierungen der Mitgliedstaaten vereinbart werden, siehe oben C.II.5.d).aa).(1). S. 179.

828 *Vedder/Folz*, in: Grabitz/Hilf, EU, Art. 48 EU, Rdnr. 8; *Schweitzer*, Staatsrecht III, 7. Auflage 2000, Rdnr. 369a.

829 *Koenig/Haratsch*, Europarecht, 3. Auflage 2000, Rdnr. 247, 763; *Schweitzer*, Staatsrecht III, 7. Auflage 2000, Rdnr. 369a; *ders.*, in: Grabitz/Hilf, EU, Art. 203 EG, Rdnr. 12. Dementsprechend erscheinen auch die im Amtsblatt veröffentlichten Rechtsakte unter der Überschrift „Konferenz der Vertreter der Regierungen der Mitgliedstaaten“, vgl. z.B. ABl. EG Nr. L 194 vom 23.7.2002 S. 35.

830 EuGH verbundene Rs. C-181/91 und C-248/91 (Parlament/Rat und Kommission) Slg. 1993 S. I-3685, 3717, Rdnr. 12. Freilich kann der Gerichtshof feststellen, daß von einem uneigentlichen Ratsbeschluß eine Beeinträchtigung gemeinschaftsrechtlicher Rechte und Pflichten ausgeht, vgl. *Huber*, Recht der europäischen Integration, S. 197, Rdnr. 8. Anders *Ipsen*, Europäisches Gemeinschaftsrecht, 22/8, 13 S. 472, 474: Uneigentliche Ratsbeschlüsse sind ihrem Gegenstand und ihrer Intention nach gemeinschaftsbezogen, zählen insoweit zum Gemeinschaftsrecht und können dementsprechend vom EuGH überprüft werden.

831 *Schweitzer*, Staatsrecht III, 7. Auflage 2000, Rdnr. 369a; a.A. *Ipsen*, Europäisches Gemeinschaftsrecht, 22/8 S. 472; differenzierend *Koenig/Haratsch*, Europarecht, 3. Auflage 2000, Rdnr. 247.

832 Vgl. z.B. das Protokoll über die Festlegung des Sitzes der Organe und bestimmter Einrichtungen und Dienststellen der Europäischen Gemeinschaften sowie des Sitzes von Europol gemäß Art. 289 (ex-Art. 216) EG, ABl. EG Nr. C 340 vom 10.11.1997 S. 112.

zwischen den Mitgliedstaaten qualifiziert.[833] Ihre Zulässigkeit ist unproblematisch. Trotz ihrer völkerrechtlichen Herkunft sind sie dem Gemeinschaftsrecht zuzuordnen.[834]

(2) Beschlüsse ohne Grundlage im Primärrecht[835]

Handlungen der im Rat vereinten Vertreter der Regierungen der Mitgliedstaaten, die nicht auf eine primärrechtliche Grundlage gestützt werden können, sind völkerrechtliche Verträge, deren Zulässigkeit sich nicht aus den Gründungsverträgen, sondern aus der allgemeinen völkerrechtlichen Handlungsfähigkeit der Mitgliedstaaten ergibt.[836] Sie sind, trotz ihres inhaltlichen Bezugs zum Gemeinschaftsrecht, strenggenommen nicht Teil der Gemeinschaftsrechtsordnung[837] und werden sozusagen nicht im Rahmen, sondern nur „bei Gelegenheit" der Ratssitzungen vorgenommen.

---

833 *Schweitzer/Hummer,* Europarecht, 5. Auflage 1996, Rdnr. 183; *Streinz,* Europarecht, 5. Auflage 2001, Rdnr. 275; *Huber,* Recht der europäischen Integration, S. 196, Rdnr. 7.

834 *Koenig/Haratsch,* Europarecht, 3. Auflage 2000, Rdnr. 247; *Halfmann,* Entwicklungen des deutschen Staatsorganisationsrechts im Kraftfeld der Europäischen Integration, S. 100; *Ipsen,* Europäisches Gemeinschaftsrecht, 22/8 S. 472.

835 Vgl. beispielsweise die Beschlüsse der im Rat vereinigten Vertreter der Regierungen der Mitgliedstaaten der Europäischen Wirtschaftsgemeinschaft über die beschleunigte Verwirklichung der Vertragsziele, ABl. EG vom 12.9.1960 S. 1217 und ABl. EG vom 28.5.1962 S. 1284; Beschluß der im Rat vereinigten Vertreter der Regierungen der Mitgliedstaaten der Europäischen Gemeinschaft für Kohle und Stahl zur Aussetzung der Einfuhr aller Erzeugnisse mit Ursprung in Argentinien, ABl. EG Nr. L 102 vom 16.4.1982 S. 3. Aus jüngerer Zeit: Beschluß betreffend die Folgen des Ablaufs des Vertrags zur Gründung der Europäischen Gemeinschaft für Kohle und Stahl vom 19.7.2002, ABl. EG Nr. L 194 vom 23.7.2002 S. 35; Beschluß vom 21.2.2002 über die Einrichtung eines Fonds zur Finanzierung des Konvents zur Zukunft der Europäischen Union, ABl. EG Nr. L 60 vom 1.3.2002 S. 56; Beschluß vom 27.11.2001 über die Besteuerung von Zinserträgen in den abhängigen oder assoziierten karibischen Gebieten, ABl. EG Nr. L 314 vom 30.11.2001 S. 78; im Rahmen der GASP: Beschluß vom 25.6.1996 über die Ausarbeitung eines Rückkehrausweises, ABl. EG Nr. L 168 vom 6.7.1996 S. 4.

836 *Ipsen,* Europäisches Gemeinschaftsrecht, 22/7 S. 471; *Streinz,* Europarecht, 5. Auflage 2001, Rdnr. 275; *Schweitzer,* in: Grabitz/Hilf, EU, Art. 203 EG, Rdnr. 16.

837 Generalanwalt *Jacobs* in den Schlußanträgen zu EuGH Rs. C-181/91 und C-248/91 (Parlament/Rat und Kommission) Slg. 1993 S. I-3705 Ziffer 18; *Schweitzer,* Staatsrecht III, 7. Auflage 2000, Rdnr. 369a; a.A. *Ipsen,* Europäisches Gemeinschaftsrecht, 22/8 S. 472: „Handlungsinstrumentarium des Gemeinschaftsrechts".

(3) „Gemischte Beschlüsse“

Schwierigkeiten ergeben sich bei der Einordnung der sogenannten „Gemischten Beschlüsse“, die zugleich als Ratsbeschluß und als Beschluß der im Rat vereinigten Vertreter der Regierungen der Mitgliedstaaten gefaßt werden, wenn Unsicherheiten hinsichtlich der Zuständigkeit der Gemeinschaften überwunden werden sollen.[838] Die beiden Beschlüsse werden gleichzeitig gefaßt; es handelt sich also in der Praxis um einen einzigen Beschluß, der aber eine Doppelfunktion erfüllt.[839] Beide stehen auch, schon aufgrund der ungeklärten Kompetenzabgrenzung, in einer unauflösbaren rechtlichen Verbindung.[840]

bb) Mitwirkung der Bundesländer

(1) Beteiligung im Vorfeld der Beschlußfassung

Hinsichtlich der Beteiligung der Länder im Vorfeld der Beschlußfassung, also in bezug auf die Frage der Anwendbarkeit von Art. 23 Abs. 2, 4 bis 7 GG beziehungsweise der Lindauer Absprache, ist entsprechend zu differenzieren:

(a) Beschlüsse auf primärrechtlicher Grundlage

In den von den Gründungsverträgen vorgesehenen Fällen von Beschlüssen der im Rat vereinigten Vertreter der Regierungen der Mitgliedstaaten handelt es sich zwar, wie oben dargelegt, um (Verwaltungs-) Abkommen völkerrechtlicher Natur und nicht um Akte der Gemeinschaftsorgane. Dennoch bewegen sich die Regierungsvertreter im Rahmen von Handlungsformen, die der Union beziehungsweise den Gemeinschaften durch Primärrecht bereits zugewiesen sind. Diese sind Teil der bestehenden Gemeinschaftsrechtsordnung.[841]
Die so gefaßten Beschlüsse sind nach der oben entwickelten Abgrenzung[842] also Angelegenheiten der Europäischen Union im Sinne des Art. 23 Abs. 2

---

838 Vgl. z.B. den Beschluß des Rates und der im Rat vereinigten Minister für das Gesundheitswesen vom 27.5.1993, ABl. EG Nr. L 150 vom 22.6.1993 S. 43; Entschließung des Rates und der im Rat vereinigten Minister für Bildungswesen vom 9.2.1976, ABl. EG Nr. C 38 vom 19.2.1976 S. 1; *Schweitzer/Hummer,* Europarecht, Rdnr. 185; *Streinz,* Europarecht, 5. Auflage 2001, Rdnr. 274; *Schweitzer,* in: Grabitz/Hilf, EU, Art. 203 EG, Rdnr. 19.

839 *Wuermeling,* Kooperatives Gemeinschaftsrecht, S. 253.

840 *Wuermeling,* Kooperatives Gemeinschaftsrecht, S. 213, 254.

841 *Koenig/Haratsch,* Europarecht, 3. Auflage 2000, Rdnr. 247.

842 Siehe oben C.II.5.a).bb).(1).(a). S. 138.

S. 1 GG[843]; das Beteiligungsverfahren nach Art. 23 Abs. 2, 4 bis 7 GG findet Anwendung. Insoweit bleibt die Bestimmung des § 12 EUZBLG, die das Ausführungsgesetz nur auf Vorhaben, die auf Beschlüsse des Rates und der im Rat vereinigten Vertreter der Regierungen der Mitgliedstaaten, also „Gemischte Beschlüsse" zur Anwendung kommen lassen will[844], hinter dem von der Ermächtigung des Art. 23 Abs. 7 GG vorgegebenen Rahmen zurück.

Eine Ausnahme ist freilich zu machen für Regierungskonferenzen zur Änderung der Gründungsverträge nach Art. 48 (ex-Art. N) EU. Auch hier handeln die Vertreter der Regierungen der Mitgliedstaaten in einem vertraglich vorgesehenen Rahmen, nämlich der Regierungskonferenz. Die Bestimmung ist in dieser Hinsicht jedoch rein deklaratorischer Natur; die Notwendigkeit einer Staatenkonferenz zur Änderung eines völkerrechtlichen Vertrags ergibt sich nicht erst aus Art. 48 EU. Das Beteiligungsverfahren nach Art. 23 Abs. 2, 4 bis 7 GG ist hier unanwendbar, da diese Mitwirkungsform nur die der Union und den Gemeinschaften primärrechtlich bereits zugewiesenen Angelegenheiten betrifft, nicht aber die Zuweisung neuer Angelegenheiten durch Schaffung neuen Primärrechts.[845]

Die amtliche Begründung zum Entwurf des Ausführungsgesetzes zu Art. 23 Abs. 7 GG, die aufgrund des engen zeitlichen Zusammenhangs zur Interpretation des Art. 23 GG herangezogen werden kann[846], geht hinsichtlich des Beteiligungsverfahrens ebenfalls von dieser Unterscheidung aus. Zwar finden – abgesehen von den „Gemischten Beschlüssen", von denen es in § 12 EUZBLG heißt, daß das Gesetz auch „für die Beschlüsse des Rates und der im Rat vereinigten Vertreter der Mitgliedstaaten" gilt – die reinen Beschlüsse der im Rat vereinigten Vertreter der Regierungen der Mitgliedstaaten keine ausdrückliche Erwähnung.[847] In den Erläuterungen zu § 13 EUZBLG werden jedoch Fälle genannt,

---

843 So auch *Classen*, in: v.Mangoldt/Klein/Starck, GG II, Art. 23 II, Rdnr. 84 (Fn. 31); *Halfmann*, Entwicklungen des deutschen Staatsorganisationsrechts im Kraftfeld der Europäischen Integration, S. 100; *Winkelmann*, DVBl. 1993, 1135, der für die Frage der Anwendbarkeit des Art. 23 Abs. 2, 4 bis 7 GG offensichtlich ebenfalls auf das Kriterium der Regelung im Vertrag abstellt. A.A. *Morawitz/Kaiser*, Die Zusammenarbeit von Bund und Ländern bei Vorhaben der Europäischen Union, S. 119.

844 Vgl. die amtliche Begründung, BT-Drucksache 12/3540 vom 22.10.1992 S. 7.

845 Siehe oben C.II.5.a).bb).(1).(a). S. 142; *Wilhelm*, BayVBl. 1992, 708; *Randelzhofer*, in: Maunz/Dürig/Herzog, GG, Art. 24 I, Rdnr. 205; *Paul*, Mitwirkung der Bundesländer, S. 77; *Brockmeyer*, in: Schmidt-Bleibtreu/Klein, GG, 9. Auflage 1999, Art. 23, Rdnr. 18; a.A. z.B. *Classen*, in: v.Mangoldt/Klein/Starck, GG II, Art. 23 II, Rdnr. 84.

846 Siehe oben C.II.5.a).bb).(1).(a). S. 140. *Brockmeyer*, in: Schmidt-Bleibtreu/Klein, GG, 9. Auflage 1999, Art. 23, Rdnr. 21.

847 Die Forderung des Bundesrats, in § 13 EUZBLG auch „Beschlüsse oder zwischenstaatliche Vereinbarungen aller oder mit mehreren Mitgliedstaaten der Union" aufzuführen, konnte nicht durchgesetzt werden, vgl. BT-Drucksache 12/3450 vom 22.10.1992

die nicht von diesem Gesetz erfaßt sind, darunter ausdrücklich Regierungskonferenzen zur Änderung des Vertrages über die Europäische Union.[848]
Das Beteiligungsverfahren des Art. 23 Abs. 2, 4 bis 7 GG findet folglich zwar auf „uneigentliche Ratsbeschlüsse" mit primärrechtlicher Grundlage im allgemeinen, nicht aber auf Regierungskonferenzen zur Vertragsänderung Anwendung.[849]

(b) Beschlüsse ohne Grundlage im Primärrecht

Beschlüsse „im Dunstkreis des Gemeinschaftsrechts"[850], also Rechtshandlungen der im Rat vereinigten Vertreter der Mitgliedstaaten, die im Primärrecht keine Grundlage finden und die nicht der Überwindung kompetentieller Unsicherheiten dienen, sind keine Akte der Unions- beziehungsweise Gemeinschaftsorgane.[851] Ihre Behandlung richtet sich nach den jeweiligen verfassungsrechtlichen Bestimmungen der Mitgliedstaaten über die Zuständigkeitsverteilung bei völkervertraglichen Handlungen.[852]

(aa) Keine Beteiligung nach Art. 23 Abs. 2, 4 bis 7 GG

Das Mitwirkungverfahren nach Art. 23 Abs. 2, 4 bis 7 GG findet nach der hier vertretenen Ansicht nur auf Angelegenheiten Anwendung, die der Union oder den Gemeinschaften auf primärrechtlicher Grundlage zugewiesen sind, die also Eingang in eine vertragliche Regelung gefunden haben.[853] Auf die Beschlußfassung im Rahmen der „im Rat vereinigten Vertreter der Regierungen der Mitgliedstaaten" wird aber immer dann ausgewichen, wenn genau dies nicht der Fall ist, oder – soweit eine konkurrierende Zuständigkeit besteht – wenn eine Frage ausdrücklich als Angelegenheit der Mitgliedstaaten behandelt werden soll.[854] In Ermangelung einer „Angelegenheit der Europäischen Union" im Sin-

---

S. 8.

848 BT-Drucksache 12/3540 vom 22.10.1992 S. 7.

849 Dementsprechend bestimmt die Bund-Länder-Vereinbarung vom 29.10.1993, die ja gemäß § 13 EUZBLG weitere Fälle vorsehen kann, in denen die Länder *entsprechend* diesem Gesetz mitwirken, in Punkt VII Ziff. 2 ein spezielles Verfahren für Regierungskonferenzen nach Art. N (jetzt Art. 48) EUV.

850 *Oppermann,* Europarecht, 2. Auflage 1999, Rdnr. 585.

851 Generalanwalt *Jacobs,* Schlußanträge zu EuGH verbundene Rs. C-181/91 und C-248/91 (Parlament/Rat und Kommission) Slg. 1993 S. I-3705 Ziffer 19.

852 So auch *Huber,* Recht der Europäischen Integration, S. 196 § 13, Rdnr. 7.

853 Vgl. oben C.II.5.a).bb).(1).(a). S. 142.

854 Vgl. dazu wiederum EuGH verbundene Rs. C-181/91 und C-248/91 (Parlament/Rat und

ne des Art. 23 Abs. 2 S. 1 GG kommt dabei eine Beteiligung der Länder nach Art. 23 Abs. 2, 4 bis 7 GG nicht in Betracht.[855]

(bb) Beteiligung nach der Lindauer Absprache

Sind uneigentliche Ratsbeschlüsse, die nicht auf primärrechtlichen Festlegungen beruhen, demnach wie allgemeine völkerrechtliche Abkommen als auswärtige Angelegenheiten im Sinne des Art. 32 GG zu behandeln, so steht auch einer Beteiligung der Länder nach den Bestimmungen der Lindauer Absprache nichts entgegen. Soweit durch den Beschluß also ausschließliche Kompetenzen der Länder berührt sind, ist gemäß Ziffer 3 der Absprache deren Einvernehmen herbeizuführen; wenn wesentliche Interessen der Länder betroffen sind, kommt das Konsultationsverfahren nach Ziffer 4 zum Zuge.
Die Bund-Länder-Vereinbarung vom 29.10.1993 sieht dagegen in Punkt I Ziff. 1 die Anwendung des dort vorgesehenen Unterrichtungsverfahrens auf „Vorhaben, die auf Beschlüsse der im Rat vereinigten Vertreter der Regierungen der Mitgliedstaaten gerichtet sind“, vor. Nach der hier vertretenen Auffassung kann dies nur als zusätzliche Unterrichtungspflicht gewertet werden, die aber gegebenenfalls vorhandene weitergehende Mitsprache- und Konsultationsrechte der Bundesländer nach der Lindauer Absprache nicht ersetzen kann.[856]

Kommission) Slg. 1993 S. I-3685 ff. In diesem Fall bestand eine konkurrierende Zuständigkeit der Mitgliedstaaten für Hilfslieferungen an Bangladesch, das von einem Wirbelsturm heimgesucht worden war. Durch die Bezeichnung als Beschluß der im Rat vereinigten Vertreter der Regierungen der Mitgliedstaaten machten die Mitgliedstaaten deutlich, daß sie die gewährte Hilfe als eigene Angelegenheit auf zwischenstaatlicher Ebene behandeln wollten.

855 Ebenso (ausdrücklich nur für die Anwendbarkeit des EUZBLG): *Morawitz/Kaiser,* Die Zusammenarbeit von Bund und Ländern bei Vorhaben der Europäischen Union, S. 119; ähnlich *Halfmann,* Entwicklungen des deutschen Staatsorganisationsrechts im Kraftfeld der Europäischen Integration, S. 100; a.A. *Classen,* in: v.Mangoldt/Klein/Starck, GG II, Art. 23 II, Rdnr. 84 (Fn. 30), der die im Rat vereinigten Vertreter der Regierungen der Mitgliedstaaten pauschal als „Organ i.w.S.“ und damit als Angelegenheit der Europäischen Union einstuft; *Schede,* Bundesrat und Europäische Union, S. 98.

856 Wenn auch gegen die Ersetzung einer nicht-gesetzesförmlichen Absprache durch eine andere in formell-rechtlicher Hinsicht zunächst wenig einzuwenden ist, so darf doch nicht vergessen werden, daß die Lindauer Absprache Ausfluß des auf Verfassungsebene angesiedelten Spannungsverhältnisses zwischen den völkervertraglichen Zuständigkeiten des Bundes und der Länder ist, über das eine Bund-Länder-Absprache nicht hinweggehen kann.

(c) „Gemischte Beschlüsse"

Hinsichtlich der Ländermitwirkung bei den sogenannten „Gemischten Beschlüssen" ist, ungeachtet der praktischen Untrennbarkeit des gemeinschaftsrechtlichen und des mitgliedstaatlichen Teilrechtsakts[857], zunächst nach den betroffenen Kompetenzbereichen zu unterscheiden.

(aa) Gemeinschaftlicher Zuständigkeitsbereich

Soweit der Beschluß von einer Gemeinschaftszuständigkeit gedeckt ist, ist er Ratsbeschluß und unterfällt als „Angelegenheit der Europäischen Union" unproblematisch dem Beteiligungsverfahren des Art. 23 Abs. 2, 4 bis 7 GG.

(bb) Mitgliedstaatlicher Zuständigkeitsbereich

Soweit der Beschluß mangels Gemeinschaftskompetenz als Handlung der im Rat vereinigten Vertreter der Regierungen der Mitgliedstaaten einzustufen ist, ist er zu behandeln wie solche Beschlüsse, die von vorneherein ohne primärrechtliche Grundlage, also außerhalb der Unions- und Gemeinschaftsrechtsordnung, ergehen. Die hierzu getroffenen Feststellungen gelten entsprechend.
Dieser Teil des Gesamtrechtsakts ist mithin keine „Angelegenheit der Europäischen Union"; das Beteiligungsverfahren nach Art. 23 Abs. 2, 4 bis 7 GG kommt nicht zur Anwendung. Die Mitwirkung der Länder muß nach den Bestimmungen der Lindauer Absprache erfolgen.[858]

(cc) Folge der faktischen Untrennbarkeit der Kompetenzbereiche

Aufgrund der unauflösbaren Verbindung zwischen dem Teilrechtsakt der Mitgliedstaaten und dem des Gemeinschaftsorgans Rat kann auch eine – eigentlich angebrachte – Begrenzung der Anwendungsbereiche der Länderbeteiligung nach der Lindauer Absprache und nach dem Verfahren des Art. 23 Abs. 2, 4 bis 7 GG auf den jeweils einschlägigen Kompetenzbereich nicht erfolgen.

---

[857] Siehe oben C.II.5.e).aa).(3). S. 200; *Wuermeling,* Kooperatives Gemeinschaftsrecht, S. 213, 253.

[858] Zu pauschal ist demnach die amtliche Begründung zu § 12 EUZBLG, derzufolge die Vorschrift klarstellt, daß das Ausführungsgesetz, und damit auch das Beteiligungsverfahren nach Art. 23 Abs. 2, 4 bis 7 GG auch für „Gemischte Beschlüsse" gilt, vgl. BT-Drucksache 12/3540 vom 22.10.1992 S. 7; ebenso *Morawitz/Kaiser,* Die Zusammenarbeit von Bund und Ländern bei Vorhaben der Europäischen Union, S. 119.

Notwendige Konsequenz ist die parallele Anwendung beider Mitwirkungsformen. Dieses Ergebnis konterkariert zwar das politisch erstrebenswerte Ziel, auf eine bestimmte Rechtshandlung zur Beschleunigung der Verfahrensabläufe jeweils nur eines der beiden Verfahren anzuwenden[859], rechtfertigt sich jedoch durch die Doppelnatur der „Gemischten Beschlüsse." Werden diese auch in der Praxis als ein Gesamtrechtsakt erlassen, so setzen sie sich – das macht gerade ihren Charakter aus – doch aus zwei in rechtlicher Hinsicht verschiedenen Teilen zusammen, die jeweils eine selbständige Beurteilung erfordern.

Die Annahme einer Verdrängung der Lindauer Absprache durch das Beteiligungsverfahren des Art. 23 Abs. 2, 4 bis 7 GG als *lex specialis*[860] kann jedenfalls in Bereichen nicht überzeugen, in denen Art. 23 Abs. 2, 4 bis 7 GG von vorneherein nicht zur Anwendung kommt, also bei den Handlungen, die nicht auf einer vertraglicher Grundlage stehen.

Der Einwand, der Rückgriff auf die Lindauer Absprache neben der Beteiligung nach Art. 23 Abs. 2, 4 bis 7 GG müsse ausgeschlossen werden, um „eine Potenzierung der Rechte der im Bundesrat vertretenen Länder" zu verhindern[861], läuft, wenn er zu weit verstanden wird, Gefahr, sich aus Gründen der praktischen Handhabbarkeit über die bestehende Rechtslage hinwegzusetzen. Effizienzerwägungen finden jedenfalls ihre Schranken in den Kompetenzbestimmungen des Grundgesetzes.
Deshalb ist auch die Ansicht nicht überzeugend, schon aufgrund der kaum trennbaren faktischen Verbindung beider Kompetenzbereiche müsse auch derjenige Teil, der der mitgliedstaatlichen Zuständigkeit unterfällt, als „Angelegenheit der Europäischen Union" eingestuft werden.[862] Sie argumentiert ebenfalls vom gewünschten Ergebnis einer einheitlichen Mitwirkungsform her. Die Tatsache alleine, daß der Gesamtrechtsakt dem Europäischen Einigungsprozeß dient, besagt aber gerade noch nichts über das anzuwendende Beteiligungsverfahren. Ebensowenig wie die Gemeinschaft durch einen mitgliedstaatlichen Gesamtakt auf dem Wege einer Vertragsdurchbrechung konkludent zur Regelung der gesamten Materie ermächtigt wird[863], kann alleine aufgrund der organisatorischen Vermischung die gesamte Angelegenheit zu einer „Angelegenheit der Europäischen Union" werden.

---

859 Vgl. oben C.I.2.c).aa). S. 55, sowie C.II.5.a).bb).(1).(c). S. 149 und C.II.5.b).bb).(2).(b). S. 167.

860 *Winkelmann,* DVBl. 1993, 1133.

861 *Winkelmann,* DVBl. 1993, 1132.

862 *Halfmann,* Entwicklungen des deutschen Staatsorganisationsrechts im Kraftfeld der Europäischen Integration, S. 94; für die Behandlung von Gemischten Abkommen: *Frenz,* DVBl. 1999, 951 f.

863 *Wuermeling,* Kooperatives Gemeinschaftsrecht, S. 186.

Kompetentielle Unsicherheiten dürfen sich nicht einseitig zu Lasten der Einflußmöglichkeiten der Länder auswirken. Während die Beschränkung auf die Mitwirkung nach der Lindauer Absprache schon einen Verstoß gegen Art. 23 Abs. 2, 4 bis 7 GG bedeutete, soweit der Beschluß von Gemeinschaftskompetenzen gedeckt ist, wäre im umgekehrten Fall der alleinigen Anwendung von Art. 23 Abs. 2, 4 bis 7 GG bei Nichtbeachtung der Lindauer Absprache die uralte Frage des Vertragsschlußrechts des Bundes auf dem Gebiet ausschließlicher Länderkompetenzen wieder aufzuwerfen, die durch die Absprache erst entschärft worden ist.[864]

Auch ein Einwand, der bei den oben behandelten Gemischten Abkommen letztlich zu einer Zurückdrängung des Anwendungsbereichs der Lindauer Absprache führt, kann bei Gemischten Beschlüssen im Sinne von § 12 EUZBLG nicht zum Zuge kommen: Bei den von Gemischten Abkommen betroffenen Materien handelt es sich häufig um „potentielle Integrationsbereiche", also um Regelungsgegenstände, die den Gemeinschaften bereits übertragen wurden, auf deren Gebiet diese aber intern noch nicht tätig geworden sind.[865] Gemischte Beschlüsse dienen dagegen gerade der punktuellen Überbrückung mangelnder interner Gemeinschaftskompetenz.

(2) Innerstaatliche Umsetzung

Die Beschlüsse der im Rat vereinigten Vertreter der Regierungen der Mitgliedstaaten nehmen als völkerrechtliche Akte nicht an Vorranganspruch und unmittelbarer Geltung des supranationalen Gemeinschaftsrechts teil.[866] Ihr innerstaatliches Wirksamwerden richtet sich vielmehr nach den jeweiligen nationalen Bestimmungen über die Behandlung völkerrechtlicher Abkommen.[867] Die Ansicht, eine (antizipierte) Ratifikation sei allgemein schon mit der Zustimmung zu den Gründungsverträgen erfolgt, konnte sich nicht durchsetzen und wird heute kaum noch vertreten.[868] Über die Ratifikationsbedürftigkeit, die Notwendigkeit oder

---

[864] Vgl. dazu oben A.I.3. S. 23; *Rudolf,* in: Festschrift für H. Armbruster, 1976 S. 65 ff.

[865] Vgl. oben C.II.3.b).aa).(5). S. 122.

[866] Einschränkend *Ipsen,* Europäisches Gemeinschaftsrecht, 22/12 S. 473 f.: Soweit keine parlamentarische Zustimmung nach Art. 59 Abs. 2 S. 1 GG erforderlich ist, erlangen uneigentliche Ratsbeschlüsse mit ihrem Zustandekommen unmittelbare Wirksamkeit in den Mitgliedstaaten.

[867] *Ipsen,* Europäisches Gemeinschaftsrecht, 22/4 S. 469; *Wuermeling,* Kooperatives Gemeinschaftsrecht, S. 201, 257.

[868] Vgl. dazu *Ipsen,* Europäisches Gemeinschaftsrecht, 22/12 S. 474; *Wuermeling,* Kooperatives Gemeinschaftsrecht, S. 201, 256. Ohnehin könnte sich eine derartige „Generalratifikation" nur auf solche uneigentlichen Ratsbeschlüsse erstrecken, für die sich im Primärrecht eine Grundlage findet, also nicht auf die sogenannten „Gemischten Beschlüsse".

Entbehrlichkeit eines Vertragsgesetzes sowie der Zustimmung des Bundesrates gemäß Art. 59 Abs. 2 S. 1 GG entscheidet also die Frage nach der inhaltlichen Relevanz des „Beschlusses“ für die politischen Beziehungen des Bundes beziehungsweise die Frage nach dem Bezug auf Gegenstände der Gesetzgebung.[869]

(a) Gesetzgebungsverträge

Für Beschlüsse der im Rat vereinigten Vertreter der Regierungen der Mitgliedstaaten, die einer legislativen Umsetzung bedürfen, kann auf die zum „begleitenden Gemeinschaftsrecht“ gemachten Ausführungen verwiesen werden.[870] Das Einholen des Einverständnisses der Länder nach Ziffer 3 der Lindauer Absprache ist also notwendig, soweit der Regelungsgegenstand eines Beschlusses in deren Zuständigkeit fällt und nicht nach Ziffer 2 durch Bundeskompetenz gedeckt ist. Das Einvernehmen muß vorliegen, bevor der Rechtsakt völkerrechtlich verbindlich wird.

(b) Verwaltungsabkommen

Soweit eine Einordnung als Verwaltungabkommen erfolgt, also insbesondere bei denjenigen Beschlüssen, die auf primärrechtlicher Grundlage gefaßt werden[871], kann der Abschluß demnach im einphasigen Verfahren vorgenommen werden.[872] Allerdings ist auch hier zwischen Beschlüssen zu unterscheiden, deren Transformation in die Kompetenz des Bundes fallen, und solchen, für deren Umsetzung die Länder zuständig sind.[873] Für letztere muß wiederum aus Gründen der Vollzugssicherung auf das Verfahren nach der Lindauer Absprache zu-

---

Vgl. aber *Geiger*, EUV/EGV, 3. Auflage 2000, Art. 249 EG, Rdnr. 27.

869 *Ipsen*, Europäisches Gemeinschaftsrecht, 22/4 S. 469; *Oppermann*, Europarecht, 2. Auflage 1999, Rdnr. 584; *Wuermeling*, Kooperatives Gemeinschaftsrecht, S. 201; *Huber*, Das Recht der Europäischen Integration, § 13, Rdnr. 7, S. 196.
Mit Zustimmung des Bundesrates angenommen wurde beispielsweise das Interne Abkommen vom 16.7.1990 über die zur Durchführung des vierten AKP-EWG-Abkommens zu treffenden Maßnahmen und die dabei anzuwendenden Verfahren, BGBl. II 1991 S. 2, 174 f.

870 Oben C.II.5.d).bb).(2). S. 190.

871 *Streinz*, Europarecht, 5. Auflage 2001, Rdnr. 275; *Schweitzer/Hummer*, Europarecht, 5. Auflage 1996, Rdnr. 183.

872 *Wuermeling*, Kooperatives Gemeinschaftsrecht, S. 201; *Maunz*, in Maunz/Dürig/Herzog, GG, Art. 59, Rdnr. 37 ff.

873 Vgl. zur Abgrenzung *Maunz*, in: Maunz/Dürig/Herzog, GG, Art. 59, Rdnr. 38, der allerdings den Bund schon zum Abschluß derartiger Abkommen nicht für zuständig hält.

rückgegriffen werden.[874] Die Überlegungen, die zu Gesetzgebungsverträgen angestellt wurden, die in die Zuständigkeit der Länder fallen, können in diesem Zusammenhang entsprechend herangezogen werden.[875]

6. Verstärkte Zusammenarbeit nach Titel VII (ex-Titel VIa) des EU-Vertrages i.V.m. Art. 40 (ex-Art. K.12) EU, Art. 11 (ex-Art. 5a) EG

a) *Europarechtliche Einordnung*

Unter bestimmten Voraussetzungen lassen die Gründungsverträge in der Ersten und der Dritten Säule der Union (nicht aber im Bereich der Gemeinsamen Außen- und Sicherheitspolitik[876]) eine sogenannte „verstärkte Zusammenarbeit" mehrerer Mitgliedstaaten zu.[877] Dabei erhält eine Mehrheit[878] der Mitgliedstaaten unter Beachtung der in Art. 43 (ex-Art. K.15) ff. EU enthaltenen allgemeinen und der in Art. 11 (ex-Art. 5a) EG beziehungsweise in Art. 40 (ex-Art. K.12) EU benannten speziellen Bedingungen[879] die Möglichkeit[880], auf Ge-

---

874 Zur Anwendbarkeit der Lindauer Absprache auf Verwaltungsabkommen vgl. *Schweitzer,* Staatsrecht III, 7. Auflage 2000, Rdnr. 468.

875 Oben (a) und C.II.5.d).bb).(2).(a).(bb). S. 192.

876 *Ehlermann,* EuR 1997, 387; *Rouchereau,* in: Léger (Hrsg.), Commentaire TUE/TCE, Art. 40 EU, Rdnr. 1; *Schweitzer/Hummer,* Europarecht, 5. Auflage 1996, Nachtrag 1999, S. 19; *Hatje,* in: Schwarze (Hrsg.), EU-Kommentar, Art. 43 EU, Rdnr. 1; anders *Pechstein/Koenig,* Die Europäische Union, 3. Auflage 2000, Rdnr. 304; vgl. auch Art. 17 (ex-Art. J.7) Abs. 4 EU, wonach eine engere Zusammenarbeit außerhalb des institutionellen Rahmens der Europäischen Union nicht ausgeschlossen ist. Mit Art. 1 Nr. 6 des Vertrags von Nizza wird das Instrument der verstärkten Zusammenarbeit auch im Bereich der Zweiten Säule (Art. 27a bis Art. 27e EU n.F.) eingeführt, vgl. dazu *Epiney/Abt/Mosters,* DVBl. 2001, 948.

877 Formen zeitlich oder räumlich abgestufter Integration hat es freilich auch schon vor der Aufnahme dieser Normen in die Gründungsverträge durch den Vertrag von Amsterdam gegeben, vgl. dazu *Ehlermann,* EuR 1997, 364 f.; *Pingel-Lenuzza,* in: Léger (Hrsg.), Commentaire TUE/TCE, Art. 11 EG, Rdnr. 2 ff.; *Ruffert,* in: Calliess/Ruffert (Hrsg.), EUV/EGV, 2. Auflage 2002, Art. 43 EU, Rdnr. 7; *Thun-Hohenstein,* Der Vertrag von Amsterdam, S. 114.

878 Eine Änderung ergibt sich nach Inkrafttreten des Vertrags von Nizza insofern, als die Mindestteilnehmerzahl in Art. 43 lit. g) EU n.F. auch nach der Erweiterung auf acht Mitgliedstaaten festgeschrieben wird, vgl. Art. 1 Nr. 11 des Vertrags von Nizza.

879 In der Denkschrift zum Vertrag von Amsterdam ist deshalb die Rede von einer „Generalklausel" und den ergänzenden „Spezialklauseln", vgl. BR-Drucksache 784/97 vom 17.10.1997 S. 141; *Constantinesco,* RTD eur. 1997, 754. Zu den Neuerungen durch den Vertrag von Nizza vgl. *Epiney/Abt/Mosters,* DVBl. 2001, 946; *Wiedmann,* JuS 2001, 848 sowie die Erläuterungen der Bundesregierung, BT-Drucksache 14/6146 vom 25.5.2001

bieten, auf denen eine Vertiefung der Integration zwischen allen Mitgliedern (noch) nicht erreicht werden kann, enger zu kooperieren und sich dabei des institutionellen Rahmens und des Handlungsinstrumentariums der Gemeinschaften und der Union zu bedienen.[881]

Das schnellere Voranschreiten muß „die Ziele der Union fördern“, Art. 43 (ex-Art. K.15) Abs. 1 lit. a) EU, und darf nur als *ultima ratio* in Betracht kommen, wenn eben diese Ziele anders, d.h. mit den sonstigen vertraglich vorgesehenen Mitteln nicht zu erreichen sind, lit. c).[882] Jedem Mitgliedstaat, der die Voraussetzungen erfüllt, ist es jederzeit erlaubt, sich einer verstärkten Zusammenarbeit anzuschließen, lit. g).[883] Für die Beschlußfassung im Rahmen der verstärkten Zusammenarbeit gelten gemäß Art. 44 (ex-Art. K.16) Abs. 1 EU die für die jeweilige Materie einschlägigen institutionellen Bestimmungen der Gründungsverträge entsprechend; die Zusammenarbeit im Bereich der Ersten Säule untersteht darüberhinaus dem gesamten materiellen Recht mitsamt der gerichtlichen Kontrolle durch den Gerichtshof, Art. 11 (ex-Art. 5a) Abs. 4 EG.[884]

S. 46 f.

880 Dadurch werden freilich andere Kooperationsformen der Mitgliedstaaten untereinander, die diese aufgrund ihrer völkerrechtlichen Handlungsfähigkeit vornehmen, nicht ausgeschlossen, solange dabei den Grundsätzen des Art. 10 (ex-Art. 5) EG Rechnung getragen wird, vgl. *Ehlermann*, EuR 1997, 372; *Oppermann*, Europarecht, 2. Auflage 1999, Rdnr. 534; *Ruffert*, in: Calliess/Ruffert (Hrsg.), EUV/EGV, 2. Auflage 2002, Art. 43 EU, Rdnr. 22; *Hatje*, in: Schwarze (Hrsg.), EU-Kommentar, Art. 43 EU, Rdnr. 28; *v.Buttlar*, ZEuS 2001, 659 f.; a.A. *Constantinesco*, RTD eur. 1997, 755, wohl auch *Anton*, in: Léger (Hrsg.), Commentaire TUE/TCE, Art. 43-45 EU, Rdnr. 10.

881 *Anton*, in: Léger (Hrsg.), Commentaire TUE/TCE, Art. 43-45 EU, Rdnr. 5; *Constantinesco*, RTD eur. 1997, 757; *Ehlermann*, EuR 1997, 362; die so gefaßten Beschlüsse stellen „partielles Sekundärrecht“ dar, das nur für und in den teilnehmenden Mitgliedstaaten gilt, vgl. *Oppermann*, Europarecht, 2. Auflage 1999, Rdnr. 532; *Ruffert*, in: Calliess/Ruffert (Hrsg.), EUV/EGV, 2. Auflage 2002, Art. 43 EU, Rdnr. 20.

882 Zu den Voraussetzungen im einzelnen vgl. *Ehlermann*, EuR 1997, 372 ff.; *Anton*, in: Léger (Hrsg.), Commentaire TUE/TCE, Art. 43-45 EU, Rdnr. 10 ff.; *Hatje*, in: Schwarze (Hrsg.), EU-Kommentar, Art. 43 EU, Rdnr. 17 ff.

883 Der beitrittswillige Mitgliedstaat muß hierzu einen Antrag an Rat und Kommission richten, über den im Rahmen der Ersten Säule (vgl. Art. 11 [ex-Art. 5A] Abs. 3 S. 2 EG) die Kommission, im Bereich der Dritten Säule (vgl. Art. 40 [ex-Art. K.12] Abs. 3 S. 2 EU) der Rat entscheidet.

884 Vgl. *Ehlermann*, EuR 1997, 379. Die Zuständigkeit des Gerichtshofs im Rahmen der PJZS richtet sich nach Art. 46 (ex-Art. L) lit. c) EU i.V.m. Art. 40 (ex-Art. K.12) Abs. 4 EU, vgl. *Cremer*, in: Calliess/Ruffert (Hrsg.), EUV/EGV, 2. Auflage 2002, Art. 46 EU, Rdnr. 4; *Herrnfeld*, in: Schwarze (Hrsg.), EU-Kommentar, Art. 46 EU, Rdnr. 10 ff.

Mitgliedstaaten, die in einem Bereich eine „verstärkte Zusammenarbeit" anstreben, bedürfen hierfür gemäß Art. 40 (ex-Art. K.12) Abs. 1 EU beziehungsweise Art. 11 (ex-Art. 5a) Abs. 1 EG einer Ermächtigung durch den Rat. Dieser beschließt im Rahmen der Dritten Säule nach Stellungnahme, in der Ersten Säule auf Vorschlag der Kommission[885] mit qualifizierter Mehrheit; allerdings kann nach Art. 40 (ex-Art. K.12) Abs. 2 UAbs. 2 S. 1 EU und Art. 11 (ex-Art. 5a) Abs. 2 UAbs. 2 S. 1 EG jedes Mitglied des Rates erklären, „daß es aus wichtigen Gründen der nationalen Politik, die es auch nennen muß, die Absicht hat, eine mit qualifizierter Mehrheit zu erteilende Ermächtigung abzulehnen". In diesem Fall wird keine Abstimmung vorgenommen[886]; die Frage kann aber mit qualifizierter Mehrheit zur einstimmigen Beschlußfassung an den in der Zusammensetzung der Staats- und Regierungschefs tagenden Rat beziehungsweise an den Europäischen Rat (für den Bereich der Dritten Säule) verwiesen werden.

Während frühere Erscheinungsformen der verstärkten Zusammenarbeit überwiegend völkerrechtlicher Natur waren und außerhalb des Unions- beziehungsweise Gemeinschaftsrechts angesiedelt wurden[887], läßt sich diese Einordnung auf Kooperationen im Rahmen von Art. 40 (ex-Art. K.12) EU und Art. 11 (ex-Art. 5a) EG nicht übertragen. Bedurfte die Aufnahme der Flexibilisierungsklauseln in die Gründungsverträge selbst einer Vertragsänderung nach Art. 48 (ex-Art. N) EU[888], so findet die Wahrnehmung der von diesen gewährten Handlungsmöglichkeiten gerade im Rahmen der der Union und den Gemeinschaften bereits übertragenen Zuständigkeiten und Ziele statt und weist diesen nicht etwa

---

[885] Der Eintritt in die verstärkte Zusammenarbeit hängt im Bereich der Ersten Säule also entscheidend von dem Kommissionsvorschlag ab; ohne diesen ist der Weg hierzu versperrt, vgl. *Ehlermann,* EuR 1997, 377 f., 390; *Hatje,* in: Schwarze (Hrsg.), EU-Kommentar, Art. 11 EG, Rdnr. 12; *Thun-Hohenstein,* Der Vertrag von Amsterdam, S. 120. Art. 1 Nr. 9 des Vertrags von Nizza (Art. 40a EU n.F.) etabliert das Vorschlagsrecht der Kommission auch in der Dritten Säule. Die Weigerung der Kommission, ihr Initiativrecht auszuüben, hindert die betreffenden Mitgliedstaaten jedoch nicht daran, einen Antrag an den Rat zu richten, vgl. *Epiney/Abt/Mosters,* DVBl. 2001, 948.

[886] Dieses Vetorecht einzelner Mitgliedstaaten entfällt mit Inkrafttreten des Vertrages von Nizza im Bereich der Ersten und Dritten Säule, vgl. Art. 1 Nr. 9 des Vertrags von Nizza (Art. 40a Abs. 2 EU n. f.); dazu kritisch *Wiedmann,* JuS 2001, 848; *Borchmann,* EuZW 2001, 173; *Epiney/Abt/Mosters,* DVBl. 2001, 947.

[887] Vgl. *Degen,* in: Groeben/Thiesing/Ehlermann (Hrsg.), EUV/EGV, 5. Auflage 1997, Art. K.7 EUV, Rdnr. 1, 2; *Ehlermann,* EuR 1997, 364; *Lenz,* in: Lenz (Hrsg.), EG-Vertrag, 2. Auflage 1999, Art. 11 EG, Rdnr. 3; *Becker,* in: Schwarze/Müller-Graff (Hrsg.), Europäische Rechtseinheit durch einheitliche Rechtsdurchsetzung, EuR-Beiheft 1-1998, S. 34 f.; zu den Schengener Übereinkommen, vgl. beispielsweise *Koenig/Haratsch,* Europarecht, 3. Auflage 2000, Rdnr. 814 ff.; *Geiger,* EUV/EGV, 3. Auflage 2000, Art. 43 EU, Rdnr. 2; *Schweitzer/Hummer* Europarecht – Nachtrag 1999 S. 20.

[888] Dazu *Huber,* EuR 1996, 354.

neue Kompetenzen zu.[889] Gegenstand und Grenzen der engeren Zusammenarbeit werden nicht durch eine gesonderte völkerrechtliche Vereinbarung der daran teilnehmenden Mitgliedstaaten festgelegt, sondern ebenfalls durch den Ratsbeschluß, der insofern eine Doppelfunktion erfüllt.[890]

b) Beteiligung der Bundesländer

aa) Ermächtigung durch den Rat (Grundbeschluß)

Der zur „verstärkten Zusammenarbeit" ermächtigende Grundbeschluß nach Art. 40 (ex-Art. K.12) Abs. 2 EU beziehungsweise Art. 11 (ex-Art. 5a) Abs. 2 EG ist nach oben Gesagtem also als Organhandeln im Sinne des Art. 5 (ex-Art. E) EU einzustufen.[891] Es handeln sowohl im Bereich der Ersten wie auch der Dritten Säule nicht etwa die „Vertreter der Regierungen der Mitgliedstaaten" auf völkerrechtlicher Grundlage, sondern der Rat der Europäischen Union als Gemeinschafts- beziehungsweise Unionsorgan in Wahrnehmung der ihm primärrechtlich zugewiesenen Befugnisse, also im Rahmen der bereits erreichten Integration. Während andere Formen der Zusammenarbeit außerhalb der Gründungsverträge nach den für völkerrechtliche Verträge der Mitgliedstaaten untereinander geltenden Regeln zu behandeln sind, wurde die mit dem Vertrag von Amsterdam eingeführte neue Kooperationsform des Art. 43 (ex-Art. K.15) EU i.V.m. Art. 11 (ex-Art. 5a) EG beziehungsweise Art. 40 (ex-Art. K.12) EU gezielt als Teil der Unions- beziehungsweise Gemeinschaftsrechtsordnung ausges-

---

[889] Das ergibt sich schon aus dem Wortlaut der Vorschriften, vgl. Art. 11 (ex-Art. 5a) Abs. 4 EG und Art. 40 (ex-Art. K.12) Abs. 4 EU. Daneben lassen auch Sinn und Zweck der Vorschrift keine andere Deutung zu; es soll gerade nicht zu einer Vertragsänderung „durch die Hintertür" kommen, vgl. *Anton,* in: Léger (Hrsg.), Commentaire TUE/TCE, Art. 43-45 EU, Rdnr. 18; *Pingel-Lenuzza,* in: Léger (Hrsg.), Commentaire TUE/TCE, Art. 11 EG, Rdnr. 7: *«... ne doit pas aboutir à une modification des traités»*; *Ruffert,* in: Calliess/Ruffert (Hrsg.), EUV/EGV, 2. Auflage 2002, Art. 43 EU, Rdnr. 8; *Hatje,* in: Schwarze (Hrsg.), EU-Kommentar, Art. 11 EG, Rdnr. 10; *Huber,* EuR 1996, 354 f.

[890] *Hatje,* in: Schwarze (Hrsg.), EU-Kommentar, Art. 43 EU, Rdnr. 26; *Becker,* in: Schwarze/Müller-Graff (Hrsg.), Europäische Rechtseinheit durch einheitliche Rechtsdurchsetzung, EuR-Beiheft 1-1998, S. 49 f. Zweideutig *Geiger,* EUV/EGV, 3. Auflage 2000, Art. 43 EU, Rdnr. 4, Art. 40 EU, Rdnr. 1, 2: Vereinbarung der beteiligten Mitgliedstaaten. Daß es sich bei dieser Vereinbarung aber nicht um einen klassischen völkerrechtlichen Vertrag handeln kann, läßt sich schon daran ablesen, daß der Beitritt zur verstärkten Zusammenarbeit nicht durch Vertrag mit den übrigen Teilnehmern, sondern auf Beschluß eines Unionsorgans erfolgt.

[891] *Hatje,* in: Schwarze (Hrsg.), EU-Kommentar, Art. 43 EU, Rdnr. 26, bezeichnet den Beschluß als Rechtsakt *sui generis.*

taltet.[892] Demnach ist auch das Vorliegen einer „Angelegenheit der Europäischen Union" in beiden Fällen zu bejahen; die Beteiligung der Länder erfolgt nach den Bestimmungen des Art. 23 Abs. 2, 4 bis 7 GG i.V.m. EUZBLG. Ein Rückgriff auf die Lindauer Absprache ist ausgeschlossen.[893]

bb) Beschlüsse im Rahmen des jeweiligen Zusammenarbeitsbereichs

Die im Rahmen einer verstärkten Zusammenarbeit gefaßten Beschlüsse teilen als (partielles) sekundäres Gemeinschafts- beziehungsweise Unionsrecht die Rechtsnatur der für die Gesamtheit der Mitgliedstaaten ergangenen Sekundärrechtsakte.[894] Sie kommen nach denselben Vorschriften zustande wie diese, werden also von den Gemeinschafts- beziehungsweise Unionsorganen auf vertraglicher Grundlage erlassen.[895] Die in Art. 44 (ex-Art. K.16) Abs. 1 EU vorgenommene Übertragung der einschlägigen institutionellen Vertragsbestimmungen auf einen kleineren Kreis von enger zusammenwirkenden Staaten macht gerade den Charakter der durch den Amsterdamer Vertrag eingefügten „verstärkten Zusammenarbeit" aus. Es können sich in diesem Zusammenhang folglich auch hinsichtlich der Mitwirkungsbefugnisse der Bundesländer keine Besonderheiten ergeben. Für die Beteiligung nach Art. 23 Abs. 2, 4 bis 7 GG kommt es somit darauf an, ob ein entsprechender, für alle Mitgliedstaaten gleichermaßen Geltung beanspruchender Rechtsakt als „Angelegenheit der Europäischen Union" im

---

892 *Pingel-Lenuzza,* in: Léger (Hrsg.), Commentaire TUE/TCE, Art. 11 EG, Rdnr. 12: «... *collaborer à l'intérieur de la Communauté plutôt que de s'organiser sans elle*»; dagegen spricht auch nicht die im Vergleich zur Ersten Säule weniger stark ausgeprägte Rolle der Kommission auf dem Gebiet der PJZS, vgl. *Ehlermann,* EuR 1997, 390. Diese resultiert schlicht aus dem ursprünglich intergouvernementalen Charakter des Titels VI des EU-Vertrages, der alleine aber, wie bereits geklärt, noch nicht zur Verneinung der Annahme einer „Angelegenheit der Europäischen Union" im Sinne des Art. 23 Abs. 2 GG führt.

893 Gleiches muß auch für die Ausübung des Vetorechts nach Art. 40 (ex-Art. K.12) Abs. 2 UAbs. 2 EU und Art. 11 (ex-Art. 5a) Abs. 2 UAbs. 2 EG gelten.

894 *Becker,* in: Schwarze/Müller-Graff (Hrsg.), Europäische Rechtseinheit durch einheitliche Rechtsdurchsetzung, EuR-Beiheft 1-1998, S. 53; *Oppermann,* Europarecht, 2. Auflage 1999, Rdnr. 532; *Ruffert,* in: Calliess/Ruffert (Hrsg.), EUV/EGV, 2. Auflage 2002, Art. 43 EU, Rdnr. 20: „abgeleitetes Unions- beziehungsweise sekundäres Gemeinschaftsrecht mit eingeschränktem räumlichen Geltungsumfang"; *Geiger,* EUV/EGV, 3. Auflage 2000, Art. 11 EG, Rdnr. 4; *Constantinesco,* RTD eur. 1997, 757.

895 Daran ändert auch die Präzisierung in Art. 1 Nr. 13 (Art. 44 EU n.F.) des Vertrags von Nizza nichts, derzufolge die im Rahmen der verstärkten Zusammenarbeit zustandegekommenen Rechtsakte nicht Teil des *acquis* werden. Daraus folgt nur, daß die betreffenden Bestimmungen im Falle eines Beitritts von den Neumitgliedern nicht automatisch übernommen werden brauchen, vgl. *Jacqué,* Droit institutionnel de l'Union européenne, Rdnr. 228; schon für den Amsterdamer Vertrag: *Thun-Hohenstein,* Der Vertrag von Amsterdam, S. 122.

Sinne dieser Vorschrift anzusehen wäre und ob gegebenenfalls der Bundesrat an einer entsprechenden innerstaatlichen Maßnahme mitzuwirken hätte oder die Länder dafür zuständig wären.

cc) Beitritt zu einem Bereich verstärkter Zusammenarbeit

Auch die Erweiterung einer „verstärkten Zusammenarbeit" durch weitere Mitgliedstaaten nach Art. 11 (ex-Art. 5a) Abs. 3 EG beziehungsweise Art. 40 (ex-Art. K.12) Abs. 3 EU erfordert keine – etwa dem Beitritt zu internationalen Organisationen nachempfundene – völkerrechtliche Vereinbarung zwischen den bereits Teilnehmenden und dem oder den Anschlußwilligen. Die Entscheidung über den Aufnahmeantrag erfolgt vielmehr in Ausführung primärrechtlicher Bestimmungen und obliegt in der Ersten Säule allein der Kommission[896], auf dem Gebiet der PJZS dem Rat.[897]

(1) Der Aufnahmeantrag

Das Stellen des Aufnahmeantrags nach Art. 11 (ex-Art. 5a) Abs. 3 EG beziehungsweise Art. 40 (ex-Art. K.12) Abs. 3 EU bedeutet letztlich nicht mehr als die Kundgabe der Bereitschaft zur Mitwirkung an der Ausübung von der Gemeinschaft bereits zugewiesenen Befugnissen oder an der Verwirklichung vertraglich bereits festgelegter Zielsetzungen der Union. Der Antrag entspricht damit seinem Wesen und den mit seiner Annahme verbundenen Rechtsfolgen nach der Zustimmung zu einem oder mehreren Rechtsakten, die nicht der „verstärkten Zusammenarbeit" überantwortet wurden.[898] Das Vorliegen einer „Angelegenheit der Europäischen Union" im Sinne des Art. 23 Abs. 2 GG und damit die Anwendbarkeit des Mitwirkungsverfahrens nach Art. 23 Abs. 2, 4 bis 7 GG i.V.m.

---

[896] *Hatje*, in: Schwarze (Hrsg.), EU-Kommentar, Art. 11 EG, Rdnr. 29 ff.; *Ehlermann*, EuR 1997, 378; kritisch hinsichtlich der dieser Regelung innewohnenden Inkohärenz mit dem Verfahren zur Begründung der Zusammenarbeit, bei dem die Entscheidung dem Rat überlassen bleibt *Pingel-Lenuzza*, in: Léger (Hrsg.), Commentaire TUE/TCE, Art. 11 EG, Rdnr. 9.

[897] Vgl. *Hatje*, in: Schwarze (Hrsg.), EU-Kommentar, Art. 40 EU, Rdnr. 4; *Rouchereau*, in: Léger (Hrsg.), Commentaire TUE/TCE, Art. 40 EU, Rdnr. 13 ff.

[898] Folge des „Beitritts" zu einer Zusammenarbeit anderer Mitgliedstaaten ist das Wirksamwerden aller in diesem Rahmen bereits gefaßten Beschlüsse auch für den Beitretenden, vgl. Art. 43 (ex-Art. K.15) Abs. 1 lit. g) EU; *Hatje*, in: Schwarze (Hrsg.), EU-Kommentar, Art. 11 EG, Rdnr. 33. Der fehlende Einfluß auf die inhaltliche Ausgestaltung bereits früher angenommener Rechtsakte ist der Preis, den der neu hinzukommende Mitgliedstaat dafür zu zahlen hat, daß er nicht von Anfang an teilgenommen hat, vgl. *Thun-Hohenstein*, Der Vertrag von Amsterdam, S. 114.

dem Ausführungsgesetz ist also zu bejahen. Für die Frage, ob innerstaatlich die Länder zuständig wären oder der Bundesrat mitzuwirken hätte, ist dementsprechend auf die Regelungsgegenstände der Rechtsakte abzustellen, die im Rahmen der Zusammenarbeit von den teilnehmenden Mitgliedstaaten bereits gefaßt wurden und im Falle des Beitritts zu übernehmen sind. Eine Mitwirkung nach der Lindauer Absprache kommt daneben nicht in Betracht.

(2) Die Entscheidung über den Aufnahmeantrag

Soweit im Rahmen der Ersten Säule nach Art. 11 (ex-Art. 5a) Abs. 3 EG die Kommission über den Aufnahmeantrag zu beschließen hat, sind die Mitgliedstaaten ohnehin von der Entscheidung ausgeschlossen; die Frage nach einer Beteiligung der Bundesländer stellt sich nicht.
Zu beurteilen bleibt damit der vom Rat zu fassende Beschluß über einen Aufnahmeantrag nach Art. 40 (ex-Art. K.12) Abs. 3 EU. Dieser ist, was seine Rechtsfolgen angeht, das Gegenstück zum Aufnahmeantrag des beitrittswilligen Mitgliedstaats. Erst mit der Annahme des Antrags erstreckt sich die Wirkung der in der „verstärkten Zusammenarbeit" gefaßten Rechtsakte auch auf den beitrittswilligen Mitgliedstaat. Auch hier führt mithin schon die im Hinblick auf die rechtlichen Konsequenzen zu ziehende Parallele zum Abstimmungsverhalten in „normalen", d.h. alle Mitgliedstaaten betreffenden Angelegenheiten zur Einstufung als „Angelegenheit der Europäischen Union" im Sinne des Art. 23 Abs. 2 GG.
Darüberhinaus ergeht die Entscheidung des Rates auf vertraglicher Grundlage und nach vertraglich festgelegten Verfahrensabläufen und Kriterien. Es handelt sich demnach um eine der Union beziehungsweise der Gemeinschaft durch die Gründungsverträge zugewiesene Angelegenheit, folglich nach der hier vertretenen Auffassung um eine „Angelegenheit der Europäischen Union" im Sinne des Art. 23 Abs. 2 GG.

7. Sonderfall Schengen? Beschlüsse und Maßnahmen zur Weiterentwicklung des Schengen-Besitzstandes

a) *Europarechtliche Einordnung*

Das Schengener Übereinkommen vom 14. Juni 1985[899] und das daran anknüpfende Schengener Durchführungsübereinkommen vom 19. Juni 1990[900] sind ursprünglich rein völkerrechtliche Konventionen[901], die zwischen einem Teil der Mitgliedstaaten der Europäischen Union zur Abschaffung der Personenkontrollen an den Binnengrenzen geschlossen wurden.[902] Durch das Protokoll (Nr. 2) zur Einbeziehung des Schengen-Besitzstands in den Rahmen der Europäischen Union[903] und durch den darauf beruhenden Ratsbeschluß vom 20. Mai 1999[904] wurde der sogenannte „Schengen-*acquis*" in den EU- (Titel VI) beziehungsweise, je nach den betroffenen Sachbereichen, in den EG-Vertrag (Titel IV [ex-Titel IIIa])[905] überführt.[906] Somit haben so gut wie alle Schengener Bestimmun-

---

899 Übereinkommen zwischen den Regierungen der Staaten der Benelux-Wirtschaftsunion, der Bundesrepublik Deutschland und der Französischen Republik betreffend den schrittweisen Abbau der Kontrollen an den gemeinsamen Grenzen vom 14.6.1985, Gemeinsames Ministerialblatt 1986 S. 79.

900 Übereinkommen zur Durchführung des Übereinkommens von Schengen vom 14. Juni 1985 zwischen den Regierungen der Staaten der Benelux-Wirtschaftsunion, der Bundesrepublik Deutschland und der Französischen Republik betreffend den schrittweisen Abbau der Kontrollen an den gemeinsamen Grenzen vom 19.6.1990, BGBl. II 1993 S. 1013.

901 *Di Fabio,* DÖV 1997, 92: „Zusammenarbeit im kooperativen Raum dicht neben der EG"; *Hailbronner/Thiery,* EuR 1998, 593; *Schweitzer/Hummer* Europarecht – Nachtrag 1999 S. 20; *Taschner,* Schengener Übereinkommen, in: Groeben/Thiesing/Ehlermann (Hrsg.), EUV/EGV (Bd. 5), 5. Auflage 1997, Rdnr. 37, 75; *Koenig/Haratsch,* Europarecht, 3. Auflage 2000, Rdnr. 813; *Clostermeyer/Lehr,* DÖV 1998, 152.

902 Vertragsparteien waren zunächst Deutschland, Frankreich und die Benelux-Staaten; zu den Beitritten und Kooperationen vgl. *Taschner,* Schengener Übereinkommen, in: Groeben/Thiesing/Ehlermann (Hrsg.), EUV/EGV, 5. Auflage 1997, Anhang 3 und 4.

903 Protokoll (Nr. 2) zur Einbeziehung des Schengen-Besitzstandes in den Rahmen der Europäischen Union, ABl. EG Nr. C 340 vom 10.11.1997 S. 93.

904 Beschluß des Rates zur Festlegung der Rechtsgrundlagen für die einzelnen Bestimmungen und Beschlüsse, die den Schengen-Besitzstand bilden, nach Maßgabe der einschlägigen Bestimmungen des Vertrags zur Gründung der Europäischen Gemeinschaft und des Vertrags über die Europäische Union, ABl. EG Nr. L 176 vom 10.7.1999 S. 17.

905 Dieser Titel des EG-Vertrages ist seinerseits wegen der auf das Vereinigte Königreich, Irland und Dänemark anwendbaren Sonderregeln (vgl. Art. 69 (ex-Art. 73q) EG sowie das Protokoll Nr. 3 über die Anwendung bestimmter Aspekte des Artikels 14 des Vertrags zur Gründung der Europäischen Gemeinschaft auf das Vereinigte Königreich und auf Irland, das Protokoll Nr. 4 über die Position des Vereinigten Königreichs und Irlands und das Protokoll Nr. 5 über die Position Dänemarks) selbst Anwendungsfall einer „verstärkten Zusammenarbeit", vgl. *Ehlermann,* EuR 1997, 380 ff.

906 Dazu *Wiedmann,* in: Schwarze (Hrsg.), EU-Kommentar, Art. 61 EG, Rdnr. 18 ff.; *Hei-*

gen ihre Grundlage in den Verträgen.[907] Rechtsakte des Rates zur Fortentwicklung und Änderung des Schengen-Besitzstandes[908] ergehen nunmehr auf der Grundlage der Gründungsverträge[909] und unterliegen gemäß Art. 5 Abs. 1 des Schengen-Protokolls ihren einschlägigen Bestimmungen.[910]
Da nicht alle Mitgliedstaaten Vertragsparteien der Übereinkommen sind, ist es erforderlich, die Weiterentwicklung dieses *acquis* nach den Bestimmungen über die verstärkte Zusammenarbeit gemäß Art. 11 (ex-Art. 5a) EG, 40 (ex-Art. K.12) EU zu behandeln[911], wobei gemäß Art. 40 (ex-Art. K.12) Abs. 5 EU, 11 (ex-Art. 5a) Abs. 5 EG die autonomen Regelungen des Protokolls Vorrang genießen.[912]

Eine Besonderheit besteht für Dänemark, das zwar in denjenigen Bereichen, für die Titel VI des EU-Vertrages als Rechtsgrundlage festgelegt ist, dieselben Rechte und Pflichten wie die übrigen Unterzeichnerstaaten hat[913], das aber an Maßnahmen, die auf Titel IV (ex-Titel IIIa) des EG-Vertrags gestützt werden, nur gebunden ist, wenn es innerhalb von sechs Monaten beschließt, diese in in-

---

mann, Der neue Titel IV EGV unter besonderer Berücksichtigung des Schengen-Protokolls, S. 15 ff., 63 f.

907 Vgl. die Erläuterungen der Bundesregierung zum Vertrag von Amsterdam, BR-Drucksache 784/97 vom 17.10.1997 S. 152; *Pechstein/Koenig,* Die Europäische Union, 3. Auflage 2000, Rdnr. 365. Zu den wenigen Ausnahmen vgl. *Heimann,* Der neue Titel IV EGV unter besonderer Berücksichtigung des Schengen-Protokolls, S. 63 f.

908 Vgl. den Vorschlag zum Erlaß eines Beschlusses zur Änderung des Art. 40 Abs. 1 und 7 des Schengener Durchführungsübereinkommens, ABl. EG Nr. C 285 vom 11.10.2001 S. 3. Auch der Rahmenbeschluß des Rates über den europäischen Haftbefehl war als Fortentwicklung des Schengen-Besitzstandes geplant, vgl. die 19. Begründungserwägung und den ausdrücklichen Hinweis auf die Erstreckung auf Island und Norwegen in Art. 44 des Kommissionsentwurfes, ABl. EG Nr. C 332 E vom 27.11.2001. In der vom Rat angenommenen Fassung fehlt diese Bezugnahme jedoch, vgl. ABl. EG Nr. L 190 vom 18.7.2002 S. 1, vgl. aber die vierte und die elfte Begründungserwägung sowie Art. 31 Abs. 1 lit. e).

909 So ausdrücklich Art. 1 S. 2 des Schengen-Protokolls.

910 Vgl. die dritte Begründungserwägung zum Ratsbeschluß vom 20.5.1999, ABl. EG Nr. L 176 vom 10.7.1999 S. 17. Nach *Häußler,* ZAR 2002, 52 f., soll zumindest im Bereich des Titels VI des EU-Vertrags zur Änderung von Bestimmungen des Schengener Durchführungsübereinkommens wegen dessen nach wie vor völkervertraglichen Charakters einzig der Abschluß von Übereinkommen nach Art. 34 Abs. 2 S. 2 lit. d) in Frage kommen.

911 Vgl. dazu die Präambel sowie Art. 1 des Schengen-Protokolls; *Röben,* in: Grabitz/Hilf, EU, Art. 40 EU, Rdnr. 4, 23; *Streinz,* Europarecht, 5. Auflage 2001, Rdnr. 659; *Elsen,* in: Hummer (Hrsg.), Rechtsfragen in der Anwendung des Amsterdamer Vertrags, S. 43.

912 *Rouchereau,* in: Léger (Hrsg.), Commentaire TUE/TCE, Art. 40 EU, Rdnr. 4; *Geiger,* EUV/EGV, 3. Auflage 2000, Art. 40 EU, Rdnr. 10.

913 Art. 3 Abs. 2 des Schengen-Protokolls.

nerstaatliches Recht umzusetzen.[914] Dadurch wird eine völkerrechtliche Verpflichtung gegenüber den anderen Mitgliedstaaten begründet.
Letzteres gilt auch für das Verhältnis der Mitgliedstaaten zu den Nicht-EU-Mitgliedern Norwegen und Island.[915] Diese sind zwar nach Art. 6 des Schengen-Protokolls assoziiert; die Annahme neuer Rechtsakte oder Maßnahmen mit Bezug zum Schengen-Besitzstand ist aber den zuständigen Organen der Europäischen Union vorbehalten.[916] Norwegen und Island entscheiden dann, ob sie zur Umsetzung in ihr nationales Recht bereit sind, und notifizieren dies dem Rat.
Das Vereinigte Königreich und Irland beteiligen sich nur partiell an Maßnahmen im Bereich des Titels IV des EG-Vertrags; es findet dann Art. 11 (ex-Art. 5a) Abs. 3 EG sinngemäß Anwendung. In diesen Fällen gelten für den betreffenden Staat die Bestimmungen des EG-Vertrags.[917]

Mit Inkrafttreten des Vertrags von Amsterdam trat der Rat als Entscheidungsträger gemäß Art. 2 Abs. 1 UAbs. 1 S. 2 des Schengen-Protokolls an die Stelle des durch die Schengener Übereinkommen eingesetzten Exekutivausschusses (Titel VII des Durchführungsübereinkommens). Daneben besteht ein sogenannter „Gemischter Ausschuß", in dem auch die assoziierten Staaten Norwegen und Island mitwirken.[918] Dieser hat aber nur beratende Funktion.[919]

aa) Beschlüsse des Rates im vergemeinschafteten Bereich

Ungeachtet der völkerrechtlichen Herkunft des Schengen-Besitzstandes sind dessen Bestimmungen, soweit sie der Ersten Säule zugeordnet worden sind,

---

[914] Art. 2 und 5 des Protokolls (Nr. 5) über die Position Dänemarks, ABl. EG Nr. C 340 vom 10.11.1997 S. 101.

[915] Art. 8 Abs. 3 des Übereinkommens zwischen dem Rat der Europäischen Union sowie der Republik Island und dem Königreich Norwegen über die Assozierung der beiden letztgenannten Staaten bei der Umsetzung, Anwendung und Entwicklung des Schengen-Besitzstandes vom 18.5.1999, ABl. EG Nr. L 176 vom 10.7.1999 S. 36: *Akzeptieren Island und Norwegen den Inhalt von Rechtsakten und Maßnahmen nach Absatz 2, so begründet dies Rechte und Pflichten zwischen Island und Norwegen sowie zwischen Island und Norwegen einerseits und der Europäischen Gemeinschaft und denjenigen ihrer Mitgliedstaaten, die durch diese Rechtsakte und Maßnahmen gebunden sind, andererseits.*

[916] Art. 8 Abs. 1 des Assoziierungsübereinkommens.

[917] Vgl. im einzelnen das Protokoll Nr. 4 über die Position des Vereinigten Königreichs und Irlands; ABl. EG Nr. C 340 vom 10.11.1997 S. 99.

[918] Vgl. Art. 3 Abs. 1 des Assoziierungsübereinkommens. Zur Entwicklung der Kooperation mit den nordischen Staaten *Taschner,* Schengener Übereinkommen, in: Groeben/Thiesing/Ehlermann (Hrsg.), EUV/EGV (Bd. 5), 5. Auflage 1997, Rdnr. 35.

[919] Vgl. dazu *Elsen,* in: Hummer (Hrsg.), Rechtsfragen in der Anwendung des Amsterdamer Vertrages, S. 46.

nunmehr supranationales Gemeinschaftsrecht. Aufgrund der noch ausstehenden Teilnahme Irlands und des Vereinigten Königreichs sind zwar die Bestimmungen über die verstärkte Zusammenarbeit nach Art. 11 (ex-Art. 5a) EG zu beachten; hinsichtlich der Einordnung als „Angelegenheit der Europäischen Union" im Sinne des Art. 23 Abs. 2 GG ergeben sich hieraus aber keine Konsequenzen.[920] Fortentwicklung und Änderung des Schengen-*acquis* erfolgen auf der Grundlage der Gründungsverträge und stellen mithin eine der Gemeinschaft primärrechtlich zugewiesene Angelegenheit dar. Das Beteiligungsverfahren nach Art. 23 Abs. 2, 4 bis 7 GG i.V.m. EUZBLG ist anwendbar.

bb) Beschlüsse des Rates im „intergouvernementalen" Bereich der Dritten Säule

(1) Beschlußfassung im Rat: Art. 23 Abs. 2, 4 bis 7 GG

Auch Beschlüsse des Rates, die zur Weiterentwicklung von Bestimmungen gefaßt werden, die durch den Ratsbeschluß vom 20. Mai 1999 dem Bereich der Dritten Säule zugewiesen wurden, sind „Angelegenheiten der Europäischen Union" im Sinne von Art. 23 Abs. 2 GG. Auch sie ergehen auf einem Gebiet, das Eingang in eine vertragliche Regelung gefunden hat, das also der Union auf primärrechtlicher Ebene – durch das Protokoll (Nr. 2) zur Einbeziehung des Schengen-Besitzstands in den Rahmen der Europäischen Union[921] – zugewiesen wurde. Einschlägige Rechtsgrundlage ist Art. 34 (ex-Art. K.6) EU. Die Tatsache allein, daß der Bereich noch nicht vergemeinschaftet wurde, ändert an dieser Feststellung nichts; die „Angelegenheiten der Europäischen Union" sind nicht auf Gegenstände der Ersten Säule beschränkt.[922]

(2) Innerstaatliche Umsetzung Art. 59 Abs. 2 GG?

Die Fortentwicklung des Schengen-Besitzstandes unterliegt nach Art. 5 Abs. 1 S. 1 des Schengen-Protokolls jeweils den Bestimmungen der Rechtsgrundlage, der die fragliche Materie durch den Ratsbeschluß vom 20. Mai. 1999 zugeordnet worden ist.[923] Soweit dies eine Handlungsform der Dritten Säule des EU-

---

920 Vgl. dazu oben C.II.6.b). S. 211.

921 Vgl. insbesondere Art. 1 S. 2. Das Schengen Protokoll ist Bestandteil des Amsterdamer Vertrags und steht damit normativ auf gleicher Stufe wie EUV und EGV, vgl. *Röben*, in: Grabitz/Hilf, EU, vor Art. 29 EU, Rdnr. 10.

922 Siehe oben C.II.1.a).dd). S. 81.

923 Vgl. dazu *Elsen*, in Hummer (Hrsg.), Rechtsfragen in der Anwendung des Amsterdamer Vertrags, S. 45.

Vertrages ist[924], kann dementsprechend hinsichtlich der Notwendigkeit einer innerstaatlichen Umsetzung auf die zu den Handlungsinstrumenten der Polizeilichen und Justitiellen Zusammenarbeit in Strafsachen entwickelten Grundsätze verwiesen werden.[925]

cc) Auswirkung der völkerrechtlichen Natur der Erstreckung auf Dänemark, Island und Norwegen

Zu erörtern bleibt, ob der rein völkerrechtliche Charakter der Beteiligung Norwegens und Islands sowie die völkerrechtliche Erstreckung der Bestimmungen auf Dänemark, für die Titel IV des EG-Vertrags als Rechtsgrundlage festgelegt ist, Modifikationen des soeben gefundenen Ergebnisses erforderlich machen. Da in diesem Rahmen Verpflichtungen aller beteiligten Staaten auf der Grundlage des allgemeinen Völkerrechts geschaffen werden[926], könnte es sich insoweit um klassische Außenbeziehungen der Gesamtheit der Mitgliedstaaten handeln.

Zunächst ist festzuhalten, daß das in Ausführung von Art. 6 des Schengen-Protokolls mit Island und Norwegen geschlossene Übereinkommen zwar von allen Mitgliedstaaten ratifiziert wurde.[927] Unterzeichnet hat es jedoch – anders

---

[924] Die jeweils einschlägige Rechtsgrundlage ist den Anhängen A bis D des Ratsbeschlusses vom 20.5.1999 zu entnehmen. Soweit dort eine Zuordnung zu Art. 34 (ex-Art. K.6) EU erfolgt, wird allerdings nicht geregelt, welche der dort zur Verfügung gestellten Handlungsformen für spätere Rechtsakte zu wählen ist.

[925] Siehe oben C.II.1.b). S. 79.

[926] *Röben*, in: Grabitz/Hilf, EU, vor Art. 29 EU, Rdnr. 10: „... völkerrechtliche Wirkung außerhalb des Unionsrahmens"; *Pechstein/Koenig*, Die Europäische Union, 3. Auflage 2000, Rdnr. 366; *Elsen*, in Hummer (Hrsg.), Rechtsfragen in der Anwendung des Amsterdamer Vertrags, S. 46 f.; *Jacqué*, Droit institutionnel de l'Union européenne, Rdnr. 218.
Folgt man dagegen der Gegenauffassung, wonach die gemäß Art. 5 Abs. 1 S. 2 des Protokolls über die Position Dänemarks entstehende „Verpflichtung nach dem Völkerrecht" als gleichbedeutend mit einer „Verpflichtung im Rahmen der Dritten Säule" zu behandeln sein soll, dann ergeben sich hinsichtlich der Anwendbarkeit des Art. 23 Abs. 2, 4 bis 7 GG im Verhältnis zu Dänemark ohnehin keine Besonderheiten, vgl. dazu *Heimann*, Der neue Titel IV EGV unter besonderer Berücksichtigung des Schengen-Protokolls, S. 69, *Thun-Hohenstein*, Der Vertrag von Amsterdam, S. 53 f.

[927] BGBl. II 2000 S. 1106. Dazu zurecht kritisch *Häußler*, ZAR 2002, 51 (Fn. 5). Vgl. auch die amtliche Begründung der Bundesregierung, BT-Drucksache 14/3247 vom 20.4.2000, S. 6. Danach erfolgt die Ratifikation trotz der Einbeziehung der Beitrittsabkommen in den Amsterdamer Vertrag vor allem auf eindringlichen Wunsch „von einigen skandinavischen Staaten."

als die zeitgleich behandelten Beitrittsabkommen zum Schengener Durchführungsübereinkommen[928] – nur der Rat.[929]
Der endgültige Vertragsschluß erfolgte sowohl im Bereich der Ersten als auch der Dritten Säule jedenfalls innerhalb des primärrechtlich vorgegebenen Rahmens; es handelte sich mithin – unabhängig von der fraglichen Einordnung als Gemischtes Abkommen –, auch soweit Materien der PJZS betroffen waren, um „Angelegenheiten der Europäischen Union" im Sinne des Art. 23 Abs. 2 GG.[930]

Hinsichtlich der im Rahmen des Schengen-*acquis* zu erlassenden Rechtsakte ist dem Umstand Rechnung tragen, daß gemäß Art. 8 Abs. 1 des Assoziierungsübereinkommens „die Annahme neuer Rechtsakte oder Maßnahmen [...] den zuständigen Organen der Europäischen Union vorbehalten" ist, ohne daß die beiden assoziierten Staaten daran mitzuwirken hätten. Diese werden vielmehr – zumindest in rechtlicher Hinsicht[931] – vor vollendete Tatsachen gestellt und entscheiden lediglich im Nachhinein darüber, ob sie den Inhalt des Rechtsakts in ihr innerstaatliches Recht umsetzen wollen. Diese innerstaatliche Annahme ist aber kein Wirksamkeitserfordernis für den Rechtsakt als solchen; er behält seine Gültigkeit für die Mitgliedstaaten, auch wenn er von den beiden assoziierten Staaten nicht akzeptiert wird.[932]
Die Rechtsakte ergehen seit der Einbeziehung des Schengen-Besitzstandes in die Unionsrechtsordnung auf primärrechtlicher Grundlage und stellen insoweit für die beteiligten Mitgliedstaaten Unions- beziehungsweise Gemeinschaftsrecht

---

928 Übereinkommen vom 19.12.1996 über die Beitritte des Königreichs Dänemark, der Republik Finnland und des Königreichs Schweden zum Schengener Durchführungsübereinkommen, BGBl. II 2000 S. 1108, 1112, 1116.

929 Dem trägt auch die in Art. 1 des Vertragsgesetzes vorgenommene Unterscheidung Rechnung, vgl. BGBl. II 2000 S. 1106.
Heimann, Der neue Titel IV EGV unter besonderer Berücksichtigung des Schengen-Protokolls, S. 70, schließt daraus, daß der Rat dabei die Gemeinschaft vertrat, soweit sich das Übereinkommen auf Angelegenheiten der Ersten Säule erstreckt. Für den von der Dritten Säule abgedeckten Bereich sei der Abschluß dagegen im Namen und für Rechnung der Mitgliedstaaten erfolgt. Er stützt dies auf die „weiterhin fehlende Rechtspersönlichkeit der Union", eine Annahme, die nach der hier vertretenen Meinung gerade nicht mehr aufrechtzuerhalten ist, vgl. oben C.II.1.a).aa). S. 68. Wie hier: *Thun-Hohenstein,* Der Vertrag von Amsterdam, S. 56. Gegen eine Einordnung als klassisches Gemischtes Abkommen spricht auch die ansonsten gerade in Assoziierungsabkommen übliche, hier jedoch fehlende Erwähnung der Mitgliedstaaten in Titel und Präambel.

930 Vgl. dazu oben, C.II.3.b). S. 110 ff.

931 Zur tatsächlichen Teilnahme Norwegens und Islands am *„decision-shaping"* vgl. *Elsen,* in: Hummer (Hrsg.), Rechtsfragen in der Anwendung des Amsterdamer Vertrages, S. 46.

932 Folge einer Nichtannahme durch Island oder Norwegen wäre vielmehr nach Art. 8 Abs. 4 des Übereinkommens die Beendigung desselben in bezug auf die betroffene Vertragspartei, sofern sich nicht der „Gemischte Ausschuß" innerhalb von 90 Tagen für eine Fortsetzung ausspricht.

dar.[933] Es handelt sich demnach zunächst um eine reine Angelegenheit der Europäischen Union, deren eventuelle Erstreckung auf Drittstaaten demgegenüber in den Hintergrund treten muß.

Die Annahme eines Beschlusses durch Dänemark, Norwegen und Island stellt zudem, obgleich sie völkerrechtliche Bindungen mit den anderen Mitgliedstaaten und – im Falle Norwegens und Islands – der Union begründet[934], keinen internationalen Vertrag, sondern eine einseitige Rechtshandlung dar[935], die auf der Gegenseite keiner gesonderten Annahme durch die Union oder ihre Mitgliedstaaten bedarf. Der vertragliche Rahmen, innerhalb dessen eine derartige einseitige Erklärung ihre Bindungswirkung entfaltet, wurde durch das Protokoll selbst, das seiner Rechtsnatur nach als Unionsprimärrecht einzustufen ist, sowie durch das Übereinkommen über die Assoziierung Norwegens und Islands geschaffen. Die Zustimmung hierzu wurde bereits mit der Annahme des Amsterdamer Vertrages beziehungsweise des betreffenden Übereinkommens erteilt.[936]

Eine gesonderte innerstaatliche Genehmigung der Beschlüsse nach Art. 59 Abs. 2 GG ist demnach nicht erforderlich; die Beteiligung der Bundesländer richtet sich ausschließlich Art. 23 Abs. 2, 4 bis 7 GG i.V.m. EUZBLG; die Lindauer Absprache kommt nicht zur Anwendung.

---

933 Siehe auch die Präambel zum Assoziierungsübereinkommen mit Island und Norwegen: *„... daß die Einbeziehung des Schengen-Besitzstands in den Rahmen der Europäischen Union allerdings bedeutet, daß die Beschlußfassung im Hinblick auf die Weiterentwicklung der Bestimmungen des Schengen-Besitzstands eine Angelegenheit der Europäischen Union, einschließlich der Europäischen Gemeinschaft geworden ist.“* Vgl. *Zott*, Der rechtliche Rahmen der innen- und justizpolitischen Zusammenarbeit in der Europäischen Union, S. 316.

934 Art. 5 Abs. 1 S. 2 des Protokolls (Nr. 5) über die Position Dänemarks sowie Art. 8 Abs. 3 des Assoziierungsübereinkommens mit Island und Norwegen; dazu *Hailbronner/Thiery*, EuR 1998, 594.

935 Zu einseitigen Akten im Völkerrecht vgl. *Heintschel von Heinegg*, in: Ipsen, Völkerrecht, 4. Auflage 1999, § 18 S. 201 ff.; *Schweitzer*, Staatsrecht III, 7. Auflage 2000, Rdnr. 286 ff.

936 Art. 1 des Gesetzes zum Vertrag von Amsterdam, BGBl. II 1998 S. 386 und BGBl. II 2000 S. 1106. Vgl. dazu die Erläuterungen der Bundesregierung zum Amsterdamer Vertrag, BR-Drucksache 784/97 vom 17.10.1997 S. 153.

D. Schlußbetrachtung

Die vorliegende Arbeit hat gezeigt, daß sich nach derzeitiger Rechtslage das vom Verfassungsgeber mit der Einführung des neuen Länderbeteiligungsverfahrens nach Art. 23 GG angestrebte Ziel der Vereinfachung und Beschleunigung der Ländermitwirkung nicht vollständig erreichen läßt. Die Mitwirkungsregel ist vorrangig auf „klassische" Gemeinschaftsrechtsakte zugeschnitten, die in den Mitgliedstaaten keiner Transformation nach den dort maßgeblichen verfassungsrechtlichen Vorschriften mehr bedürfen. Ist eine solche jedoch erforderlich, so ergibt sich unmittelbar aus dem Wortlaut der Bestimmung kein Hinweis zur Auflösung des Konflikts zwischen den sich regelmäßig widersprechenden Mehrheitserfordernissen der verschiedenen Handlungsebenen. Die Anwendung der Lindauer Absprache, und damit letztlich ein Vetorecht eines jeden einzelnen Landes, kann in Bereichen, in denen die Länder auf dem Gebiet ihrer eigenen Kompetenzen zur Umsetzung völkervertragsrechtlicher Bestimmungen verpflichtet werden sollen, nicht mit dem bloßen Hinweis auf eine – kaum belegbare – Vorrangigkeit des Verfahrens nach Art. 23 Abs. 2, 4 bis 7 GG ausgeschlossen werden. Die durch die Verpflichtung zur Einstimmigkeit entstehende Schwerfälligkeit des Entscheidungsprozesses kann man nur entweder als föderalismusbedingte, notwendige Verzögerung in Kauf nehmen oder durch ein neues Arrangement, sei es in Gesetzesform oder nicht, zu beheben versuchen.[937] Insbesondere das Zusammenspiel von Mitwirkung auf europäischer Ebene und innerstaatlicher Umsetzung bedarf also einer ausdrücklichen Regelung.

Nach geltender Rechtslage unbehebbare Wertungswidersprüche ergeben sich ebenfalls dann, wenn der Bund auf dem Gebiet der ausschließlichen Gesetzgebungszuständigkeit der Bundesländer Hoheitsrechte überträgt. Es ist nicht recht nachvollziehbar, weshalb die Mitwirkung der Länder in diesen Fällen auf die Zustimmung im Bundesrat beschränkt und damit geringer sein soll, als bei anderen, „einfachen" vom Bund geschlossenen Abkommen über in die Länderkompetenz fallende Materien, bei denen nach wie vor das Einvernehmen aller Länder herbeizuführen ist. In einem umfangreichen Vertragswerk, dessen Bestimmungen sich weitgehend der Gesetzgebungszuständigkeit des Bundes entziehen, könnte so durch die Einfügung einer einzelnen Vorschrift, die eine Hoheitsrechtsübertragung beinhaltet, eine Länderbeteiligung nach der Lindauer Absprache umgangen werden. Diese Vorstellung mutet zumindest eigenartig an.

---

[937] Vgl. die Forderungen nach einem „Lindau II"-Abkommen in *Clostermeyer/Lehr*, DÖV 1998, 154; *Schweitzer*, Staatsrecht III, 7. Auflage 2000, Rdnr. 417.

E. Zusammenfassung/Thesen

I. Im Bereich der Zweiten und insbesondere der Dritten Säule der Europäischen Union verliert die Unterscheidung zwischen Intergouvernementalismus und Supranationalität zunehmend an Aussagekraft. Das Unionsrecht ist in wachsendem Maße völkerrechtlichen Regelungen entzogen und dem Gemeinschaftspfeiler angenähert. Schon um dem Rechnung zu tragen, muß die Beteiligung der Bundesländer auch in der Dritten Säule nach dem Verfahren des Art. 23 Abs. 2, 4 bis 7 GG i.V.m. EUZBLG erfolgen.

1. Die Zwitterstellung des Rechts der Europäischen Union zwischen intergouvernementaler Zusammenarbeit und Supranationalität wird insbesondere durch die Einführung des neuen Handlungsinstruments des „Rahmenbeschlusses“ durch den Amsterdamer Vertrag verdeutlicht. Sie erfordert ein über die herkömmliche Interpretation des Begriffs hinausgehendes weites Verständnis der „Hoheitsrechtsübertragung“ nach Art. 23 Abs. 1 S. 3 GG. Davon erfaßt ist nicht nur die Einräumung von Durchgriffsbefugnissen zur Setzung von innerstaatlich unmittelbar geltendem Recht, sondern auch die Beschränkung des demokratisch legitimierten staatlichen Gestaltungsspielraums, also der staatliche „Souveränitätsverzicht.“
Der Rahmenbeschluß verleiht dementsprechend dem Einzelnen im innerstaatlichen Bereich keine unmittelbaren Rechte und Pflichten parallel zur Rechtsprechung des EuGH zur ausnahmsweisen unmittelbaren Wirkung von Richtlinien; diese ist ausdrücklich ausgeschlossen. Davon zu trennen ist jedoch die objektive Geltung im Sinne der Entfaltung einer Bindungswirkung für die Organe der Mitgliedstaaten. Der Rahmenbeschluß bedarf hierfür keiner Transformation nach Art. 59 Abs. 2 GG; er gilt bereits in den Mitgliedstaaten und ist von dessen zuständigen Stellen lediglich zu „transponieren“.

2. Gleiches gilt für Beschlüsse nach Art. 34 (ex-Art. K.6) Abs. 2 S. 2 lit. c) EU. Auch sie entfalten keine unmittelbare Wirkung im Sinne einer Individualberechtigung, binden aber die staatlichen Organe, ohne daß es dazu einer Transformation nach Art. 59 Abs. 2 GG bedürfte.
Auch sie können dementsprechend nach den herkömmlichen Regeln intergouvernementaler Zusammenarbeit kaum in grundgesetzkonformer Weise zustandekommen. Vielmehr bedurfte auch ihre Einführung in den Unionsvertrag einer Hoheitsrechtsübertragung.

3. Gemeinsame Standpunkte nach Art. 34 (ex-Art. K.6) Abs. 2 S. 2 lit. a) EU sind ebenfalls nach dem Beteiligungsverfahren des Art. 23 Abs. 2, 4 bis 7 GG

i.V.m. EUZBLG zu behandeln. Sie sind von vornherein nicht auf innerstaatliche Umsetzung angelegt.

II. Bei sogenannten „Gemischten Abkommen“, also bei internationalen Verträgen, bei denen Gemeinschaft und Mitgliedstaaten gemeinsam einer anderen Vertragspartei gegenüberstehen, kann der Anwendungsbereich des Beteiligungsverfahrens nach Art. 23 Abs. 2, 4 bis 7 GG nicht auf die von der Abschlußkompetenz der Gemeinschaft gedeckten Materien beschränkt werden. Bereiche „konkurrierender Gemeinschaftszuständigkeit“, also solche, in denen die Gemeinschaft eine ihr zustehende Kompetenz im Innenverhältnis noch nicht ausgeübt hat, und für die deshalb nach der AETR-Rechtsprechung des EuGH im Außenverhältnis noch die Mitgliedstaaten zuständig sind, stellen als potentielle Integrationsbereiche jedenfalls „Angelegenheiten der Europäischen Union“ dar. Raum für die Lindauer Absprache bleibt demnach nur noch in den Teilen des Abkommens, für die die Mitgliedstaaten ausschließlich zuständig sind. In den nach dieser Unterteilung von Art. 23 Abs. 2, 4 bis 7 GG erfaßten Bereichen kann auch im Rahmen der innerstaatlichen Umsetzung die Lindauer Absprache nicht mehr zur Anwendung kommen; die Länder sind schon europarechtlich zur Erfüllung der von Gemeinschaft und Mitgliedstaaten gemeinsam eingegangenen Bindungen verpflichtet.

III. Beschlüsse von Assoziationsräten sowie grundsätzlich auch Rechtshandlungen anderer durch internationale Verträge der Gemeinschaften eingesetzter Beschlußorgane sind ebenfalls als Verträge der Gemeinschaften zu behandeln. Sie werden mit ihrem Inkrafttreten Teil der Gemeinschaftsrechtsordnung und bedürfen keines gesonderten Umsetzungsaktes. Die Mitwirkung der deutschen Bundesländer an der gemeinschaftsinternen Willensbildung erfolgt über Art. 23 Abs. 2, 4 bis 7 GG i.V.m. EUZBLG. Ist das zugrundeliegende Übereinkommen gemischter Natur, so ist auch bei dem darauf basierenden Beschluß nach Kompetenzen von Gemeinschaft und Mitgliedstaaten zu unterscheiden. Letztere sind im Bereich ihrer Abschlußzuständigkeit auch für die Transformation zuständig. Eine Anwendung der Lindauer Absprache kommt im Bereich ausschließlicher mitgliedstaatlicher Kompetenzen in Betracht.

IV. Bei der Beteiligung der Bundesländer am Verfahren zur Änderung der Gründungsverträge nach Art. 48 (ex-Art. N) EU ist zu unterscheiden zwischen der Stellungnahme des Rates und der intergouvernementalen Regierungskonferenz. Erstere ist als Organhandeln „Angelegenheit der Europäischen Union“ im Sinne des Art. 23 Abs. 2, 4 bis 7 GG; auf letztere ist dagegen weder das

Beteiligungsverfahren nach Art. 23 Abs. 2, 4 bis 7 GG i.V.m. EUZBLG noch die Lindauer Absprache anwendbar. Die von Verfassungs wegen erforderliche Mitwirkung der Bundesländer ist auf die nach Art. 23 Abs. 1 S. 2, 3, Art. 59 Abs. 2 S. 1 GG notwendige Zustimmung im Bundesrat beschränkt. In der Praxis wird den Ländern darüberhinaus auf der Grundlage von Punkt VII Ziff. 2 der Bund-Länder-Absprache in Ausführung von § 9 EUZBLG eine dem Bundesratsverfahren des Art. 23 Abs. 4 ff. GG i.V.m. EUZBLG weitgehend entsprechende Beteiligungsmöglichkeit eingeräumt. Dies kann als Ausdrucksform des Gebots des länderfreundlichen Verhaltens verstanden werden und ist zudem politisch erforderlich, um die Zustimmung des Bundesrats zu dem Vertragswerk sicherzustellen.
„Angelegenheiten der Europäischen Union“ im Sinne des Art. 23 Abs. 2 S. 1 GG sind also nur solche, die der Union oder den Gemeinschaften aufgrund von Unions- oder Gemeinschaftsrecht bereits zugewiesen sind. Die Schaffung von Primärrecht bleibt dagegen Angelegenheit der Mitgliedstaaten und fällt dementsprechend nicht unter das Regime des Art. 23 Abs. 2, 4 bis 7 GG.

V. Bei der Erweiterung der Europäischen Union nach Art. 49 EU ist entsprechend zu verfahren. Am „Aufnahmebeschluß“, einer Organhandlung des Rates, sind die Länder nach Maßgabe des Art. 23 Abs. 2, 4 bis 7 GG zu beteiligen; die Mitwirkungsbefugnisse am völkerrechtlichen Vertragsschluß sind auf die nach Art. 23 Abs. 1 S. 2, 3 GG i.V.m. Art. 59 Abs. 2 S. 1 GG erforderliche Zustimmung des Bundesrates beschränkt. Da die Führung der Verhandlungen mit den Beitrittskandidaten in der Praxis auf Kommission und Rat delegiert wird, ist die in Punkt VII Ziff. 3 der Bund-Länder-Vereinbarung vorgesehene entsprechende Anwendung einiger Vorschriften des EUZBLG auf das zuständige Ratsgremium trotz der völkerrechtlichen Natur der Handlungsform angemessen.

VI. Soweit in sogenannten Evolutivklauseln vereinfachte Verfahren zur Änderung, Ausfüllung oder Ergänzung der Gründungsverträge durch Ratsbeschluß und anschließende Annahme durch die Mitgliedstaaten nach deren verfassungsrechtlichen Vorschriften vorgesehen sind, kommt auf den Rechtsakt des Rates das Beteiligungsverfahren des Art. 23 Abs. 2, 4 bis 7 GG zur Anwendung. Wird eine Hoheitsrechtsübertragung erforderlich, so erfolgt die innerstaatliche Annahme nach Art. 23 Abs. 1 S. 2, 3 GG. Sie bedarf stets der verfassungsändernden Mehrheit nach Art. 79 Abs. 2 GG.

VII. Im Bereich des sogenannten „begleitenden Gemeinschafts- beziehungsweise Unionsrechts“ ist das Beteiligungsverfahren des Art. 23 Abs. 2, 4 bis 7 GG

i.V.m. EUZBLG auf Ausarbeitung und Beschlußfassung auf europäischer Ebene anzuwenden, soweit sich für das jeweilige Übereinkommen eine vertragliche Grundlage ergibt, d.h. soweit die Aufgabe, derartige Verträge zu schließen, Eingang in das Primärrecht gefunden hat, wie dies in Art. 293 (ex-Art. 220) EG und Art. 34 (ex-Art. K.6) Abs. 2 S. 2 lit. d) EU der Fall ist. Dabei ist unerheblich, ob der Vertragsabschluß im Rat als Unionsorgan oder im Kreise der „im Rat vereinigten Vertreter der Regierungen der Mitgliedstaaten" erfolgt.
Darüberhinausgehende Übereinkommen ohne vertragliche Grundlage, die lediglich einen irgendwie gearteten sonstigen Bezug zu den Zielsetzungen der Gründungsverträge aufweisen, sind dagegen keine „Angelegenheiten der Europäischen Union" im Sinne des Art. 23 Abs. 2 GG. Auf sie findet ausschließlich das Mitwirkungsverfahren nach der Lindauer Absprache Anwendung.
Zur Sicherung des innerstaatlichen Vollzugs, der gegebenenfalls durch die Länder zu erfolgen hat, muß daneben auch bei Abkommen nach Art. 293 (ex-Art. 220) EG und Art. 34 (ex-Art. K.6) Abs. 2 S. 2 lit. d) EU weiterhin auf die Lindauer Absprache zurückgegriffen werden. Sind Länderkompetenzen betroffen, ist demnach, bevor ein Übereinkommen völkerrechtlich verbindlich wird, das Einvernehmen nach Ziffer 3 der Absprache herzustellen.

VIII. Handlungen der „im Rat vereinigten Vertreter der Regierungen der Mitgliedstaaten" fallen in den Anwendungsbereich des Art. 23 Abs. 2, 4 bis 7 GG, soweit sie auf einer primärrechtlichen Grundlage beruhen. Sie sind dann Teil der Gemeinschaftsrechtsordnung und mithin „Angelegenheit der Europäischen Union". Fehlt dagegen eine solche Grundlage in den Gründungsverträgen, so sind die Beschlüsse als rein völkerrechtliche Akte nach der Lindauer Absprache zu behandeln.
Bei „Gemischten Beschlüssen" ist zu differenzieren: Soweit der Rechtsakt von einer gemeinschaftsrechtlichen Ermächtigung gedeckt ist, kommt Art. 23 Abs. 2, 4 bis 7 GG zur Anwendung, darüberhinaus die Lindauer Absprache. Aufgrund der praktischen Untrennbarkeit beider Teile sind die Beteiligungsverfahren parallel anzuwenden.
Wird eine Umsetzung durch die Länder erforderlich, so ist in allen genannten Fällen zur innerstaatlichen Vollzugssicherung auf die Lindauer Absprache zurückzugreifen.

IX. Das Verfahren der „verstärkten Zusammenarbeit" nach Art. 43 (ex-Art. K.15) EU i.V.m. den Spezialvorschriften nach Art. 11 (ex-Art. 5a) EG beziehungsweise Art. 40 (ex-Art. K.12) EU bewegt sich im Rahmen der bereits erreichten Integration, dient also lediglich zu deren Vertiefung, ohne weitere Kompetenzen zu übertragen. Vereinbarungen der daran teilnehmenden Mitgliedstaaten außerhalb des institutionellen Rahmens der Union sind zur Begründung einer Zusammenarbeit nach diesen Vorschriften nicht erforderlich. Bei allen vorzunehmenden Rechtshandlungen – Grundbeschluß, Anschluß weiterer Mitgliedstaaten sowie den in Ausführung der Zusammenarbeit erlassenen Rechtsakten – handelt es sich um „Angelegenheiten der Europäischen Union" im Sinne des Art. 23 Abs. 2 GG; das Beteiligungsverfahren nach Art. 23 Abs. 2, 4 bis 7 GG kommt zur Anwendung. Eine Mitwirkung nach dem Verfahren der Lindauer Absprache kommt daneben nicht in Betracht.

X. Maßnahmen und Beschlüsse zur Fortentwicklung des Schengen-Besitzstandes, der mit dem Amsterdamer Vertrag in das Primärrecht integriert worden ist, sind „Angelegenheiten der Europäischen Union" im Sinne des Art. 23 Abs. 2 GG. Der Rat kann insofern auf alle ihm im Rahmen der Verträge zur Verfügung stehenden Handlungsinstrumente zurückgreifen. Die völkerrechtliche Erstreckung der Wirkung dieser Rechtsakte auf Dänemark sowie auf die Nicht-EU-Staaten Norwegen und Island ändert an dieser Einordnung nichts. Die Mitwirkung der Bundesländer richtet sich nach dem jeweils einschlägigen EU-beziehungsweise EG-Rechtsinstrument.

Literaturverzeichnis

Auswärtiges Amt (Herausgeber)/Referat 501 – Völkerrechtliche Verträge, Richtlinien für die Behandlung völkerrechtlicher Verträge (RvV), Loseblattsammlung, Stand Februar 1998.

Badura, Peter, Schlußbericht: Der Bundesrat in der Verfassungsordnung, in: Bundesrat (Herausgeber), Vierzig Jahre Bundesrat, Tagungsband zum wissenschaftlichen Symposion in der Evangelischen Akademie Tutzing vom 11. – 14.April 1989, Baden-Baden 1989.

ders., Thesen zur Verfassungsreform in Deutschland, in: Bender, Bernd u.a. (Herausgeber), Rechtsstaat zwischen Sozialgestaltung und Rechtsschutz – Festschrift für Konrad Redeker, München 1993, S. 111.

Becker, Hans-Joachim, Die Bedeutung des Art. 123 Absatz 2 GG für die Reichsverträge, DVBl. 1955, 105.

Becker, Ulrich, Differenzierung der Rechtseinheit durch „abgestufte Integration", in: Schwarze, Jürgen/Müller-Graff, Peter-Christian (Herausgeber), Europäische Rechtseinheit durch einheitliche Rechtsdurchsetzung, EuR-Beiheft 1-1998, 29.

Bernhardt, Rudolf, Der Abschluß völkerrechtlicher Verträge im Bundesstaat, Köln, Berlin 1957.

ders., Verfassungsrecht und völkerrechtliche Verträge, in: Isensee, Josef/Kirchhof, Paul (Herausgeber), Handbuch des Staatsrechts der Bundesrepublik Deutschland, Bd. VII, §174, Heidelberg 1992.

Bethge, Herbert, Die Rolle der Länder im deutschen Bundesstaat und ihre rechtlichen Einflußmöglichkeiten auf die nationale Gemeinschaftspolitik, in: Kremer, Harry Andreas (Herausgeber), Die Bundesrepublik Deutschland und das Königreich Spanien 1992 – Die Rolle der Länder und der Communidades Autónomas im Europäischen Integrationsprozeß, München 1990, S. 22.

ders., Die Beteiligung der deutschen Länder an der Willensbildung in der EU, in: Bayerischer Landtag (Herausgeber), Die Regionen in der EU im Hinblick auf die bevorstehende Osterweiterung, München 2002, S. 16.

Birke, Hans Eberhard, Die deutschen Bundesländer in den Europäischen Gemeinschaften, Berlin 1973.

Bleckmann, Albert, Europarecht, Köln u.a., 6. Auflage 1997.

ders., Mitwirkung der Länder der Bundesrepublik Deutschland in den Europäischen Gemeinschaften, AWD/RIW 1978, 144.

ders., Der Gemischte Vertrag im Europarecht, EuR 1976, 301.

Blume, Gerd/Rex, Alexander Graf v., Weiterentwicklung der inhaltlichen und personellen Mitwirkung der Länder in Angelegenheiten der EU nach Maastricht – Die Regierungskonferenz 1996 als Bewährungsprobe für die Ländermitwirkungsrechte, in: Borkenhagen, Franz (Herausgeber), Europapolitik der deutschen Länder – Bilanz und Perspektiven nach dem Gipfel von Amsterdam, Opladen 1998, S. 29.

Blumenwitz, Dieter, Europäische Gemeinschaft und Rechte der Länder, in: Bieber, Roland/Nickel, Dieter u.a. (Herausgeber), Das Europa der zweiten Generation – Gedächtnisschrift für Christoph Sasse, Bd. 1, Baden-Baden 1981, S. 215.

ders., Kontrolle der auswärtigen Gewalt, BayVBl. 1996, 577.

v.Bogdandy, Armin, Die Europäische Union als einheitlicher Verband, in: v.Bogdandy, Armin/Ehlermann, Claus-Dieter (Herausgeber), Konsolidierung und Kohärenz des Primärrechts nach Amsterdam, EuR-Beiheft 2-1998, Baden-Baden 1998, S. 165.

v.Bogdandy, Armin/Nettesheim, Martin, Die Europäische Union: Ein einheitlicher Verband mit eigener Rechtsordnung, EuR 1996, 3.

Borchardt, Klaus-Dieter, Die rechtlichen Grundlagen der Europäischen Union, Heidelberg, 2. Auflage 2002.

Borchmann, Michael, Bundesstaat und europäische Integration, AöR Bd. 112 (1987) S. 586.

ders., Die Mitwirkung der deutschen Länder im europäischen Entscheidungsprozeß, VR 1994, 149.

ders., Der Vertrag von Nizza, EuZW 2001, 170.

Borkenhagen, Franz, Auswirkungen von Amsterdam – Bilanz und Perspektiven, in: Borkenhagen, Franz, (Herausgeber), Europapolitik der deutschen Länder – Bilanz und Perspektiven nach dem Gipfel von Amsterdam, Opladen 1998, S. 229

Bothe, Michael/Lohmann, Torsten, Verfahrensfragen der deutschen Zustimmung zum Vertrag von Amsterdam, ZaöRV 1998, 1.

Brandtner, Barbara, The 'Drama' of the EEA – Comments on Opinions 1/91 and 1/92, EJIL 1992, 300.

Breuer, Rüdiger, Die Sackgasse des neuen Europaartikels (Art. 23 GG), NVwZ 1994, 417.

Brownlie, Ian, Principles of Public International Law, Oxford, 5. Auflage 1998.

Bruha, Thomas/Vogt, Oliver, Rechtliche Grundfragen der EU-Erweiterung, VRÜ Bd. 30 (1997) S. 477.

Bundesministerium des Inneren, Allgemeine Anwendungshinweise zum Beschluß Nr. 1/80 des Assoziationsrats EWG-Türkei vom 2.5.2002.

Busch, Wolfram, Die Lindauer Vereinbarung und die Ständige Vertragskommission der Länder – ein Beitrag zur Lehre vom Abschluß von Kulturabkommen in der Bundesrepublik Deutschland, München 1969.

v.Buttlar, Christian, Rechtsprobleme der „verstärkten Zusammenarbeit" nach dem Vertrag von Nizza, ZEuS 2001, 649.

Calliess, Christian/Ruffert, Matthias (Herausgeber), Kommentar des Vertrages über die Europäische Union und des Vertrages zur Gründung der Europäischen Gemeinschaft -EUV/EGV – Neuwied u.a., 1. Auflage 1999.

-2. Auflage 2002.

Chapuis, Cedric, Die Übertragung von Hoheitsrechten auf supranationale Organisationen, Basel, Frankfurt am Main 1993.

Clostermeyer, Claus-Peter/Lehr, Stephan, Ländermitwirkung bei völkervertraglichem Handeln auf EU-Ebene, DÖV 1998, 148.

Constantinesco, Vlad, Le Traité d'Amsterdam – Les clauses de «coopération renforcée»/Le protocole sur l'application des principes de subsidiarité et de proportionnalité, RTD eur. 1997, 751.

Craig, Paul/de Búrca, Gráinne, EU-Law – Text, Cases and Materials, Oxford, 3. Auflage 2002.

Creifelds, Carl/Weber, Klaus (Herausgeber), Rechtswörterbuch, München, 16. Auflage 2000.

Curtin, Deirdre/Dekker, Ige, The EU as a «layered» international organisation: Institutional Unity in Disguise, in: Craig, Paul/de Búrca, Gràinne (Herausgeber), The Evolution of EU Law, London 1999.

Darmon, Marco, La prise en compte des droits fondamentaux par la Cour de Justice des Communautés européennes, Rv. sc. crim. 1/1995, 23.

Dashwood, Alan, Why continue to have mixed agreements at all?, in: Bourgeois, Jacques H.J. u.a. (Herausgeber), La Communauté européenne et les accords mixtes – quelles perspectives? Brüssel 1997.

ders., Preliminary Rulings on the Interpretation of Mixed Agreements, in: O'Keeffe, David/Bavasso, Antonio (Herausgeber), Judicial Review in European Union Law, Liber amicorum in honour of Lord Slynn of Hadley, Den Haag, London, Boston, 2000.

ders., External Relations Provisions of the Amsterdam Treaty, CMLRev. 1998, 1019.

Denninger, Erhard/Hoffmann-Riem, Wolfgang/Schneider, Hans-Peter/Stein, Ekkehart/Wassermann, Rudolf (Herausgeber), Alternativkommentar – Kommentar zum Grundgesetz für die Bundesrepublik Deutschland, Bd. 2, Art.18 – 80a, Neuwied, Loseblattsammlung, Stand 2001.

Dolzer, Rudolf/Vogel, Klaus/Graßhof, Karin (Herausgeber), Bonner Kommentar zum Grundgesetz, Loseblattsammlung, Heidelberg, Stand November 2002.

Dreier, Horst (Herausgeber), Grundgesetz – Kommentar, Bd. 2, Tübingen 1998.

Dröll, Peter, Die deutschen Bundesländer und die Europäische Gemeinschaft, Pfaffenweiler 1992.

Eeckhout, Piet, The Domestic Legal Status of the WTO-Agreement: Interconnecting Legal Systems, CMLRev. 1997, 11.

Elsen, Charles, Die Übernahme des „Schengen-acquis" in den Rahmen der EU, in: Hummer, Waldemar (Herausgeber), Rechtsfragen in der Anwendung des Amsterdamer Vertrages, Wien 2001, S. 39.

Ehlermann, Claus Dieter, Engere Zusammenarbeit nach dem Amsterdamer Vertrag: Ein neues Verfassungsprinzip? EuR 1997, 362.

Epiney, Astrid/Freiermuth Abt, Marianne/Mosters, Robert, Der Vertrag von Nizza, DVBl. 2001, 941.

Erbguth, Wilfried, Erosion der Ländereigenstaatlichkeit – Art. 30 GG und unitarische Entwicklungen national- wie gemeinschaftsrechtlichen Ursprungs, in: Ipsen, Jörn u.a. (Herausgeber), Verfassungsrecht im Wandel – Festschrift zum 180jährigen Bestehen der Carl Heymanns Verlag KG, Köln u.a. 1995.

Everling, Ulrich, Überlegungen zur Struktur der Europäischen Union und zum neuen Europa-Artikel des Grundgesetzes, DVBl. 1993, 936.

ders., Richterliche Rechtsfortbildung in der Europäischen Gemeinschaft, JZ 2000, 217.

di Fabio, Udo, Der neue Art. 23 des Grundgesetzes – Positivierung vollzogenen Verfassungswandels oder Verfassungsneuschöpfung? Der Staat Bd. 32 (1993) S. 191.

ders., Die „Dritte Säule" der Union – Rechtsgrundlagen und Perspektiven der europäischen Polizei- und Justizzusammenarbeit, DÖV 1997, 89.

Fastenrath, Ulrich, Kompetenzverteilung im Bereich der auswärtigen Gewalt, München 1986.

Fisahn, Andreas, Probleme der Umsetzung von EU-Richtlinien im Bundesstaat, DÖV 2002, 239.

Fischer, Wolfgang, Von Maastricht nach Amsterdam: Die Regierungskonferenz aus Sicht der deutschen Länder, ZParl. 1998, 46.

Fischer, Roger, Das Assoziationsrecht der Europäischen Gemeinschaften, Bonn 1994.

Frenz, Walter, Die Verdrängung des Lindauer Abkommens durch Art.23 GG – Mitwirkungsrechte der Länder bei gemischten Abkommen, die ausschließliche Länderkompetenzen erfassen, DVBl. 1999, 945.

Friauf, Karl Heinrich/Scholz, Rupert, Europarecht und Grundgesetz, Berlin 1990.

Gedschold, Thomas, Zwangsgelder gemäß Artikel 228 Absatz 2 EGV und die bundesstaatliche Ordnung der Bundesrepublik Deutschland, Berlin, 2000.

Geiger, Rudolf, Vertrag über die Europäische Union und Vertrag zur Gründung der Europäischen Gemeinschaft -EUV/EGV-, Kommentar, München, 3. Auflage 2000.

ders., Die Mitwirkung des deutschen Gesetzgebers an der Entwicklung der Europäischen Union, JZ 1996, 1093.

ders., Grundgesetz und Völkerrecht – Die Bezüge des Staatsrechts zum Völkerrecht und Europarecht, München, 2. Auflage 1994.

ders., Vertragsschlußkompetenzen der Europäischen Gemeinschaft und auswärtige Gewalt der Mitgliedstaaten – Zur neueren Rechtsprechung des Europäischen Gerichtshofs, JZ 1995, 973.

Geimer, Reinhold/Schütze, Rolf, Europäisches Zivilverfahrensrecht – Kommentar zum EuGVÜ und zum Lugano-Übereinkommen, München 1997.

Gilsdorf, Peter, Die Rechtswirkung der im Rahmen von Gemeinschaftsabkommen erlassenen Organbeschlüsse – Anmerkungen insbesondere zum Urteil des EuGH in der Rs. C-192/89, EuZW 1991, 459.

Glaesner, Hans-Joachim, Der Europäische Rat, EuR 1994, 22.

Grabitz, Eberhard, Die deutschen Länder in der Gemeinschaft – Das Ratifizierungsgesetz zur Einheitlichen Europäischen Akte aus der Sicht des Grundgesetzes, EuR 1987, 310.

ders., Die Rechtsetzungsbefugnis von Bund und Ländern bei der Durchführung von Gemeinschaftsrecht, AöR Bd. 111 (1986) S. 1.

Grabitz, Eberhard/Hilf, Meinhard (Herausgeber), Das Recht der Europäischen Union, Bd. 1 München, Loseblattsammlung, Stand Februar 2002.

Grewe, Wilhelm, Die auswärtige Gewalt der Bundesrepublik, VVDStRL Heft 12 (1954) S. 129.

ders., Auswärtige Gewalt, in: Isensee, Josef/Kirchhof, Paul (Herausgeber), Handbuch des Staatsrechts der Bundesrepublik Deutschland, Bd. II, §77, Heidelberg, 2. Auflage 1996.

von der Groeben, Hans/Thiesing, Jochen/Ehlermann, Claus-Dieter (Herausgeber), Kommentar zum EU-/EG-Vertrag, Bd. 5, Baden-Baden, 5. Auflage 1997.

-Bd. 1, Baden-Baden, 5. Auflage 1997.

-Bd. 4, Baden-Baden, 4. Auflage 1991.

Grotefels, Susan, Die Novellierung des Art. 24 GG, DVBl. 1994, 785.

Gulmann, Claus/Clauson-Kaas, J.A., Control by the Danish Parliament of Community Legislation, CMLRev. 1979, 227.

Haas, Diether, Abschluß und Ratifikation internationaler Verträge, AöR Bd. 78 (1952/53) S. 381.

Haas, Evelyn, Die Mitwirkung der Länder bei EG-Vorhaben – Neuere Entwicklungen im Gefolge der Luxemburger Akte, DÖV 1988, 613.

Hailbronner, Kay/Klein, Eckart/Magiera, Siegfried/Müller-Graff, Christian, Handkommentar zum Vertrag über die Europäische Union (EUV/EGV), Köln, Berlin, Bonn, München, Loseblattsammlung, Stand November 1998.

Hailbronner, Kay/Thiery, Claus, Amsterdam – Vergemeinschaftung der Sachbereiche Freier Personenverkehr, Asylrecht und Einwanderung sowie Überführung des Schengen-Besitzstands auf EU-Ebene, EuR 1998, 583.

Halfmann, Ralf, Entwicklungen des deutschen Staatsorganisationsrechts im Kraftfeld der Europäischen Integration, Berlin 2000.

Harings, Lothar, Die Zusammenarbeit in den Bereichen Justiz und Inneres, in: v.Bogdandy, Armin/ Ehlermann, Claus-Dieter (Herausgeber), Die Konsolidierung und Kohärenz des Primärrechts nach Amsterdam, EuR-Beiheft 2–1998, Baden-Baden 1998, S. 81.

Hartley, Trevor C., Constitutional Problems of the European Union, Oxford 1999.

Hartung, Bernhard, Die Praxis des Lindauer Abkommens, Köln u.a. 1984.

zur Hausen, Götz-Eike, Die deutschen Länder als Souffleure auf der Brüsseler Bühne? EuR 1987, 322.

Häußler, Ulf, Verfahrensrechtliche Fragen der Änderung des Titel VI EU zugewiesenen Schengener Rechts, ZAR 2002, 51.

Heckt, Wilhelm, Die Transformation von Verträgen des Bundes über Gegenstände der ausschließlichen Landesgesetzgebung, DÖV 1958, 445.

Heimann, Josef, „Visa, Asyl, Einwanderung und andere Politiken betreffend den freien Personenverkehr" – der neue Titel IV EGV unter besonderer Berücksichtigung des Schengen-Protokolls, Bremen 1999.

Heimlich, Jörn, Die Ländermitwirkung bei EG-Entscheidungen, BayVBl. 2000, 231.

Herdegen, Matthias, Die Belastbarkeit des Verfassungsgefüges auf dem Weg zur Europäischen Union, EuGRZ 1992, 589.

Herrmann, Christoph, Vom mißlungenen Versuch der Neufassung der gemeinsamen Handelspolitik durch den Vertrag von Nizza, EuZW 2001, 269.

von der Heydte, Friedrich August, Zur Problematik der Begriffe Souveränität und auswärtige Gewalt, DÖV 1953, 585.

Hilf, Meinhard/Pache, Eckhard, Der Vertrag von Amsterdam, NJW 1998, 705.

Hirsch, Christoph, Kulturhoheit und auswärtige Gewalt, Berlin 1968.

Hirsch, Günter, Die Rechtsprechung des Europäischen Gerichtshofs zu Assoziierungsabkommen, BayVBl. 1997, 449.

Hobe, Stefan, Europarecht, Köln, Berlin, Bonn, München 2002.

Hölscheidt, Sven/Schotten, Thomas, Die Erweiterung der Europäischen Union als Anwendungsfall des neuen Art. 23 GG? DÖV 1995, 187.

Hrbek, Rudolf, Die Beteiligung der deutschen Länder an den innerstaatlichen Beratungen und Entscheidungen in EG-Angelegenheiten (insbesondere im Licht von Art. 2 EEA-Gesetz und der Bund-Länder-Vereinbarung), Saarbrücken 1987.

Huber, Peter M., Recht der europäischen Integration, München, 1996.

ders., Differenzierte Integration und Flexibilität als neues Ordnungsmuster der Europäischen Union? EuR 1996, 347.

Hyett, Stephen, The Duty of Cooperation: A Flexible Concept, in: Dashwood, Alan (Herausgeber), The General Law of EC External Relations, London 2000, S. 251.

Ipsen, Hans Peter, Europäisches Gemeinschaftsrecht, Tübingen 1972.

Ipsen, Knut, Völkerrecht: Ein Studienbuch, München, 3. Auflage 1990.

-4. Auflage 1999.

Jacqué, Jean Paul, Droit institutionnel de l'Union européenne, Paris 2001.

Jarass, Hans/Pieroth, Bodo, Grundgesetz für die Bundesrepublik Deutschland, München, 5. Auflage 2000.

-6. Auflage 2002.

Jaspert, Günter, Die Beteiligung des Bundesrates an der Europäischen Integration, in: Magiera, Siegfried/Merten, Detlef (Herausgeber), Bundesländer und Europäische Gemeinschaft, Berlin 1998, S. 89 ff.

Kadelbach, Stefan, Einheit der Rechtsordnung als Verfassungsprinzip der Europäischen Union? in: v.Bogdandy, Armin/Ehlermann, Claus-Dieter (Herausgeber), Die Konsolidierung und Kohärenz des Primärrechts nach Amsterdam, EuR-Beiheft 2-1998, Baden-Baden 1998, S. 51.

Kaddous, Christine, Le droit des relations extérieures dans la jurisprudence de la Cour de Justice des Communautés européennes, Basel, Genf, München 1998.

dies., L'arrêt *France c. Commission* de 1994 (accord de concurrence) et le contrôle de la «légalité» des accords externes en vertu de l'art. 173 CE: la difficile reconciliation de l'orthodoxie communautaire avec l'orthodoxie internationale, C.D.E. 1996, 613.

Kaiser, Joseph H., Regionalpolitik im föderalen System der Bundesrepublik Deutschland und in der Europäischen Gemeinschaft – Konzeption und Kontrolle, in: Lerche, Peter u.a. (Herausgeber), Festschrift für Theodor Maunz, München 1981, S. 169.

Kamann, Hans-Georg, Die Mitwirkung der Parlamente der Mitgliedstaaten an der europäischen Gesetzgebung, Frankfurt 1997.

de Kerchove, Gilles, L'espace judiciaire pénale européen après Amsterdam et le sommet de Tampere, in: de Kerchove, Gilles/Weyembergh, Anne (Herausgeber), Vers un espace judiciaire pénal européen, Brüssel 2000, S. 3.

Klein, Eckart/Haratsch, Andreas, Neuere Entwicklungen des Rechts der Europäischen Gemeinschaften, DÖV 1993, 784.

Koenig, Christian/Haratsch, Andreas, Europarecht, Tübingen, 3. Auflage 2000.

Koenig, Christian/Pechstein, Matthias, Die EU-Vertragsänderung, EuR 1998, 130.

König, Doris, Die Übertragung von Hoheitsrechten im Rahmen des europäischen Integrationsprozesses – Anwendungsbereich und Schranken des Art. 23 des Grundgesetzes, Berlin 2000.

Kokott, Juliane, Kontrolle der auswärtigen Gewalt, DVBl. 1996, 937.

Kort, Michael, Zur europarechtlichen Zulässigkeit von Abkommen der Mitgliedstaaten untereinander, JZ 1997, 640.

Kramer, Ulrich, Die Verteilung der Zuständigkeiten zwischen Bund und Ländern zum Abschluß und zur Durchführung von Kulturabkommen, Kiel 1967.

Kugelmann, Dieter, Die Gemeinsame Außen- und Sicherheitspolitik, in: v.Bogdandy, Armin/Ehlermann, Claus-Dieter (Herausgeber), Die Konsolidierung und Kohärenz des Primärrechts nach Amsterdam, EuR-Beiheft 2–1998, S. 99.

Kuijper, Pieter J., The Conclusion and Implementation of the Uruguay Round Results by the European Community, EJIL 1995, 222.

ders., The Court and the Tribunal of the EC and the Vienna Convention on the Law of the Treaties 1969, Legal Issues of European Integration 1998/1999, 1.

Kunig, Philip, Mitwirkung der Länder bei der europäischen Integration: Art. 23 des Grundgesetzes im Zwielicht, in: Ipsen, Jörn u.a. (Herausgeber), Verfassungsrecht im Wandel – Festschrift zum 180jährigen Bestehen der Carl Heymanns Verlag KG, Köln u.a. 1995.

Lang, Ruth, Die Mitwirkungsrechte des Bundesrates und des Bundestages in Angelegenheiten der Europäischen Union gemäß Art. 23 Abs. 2 bis 7 GG, Berlin 1997.

Léger, Philippe (Herausgeber), Commentaire article par article des traités UE et CE, Basel u.a. 2000.

Lenz, Carl-Otto (Herausgeber), Kommentar zu dem Vertrag zur Gründung der Europäischen Gemeinschaften, in der durch den Amsterdamer Vertrag geänderten Fassung, Köln, Basel, Genf, München, Wien, 2. Auflage 1999.

Lerche, Peter, Zur Position der deutschen Länder nach dem neuen Europa-Artikel des Grundgesetzes, in: Hengstschläger, Johannes/Köck, Heribert/Korinek, Karl/Stern, Klaus/Truyol y Serra, Antonio (Herausgeber), Für Staat und Recht, Festschrift für Herbert Schambeck, Berlin 1994, S. 752.

Lindner, Josef Franz, EUROPOL: Baustein europäischen Polizeirechts – Ein Überblick über die rechtlichen Grundlagen und Grundstrukturen, BayVBl. 2001, 193.

MacLeod, Ian/Hendry, I.D./Hyett, Stephen, The External Relations of the European Communities, Oxford 1996.

Magiera, Siegfried, Die Grundgesetzänderung von 1992 und die Europäische Union, Jura 1994, 1.

v.Mangoldt, Hermann/Klein, Friedrich/Starck, Christian (Herausgeber), Das Bonner Grundgesetz – Kommentar, Bd. 2, München 2000.

Marescau, Marc/Montaguti, Elisabetta, The Relations between the European Union and Central and Eastern Europe: A Legal Appraisal, CMLRev. 1995, 1327.

Maunz, Theodor/Dürig, Günter/Herzog, Roman (Herausgeber), Grundgesetz - Kommentar, Bd. III, Loseblattsammlung, München, Stand Juni 2002.

McGoldrick, Dominic, International Relations Law of the European Union, London, New York 1997.

Mégret, Jacques/Waelbroeck, Michel u.a. (Herausgeber), Commentaire J. Mégret – Le droit de la CE et de l'Union Européenne, Bd. 9, Brüssel, 2. Auflage 2000.

v.Meibom, Hanspeter, Die Mitwirkung der Länder im Bereich der auswärtigen Gewalt, NJW 1968, 1607.

Meißner, Martin, Die Bundesländer und die Europäischen Gemeinschaften: Eine Untersuchung zur Garantie des Bundesstaatsprinzips unter Berücksichtigung der Kompetenzkompensation und der Regelung des Art.23 GG n.F., Baden-Baden 1996.

Meyring, Bernd, Intergovernmentalism and Supranationality: Two Stereotypes for a Complex Reality, ELR 1997, 221.

ders., Die Reform der Bereiche Justiz und Inneres durch den Amsterdamer Vertrag, EuR 1999, 309.

Morawitz, Rudolf/Kaiser, Wilhelm, Die Zusammenarbeit von Bund und Ländern bei Vorhaben der Europäischen Union, Bonn 1994.

Mosler, Hermann, Kulturabkommen des Bundesstaats, ZaöRV 1955/1956, 1.

ders., Die Übertragung von Hoheitsgewalt, in: Isensee, Josef/Kirchhof, Paul (Herausgeber), Handbuch des Staatsrechts der Bundesrepublik Deutschland, Bd. VII, § 175, Heidelberg 1992.

Much, Walter, Rechtliche Grundsatzfragen zur Erweiterung der Europäischen Gemeinschaften, EuR 1972, 324.

Müller-Graff, Peter-Christian, Institutionelle und materielle Reformen in der Zusammenarbeit in den Bereichen Justiz und Inneres, in: Hummer, Waldemar (Herausgeber), Die Europäische Union nach dem Vertrag von Amsterdam, Wien 1998, S. 259.

v.Münch, Ingo/Kunig, Philip (Herausgeber), Grundgesetz-Kommentar, Bd. 2, München, 5. Auflage 2001.

Neisser, Heinrich/Verschraegen, Bea, Die Europäische Union – Anspruch und Wirklichkeit, Wien, New York 2001.

des Nerviens, Pierre, Le traité d'Amsterdam: Les relations extérieures, RTD eur 33 (4), oct.-déc. 1997, S. 93.

Nettesheim, Martin, Die konsoziative Föderation von EU und Mitgliedstaaten, ZEuS 2002, 507.

Neuwahl, Nanette, Joint Participation in International Treaties and the Exercise of Power by the EEC and its Member States: Mixed Agreements, CMLRev. 1991, 717.

Oberländer, Stefanie, Aufgabenwahrnehmung im Rahmen der EU durch Vertreter der Länder – Theorie und Praxis im Vergleich, Baden-Baden 2000.

Öhlinger, Theo, Die Übernahme des Vertrags von Amsterdam sowie des Rechts der „Zweiten" und „Dritten Säule" in die österreichische Rechtsordnung, in: Hummer, Waldemar (Herausgeber), Rechtsfragen in der Anwendung des Amsterdamer Vertrages, Wien 2001, S. 233.

O'Keeffe, David, Recasting the third pillar, CMLR 1995, 893.

ders., Community and Member State Competence in External Relations of the EU, European Foreign Affairs Review 4/1999, 7.

Oppermann, Thomas, Europarecht – Ein Studienbuch, München, 2. Auflage 1999.

ders., Die Dritte Gewalt in der Europäischen Union, DVBl. 1994, 901.

Oschatz, Georg-Berndt/Risse, Horst, Die Bundesregierung an der Kette der Länder? Zur europapolitischen Mitwirkung des Bundesrates, DÖV 1995, 437.

Ossenbühl, Fritz, Maastricht und das Grundgesetz – eine verfassungsrechtliche Wende? DVBl. 1993, 629.

Paul, Michael, Die Mitwirkung der Bundesländer an der Rechtsetzung der Europäischen Gemeinschaften de lege lata und de lege ferenda, Frankfurt am Main u.a. 1996.

Pechstein, Matthias, Beschlüsse im Rahmen der GASP und deutsches Verfassungsrecht, in: Geiger, Rudolf (Herausgeber), Völkerrechtlicher Vertrag und staatliches Recht vor dem Hintergrund zunehmender Verdichtung der internationalen Beziehungen, Baden-Baden, 2000.

Pechstein, Matthias/Koenig, Christian, Die Europäische Union – Die Verträge von Maastricht und Amsterdam, Tübingen, 3. Auflage 2000.

Pescatore, Pierre, Le droit de l'intégration, Leiden 1972.

Rat der Europäischen Gemeinschaft (Herausgeber), Assoziierungsabkommen und Protokolle EWG-Türkei sowie andere Basisdokumente, Luxemburg 1992.

Reich, Dietmar, Zum Einfluß des Europäischen Gemeinschaftsrechts auf die Kompetenzen der deutschen Bundesländer, EuGRZ 2001, 1.

Ress, Georg, Die Europäischen Gemeinschaften und der deutsche Föderalismus, EuGRZ 1986, 549.

Ress, Georg/Bieber, Roland, Die Dynamik des EG-Rechts als Rechtsproblem, in: Bieber, Roland/Ress, Georg (Herausgeber), Die Dynamik des Europäischen Gemeinschaftsrechts, Baden-Baden 1987, S. 13.

Rideau, Joël, Droit institutionnel de l'Union et des Communautés européennes, Paris, 3. Auflage 1999.

Richter, Pascal, Die Erweiterung der Europäischen Union unter besonderer Berücksichtigung der Beitrittsbedingungen, Baden-Baden 1997.

Richter, Stefan, Die Assoziierung osteuropäischer Staaten durch die Europäischen Gemeinschaften – Eine Untersuchung der rechtlichen Grundlagen der Vertragsgestaltung zwischen den Europäischen Gemeinschaften und Polen, Ungarn und der Tschechoslowakei, Berlin u.a. 1993.

Rosas, Allan, The European Union and Mixed Agreements, in: Dashwood, Alan (Herausgeber), The General Law of EC External Relations, London 2000, S. 200.

Rudolf, Walter, Internationale Beziehungen der deutschen Länder, AVR Bd. 13 (1966/67) S. 53.

ders., Bundesländer und Europäisches Gemeinschaftsrecht, in: v.Münch, Ingo (Herausgeber), Festschrift für Hans-Jürgen Schlochauer, Berlin, New York 1981, S. 117.

ders., Völkerrechtliche Verträge über Gegenstände der Landesgesetzgebung, in: Burkei, Franz/Polter, Dirk-Meints (Herausgeber), Rechtsfragen im Spektrum des Öffentlichen – Mainzer Festschrift für Hubert Armbruster, Berlin 1976.

ders., Kooperation im Bundesstaat, in: Isensee, Josef/Kirchhof, Paul (Herausgeber), Handbuch des Staatsrechts der Bundesrepublik Deutschland, Bd. IV, §105, Heidelberg 1990.

Sachs, Michael (Herausgeber), Grundgesetz-Kommentar, München, 3. Auflage 2003.

Sack, Jörn, The European Community's Membership of International Organizations, CMLRev. 1995, 1227.

ders., Die Europäische Union in den Internationalen Organisationen – Bedeutung der Beteiligung sowie Aktion und Einfluß von Gemeinschaft und Mitgliedstaaten in diesen Gremien, ZEuS 2001, 267.

Šarčević, Edin, EU-Erweiterung nach Art. 49 EUV: Ermessensentscheidung und Beitrittsrecht, EuR 2002, 461.

Schede, Christian, Bundesrat und Europäische Union: Die Beteiligung des Bundesrates nach dem neuen Art. 23 des Grundgesetzes, Frankfurt 1994.

Schmidt, Helmut, Laßt den Worten endlich Taten folgen, Die Zeit Nr. 24 vom 7.6.2001 S. 3.

Schmidt-Bleibtreu, Bruno/Klein, Franz (Herausgeber), Kommentar zum Grundgesetz, Neuwied u.a., 9. Auflage 1999.

Schmidt-Meinecke, Stefan, Bundesländer und Europäische Gemeinschaft – Entwicklung und Stand der Länderbeteiligung im Europäischen Einigungsprozeß, 2. Auflage, Speyer 1988.

Schmuck, Otto, Länder und Regionen in Europa: Selbstverständnis – Meinungsbildung – Mitwirkung, in: Borkenhagen, Franz (Herausgeber), Europapolitik der deutschen Länder – Bilanz und Perspektiven nach dem Gipfel von Amsterdam, Opladen 1998, S. 215.

Scholz, Rupert, Grundgesetz und Europäische Einigung, NJW 1992, 2592.

ders., Europäische Union und deutscher Bundesstaat, NVwZ 1993, 817.

Scholz, Rupert/Hofmann, Hans; Der Vertrag von Amsterdam im Lichte des Art. 23 GG, Europa-Blätter 1998, 3.

Schotten, Thomas, Das Grundgesetz nach Maastricht, VR 1993, 89.

Schröder, Meinhard, Europäische Bildungspolitik und bundesstaatliche Ordnung, Baden-Baden 1990.

Schütz, Hans-Joachim, Verfassungsrechtliche Fragen der Teilhabe der deutschen Bundesländer an Entscheidungen in den Europäischen Gemeinschaften, BayVBl. 1990, 481 und 518.

Schwartz, Ivo E., Übereinkommen zwischen den EG-Staaten: Völkerrecht oder Gemeinschaftsrecht? in: Kroneck, Friedrich/Oppermann, Thomas (Herausgeber), Im Dienste Deutschlands und des Rechts, Festschrift für Wilhelm G. Grewe, Baden-Baden 1981.

ders., EG-Kompetenzen für den Binnenmarkt: Exklusiv oder konkurrierend/subsidiär? in: Due, Ole/Lutter, Marcus/Schwarze, Jürgen (Herausgeber), Festschrift für Ulrich Everling, Bd. II, Baden-Baden 1995.

Schwarz, Henning, Die verfassungsgerichtliche Kontrolle der Außen- und Sicherheitspolitik: Ein Verfassungsvergleich Deutschland – USA, Berlin 1995.

Schwarze, Jürgen (Herausgeber), EU-Kommentar, Baden-Baden 2000.

ders., Das Staatsrecht in Europa, JZ 1993, 585.

Schweitzer, Michael, Staatsrecht III, Heidelberg, 7. Auflage 2000.

ders., Europäische Union: Gefahr oder Chance für den Föderalismus in Deutschland, Österreich und der Schweiz? VVDStRL Heft 53 (1994) S. 48.

ders., Beteiligung der Bundesländer an der europäischen Gesetzgebung, ZG 1992, 128.

Schweitzer, Michael/Hummer, Waldemar, Europarecht, Neuwied u.a. 5. Auflage 1996 und Nachtrag 1999.

Seidel, Martin, Zur Verfassung der Europäischen Gemeinschaft nach Maastricht, EuR 1992, 125.

Seidel, Peter, Die Zustimmung der Bundesregierung zu Verträgen der Bundesländer mit auswärtigen Staaten gemäß Art.32 III GG, Berlin 1975.

Seifert, Karl-Heinz/Hömig, Dieter (Herausgeber), Grundgesetz für die Bundesrepublik Deutschland, Baden-Baden, 6. Auflage 1999.

Simon, Denys, Le système juridique communautaire, Paris, 3. Auflage 2001.

v.Simson, Werner/Schwarze, Jürgen, Europäische Integration und Grundgesetz – Maastricht und die Folgen für das deutsche Verfassungsrecht, Berlin u.a. 1992.

Stein, Klaus, Der gemischte Vertrag im Recht der Außenbeziehungen der Europäischen Wirtschaftsgemeinschaft, Berlin 1986.

Stein, Torsten, Europäische Union: Gefahr oder Chance für den Föderalismus in Deutschland, Österreich und der Schweiz? VVDStRL Heft 53 (1994) S. 27.

Steinberger, Helmut, Der Verfassungsstaat als Glied einer europäischen Gemeinschaft, VVDStRL Heft 50 (1990) S. 9.

Stern, Klaus, Das Staatsrecht der Bundesrepublik Deutschland, Bd. 1, München, 2. Auflage 1984.

ders., Auswärtige Gewalt und Lindauer Abkommen, in: Ipsen, Jörn u.a. (Herausgeber), Verfassungsrecht im Wandel – Festschrift zum 180jährigen Bestehen der Carl Heymanns Verlag KG, Köln u.a. 1995.

v.Stralenheim, Henning, Die Zuständigkeiten des Bundes und der Länder zum Abschluß von Kulturabkommen mit auswärtigen Staaten, BayVBl. 1955, 6.

Streinz, Rudolf, Der Verfassungsstaat als Glied einer europäischen Gemeinschaft, DVBl. 1990, 949.

ders., Bundesverfassungsgerichtliche Kontrolle über die deutsche Mitwirkung am Entscheidungsprozeß im Rat der Europäischen Gemeinschaften, Berlin, 1990.

ders., Europarecht, Heidelberg, 5. Auflage 2001.

ders., Rechtsgrundlagen, Aufbau und Handlungsbefugnisse der Europäischen Union, in: Hummer, Waldemar (Herausgeber), Die Europäische Union und Österreich, Wien 1994.

ders., Der Vertrag von Amsterdam – Einführung in die Reform des Unionsvertrags von Maastricht und erste Bewertung der Ergebnisse, EuZW 1998, 137.

ders., Die Abgrenzung der Kompetenzen zwischen der Europäischen Union und den Mitgliedstaaten, BayVBl. 2001, 481.

Stumpf, Christoph, Mitglieder von Regionalregierungen im EU-Ministerrat – ein Vergleich zwischen den Rahmenbedingungen nach europäischem, deutschem und britischem Recht, EuR 2002, 275.

Thun-Hohenstein, Christoph, Der Vertrag von Amsterdam, Wien 1997.

Thym, Daniel, Die Begründung einer europäischen Verteidigungspolitik: Anforderungen des europäischen und des deutschen Verfassungsrechts, DVBl. 2000, 676.

Timmermans, Christiaan, Organising Joint Participation of EC and Member States, in: Dashwood, Alan (Herausgeber), The General Law of EC-External Relations, London 2000, S. 239.

Tomuschat, Christian, How to Handle Parallel Treaty-Making Powers of the Member States and their Territorial Subdivisions, in: Bourgeois, Jacques H.J. u.a. (Herausgeber), La Communauté européenne et les accords mixtes – quelles perspectives?, Brüssel 1997, S. 65.

Trüe, Christiane, Rechtspersönlichkeit der Europäischen Union nach den Vertragsänderungen von Amsterdam – Wer handelt in GASP und PJZ? ZEuS 2000, 127.

Vedder, Christoph, Rechtswirkungen von Assoziationsratsbeschlüssen – Die Kus-Entscheidung des EuGH, EuR 1994, 202.

Verdross, Alfred/Simma, Bruno, Universelles Völkerrecht: Theorie und Praxis, Berlin, 3. Auflage 1984.

Graf Vitzthum, Wolfgang (Herausgeber), Völkerrecht, Berlin u.a., 2. Auflage 2001.

Völker, Edmond/Steenbergen, Jacques, Leading Cases and Materials on External Relations Law of the E.C., Deventer, Antwerpen, Boston, London, New York 1985.

Warg, Gunter, Außenkompetenzen des Bundes und Mitwirkungsrechte des Parlaments, Jura 2002, 806.

Weber, Albrecht, Die Bundesländer und die Reform der Gemeinschaftsverträge – Zur Mitwirkung der gesetzgebenden Körperschaften bei der Änderung und Durchführung der Gemeinschaftsverträge, DVBl. 1986, 800.

Weber, Klaus/Wuermeling, Joachim, Länderrechte bei der EG-Vertragsrevision – Beteiligung nach dem Verfahren gemäß Art. 2 EEAG oder gemäß dem Lindauer Abkommen, EuZW 1990, 341.

Weißauer, Walther, Völkerrechtliche Verträge – Zusammenwirken von Bund und Ländern, in: Lang, August (Herausgeber), Festschrift für Karl Bengl, München 1984, S. 149.

v.Welck, Georg, Die Bundesländer und die Einheitliche Europäische Akte, München 1990.

Wiedmann, Thomas, Anmerkungen zum Vertrag von Nizza, JuS 2001, 846.

Wilhelm, Paul, Europa im Grundgesetz: Der neue Art. 23, BayVBl. 1992, 705.

Winkelmann, Ingo, Innerstaatliche Kompetenzverteilung bei Vertragsabschlüssen in Angelegenheiten der Europäischen Union, DVBl. 1993, 1128.

Wuermeling, Joachim, Kooperatives Gemeinschaftsrecht – Die Rechtsakte der Gesamtheit der EG-Mitgliedstaaten, insbesondere die Gemeinschaftskonventionen nach Art. 220 EWGV, Kehl u.a. 1988.

Zeder, Fritz, Der Rahmenbeschluß als Instrument der EU-Rechtsangleichung im Strafrecht am Beispiel des Rahmenbeschlusses gegen Geldfälschung, ÖJZ 2001, 81.

Zott, Regina, Der rechtliche Rahmen der innen- und justizpolitischen Zusammenarbeit in der Europäischen Union – Analyse des Maastrichter Vertrages und Perspektiven nach dem Vertrag von Amsterdam, Frankfurt 1999.

Zuleeg, Manfred, Die Stellung des Landes Hessen in der Europäischen Union, in Eichel, Hans/Möller, Klaus-Peter (Herausgeber): 50 Jahre Verfassung des Landes Hessen – eine Festschrift, Wiesbaden 1997, S. 383.

Studien und Materialien zum Öffentlichen Recht

Herausgegeben von Herbert Bethge

Band 1 Hans-Georg Kamann: Die Mitwirkung der Parlamente der Mitgliedstaaten an der europäischen Gesetzgebung. National-parlamentarische Beeinflussung und Kontrolle der Regierungsvertreter im Rat der Europäischen Union im Spannungsfeld von Demokratie und Funktionsfähigkeit des gemeinschaftlichen Entscheidungsverfahrens. 1997.

Band 2 Gerhard Spieß: Der Grundrechtsverzicht. 1997.

Band 3 Stefan Hepach: Der Grundrechtsstatus der Landesmedienanstalten. 1997.

Band 4 Michael Fraas: Sicherheitsrat der Vereinten Nationen und Internationaler Gerichtshof. Die Rechtmäßigkeitsprüfung von Beschlüssen des Sicherheitsrats der Vereinten Nationen im Rahmen des VII. Kapitels der Charta durch den Internationalen Gerichtshof. 1998.

Band 5 Friedrich Loschelder: Die Durchsetzbarkeit von Weisungen in der Bundesauftragsverwaltung. 1998.

Band 6 Gunila Dieterich: Rechtsschutz der deutschen Bundesländer vor dem Bundesverfassungsgericht in Angelegenheiten der Europäischen Union. 1998.

Band 7 Wolfgang Weiß: Die Personenverkehrsfreiheiten von Staatsangehörigen assoziierter Staaten in der EU. Eine vergleichende Analyse der Assoziationsabkommen. 1998.

Band 8 Christian Bamberger: Verfassungswerte als Schranken vorbehaltloser Freiheitsgrundrechte. Vom Verfassungs- zum Gegenseitigkeitsvorbehalt. 1999.

Band 9 Andreas Rohde: Freier Kapitalverkehr in der Europäischen Gemeinschaft. 1999.

Band 10 Herbert Bethge: Rechtsberatung im privaten Rundfunk. Rechtsgutachten, erstattet auf Ansuchen von SAT 1, unter Mitwirkung von Christian von Coelln. 2000.

Band 11 Marcel Vachek: Das Religionsrecht der Europäischen Union im Spannungsfeld zwischen mitgliedstaatlichen Kompetenzreservaten und Art. 9 EMRK. 2000.

Band 12 Kerstin Ebock: Der Schutz grundlegender Menschenrechte durch kollektive Zwangsmaßnahmen der Staatengemeinschaft. Vom Interventionsverbot zur Pflicht zur humanitären Intervention? 2000.

Band 13 Christiane Gucht: Das Zensurverbot im Gefüge der grundrechtlichen Eingriffskautelen. 2000.

Band 14 Markus Ruttig: Der Einfluß des EG-Beihilferechts auf die Gebührenfinanzierung der öffentlich-rechtlichen Rundfunkanstalten. 2001.

Band 15 Jochen Murach: Die Haftung der öffentlichen Hand im Verwaltungsschuldrecht. 2002.

Band 16 Holger Schäfer: Die ungeschriebenen Freiheitsrechte in der schweizerischen Bundesverfassung von 1874 im Vergleich mit dem Grundgesetz. 2002.

Band 17 Alexander Glos: Die deutsche Berufsfreiheit und die europäischen Grundfreiheiten. Ein Strukturvergleich. 2003.

Band 18 Georg Blasberg: Verfassungsgerichte als Ersatzgesetzgeber. Entscheidungsaussprüche bei Normenkontrollen von Bundesverfassungsgericht und Corte Costituzionale. 2003.

Band 19 Artur Müller-Wewel: Souveränitätskonzepte im geltenden Völkerrecht. 2003.

Band 20 Helmut Wirner: Kommunale Wohnungsunternehmen als öffentliche Auftraggeber im Sinne der EG-Vergaberichtlinien. 2003.

Band 21 Christian Abt: Die Mitwirkung der deutschen Bundesländer bei völkervertraglichen Handlungen im Rahmen der Europäischen Union. 2003.

Jens Uwe Flick

Handeln „ultra vires" der Europäischen Gemeinschaft

Eine Darstellung der Rechtsfolgen aus der Sicht des Völkerrechts, des Europäischen Unionsrechts und des deutschen Verfassungsrechts unter besonderer Berücksichtigung der bundesverfassungsgerichtlichen Rechtsschutzmöglichkeiten

Frankfurt/M., Berlin, Bern, Bruxelles, New York, Oxford, Wien, 2001.
LII, 220 S.
Europäische Hochschulschriften: Reihe 2, Rechtswissenschaft. Bd. 3257
ISBN 3-631-38342-8 · br. € 46.–*

Die Frage nach den Rechtsfolgen eines „ultra vires"-Handelns der Europäischen Gemeinschaft gehört zu den zentralen Problemen der Europäischen Integration. Diese Arbeit nimmt sich jener Frage aus der Sicht des Völkerrechts, des Europäischen Unionsrechts und des deutschen Verfassungsrechts an und schließt mit einer Prüfung der unterschiedlichen Rechtsschutzmöglichkeiten vor dem Bundesverfassungsgericht. Dieses Gericht hat in seinem berühmt gewordenen Maastricht-Urteil nachhaltig unterstrichen, daß „ultra vires"-Akte der Europäischen Gemeinschaft in der Bundesrepublik Deutschland keine Wirkung entfalten können.

Aus dem Inhalt: Rechtsfolgen eines „ultra vires"-Handelns der Europäischen Gemeinschaft: Sicht des Völkerrechts; Sicht des Europäischen Unionsrechts; Sicht des deutschen Verfassungsrechts · Bundesverfassungsgerichtlicher Rechtsschutz gegen „ultra vires"-Handeln der Europäischen Gemeinschaft

Kolibri 360 GmbH
Ferdinand-Jühlke-Straße 7
99095 Erfurt, Deutschland
produktsicherheit@kolibri360.de

Druck:
CPI Druckdienstleistungen GmbH
im Auftrag der
Kolibri 360 GmbH
Ferdinand-Jühlke-Str. 7
99095 Erfurt